Penúltimas memórias

Roberto Giannetti da Fonseca

Penúltimas memórias

Os primeiros vinte anos do século XXI na visão
de um dos mais atuantes economistas brasileiros

© 2023 - Roberto Giannetti da Fonseca
Direitos em língua portuguesa para o Brasil:
Matrix Editora
www.matrixeditora.com.br
🅕/MatrixEditora | 🅣 @matrixeditora | 🅘 /matrixeditora

Diretor editorial
Paulo Tadeu

Capa, projeto gráfico e diagramação
Patricia Delgado da Costa

Preparação de texto
Joaci Pereira Furtado

Revisão
Adriana Wrege
Silvia Parollo

Segunda foto da página 162 - Patricia Santos/Folhapress
Demais fotos: arquivo pessoal do autor

CIP-BRASIL - CATALOGAÇÃO NA PUBLICAÇÃO
SINDICATO NACIONAL DOS EDITORES DE LIVROS, RJ

Fonseca, Roberto Giannetti da
Penúltimas memórias / Roberto Giannetti da Fonseca. - 1. ed. - São Paulo: Matrix, 2023.
392 p.; 23 cm.

ISBN 978-65-5616-352-9

1. Fonseca, Roberto Giannetti da. 2. Economistas - Brasil - Biografia. I. Título.

22-84833   CDD: 923.3
                              CDU: 929:33

Gabriela Faray Ferreira Lopes - Bibliotecária - CRB-7/6643

Dedico este livro à memória de
Emilio Garófalo Filho (1952-2015),
um grande e leal amigo, que comigo participou de muitas
das histórias relatadas neste livro e que sempre foi um
perseverante otimista e notável patriota brasileiro.

Sumário

Prefácio 9

Introdução 15

CAPÍTULO 1 - Flutuando no câmbio 21

CAPÍTULO 2 - Exportar ou morrer 31

CAPÍTULO 3 - Nestor e os wet blues 45

CAPÍTULO 4 - O Brasil de FHC e a Venezuela de Chávez ... 63

CAPÍTULO 5 - A vitoriosa saga da Embraer 87

CAPÍTULO 6 - No olho do furacão 119

CAPÍTULO 7 - Nervos de aço 129

CAPÍTULO 8 - Nas asas de Mercúrio 147

CAPÍTULO 9 - Entre portos, trilhos e intrigas 163

CAPÍTULO 10 - Brex América 181

CAPÍTULO 11 - Ethanol Trading – uma jornada etílica 193

CAPÍTULO 12 - Navalha na carne 213

CAPÍTULO 13 - Missão nos Emirados 231

CAPÍTULO 14 - A novela do crédito-prêmio do IPI 237

CAPÍTULO 15 - Bola na trave mais uma vez 259

CAPÍTULO 16 - Buenos Aires Hora Cero...................... 279

CAPÍTULO 17 - O cartel de câmbio 299

CAPÍTULO 18 - O caso Paranapanema: de herói a vilão.......333

CAPÍTULO 19 - O futuro verde 371

Prefácio

Sobre o poder das ideias,
o valor da iniciativa e
a arte de propor sonhos.

P enúltimas memórias não é tanto um livro sobre o lembrar, como até poderia sugerir o título da obra, mas uma história sobre a arte de propor. O seu autor, Roberto Giannetti da Fonseca, amigo dileto por quem, desde já, confesso irresistível admiração – e, por tal admitido viés, qualquer julgador talvez me obstasse de cara como um prefaciador isento. Será ele quem nos carregará nas asas de sua prosa mineira para um mundo que não vejo imaginário – porque aconteceu de fato –, mas que, sendo passado, rebrota pela força de sua narrativa, como se o espaço e o tempo einsteiniano nos transportassem a uma realidade viva, entre o hoje e o amanhã.

São dezenove capítulos, mas dou só um exemplo dessa intensidade. É numa passagem, em tudo parecida com cenarização típica de García Márquez, na qual FHC, lendário presidente do Plano Real, vai ao encontro do totêmico Fidel Castro vestindo a usual farda verde-musgo, em companhia do não menos polêmico Hugo Chávez. O local, um sítio remoto na fronteira entre Brasil e Venezuela. O motivo, um esforço do nosso presidente de concretizar mais um empreendimento da engenharia brasileira – uma ponte sobre o grande rio Orinoco, construída, com projeto e materiais nacionais, para viabilizar o acesso à futura usina siderúrgica Sidor. Como fotógrafo da história, lá estava Roberto Giannetti, discreto protagonista destas *Penúltimas memórias*. A presença do autor, contudo, não se restringe à grandeza do clique da sua retina histórica. Giannetti estava lá como um dos articuladores de toda aquela inusitada cena, já que atuou indiretamente como anônimo viabilizador desse encontro algo fortuito. Como parte da comitiva oficial brasileira, a participação do autor naquele memorável *rendez--vous* vai muito além: ele teria colaborado decisivamente na iniciativa brasileira de construir a monumental ponte rodoferroviária sobre o Orinoco, e foi quem primeiro buscou viabilizar aquele projeto estratégico para ambos os países como realização da engenharia nacional. Foi ele que persistiu atrás da arquitetura financeira capaz de colocar de pé a obra que estreitaria relações e viabilizaria outras pontes invisíveis de cordialidade internacional e de boa vizinhança.

Não anteciparei ao leitor o fim dessa história, como de tantos outros episódios narrados pelo autor, ao percorrer mais de duas décadas de vivências extraordinárias de sua maturidade como ativo participante da vida nacional. Seus relatos são sobre fatos verídicos, alguns até bem difíceis de ser contados, porque ainda repercutem pelo ruído metálico do cruzar de sabres e pelo ímpeto das lutas travadas contra opositores de peso. *Penúltimas memórias* lembra a cena aberta de um grande teatro, coalhada de personagens conhecidos da política e do mundo das finanças, que vão surgindo à meia-luz do palco até ganharem foco, voz e animação. Não há julgamentos (nem haveria por quê), mas tampouco há afagos nas narrativas impulsionadas pelo mesmo ritmo veloz, quase sôfrego, com que Roberto Giannetti sempre quis viver e empreender em sua vida de economista, empresário, escritor e figura pública.

Estas *Penúltimas memórias* também contêm uma novidade em cotejo com as narrativas do volume de abertura da série – o *Memórias de um trader* (IOB, 2002). Em ambos, é como se a obra ainda em curso do autor, ao longo de quase cinco décadas, houvesse antecipado o que viria e pudesse ser associada ao *streaming* do cinema na era digital, em que os episódios e temporadas se sucedem numa maratona cronológica de narrativas entrelaçadas. Parece diferente, mas não é, porque a intuição narrativa do autor, com sua protuberante vocação para a apreciação estética das realidades, o impele a utilizar a linguagem cinematográfica – como se fosse um roteiro falado –, em que o leitor "vai junto" com a câmera de mão do narrador e consegue enxergar, por trás daquele olho mágico, as intenções escondidas dos personagens, suas grandezas e mesquinharias, suas virtudes e seus defeitos, seu tempo de entrada e de saída de cena. Contudo, da primeira "temporada", de 2002, para a atual, de 2023, o lapso é maior do que apenas as duas décadas decorridas. Sai de cena o *trader* impetuoso e desbravador, o *globe-trotter* do comércio exterior de novos mercados e novas moedas de troca, e sobe à ribalta o homem maduro, o líder reflexivo e exemplo do espírito público presente sobretudo em suas atividades privadas.

Penúltimas memórias é a temporada do amadurecimento do guerreiro. Este segundo volume da suposta trilogia ainda inacabada (fica a encomenda, desde já, de seus leitores ávidos por mais episódios) é a história do encontro do protagonista com suas ideias mais formidáveis, com suas aflições patrióticas e, sobretudo, com seus sonhos mais profundos. Roberto Giannetti se apresenta como aquela pessoa dotada de invulgar capacidade de fazer a leitura antecipada e correta das ideias que precedem os projetos vitoriosos. Essa, aliás, é a pessoa-autor que conheço com admiração pelo dom extraordinário da percepção do que possa ser "uma boa ideia". É aqui, na fagulha quase imperceptível do toque do imaginário sobre a capa da realidade, que alguns poucos indivíduos conseguem vislumbrar o que outros, bem depois, chamarão de "um grande projeto". A boa ideia, uma vez capturada e cultivada, é aquela que vai migrando gradativamente do reino das meras possibilidades para o terreno pedregoso das probabilidades, quando então, para surgir como "projeto", é necessário algo mais, a iniciativa.

Ah, a iniciativa! Como dói a iniciativa. Quanto destemor ela requer. Quanta teimosia. Quantos obstáculos a vencer até que a frágil ideia – um conceito apenas – fique de pé e aguente o teste das planilhas, o olhar descrente dos "inconvencíveis", as dúvidas dos zelosos declamadores de modelos e de leis. São infinitos os riscos e percalços das novas ideias até que elas desabrochem em projetos. Tal jornada, típica de um guardião da galáxia, é para poucos. Entretanto, assim se apresenta essa missão no plano de vida do autor. *Penúltimas memórias* é o relato da convivência de Giannetti com o permanente desafio das ideias, que precisam ser enviveiradas na sua estufa de iniciativas, até virarem os projetos que nascerão para o avanço da sociedade. Dito assim soa até meio poético, o que não caberia no perfil mais gelado do currículo de um *money maker*. Mas é exatamente essa a diferença, ou melhor, a evolução entre a temporada do *trader* e esta agora, de um homem pleno em seu tempo, um homem de ideias e uma pessoa de grande iniciativa. Se algum dia lá esteve, o *money maker* deixou o palco para que o *idea breeder* pudesse se firmar.

Cada capítulo desta obra corresponde a pílulas de um treinamento difícil de ser obtido na mera teoria, até nos centros de pensamento mais avançados, em que os estudantes e professores se debruçam sobre casos de sucesso. Na prática da vida, nem sempre os *cases* são de sucesso. Onde mais se aprende é no embate feroz das boas ideias com seus muitos antagonistas. O mais agressivo oponente das boas ideias nem costuma ser aquele defensor das crenças do *establishment*, de onde vieram os projetos de ontem e com os quais se erigiram os edifícios da velha ordem social. A boa ideia é atacada, sobretudo por sua arqui-inimiga, a indiferença. Essa batalha constante e silenciosa entre o novo e o nada é matéria-prima quase permanente na lida do autor ao cultivar seu jardim de ideias e protegê-lo da predação dos velhos crentes e dos indiferentes. Como fazer essa defesa, como fazer vicejar a infirme possibilidade de uma mera boa ideia, esse é o gostoso desta viagem nas memórias de Roberto Giannetti.

No fim, que ainda está longe de ser – porque o futuro é verde (isso é explicado no último episódio desta temporada) –, fica lá uma questão sobre a motivação de uma pessoa de ideias e de enorme iniciativa, em plena maturidade de sua evolução. As penúltimas memórias de Roberto Giannetti, como o título faz supor, não encerram uma vida nem colocam ponto final em projeto algum. Pelo contrário, alguma coisa embala a narrativa para uma já prometida próxima temporada. Creio ser o sonho, esse terceiro elemento. Quando despertamos pela manhã, é normal parar um pouco para tentar resgatar a memória fugaz dos sonhos de uma noite bem-dormida. Mesmo os sonhos atribulados nos acenam com alguma notícia. Os antigos procuravam ler os sonhos e, com a interpretação deles, superar as incertezas dos dias vindouros. Sonhar é essencial e essencialmente humano. Há pessoas que sonham mais. Alguns, que não são a maioria de nós, até sonham acordados. São estes os empreendedores de todos os tipos e calibres, os realizadores de ideias arrojadas, os construtores de cidades e os líderes de comunidades e nações. Os sonhadores não são muitos, porém é com seu sonhar que produzimos o fermento das sociedades. Roberto Giannetti, desde cedo, tem sido um desses sonhadores "sociais" (que, entre alguns poucos amigos especiais, apelidamos de *boêmios cívicos**). Uma sociedade desencaixada como a nossa – o Brasil – ainda há de ser embriagada por um sonho de felicidade e grandeza do tamanho de seus sonhadores cívicos. É sempre o sonho que motiva as iniciativas e fortalece o defensor das boas ideias no seu duro e solitário dia a dia. Não é dinheiro, não é celebridade, nem sequer a promessa de merecido reconhecimento póstumo. O sonho, tal como a poesia, é criação contínua, é prosseguimento, é *saudade do futuro*, como reitera Giannetti na última linha de sua introdução a este livro. Quem vive embalado pelo sonho está sempre propondo o que ainda está por acontecer. O sonhador propõe o sonho por angústia de compartilhar sua visão. É o que depreendo, como lição maior destas *Penúltimas memórias*, obra singular, ainda por se finalizar em outros volumes, já que memórias de sonhos apenas evoluem e progridem. Concluindo, o sonho existe, e há, sim, uma arte de propor sonhos. É ela que Roberto Giannetti domina tão bem. Cabe a você, caro leitor, apreciar essa arte e avaliar o artista, nas páginas e episódios que se seguem.

Paulo Rabello de Castro

*Os *boêmios cívicos* são os amigos Paulo Carlos Brito,
Heleno Taveira Torres, Roberto Giannetti da Fonseca
e Paulo Rabello de Castro.

Introdução

A verdade jamais pode ser dita de tal modo que,
sendo ela entendida, nela não se acredite.

William Blake

Revelar as memórias é um ato de entrega, de desprendimento, de abertura da visão interior daquilo que já vivemos em convivência com outros. Cada memória é única e tem sua própria narrativa de fatos e de pessoas que ficaram preservados nos neurônios de seu cérebro. Desde o momento em que nascemos, nosso cérebro é abastecido com um enorme volume de informações sobre nós mesmos e sobre tudo que acontece ao nosso redor, sejam os lugares, as pessoas, os momentos. A memória não é estática. Ela renasce a cada olhar. Uma memória de hoje nunca será a mesma amanhã.

Retomo aqui um trecho do memorável discurso que meu irmão Eduardo Giannetti proferiu por ocasião de sua posse na Academia Brasileira de Letras, em agosto de 2022: "Se a memória é a correia de transmissão do espírito entre o passado e o presente, a imaginação criadora é a ponte capaz de nos conduzir ao futuro – o impulso capaz de tornar nossa herança legado, como uma 'tocha olímpica', às gerações futuras". Portanto, como é que nós preservamos toda essa experiência vivida e tudo que aprendemos ao longo de nossa existência, se não pelas memórias? As imprescindíveis memórias que carregamos dentro de nosso cérebro. Pergunto-me: o que é a vida além de nossas próprias memórias? A vida que lembramos ocorre a cada segundo, a cada minuto, e ela resulta da combinação de dois fatores: da realidade, que é única e instantânea, como um *flash* nos nossos neurônios, e da imaginação, que é múltipla, volátil, solúvel, pois se trata da versão que cada um dá aos fatos que lhe ocorreram. Realidade e imaginação, um mix permanente em nossos cérebros, gerando as memórias que temos como registro de nossa existência terrena.

Apesar da recente evolução científica, ainda permanecem muitos mistérios sobre a memória. Ela é frágil, maleável, e se dissolve com o tempo. A memória vive em permanente tensão com o esquecimento. Com que precisão as memórias serão codificadas ao longo do tempo dentro dos grupos de neurônios? Quão amplamente distribuídas em nosso cérebro se encontram as células que codificam determinada memória? Como é que a atividade cerebral responde à forma como vivemos as nossas recordações? As respostas a essas questões ainda permanecem abertas à investigação científica, mas uma coisa é certa e conhecida há muito tempo: a melhor e mais duradoura forma de preservar a memória é a narrativa, seja ela verbal, escrita, visual ou atualmente digital. Tanto na neurociência quanto na inteligência artificial, as próximas décadas prometem ser selvagens. Nossas memórias prometem se preservar nas nuvens digitais para a eternidade.

Os historiadores têm procurado registrar os fatos relevantes da humanidade desde os tempos remotos. As tribos mais primitivas, por milhares de anos, passavam a seus filhos e netos as histórias de seus ancestrais, por via oral ou por meio de desenhos rústicos nas paredes de suas cavernas. Depois veio a escrita e a literatura, a música, as artes plásticas e todas as demais formas de expressão, buscando eternizar sentimentos e emoções de seus autores e a história da humanidade. A cultura nada mais é do que a narrativa da memória de um povo. Suas narrativas nada mais são do que memórias codificadas em textos que as preservaram para sempre.

Em minha opinião, a vida se divide em duas fases distintas: a fase da contagem progressiva, quando apreciamos a passagem do tempo e torcemos para chegar logo à idade adulta, e depois temos a fase da contagem regressiva, quando percebemos que o inevitável envelhecimento, como também a decadência das forças física e intelectual, vem chegando aos poucos, ano a ano. Mas com a gradual maturidade vêm também a experiência e a sabedoria, uma capacidade crítica mais afinada, a capacidade de contemplação da vida sem ansiedade, certa perda de censura e o desfrute das memórias acumuladas com o passar dos anos.

De memórias nos alimentamos e nos inspiramos para ensinar aos mais jovens como conseguimos chegar até aqui, com nossos erros e acertos. Por isso creio que registrá-las antes que elas se apaguem e se percam no tempo é como abrir um cofre com um valioso patrimônio a ser usufruído por aqueles que se interessam pelos mesmos temas, valores e conhecimentos que porventura adquirimos em vida. Expor suas memórias e sua versão pessoal dos fatos narrados é como se expor às críticas e aos elogios que virão. Ambos serão bem-vindos, pois o importante é que elas tenham sido registradas e lidas. *Penúltimas memórias* é um título que deixa implícito que novas memórias ainda estão em fase de gestação e amadurecimento, e ao mesmo tempo remete a uma visão da integridade de minhas memórias agora reveladas, ao se entender que a memória é a versão individual dos fatos, provavelmente diferente das memórias dos demais personagens que permeiam os eventos e acontecimentos que aqui serão revelados.

Assim como *Memórias de um trader,* escrito em 2002, estas *Penúltimas memórias* não têm a menor intenção de ser vistas como autobiografia deste autor, apesar de lastreadas em fatos e eventos que ocorreram nos últimos trinta anos e que, em maior ou menor escala, tiveram alguma repercussão na história política e econômica do país. Há, sim, nesta obra o interesse de registrar a minha narrativa sobre tais acontecimentos, nos quais porventura tive alguma participação e que ocorreram em diversos momentos recentes da vida brasileira, trazendo ao leitor a minha opinião e meu relato pessoal sobre eles. Ao chegar a certa idade na vida, as memórias correm o risco de desaparecer, seja pela fadiga do cérebro, seja pela própria morte cerebral. Se elas podem ter alguma valia, reparti-las com os leitores torna-se uma decisão de cada indivíduo em face da inevitável perda. *Penúltimas memórias*, escrito em 2022, continua *Memórias de um trader*, que retrata episódios de minha vida profissional e pessoal entre os anos 1970 e 1990. Os relatos de agora, vividos de 1995 a 2022, buscam também contribuir para o conhecimento dos leitores sobre fatos e personagens de nosso país, muitas vezes trazendo-lhes uma visão inédita de bastidores desses eventos, bastante diversa daquela de que se tem conhecimento pela imprensa ou pela leitura de livros de história contemporânea.

Uma vez que esta obra foi baseada em memórias e opiniões pessoais, procurei tratar os fatos e os personagens com absoluta sinceridade, mesmo que eventualmente tenha incorrido em injustos e acidentais erros ou equívocos de interpretação, pelo que me desculpo antecipadamente a quem se sentir atingido. Algumas revelações aqui publicadas são inéditas, até porque à época foi observada a devida confidencialidade e discrição. Outras trazem passagens folclóricas e informações relevantes, que nos levam a reviver momentos emocionantes da vida nacional. Procurei nesta tarefa ser o *ghost writer* de mim mesmo, como se fosse uma terceira pessoa.

Nos oito primeiros capítulos há o relato de momentos importantes da minha trajetória profissional à frente da Câmara de Comércio Exterior – Camex –, um conselho de Estado originalmente vinculado à presidência da República, com o objetivo de coordenar as atividades de comércio exterior esparsas em diversos ministérios e autarquias da administração federal. Por dois anos e meio, de 2000 a 2002, no segundo mandato de FHC, acompanhei de perto vários eventos importantes, reuniões ministeriais e missões oficiais ao exterior, e tive que enfrentar crises e situações inusitadas, nas quais sempre procurei agir com dedicação, rigor e espírito público. Nesses capítulos estão relatados vários episódios relacionados à política de comércio exterior, industrial e cambial, que fizeram parte da minha atividade pública durante a gestão da Camex, inclusive alguns fatos até então inéditos, mesmo tendo já decorridos mais de vinte anos.

Nos capítulos seguintes, entro na minha fase profissional de atividade privada pós-Camex, em que ocupei posições de comando em empresas e instituições de classe, procurando atuar com perseverança e empenho na consecução dos objetivos almejados. No capítulo 15, abro uma exceção e relato um episódio político ocorrido nas eleições presidenciais de 2014, com algumas revelações inéditas que poderiam ter mudado a história recente do Brasil. No capítulo 16, há o relato da tentativa que fizemos para conseguir reestruturar a dívida externa argentina, em momento dramático da vida econômica do país vizinho. Finalmente, nos últimos três capítulos, "O cartel de câmbio", "O caso Paranapanema: de herói a vilão" e "O futuro verde", são abordados temas contemporâneos, cuja história ainda está inconclusa, mas que já adquiriram suficiente densidade até aqui para merecer destaque nesta obra.

O tempo é um grande mestre, que cura as feridas das derrotas e decepções temporárias, relativiza com a devida humildade os momentos de sucesso e as vitórias obtidas na trajetória da vida, amadurece os relacionamentos pessoais e finalmente busca corrigir as desigualdades e os erros do mundo. Diante do tempo, nada é impossível. Nessa tarefa de escrever *Penúltimas memórias*, o tempo decorrido desde a época dos fatos narrados até o período de escrita trouxe-me o suficiente amadurecimento para que tenha surgido razoável isenção emocional e um olhar mais distante e sereno sobre as inúmeras experiências vividas.

Buscar esses relatos nas memórias e arquivos pessoais exigiu profundo exercício de introspecção, de crítica e autocrítica daquilo que ficou registrado em mim ao longo de tantos anos. Li e reli dezenas de cartas, relatórios e documentos. Recordei fatos e conversas. Pesquisei arquivos antigos. Recorri a muitos personagens, pedindo que ratificassem ou corrigissem as minhas memórias. Recuei anos na busca de memórias envoltas em névoas do tempo. Tudo ao meu alcance foi feito para que este registro memorial fosse realizado da forma mais verossímil possível.

Esta obra também não teve e não tem a pretensão de ser um livro didático da recente história da vida política e econômica de nosso país. Realizar uma fiel narrativa histórica demandaria muito tempo, pesquisa, entrevistas, viagens e recursos, e por isso preferi registrar nesta obra apenas aquilo que permanece vivo em minhas memórias e que possivelmente tem ainda alguma relevância. Nessa tarefa, contei com o apoio da acessível bibliografia básica e dos relatos pessoais recolhidos de alguns dos principais personagens que comigo participaram dos fatos aqui relacionados e que, gentilmente, se dispuseram a colaborar com suas próprias observações. A narrativa foi elaborada de maneira razoavelmente cronológica ao longo dos capítulos que se sucedem, de forma que eles podem ser lidos individualmente.

Retomando o excelente pensamento de Aldous Huxley, citado como epígrafe à introdução de *Memórias de um trader*, segundo a qual "experiência não é o que acontece a um homem, e sim o que o homem faz com o que lhe acontece", espero sinceramente transmitir aos leitores de *Penúltimas memórias* uma imagem de confiança na capacidade pessoal de cada um para superar adversidades, desvantagens e até a própria falta de experiência.

Nosso país já viveu sucessivas crises de todos os tipos – econômicas, políticas, sociais e até futebolística –, as quais abalaram a autoestima nacional, prejudicaram pessoas, famílias e negócios, mas é a partir dessa resiliência recorrente que nos capacitamos a lidar cada vez melhor com a incerteza, a inesperada sinistralidade, a adversidade conjuntural, o fator imponderável, conseguindo, sempre que possível, virar o jogo com a determinação e a perseverança de quem tem confiança em seu próprio destino. Por isso devemos ter saudade do futuro, mas sem jamais esquecer o passado.

CAPÍTULO 1

Flutuando no câmbio

A manhã do dia 13 de janeiro de 1999 parecia ser como outra qualquer, uma pacata manhã de início de verão no Brasil. Acordei atrasado, por volta das sete, me vesti num salto, mal tomei café e saí correndo, sem ouvir as notícias do *Jornal da Manhã* no rádio. Meu irmão Marcos me esperava às 7h30 para juntos irmos até a sede do Bradesco, na Cidade de Deus, em Osasco, onde teríamos uma reunião às 8h30 com o lendário banqueiro Lázaro de Mello Brandão. O objetivo era negociar algumas linhas de crédito para exportação com o banco. Qual não foi minha surpresa quando meu irmão adentrou o carro e, sem mesmo dizer bom-dia, já foi perguntando: "Você já ouviu a novidade?" Diante de minha resposta negativa, ligou imediatamente o rádio do veículo, e ali tomei conhecimento da demissão do presidente do Banco Central, Gustavo Franco, da nomeação de Francisco (Chico) Lopes para o seu lugar e soube do anúncio do surpreendente novo regime cambial, a "banda diagonal endógena"! Embora fôssemos considerados economistas bem experimentados, não tínhamos ainda, naquela hora da manhã, a menor ideia do que estaria sendo proposto pelo economista Chico Lopes, agora à frente do Banco Central do Brasil (BCB). Na verdade, ninguém sabia "traduzir" direito aquele regime cambial enunciado em economês hermético, como se fosse bula de remédio, mas sabíamos de antemão que tornaria aquele dia e os próximos bem turbulentos.

Entre um e outro palavrão de desabafo, íamos ouvindo, estupefatos, os jornalistas da Jovem Pan e notórios analistas econômicos procurando entender e ao mesmo tempo explicar aos ouvintes o que se passava na política cambial brasileira. Aos poucos o "enigma" foi sendo decifrado e passamos a entender o inédito regime cambial a vigorar no Brasil: a partir daquela data haveria uma banda cambial com piso e teto, a ser fixada diariamente, na qual a taxa de câmbio flutuaria livremente pelas forças de mercado num intervalo mínimo e máximo, e não mais estaria sujeita a um valor fixo determinado pelo BCB, como prevalecia desde 1995. Ao longo do tempo, previa-se que essa banda se deslocaria para cima, ou seja, o real seria gradualmente desvalorizado, daí o fato de ela ser chamada de "diagonal". Esse deslocamento, porém, seria realizado com base nas próprias condições de mercado, e por isso a banda era também "endógena". Em suma, a banda seria um meio-termo entre o câmbio fixo ancorado ao dólar e a flutuação inteiramente livre. Chama-se, na teoria econômica, de "regime cambial de flutuação suja". Seria uma forma de mitigar os riscos de uma abrupta maxidesvalorização, que poderia trazer outras consequências macroeconômicas para o Brasil.

A ideia da banda diagonal endógena era tipicamente original e acadêmica, sem comprovação empírica e cheia de boas intenções, para fazer frente à crise cambial que assolava o Brasil já fazia algum tempo. Mas como reagiria o mercado logo mais, na abertura do mercado financeiro? Isso Marcos e eu saberíamos em breve, pois estávamos a caminho de um dos epicentros do mercado financeiro nacional: a mesa de operações do Bradesco, então o maior e mais poderoso banco privado brasileiro. Aceleramos o carro e antes das 8h30 chegamos à austera, mas grandiosa sede daquela instituição financeira fundada décadas atrás, na cidade de Marília, pelo célebre Amador Aguiar. A conversa com o presidente do conselho do Bradesco, Lázaro

Brandão, ficou totalmente desvirtuada. Fomos juntos para a mesa de operações e por algumas horas ficamos lá, trocando opiniões com os diretores do banco, tentando prever as consequências daquelas medidas anunciadas horas antes. A sensação que tínhamos era de estar entrando num mar revolto, mas que saberíamos como nadar e sobreviver mais uma vez.

Esse momento era o desfecho da longa e agitada novela que havia começado em 1994, com o advento do Plano Real. Tendo o Brasil regularizado suas contas externas por meio de sua adesão ao Plano Brady, no início de 1994, havia uma boa disposição do mercado financeiro internacional em retomar as operações de crédito externo para o Brasil, mas a elevada inflação que tínhamos à época era um fator limitante. No momento em que o real foi introduzido no mercado financeiro nacional, a partir do dia 1º de julho de 1994, como uma nova unidade monetária em substituição à URV (Unidade Real de Valor – moeda escritural temporária), a inflação caiu abruptamente, sem necessidade de medidas drásticas, como havia ocorrido anos antes no Plano Cruzado, durante o governo Sarney.

Diante disso, e da previsão de eleição do então ministro da Fazenda, Fernando Henrique Cardoso, para a presidência da República, em outubro de 1994, começou a se formar uma verdadeira enxurrada de empréstimos em moeda estrangeira para aproveitar as lucrativas oportunidades de arbitragem de câmbio e juros na economia brasileira. E a taxa de câmbio, monitorada de perto pelo Banco Central, flutuou de R$ 1,00 por dólar para cerca de R$ 0,68 por dólar em poucos meses, no final do segundo semestre de 1994.

Fortunas foram feitas da noite para o dia pelos especuladores e *insiders* de plantão, enquanto o setor produtivo e os exportadores em geral amargavam pesados prejuízos pela súbita e expressiva elevação dos juros básicos da economia, pelo efeito da aguda sobrevalorização cambial na receita dos exportadores e pela redução das tarifas de importação em geral, sem nenhum planejamento ou critério técnico mais elaborado. Pérsio Arida, notável economista que havia sido, juntamente com André Lara Resende, o principal mentor do Plano Real, como presidente do Banco Central no início do primeiro mandato de FHC, em 1995, assistia a tudo isso com muita apreensão, pois pressentia a crescente pressão que haveria sobre as taxas de câmbio e de juros, se não houvesse, a partir de maio de 1995, gradual flexibilização das rígidas regras então vigentes. O conflito entre Pérsio Arida e o então diretor do BCB, Gustavo Franco, se acentuou a partir desse ponto, e Pérsio acabou pedindo demissão em abril de 1995, sendo substituído por outro diretor do BCB, Gustavo Loyola. Tudo feito com muito improviso e alto custo para a economia brasileira. A exaltação ao inegável mérito da derrubada da inflação cegava completamente alguns gestores do Plano Real diante dos efeitos colaterais dessas medidas sobre a economia real (desculpe-me pelo trocadilho).

Como exportador brasileiro desde os anos 1970, eu assistia a tudo aquilo com muita preocupação. Embora o combate à inflação fosse mais do que desejável e necessário àquela altura, o que importava agora era saber: "Qual o custo que a economia brasileira teria que pagar pelo fim da inflação, e quem seriam as vítimas daquela política econômica que se iniciava no país?" A resposta era óbvia: a indústria e os exportadores pagariam a conta. Foi nessa época que grandes ícones da indústria brasileira sucumbiram diante da combinação maligna de juros reais "na estratosfera" e taxa de câmbio sobrevalorizada entre 20% e 30%. Entre outras vítimas fatais dessa conjuntura, poderia citar as indústrias Cofap e Metal Leve, ambas do setor de autopeças, e as indústrias Villares, cujas principais unidades operavam no setor siderúrgico e de máquinas e equipamentos.

Essa conjuntura me fazia lembrar dois ensinamentos que tive em minha vida profissional. O primeiro veio nos anos 1970, pela célebre frase do então ministro da Fazenda, Mário Henrique Simonsen: "A inflação castiga, mas o câmbio mata" – frase premonitória para a economia brasileira, que seria vítima do populismo cambial por várias vezes, nas décadas seguintes. A segunda lição veio de uma longa conversa que tive à época com meu grande amigo e guru cambial Emílio Garófalo Filho, economista como eu, diretor do BCB por muitos anos, com quem tinha grande afinidade pessoal e intelectual. A lição por nós observada e aprendida era de que qualquer disfunção cambial seria, mais cedo ou mais tarde, inevitavelmente corrigida ao longo do tempo, fosse de forma voluntária pela autoridade monetária, como seria desejável, fosse pelas forças do mercado, de forma impositiva, traumática e compulsória. Quanto maior a magnitude da disfunção cambial e maior o período de sua vigência, maior seria o custo social para a economia, através da disparidade dos preços relativos, da perda de renda e empregos, da redução de investimentos e pelo resultante desequilíbrio fiscal.

Foi nessa ocasião que, num final de tarde em São Paulo, consegui agendar uma reunião com o então diretor da Área Externa do BCB, o economista Gustavo Franco. Lá chegando, fomos logo entrando no polêmico assunto da sobrevalorização cambial, e veio a minha pergunta: "Com essa taxa de câmbio atual de R$ 0,70 por dólar, como ficam os exportadores brasileiros? Vamos paralisar as exportações?" Ele me olhou com ar de quem não havia gostado da pergunta tão direta e provocativa e perguntou-me se eu ainda não havia entendido que, na lógica do Plano Real, os produtos antes exportados deveriam a partir de agora ser direcionados para o mercado doméstico, que, com o fim da inflação, estava muito mais forte. Se isso de fato poderia fazer sentido em relação a alguns itens de consumo, como frango, carne e outros alimentos, para muitos outros bens simplesmente não haveria a menor possibilidade de deslocamento imediato da oferta para o mercado doméstico. Quanto maior o coeficiente exportador da empresa, maior seria o prejuízo cambial recorrente nas suas receitas de exportação. Seria como castigar os mais eficientes, um sinal errado para a economia e para os preços relativos de qualquer país. Foi nessa conjuntura que, no final de 1994, num encontro nacional de exportadores no Rio, o então ministro da Fazenda, Ciro Gomes, jogou uma pá de cal em cima da indústria brasileira: "Esqueçam a taxa de câmbio, ela vai ficar assim para sempre. Quem não gostar que feche as portas e procure outra atividade!"

Esse era o caso da empresa Eletrosílex, produtora de silício metálico situada no norte de Minas Gerais que, juntamente com outros investidores, havíamos adquirido em 1992 e que exportava nada mais nada menos que 100% da sua produção para o exterior, pois não havia mercado interno para essa estratégica matéria-prima utilizada na produção de chips na indústria eletrônica. O custo de produção era 100% em reais, e o preço de venda de seu produto era

100% em dólar. Com a súbita e inesperada sobrevalorização do Plano Real, sobreveio uma sentença de morte para a empresa: de lucro mensal passou-se a prejuízo mensal, e, com a alta da taxa de juros, os empréstimos para capital de giro eram como doses homeopáticas de veneno. Por melhor e mais eficiente que fosse a nossa operação, nada mudava a fatídica equação de resultado operacional agravada pela aguda sobrevalorização cambial.

Ao expor o caso da Eletrosílex naquela tarde ao diretor do BCB, ele veio com a resposta cínica que fechou a reunião antes que eu me exaltasse mais com tamanha desfaçatez: "Bem, se vocês não têm como vender seu produto no mercado interno, então vocês têm duas opções: ou mudam de ramo ou mudam de país!" Finalmente, em 1998, após três anos de consecutivos prejuízos, nós conseguimos vender a empresa pelo valor de sua dívida para investidores mineiros. Relembrar essa história me traz ainda profundo desgosto, pois nossos esforços para mantê-la funcionando nesse período haviam sido enormes, e os prejuízos idem.

No terceiro volume dos *Diários da presidência,* lançado em 2017 pelo ex-presidente Fernando Henrique Cardoso, estão relatadas com precisão pelo autor as desastrosas consequências políticas da desvalorização do real, em 13 de janeiro de 1999, e a sua profunda mágoa com o ex-presidente Itamar Franco, então governador de Minas Gerais, por ter declarado, logo no raiar do exercício de 1999, a suspensão do pagamento de títulos de dívida externa do estado. A anunciada crise cambial brasileira, que se prolongava desde a crise dos países asiáticos em 1997, e da Rússia, em 1998, precisava somente de uma faísca para eclodir, e o rompimento da dívida externa mineira foi o prenúncio de um verão inesquecível. No dia 7 de janeiro de 1999, Itamar anunciou a decisão de não pagar US$ 108 milhões em *eurobonds* que venceriam no mês seguinte. Preocupado com o problema cambial, FHC registra o fato em três linhas: "Itamar corcoveando com o negócio da dívida, não quer pagar. O que quer, na verdade, é criar um caso político. Daqui a pouco vou ter que dar uma paulada firme nele".

A preocupação do presidente era, na verdade, escapar do que veio a se chamar de "armadilha cambial", representada pelo câmbio virtualmente fixo a R$ 1,21 o dólar, com a taxa básica de juros Selic em 28,95%, ou "juros na estratosfera", nas palavras do tucano. FHC queria demitir o então presidente do Banco Central, Gustavo Franco, que resistia a desvalorizar, mas temia pela repercussão. "Qualquer mexida agora pode ter cheiro de desastre", assinalou, no dia 6 de janeiro. Esses momentos de angústia lhe causavam um profundo estresse emocional. FHC não gostava de tomar decisões apressadas, ainda mais em temas polêmicos.

No dia 8 de janeiro de 1999, logo após prolongada hesitação, finalmente Fernando Henrique decidiu-se pela demissão de Gustavo Franco, e na mesma tarde chamou Francisco Lopes para substituí-lo. Abalado emocionalmente pela situação econômica do país, FHC viajou para descansar alguns dias em Aracaju, no dia 13 de janeiro, o que parece não ter sido uma boa ideia àquela altura. Naquele mesmo dia, veio a público o anúncio da demissão de Gustavo Franco e sua substituição por Lopes, que comunicou a tal "banda diagonal endógena", nova modalidade cambial que permitiria uma desvalorização mitigada. De cara, o dólar disparou em alta de 8,9% e os juros futuros subiram, de imediato, cerca de 7%. O presidente teve de cancelar o merecido descanso e voltar imediatamente para seu gabinete no Palácio do Planalto, a tempo de acompanhar o frenesi do mercado financeiro em estado de pânico.

Em conversa por telefone com Michel Camdessus, diretor do Fundo Monetário Internacional (FMI), o presidente deixou claras a ele as pressões que vinha sofrendo: *Se o Fundo Monetário acha que é preciso avançar na questão fiscal [...] digam: o que vocês querem? Algum sinal na privatização. Já sei: ou a Petrobras ou o Banco do Brasil. Pois bem, não vou privatizar nem uma nem outra. Como é que vamos quebrar os ritos da democracia? No fundo, parece até que o desejo dos países industrializados e do Fundo Monetário é a quebra da democracia*.

No dia seguinte, 14 de janeiro, o ambiente ficou ainda pior, definido como "desastroso" por FHC, com uma queda de dez pontos percentuais na Bolsa de Valores. As cotações das ações derretiam desde a abertura do pregão, às dez da manhã. Cansado e indisposto, o presidente viajou para sua fazenda em Buritis (MG) e lá ficou pendurado no telefone com o ministro da Fazenda, Pedro Malan. "Ele já reconhecia o desastre e começamos a falar em alternativas", disse. FHC também falou por telefone com o presidente do Banco Central e não gostou da conversa. "Vejo o Chico meio desorientado", disse ele a Malan. A única opção aceitável naquele momento era deixar o dólar flutuar, e assim a cotação passou de R$ 1,32 para R$ 1,55. FHC interrompeu o descanso e voltou para Brasília dois dias depois. Mas a situação ainda estava longe de se resolver: a reação do mercado ao imbróglio da diagonal endógena iria se arrastar pela semana seguinte, com o dólar batendo em R$ 1,80 no dia 22 de janeiro. Foi quando Pedro Malan apareceu no Palácio da Alvorada às onze da noite para reclamar de Chico Lopes. A situação com o FMI havia ficado insustentável, porque eles foram pegos de surpresa pelos movimentos do BCB dias antes, e Pedro Malan relatava a FHC que ele tinha tentado todo o tempo conversar e restabelecer boas relações com Larry Summers (subsecretário do Tesouro dos Estados Unidos) e Stanley Fischer (o número 2 do FMI), tudo em vão.

No dia seguinte, o ministro da Fazenda afirmou então que Chico Lopes, nomeado dez dias antes, não tinha mesmo mais condições de ficar na direção do Banco Central. Em seguida, ele próprio, o ministro, pediu a sua demissão, que foi prontamente recusada pelo presidente. No dia 26, o dólar bateu a taxa de R$ 1,97, e o banqueiro Joseph Safra reclamou publicamente do BCB pela falta de liquidez no mercado. "O FMI insiste em continuar pondo o sarrafo cada vez mais alto para nós pularmos", escreveu FHC em seu livro de memórias. O PT começou a falar em encurtamento do mandato presidencial, pregando abertamente o *impeachment* de FHC. No dia 30 de janeiro, o presidente dos Estados Unidos, Bill Clinton, telefonou e mencionou "certo rumor de falta de confiança recíproca entre Tesouro e FMI, por um lado, e o Banco Central por outro". A demissão de Chico Lopes a essa altura já estava mais do que decidida. No dia 31, o economista Armínio Fraga formalizou a aceitação ao convite que lhe havia sido feito dias antes por Malan.

Chico Lopes havia permanecido menos de vinte dias na direção do BCB, no entanto foi tempo suficiente para deixar um notável legado. Criou o Comitê de Política Monetária (Copom) e substituiu o câmbio fixo pelo sistema flutuante ao implementar a controvertida "banda diagonal endógena". Seus feitos lhe renderam notoriedade – para o bem e para o mal. Lopes se tornou uma das figuras públicas mais comentadas do país ao espantar os riscos de uma crise sistêmica na economia brasileira, mas, infelizmente, acabou sendo envolvido em um assombroso escândalo financeiro ao tentar socorrer os bancos Marka e FonteCindam, que estavam alavancados em moeda estrangeira quando sobreveio a medida de flutuação cambial. Economista renomado, graduado pela PUC-Rio, filho do político mineiro Lucas Lopes, que foi o autor do Plano de Metas de JK (1956-1961), chegou a ser processado e preso em consequência dessas medidas. Há quem diga que Lopes é um herói injustiçado, e que, sem a intervenção do BCB orquestrada por ele, os bancos Marka e FonteCindam não teriam honrado suas posições na Bolsa, provocando um colapso sistêmico no mercado de capitais brasileiro.

O que podemos depreender dessa adoção do regime flutuante de taxa de câmbio é que ela veio de forma compulsória, tardia e confusa. De fato, o BCB tinha reduzido o raio de manobra da gestão cambial naquele início de 1999. A prolongada conjuntura de sobrevalorização cambial e de juros reais elevadíssimos havia deixado um rastro de destruição, tanto no setor produtivo nacional como nas contas públicas, e seu custo seria sentido pelos anos seguintes do segundo mandato de FHC.

O novo regime cambial de taxa flutuante foi instituído pelo Comunicado nº 6.565, de 18 de janeiro de 1999, do BCB, mediante o qual a autoridade monetária informou à sociedade que, a partir daquela data, "deixaria que o mercado definisse a taxa de câmbio, nos segmentos livre e flutuante, vindo a intervir, ocasionalmente, com o objetivo de conter movimentos desordenados da taxa de câmbio". Apesar do termo "ocasionalmente" sugerir a vigência de um regime de flutuação cambial de fato, que se aproximaria da "flutuação limpa", o Brasil havia optado naquele momento, na prática, por uma política cambial de "flutuação suja".

Nos meses seguintes, observamos as restrições de ação do BCB no mercado cambial que decorriam de três fatores: i) da impossibilidade de o BCB intervir no mercado futuro de câmbio devido à proibição imposta pelo FMI no âmbito do acordo de 1999; ii) do reduzido volume de reservas internacionais que poderia ser usado nas intervenções no mercado de câmbio à vista – inferior ao total disponível no ativo do BCB, devido aos limites impostos pelo acordo do FMI, num primeiro momento, sobre as intervenções e, a partir de agosto, sobre as reservas líquidas ajustadas; e iii) do volume já muito elevado do estoque da dívida mobiliária interna indexada à taxa de câmbio.

Já a forma de atuação do BCB nesse mercado praticamente não sofreria muitas alterações em relação ao período de câmbio administrado no que diz respeito ao método de transação. As duas circulares de maio de 1999 definiram que essa atuação permaneceria sob a intermediação dos bancos que atuam no mercado de câmbio e que deveria ser realizada mediante operações interbancárias, por leilão eletrônico ou telefônico, com oferta simultânea para, pelo menos, cinco desses agentes. A única mudança relevante foi em relação à transparência das intervenções: a autoridade monetária se comprometeu a informá-las ao mercado mediante o Comunicado Depin nº 6.873, de 20 de maio de 1999.

Com a posse de Armínio Fraga e de nova diretoria formada por jovens de alta qualificação técnica recém-saídos do mercado financeiro, inicia-se outra fase na economia brasileira, que aos poucos foi se consolidando ao longo do segundo mandato de FHC (1999-2002). Baseada no tripé câmbio flutuante/responsabilidade fiscal/metas de inflação, a nova política econômica ganhou tração e, aos poucos, a confiança na economia brasileira foi se consolidando.

CAPÍTULO 2

Exportar ou morrer

Ao longo das décadas de 1970 e 1980, o Brasil havia aprendido a exportar. Ou melhor, havia aprendido a vender para o mercado internacional, e não ser apenas comprado. Isso aconteceu não por mero acesso de voluntarismo nem por súbita vocação exportadora, mas por urgente necessidade de sobrevivência econômica. A crise do petróleo, em 1973, promoveu repentino aumento dos preços dos combustíveis, de 2 dólares para cerca de 12 dólares o barril. Para quem dependia de petróleo importado, era o prenúncio de uma crise econômica gigantesca. Naqueles anos, o Brasil importava cerca de 80% de todo o petróleo que consumia e, com o choque de preço, sua balança comercial tornou-se subitamente negativa. A situação das contas externas chegou a um ponto tão crítico que exigiu tratamento corretivo drástico. No Banco Central, nossas reservas externas eram suficientes para cobrir apenas três meses de importações. A primeira medida importante a ser tomada consistiria em restringir as importações, por meio de rígido controle administrativo das licenças de importação, e, ao mesmo tempo, procurar ampliar de modo significativo nossas exportações para o resto do mundo.

Ao assumir o comando do país em 1974, o presidente Ernesto Geisel anunciara que o Brasil não poderia prescindir do contínuo crescimento de sua economia, e que, portanto, "seríamos uma ilha de prosperidade em meio ao turbulento mar da economia mundial em profunda recessão". Para agravar o quadro, lembre que, no início da década de 1970, mais da metade do modesto valor exportado pelo Brasil era representado apenas por café em grão e café solúvel. Dependíamos da boa safra de café e da volatilidade de preços dessa *commodity* no mercado internacional. Poucas empresas brasileiras aventuravam-se a vender seus produtos no exterior. A experiência e a cultura exportadora dos empresários brasileiros ainda eram quase nulas.

O governo conseguiu estruturar um conjunto de políticas públicas de apoio e de incentivo às exportações, convocando assim os empresários brasileiros para um grande "esforço exportador", cujo objetivo maior era a geração das necessárias divisas em moeda estrangeira, que garantiriam o normal fluxo de importações. O comércio exterior brasileiro passou a ser cirurgicamente controlado pela então poderosa Carteira de Comércio Exterior do Banco do Brasil (Cacex), que agia como verdadeira agência do comércio exterior, tendo à frente de sua equipe o lendário diretor-geral, Benedicto Fonseca Moreira, que a chefiou de 1970 a 1983. No Ministério das Relações Exteriores ganhou destaque o Departamento de Promoção Comercial, sob a liderança de outro lendário personagem, o embaixador Paulo Tarso Flecha de Lima. Esses dois altos funcionários públicos foram os principais responsáveis pelo sucesso desse histórico *turn around* do comércio exterior brasileiro.

O exportador brasileiro era então um cidadão prestigiado, respeitado e saudado como um herói nacional, e nesse ambiente as exportações brasileiras rapidamente começaram a crescer e a se diversificar. A partir de 1973, o Brasil passou a incluir em sua pauta de exportações especialmente produtos manufaturados e a multiplicar o destino das vendas, incluindo muitos mercados pioneiros, tais como países africanos e asiáticos, que pela primeira vez recebiam produtos *made in Brazil*. A consequente geração de renda e empregos qualificados na indústria brasileira eram outros benefícios dessa empreitada, que mobilizou grande parte da economia nacional naquele período. "Exportar é o que importa", lembrava cotidianamente a propaganda oficial do governo federal.

A observação empírica nos ensina que nenhum país do mundo havia se tornado moderno e se desenvolvido plenamente sem que houvesse ocorrido antes um surto exportador, resultante de sua maior competitividade relativa e de sua melhor eficiência econômica. Assim ocorreu com a Alemanha, a Itália e o Japão no período logo após a Segunda Guerra Mundial. As estratégias bem-sucedidas de países em desenvolvimento no pós-guerra não eram tão diferentes nem exclusivas entre si. Tanto assim que as economias que tiveram que se concentrar mais no polo da substituição de importações, como foi o caso do Brasil nos anos 1950, bem como aquelas que puderam privilegiar mais a expansão das exportações, como ocorreu na Coreia do Sul ou em Taiwan, foram igualmente intervencionistas, no sentido de pôr em prática medidas de natureza tarifária, tributária e financeira, com esse objetivo estratégico, sendo apenas variantes nacionais da industrialização tardia liderada e promovida pelo Estado.

A inadequação dessa taxinomia entre mercado interno e externo se torna evidente quando notamos que os países que adotaram uma estratégia de desenvolvimento liderado pelo Estado com muito intervencionismo (logo, deviam ser vistos como praticando "substituição de importações") cresceram menos do que aqueles onde as exportações tiveram uma participação importante na demanda final autônoma da economia (logo, todos também deveriam ser classificados como "países com crescimento liderado pelas exportações"). O aumento das exportações implica maior ou menor escala no simultâneo crescimento do mercado interno, mas o inverso não é necessariamente verdadeiro. A existência de capacidade de escala de produção doméstica de meios de produção é fundamental para aliviar a restrição externa ao crescimento, visto que permite o controle da propensão marginal a importar, mesmo com crescimento da taxa de investimento. Assim, quanto maior a proporção dos meios de produção, que já é produzida internamente, menor é a propensão marginal a importar, associada a uma dada taxa de investimento, o que permite gerar considerável folga na situação externa. Essa foi a lógica econômica que predominou em muitos países no período pós-guerra.

A minha geração, que nos anos 1970 adentrava o mercado de trabalho, percebia na crescente atividade exportadora uma nobre e lucrativa oportunidade de carreira profissional. Naqueles anos, surgiram no país inúmeras instituições, como a Fundação Centro de Estudos de Comércio Exterior (Funcex) e a AEB (Associação Brasileira de Comércio Exterior), com o objetivo de reunir as empresas exportadoras, formar profissionais capacitados nas várias matérias relacionadas ao comércio internacional e organizar uma relação institucional e internacional para o comércio exterior brasileiro. Surgiram também, naquela época, inúmeras *trading companies* brasileiras, com o intuito de abrir novos mercados e promover as exportações, entre elas a Cotia Trading – da qual fui um dos fundadores, junto com meu amigo Paulo Brito, em 1975, depois seu diretor (1976-1984) e finalmente presidente (1985-1988). Nesse período de vida profissional visitei mais de setenta países, fui mais de cinquenta vezes ao continente africano e realizei centenas de viagens internacionais para os cinco continentes, inclusive para a China, onde estive pela primeira vez no longínquo ano de 1985.

Até a metade da década de 1980, a estratégia econômica brasileira de combinar audacioso programa de promoção de exportações com rígido programa de controle e substituição de importações estava sendo relativamente bem-sucedida. A partir de 1986, a crise da dívida externa ficou mais aguda para a maioria dos países em desenvolvimento, inclusive para o Brasil, e introduziu o fator de restrição externa ao crescimento econômico para quase todas as economias ditas emergentes (que, por ironia, em sua maioria submergiram nos anos 1980).

Os mercados externos encolheram e muitos se fecharam, fosse por rígido controle de importações, fosse por *default* nos pagamentos em moeda estrangeira. Operações de *countertrade* e de comércio compensado em conta gráfica passaram a ocorrer com frequência entre países emergentes. Era a chamada teoria dos *partners in trouble*.

Mesmo nessa conjuntura adversa e complexa, as exportações brasileiras de produtos manufaturados ainda predominavam na pauta exportadora do país e chegaram a representar, em 1985, o equivalente a 65% do total exportado pelo país, 12% do PIB brasileiro e cerca de 2% das exportações mundiais de manufaturados. Diante do agravamento da crise da dívida externa, em 1987 o Brasil entrou em regime de moratória e passou a depender quase que exclusivamente da geração de divisas das exportações para manter o fluxo contínuo de importações minimamente necessárias para o funcionamento de sua economia. O lema ali era "exportar ou morrer".

Ocorre que, ao assumir o governo em 1990, Fernando Collor de Mello, com uma visão reformista radical, eliminou de chofre toda a estrutura institucional do comércio exterior brasileiro. Extinguiu a Cacex por decreto e todo o aparato administrativo do comércio exterior brasileiro, sem colocar nenhuma outra estrutura em substituição. Eliminou-se também o programa Finex de financiamento às exportações e os poucos incentivos tributários que ainda vigoravam. Foram necessários anos para a reconstrução de um aparato de apoio e de gestão para o comércio exterior brasileiro. Em 1992 criou-se o Programa de Financiamento às Exportações (Proex), muito bem concebido pela então secretária de Indústria do Ministério de Economia, Dorothea Werneck, e que até hoje vigora, aos trancos e barrancos, pois tem sido mal executado pelas autoridades fazendárias. Em 1994 o BNDES resolveu criar seu próprio programa de financiamento às exportações, denominado BNDES Exim. Mas tudo isso era muito pouco diante do desafio que ainda tínhamos pela frente.

O real se valorizou gradualmente em relação ao dólar e chegou a ser cotado a R$ 0,68, o que parecia inimaginável para qualquer analista financeiro alguns meses antes. Tal prática foi de inegável importância para debelar a inflação da moeda nacional, mas era lastreada na entrada maciça de fundos externos de curto prazo, visando especialmente capturar lucros na arbitragem de juros no mercado brasileiro. Esse fluxo de curto prazo proporcionou dezenas de bilhões de dólares de liquidez externa para o Banco Central, mas era fruto de reservas voláteis, atraídas ao Brasil por uma taxa de juros exorbitante, gerando absurda transferência de renda aos rentistas estrangeiros, que, ao primeiro susto, poderiam subitamente ir embora, no chamado "efeito manada". Era uma situação de alto risco, mas que iludia muita gente que acreditava naquela falsa valorização do real. Um verdadeiro "autoengano" tomou conta do mercado. Para os exportadores brasileiros, foi um autêntico desastre a perda de rentabilidade e competitividade relativa em razão dessa política cambial unidirecional e equivocada.

Não foi nem uma nem duas, mas talvez dezenas de vezes que publiquei artigos sobre a política cambial naquela conjuntura, e procurei inúmeras vezes o presidente FHC e seus ministros para falar desse tema, além de escrever a eles dezenas de cartas relatando minha opinião, na condição de um dos economistas do PSDB, e sugerindo medidas compensatórias de apoio às exportações. Dois de seus ministros pensavam da mesma forma que eu e apoiavam as mudanças na política econômica em curso: José Serra e Clóvis Carvalho. Vez ou outra, o presidente FHC respondia às minhas cartas com breves comentários, sempre agradecendo a contribuição e dizendo que iria falar a respeito com a equipe econômica e com o secretário executivo da então recém-criada Câmara de Comércio Exterior da Presidência da República (Camex), embaixador Sérgio Amaral.

O pouco que havia sobrado de quadros burocráticos e instrumentos de ação da Cacex, principal agência de formulação da política comercial desenvolvimentista nos anos 1970 e 1980, era um arcabouço institucional pulverizado, com sobreposição e partilha de competências e ausência de um organismo coordenador das ações dos ministérios e agências. A debilidade institucional foi ainda mais acentuada, porque o comércio exterior não era uma das prioridades do governo de Itamar Franco, no qual toda a atenção fora destinada para a questão da estabilidade monetária.

No início do governo FHC, havia três ministérios que dividiam entre si as principais incumbências do comércio exterior brasileiro, e não havia nenhuma atividade de coordenação nem de intermediação para resolver questões que envolvessem competências partilhadas. Foi logo no seu primeiro ano de mandato que surgiu a Camex. Em sua concepção original, a Camex seria um conselho de ministros relacionados ao comércio exterior – órgão que, além de ser ligado diretamente à presidência da República, estaria sediado no Palácio do

Planalto, o que lhe conferia grande poder convocatório. Nesse formato, as reuniões da Camex possuíam a simbologia presidencial, sendo prestigiadas pelos ministros que a compunham, mesmo sem possuir competências operacionais que lhes permitissem deliberar. A Camex foi criada em 1995, para exercer o papel de catalisador institucional do comércio exterior brasileiro, como também de coordenador de políticas públicas relativas a ele.

Foi numa dessas visitas ao Palácio do Planalto, em setembro de 1995, para conversar sobre a criação da Camex, que estive com o ministro-chefe da Casa Civil, Clóvis Carvalho, engenheiro paulista com marcante passagem pelo setor privado e que exercia com empenho sua função na presidência da República. Expus a ele minha opinião sobre a necessidade de revigorar a cambaleante atividade exportadora brasileira e, entre outras medidas em discussão, perguntei: "Por que não criarmos no governo federal uma agência brasileira de promoção das exportações no mesmo estilo das agências europeias?"

Ele me respondeu que, naquele momento de austeridade fiscal, era absolutamente impossível, não havia dinheiro no orçamento para isso. Lembrei a ele que poderia haver uma alternativa: o Sebrae, que é uma entidade privada sem fins lucrativos e de interesse público, tinha sua função de apoio ao empreendedorismo nacional, especialmente dedicado à promoção de pequenas e médias empresas. E que lá, naquele momento, havia mais de R$ 1 bilhão em caixa, e esses recursos poderiam ser usados, pelo menos em parte, para promover as exportações brasileiras em mercados externos, organizando missões comerciais, participação de empresas brasileiras em feiras e exposições internacionais, pesquisas de mercado e propaganda institucional da imagem do Brasil como país exportador confiável, competitivo e de produtos de qualidade, entre outras atividades.

A reação positiva dele foi espontânea e imediata. Ligou na mesma hora para o então presidente do Sebrae, Sérgio Moreira, conferiu com ele que a liquidez financeira daquela instituição era mesmo enorme naquele exercício e chamou-o imediatamente ao Palácio do Planalto. Poucos dias depois, estava pronto um decreto da presidência da República criando a Agência de Promoção de Exportações – Apex –, vinculada inicialmente ao Sebrae, até que, em 2003, já na gestão petista, se obteve para ela um orçamento próprio, e a Apex se estabeleceu definitivamente como órgão de apoio à promoção das exportações e de atração de investimentos externos para a economia brasileira. Seu primeiro presidente, Frederico Alvarez, tomou posse dias depois daquele meu encontro com o ministro Clóvis Carvalho e logrou dar existência à Apex que até hoje conhecemos.

Apesar desses espasmos esporádicos de atenção ao comércio exterior brasileiro, prevalecia ainda na política macroeconômica introduzida pelo Plano Real um forte viés antiexportação, resultante principalmente da política monetária de juros elevados e de intencional sobrevalorização cambial, que tornava nossas exportações mais caras e menos competitivas no mercado internacional. Por outro lado, estimulava as importações, criando forte concorrência dos produtos importados com a produção nacional no mercado doméstico. Como resultado, a balança comercial apresentava um saldo crescentemente negativo, que agravava o déficit em contas-correntes externas, o qual já atingia em 1997 um nível alarmante, superior a 4,5% do PIB nacional.

Foi quando ocorreu a surpreendente crise cambial dos países chamados Tigres Asiáticos, levando pânico ao sistema financeiro internacional. Coreia do Sul, Malásia, Tailândia, Indonésia, Filipinas, entre outros países daquela região, se destacavam pelas altas taxas de crescimento econômico nos anos anteriores, mas apresentavam também crescentes déficits no balanço de contas-correntes externas, e de repente se viram em grave risco de iliquidez em moedas estrangeiras, maciça fuga de capitais e reação em cadeia, em escala internacional. Até a poderosa e sólida economia japonesa viu-se afetada por aquele solavanco que abalou a economia mundial. O FMI interveio, com um programa de ajuda de US$ 40 bilhões aos países mais afetados, a fim de amenizar as consequências da crise financeira asiática.

A crise foi intensamente analisada por economistas das mais variadas escolas de pensamento econômico, em razão de sua amplitude, velocidade e dinamismo. A grande lição que ficou é que o sistema financeiro internacional se mostrava arredio e vulnerável quando países apresentavam tendência contínua e crescente de déficits em contas-correntes externas, ultrapassando o limite tolerável de

4% a 5% do PIB. Além disso, a liquidez externa da economia ficava comprometida e se tornava insustentável, e era previsível a ocorrência de um *default* para breve.

A forma como a crise contaminou a economia mundial também foi surpreendente, pois, com a queda do comércio e do PIB mundial, despencaram junto os preços das principais *commodities,* e muitos países exportadores de produtos primários viram o valor de suas exportações ser reduzido subitamente. O petróleo, que estava cotado a 30 dólares o barril em 1996, viu seu preço despencar para 11 dólares. Logo depois, alguns países da Organização dos Países Exportadores de Petróleo – OPEP – também entraram em crise.

Com a Rússia, que desde o início da década havia adotado uma política econômica neoliberal e até 1998 mantinha uma política cambial de paridade do rublo com o dólar, não foi diferente. Com a queda do preço do petróleo, principal item de exportação da Federação Russa, ruiu a insustentável paridade cambial, e repentinamente a Rússia se tornou inadimplente nos seus compromissos com a dívida externa. A reação imediata foi uma fuga maciça de capitais estrangeiros e nacionais. Estava claro para os principais economistas do mundo que o caminho a ser adotado a partir dessas duas crises, a asiática e a russa, era o de introduzir com vigor uma rígida política fiscal, reduzindo gastos do governo, e ao mesmo tempo provocar a desvalorização do câmbio por meio da adoção do regime flutuante, que proporcionaria o gradual ajuste da balança de pagamentos através do fluxo de câmbio da economia.

Os efeitos dessas duas crises também chegaram ao Brasil, e a economia brasileira viu-se ameaçada por estar ainda convivendo com um alto déficit fiscal, um crescente déficit de contas-correntes externas e um regime de câmbio sobrevalorizado induzido pela captação de capitais externos de curto prazo, que vinham somente arbitrar o *spread* entre juros externos e internos. E 1998 era um ano eleitoral no Brasil. O presidente FHC, que buscava sua reeleição, sabia que teria de esperar passar o período eleitoral para não ver ameaçada a sua popularidade resultante do Plano Real, que debelara a hiperinflação em 1994. Tudo foi feito para adiar a crise anunciada, mas o presidente e sua equipe econômica fingiam ignorar os alertas, que vinham de muitas partes.

Em agosto de 1998, eu ousei escrever mais uma carta ao presidente, revelando minha opinião sobre a débil situação da economia brasileira e a premência de realizar vigoroso programa de exportações que pudesse gerar, em curto prazo, um superávit na balança de pagamentos, ao mesmo tempo que iria promover novos investimentos na expansão e na modernização da capacidade produtiva, reduzindo o elevado desemprego, que se transformava em delicada crise social. Soube logo depois, por fontes próximas ao presidente, que ele havia lido a carta com a devida atenção e a distribuíra para alguns de seus ministros próximos e conselheiros econômicos.

Todo plano deve ter uma meta, um propósito claro, com métrica definida, e deve ser também de conhecimento e compromisso de todos os envolvidos em sua execução, ou o plano ficará incerto quanto ao seu desempenho e sua trajetória. Minha intenção era que houvesse um plano para expandir de forma significativa o coeficiente exportador da economia brasileira. A definição da meta deveria passar por uma reflexão e avaliação preliminar, e deveria ser minimamente exequível, para não parecer nem excessiva, nem utópica, nem modesta demais, não a ponto de representar um desafio para os seus executores. A meta não poderia ser vista apenas como uma peça de retórica ou um ato de voluntarismo pessoal. Nessa avaliação se levaria em conta nossa posição relativa no comércio mundial, que era ínfima: 0,8%, quando nosso PIB era algo ao redor de 3% do PIB mundial, ou seja, relativamente quatro vezes maior.

Deveria ainda ser observado que objetivávamos estimular uma pauta relativamente diversificada, com muitos produtos manufaturados, inclusive alguns de crescimento dinâmico e de altos e médios valores agregados. Era necessário considerar também que o universo de exportadores brasileiros ativos era insignificante: 80% das exportações brasileiras eram realizadas apenas pelas 380 maiores empresas exportadoras. Caberia multiplicar, em poucos anos, o esforço empresarial nas exportações, por meio de estímulos fiscais, financeiros e cambiais, que assegurassem bons resultados aos exportadores. Como diria lorde Keynes, "seria preciso despertar o espírito animal (*animal spirit*) dos exportadores brasileiros".

No final de minha carta, depois de fazer uma série de simulações econométricas, sugeríamos ao presidente FHC o lançamento de uma meta desafiadora, que deveria ser publicamente anunciada e perseguida para criar confiança na recuperação da economia brasileira: US$ 100 bilhões em exportações em 2002! O mantra era novamente o célebre "exportar ou morrer".

Talvez essa carta tenha inspirado o presidente e sua equipe a contratar o renomado consultor Vicente Falconi para elaborar às pressas um plano de exportações que condensou várias dessas ideias em debate e, por fim, sugeriu a estrutura matricial de setores e funções que formaria a ferramenta de trabalho conhecida como Plano Especial de Exportações, lançado com a meta de US$ 100 bilhões para o final de seu mandato, em 2002.

Dentro da equipe econômica do governo FHC havia dois grupos distintos de pensamento econômico: o grupo chamado de monetaristas ortodoxos, integrado pelos ocupantes do ministério da Fazenda e do Banco Central do Brasil, e o grupo de desenvolvimentistas, mais disperso e menos poderoso, liderado pelo ministro José Serra, e também pelos ministros Clóvis Carvalho, Luiz Carlos Mendonça de Barros e o presidente do BNDES, André Lara Resende. Os embates foram permanentes, e por vezes um grupo predominava sobre o outro, mas devemos admitir, à luz da experiência vivida, que houve muita morosidade nos processos decisórios, quando não absoluta inércia no desempenho de certos objetivos governamentais.

O Ministério da Fazenda e a Secretaria da Receita Federal eram uma verdadeira fortaleza diante de outros ministérios. Enquanto o ministro Pedro Malan e sua equipe permaneceram intactos nos oito anos de mandato do presidente FHC, no Ministério do Desenvolvimento, Indústria e Comércio Exterior (MDIC) e na Camex a média de sobrevivência de seus titulares era de pouco mais de um ano, diante do inevitável desgaste das relações interministeriais naquele período.

Foi no meio de um desses imbróglios de disputa ministerial que, de repente, eu me vi envolvido num dos maiores desafios de minha carreira profissional. Quando o executivo Alcides Tápias foi convidado pelo presidente FHC para assumir o MDIC, eu fiquei entusiasmado. Teríamos um interlocutor muito qualificado e muito experiente para executar o Plano Especial de Exportações – PEE –, bem idealizado e concebido, mas ainda inerte no papel, porque muito do que precisaria ser feito dependia de ações coordenadas com o Ministério da Fazenda, que não demonstrava nenhum empenho em levá-lo adiante, talvez por ter sido keynesiano demais.

MINISTROS DA FAZENDA E DO DESENVOLVIMENTO E SECRETÁRIOS DA RECEITA FEDERAL E DA CAMEX DURANTE O GOVERNO FHC

Ministros da Fazenda	Secretários da Receita Federal	Ministros do Desenvolvimento (MICT e MDIC)	Secretários Executivos da Camex
Pedro Malan (1995-2002)	Everardo Maciel (1995-2002)	Dorothea Fonseca Werneck (1995-1996)	Sérgio Amaral (1995)
		Francisco Neves Dornelles (1996-1998)	José Tavarez de Araújo (1995-1996)
		José Botafogo Gonçalves (1998)	José Frederico Alvarez (1996-1998)
		Celso Lafer (1999)	José Roberto Mendonça de Barros (1998)
		Clóvis de Barros Carvalho (1999)	José Botafogo Gonçalves (1999-2000)
		Alcides Tápias (1999-2001)	Roberto Giannetti da Fonseca (2000-2002)
		Sérgio Amaral (2001-2002)	

Foi quando, depois de várias reuniões com o ministro Alcides Tápias e o embaixador José Botafogo, então ocupando a secretaria executiva da Camex, num certo dia de fevereiro de 2000, atendi um telefonema do primeiro dizendo que o presidente FHC havia concordado em apoiar o MDIC e a Camex na execução do PEE, mas que havia uma condição: que eu assumisse a Camex no lugar do embaixador Botafogo, que na sua trajetória diplomática seguiria logo mais para ocupar uma embaixada no exterior. Pedi um tempo para pensar e percebi que não poderia recusar aquele convite. Era o momento de fazer um sacrifício pessoal e profissional, arregaçar as mangas e mergulhar fundo naquela função que eu considerava estratégica para a economia nacional.

Depois de dois anos e quatro meses à frente da Camex, creio que chegou a hora de revelar alguns dos principais momentos daquela fase de minha vida em que estive envolvido diretamente em vários episódios importantes da economia brasileira. Certamente, vejo hoje que eu teria me arrependido se não houvesse aceitado o convite do presidente FHC e do ministro Tápias, mas também devo admitir que eu poderia ter feito muito mais se tivesse tido maior apoio de outros integrantes do governo FHC e do próprio presidente. O ânimo exportador da classe empresarial havia sido recuperado, mas não o suficiente para cumprir a meta desejável que havíamos estabelecido. A meta de R$ 100 bilhões em exportações em 2002 ficou longe de ser atingida, foi minha maior frustração, deixei-a para os sucessores. Hoje sabemos que ocorreram inúmeros fatores imponderáveis que impediram seu cumprimento, como a crise argentina de 2000-2001, a crise do ataque terrorista nos Estados Unidos, em 11 de setembro de 2001, e a crise do apagão de energia elétrica no Brasil. Mas esses são temas que trataremos em outros capítulos, mais adiante.

CAPÍTULO 3

Nestor e os wet blues

Logo nas primeiras semanas após ter assumido a secretaria executiva da Camex, em fevereiro de 2000, minha agenda transbordou de reuniões, palestras, entrevistas e viagens que apareceram repentinamente. Sempre trabalhei muito na vida, mas talvez nunca tanto como naquelas primeiras semanas de Camex. Eram doze a catorze horas seguidas, muitas vezes sem almoçar direito e saindo para jantar às 22h na Academia de Tênis, em Brasília, onde havia alugado um pequeno chalé naquele território conhecido como *habitat* de ministros e outras autoridades, que vinham para trabalhar temporariamente na capital federal e ali ficavam mais preservados do que em hotéis do circuito turístico-comercial.

Entre os que logo solicitaram uma audiência comigo havia um grupo de empresários liderados por destacado empreendedor gaúcho, Nestor Herculano de Paula, que, além de presidente da Abicalçados, era também presidente da Azaleia – fábrica de calçados que começara num fundo de quintal, na década de 1960, e que se tornara uma das maiores produtoras e exportadoras de sapatos femininos do mundo. Nunca havia encontrado o Nestor antes daquele dia, mas sabia de sua fama como empresário *self made man* e de sua liderança no meio empresarial gaúcho como um dos precursores da moderna indústria calçadista do país.

Nestor de Paula construiu uma trajetória formidável, de dimensão nacional, e merece ser aqui referenciado, pois não só era uma pessoa admirável por qualquer prisma, como acabou se tornando meu grande amigo nos seus últimos anos de vida. Sabia até então, pela imprensa, que ele havia iniciado sua carreira profissional na infância, nos anos 1960, como entregador de solados de sapatos, e, aos 60 anos de idade, depois de quarenta anos de muito trabalho e empreendedorismo, era o fundador e principal dirigente de uma indústria na pequena cidade de Parobé, no Rio Grande do Sul, que em 2000 já produzia cerca de 45 milhões de pares de calçados femininos esportivos por ano, com faturamento acima de R$ 800 milhões anuais. Em 2000, suas exportações de calçados femininos eram realizadas com a marca Azaleia "made in Brazil" para mais de 70 países.

Nestor era também um homem com forte visão social, o que me fazia de imediato ter muita simpatia pela sua pessoa. Sua preocupação com a qualidade de vida dos funcionários era conhecida, e levou-o a criar espaços para atividades esportivas e de lazer e a construir um complexo habitacional para os empregados, ainda nos anos 1980. Sob sua inspiração e liderança, a empresa inovou, criou e definiu novos padrões de relacionamento patrão/empregado. Assim, nessa linha de atuação empresarial, foram fixadas diretrizes pela direção da empresa que buscavam a lucratividade com distribuição de lucros aos funcionários desde 1983. Até 2002, conforme números da própria empresa, já haviam sido distribuídos mais de US$ 65 milhões de bônus e gratificações entre os colaboradores por metas alcançadas. Nestor de Paula dizia que "atrás de uma máquina sempre há gente". Não era apenas uma frase de efeito ou mera retórica; ele, de fato, fez dessa máxima uma filosofia de vida.

Marcada a audiência na Camex, pontualmente adentraram no meu gabinete cerca de dez empresários do setor couro-calçadista, um dos segmentos então líderes da pauta exportadora brasileira.

Quase todos eram empresários gaúchos do Vale dos Sinos, um *cluster* formado por empresas calçadistas exportadoras que haviam sido fundadas décadas antes, principalmente por imigrantes alemães. Vieram com Nestor presidentes e diretores das empresas Reichert, Schmidt, Paquetá, Dilly, Maide, Andreza, Daiby, entre outras.

Nestor pediu a palavra, se apresentou e também cada um dos demais, iniciando o pleito que traziam a mim naquele dia. O setor calçadista estava enfrentando um problema inédito: a escassez e o consequente encarecimento de sua principal matéria-prima, o couro, outrora abundante e barato no mercado nacional. Eu pouco entendia desse segmento industrial e me dispus a ouvir com atenção e a aprender suficientemente antes de fazer qualquer juízo de valor sobre o pleito que se anunciava. Por que isso estava acontecendo somente agora? O que havia mudado na indústria para que isso ocorresse? Era uma questão de negociação de preço entre fornecedor e indústria ou, de fato, faltava o produto físico para entrega? Quais eram os elos da cadeia produtiva do setor? Quem eram os principais produtores e fornecedores de couro para a indústria calçadista? Esse problema era localizado no Rio Grande do Sul ou ocorria em todo o país? As perguntas iam sendo respondidas uma a uma pelos presentes, e aí fui formando uma opinião de que haveria necessidade de imediata solução, de forma a evitar o colapso das exportações de calçados pela súbita falta de couro para suprir a indústria nacional.

O Brasil já estava, naquela época, entre os maiores exportadores de calçados no *ranking* mundial: em 1999, o setor produzia mais de 500 milhões e exportava 163 milhões de pares, com preço médio de US$ 9,50 por par. O grande objetivo do setor naquele momento era a recuperação de mercados externos que o país perdera em razão da sobrevalorização cambial após o Plano Real, o que havia encarecido nossos produtos no exterior e permitido um espaço livre para nossos concorrentes diretos conquistarem nossos clientes em outros países. O volume de exportação em 1999 aproximava-se dos melhores anos da década de 1990. Era nítida a sensibilidade do mercado calçadista às variações de preço e de câmbio, ao mesmo tempo que se demonstrava a capacidade dos produtores nacionais em se manter num mercado cada dia mais competitivo.

A assessoria da Camex já havia preparado um *briefing* sobre o desempenho do setor coureiro, indicando que ele era, em primeiro lugar, subordinado à demanda da indústria calçadista nacional e, em segundo lugar, à demanda dos consumidores externos. Isso explicava o comportamento atípico em relação às flutuações do câmbio. Quando a indústria calçadista nacional reduziu sua produção, a partir de 1995, os curtumes, sem alternativa no mercado interno, tiveram que ampliar sua exportação, a despeito do câmbio desfavorável. A conquista de mercados externos como substitutos do mercado interno ocorrera via exportação de semiacabados, o que havia evoluído para o acirramento da disputa e crescente desagregação entre os diversos segmentos da cadeia produtiva quanto à exportação de produtos de baixo valor agregado.

Entendi também que os grandes fornecedores de couro no elo inicial da cadeia de valor eram obviamente as centenas de frigoríficos e abatedores de bovinos espalhados pelo país, que tinham, em sua maioria, o costume de vender o couro para curtumes na forma conhecida como *wet blue*, ou seja, o couro cru que depois do abate recebe umas pinceladas de um produto químico de cor azul, para preservar a peça de couro até seu tratamento no curtume.

O couro *wet blue* era tradicionalmente um subproduto da indústria da carne bovina, de interesse marginal dessa indústria. Poucos frigoríficos até então haviam investido na verticalização da indústria, promovendo o beneficiamento do couro antes de vendê-lo, acabado ou semiacabado, à indústria de transformação final. Naquela época, eram abatidos no país cerca de 30 milhões de cabeças, portanto deveria haver maciça oferta de couro *wet blue* para a indústria de curtume e calçados, mas isso não ocorria mais e se transformara num grave problema, pois desde 1998 a falta de couro local vinha aumentando e os preços do *wet blue* no mercado doméstico subiam gradualmente. E para onde estava indo o maior volume de couro *wet blue* que faltava à indústria brasileira? Para a China, todos responderam quase simultaneamente.

A China novamente entrava em cena, e víamos perplexos a ascensão, em menos de vinte anos, de meros figurantes para grandes protagonistas do comércio mundial. Com estratégias claras e agressivas, conseguiam capturar a produção global de alguns produtos selecionados, especialmente integrantes daqueles setores de mão de obra intensiva e de média e baixa tecnologia, fáceis de serem absorvidos e adaptados ao parque industrial chinês. Para alguém como eu, economista de formação que havia estudado com afinco a história do pensamento econômico e lido Karl Marx, Adam Smith, Keynes, Hayek, entre outros, aquela experiência da economia chinesa era surpreendente e fascinante.

Em 1998, quando ainda estava na atividade privada, atuando em comércio exterior, estive em Hong Kong por uma semana e me impressionara com o vibrante clima da economia chinesa, crescendo a taxas espetaculares de até 15% ao ano. Num dia em que estava mais livre, consegui autorização para visitar a fábrica de alguns clientes do outro lado da fronteira, na província de Guangdong, onde proliferavam milhares de novas empresas industriais, empregando milhões de trabalhadores chineses que migravam das miseráveis áreas rurais para os centros industriais urbanos à procura de emprego, renda e sobrevivência. As cenas a que assisti jamais sairão de minha memória. As fábricas, na Zona Especial de Exportação, eram quase todas de mão de obra intensiva, cada qual contando com um verdadeiro exército de operários, todos com uniforme de brim e, como num formigueiro, trabalhando em absoluta disciplina, de doze a catorze horas por dia, sem direito a greve e muito menos reclamação por qualquer motivo. Havia imensos prédios-dormitório dentro de cada fábrica, onde os operários se revezavam nas camas e nos quartos coletivos. Quando terminava o turno de um e este vinha descansar, acordava o outro para liberar o leito e ir trabalhar.

Lembro-me de que uma das fábricas que visitei era justamente de calçados, e havia ali alguns brasileiros "importados" a peso de altos salários, todos vindos exatamente do Vale dos Sinos, no Rio Grande do Sul. Atraídos pelos salários e bônus milionário oferecidos pela indústria da China, estavam ali para ensinar aos chineses as técnicas de design, produção e controle de qualidade, de forma a tornar o produto local equivalente em estilo e qualidade aos dos concorrentes brasileiros, mas com custo de produção muito inferior. Soube que naquela época havia cerca de quatro mil brasileiros vivendo na região sul do território chinês, em posições gerenciais relacionadas à atividade calçadista e ao vestuário. De praticamente zero em 1985, já no início dos anos 2000 os chineses exportavam principalmente para os Estados Unidos e para a Europa cerca de 1 bilhão de pares de calçados, com valor aproximado de US$ 5 bilhões. Fiquei chocado com a situação, e essa lembrança certamente voltou à minha mente enquanto ouvia a introdução do Nestor.

Fiquei também impressionado com as informações que me deram sobre o emprego no complexo coureiro-calçadista brasileiro. Não imaginava que havia tanta gente por trás das máquinas industriais brasileiras de calçados, agora com seus empregos em risco. O setor representava 5,1% do total do emprego industrial formal do país. Estimava-se que, em 1999, havia 700 mil trabalhadores formalmente empregados na cadeia de calçados, na qual estavam não apenas as indústrias de couro e calçados, mas também subsidiárias especializadas no setor calçadista, tais como as de máquinas, de componentes e químicas. O segmento de calçados de couro caracteriza-se pelo uso de mão de obra intensiva, pela predominância de empresas de pequeno e médio portes e por um nível relativamente baixo de inovação tecnológica. Tendo em vista sua capacidade de exportação, seu mercado interno e a natureza intensiva do trabalho, o Brasil era um dos maiores empregadores do mundo no setor. Mas agora, de repente, havia milhões de trabalhadores chineses querendo substituir os brasileiros no mercado internacional. A disputa de trabalho e emprego também fazia parte daquele jogo, que se acentuava na virada do século XX para o século XXI.

Aprendi, também nessa primeira reunião com Nestor, que a agregação de valor de cada etapa do processo produtivo da indústria do couro é bastante elevada. Do couro *wet blue* o vendedor conseguia, naquela época, US$ 30,00 por peça. Se o couro já fosse tratado, o preço subia para cerca de US$ 70,00 a peça, e, se transformado em sapato, poderia ir de US$ 150,00 a US$ 300,00, em média. E mais: se transformada em couro de sofá ou de assento de veículo de luxo, a mesma peça poderia chegar a US$ 1.000,00. Era impactante a elevada agregação de valor que poderia ser capturada pela economia nacional, caso fosse possível processar a maior parte do *wet blue* em nosso próprio país e não deixá-la nas mãos de países no exterior.

A exportação do produto primário é uma prática comum em países de baixo desenvolvimento, sem maior escala industrial, sem tecnologia disponível ou sem capacidade de investimento. Obviamente, nenhuma dessas condições se aplicava ao Brasil, já que o que restringia a evolução competitiva de nossa indústria era a total ausência de estratégia industrial integrada, entre os diversos elos da cadeia produtiva e entre o setor público e o privado. Compreendi que essa deveria ser a nossa missão naquele momento.

Outros aspectos da indústria do couro que eu mal conhecia ainda foram citados pelos empresários: o couro não poderia ser "machucado", com cicatrizes provocadas pelo arame farpado ou por maus-tratos no abate. O controle de qualidade deveria ser rigoroso, para garantir a boa aparência do produto. Para isso seria fundamental um processo colaborativo permanente entre pecuaristas, frigoríficos e curtumes, de forma a valorizar o couro nacional. Importante também seria um programa de financiamento pelo BNDES e bancos regionais, para expandir rapidamente a capacidade de processamento de couro no país. O mercado havia crescido muito naqueles últimos anos, mas a indústria nacional estava defasada em capacidade produtiva e em tecnologia industrial do setor. Havia uma estimativa de que cerca de US$ 500 milhões eram desperdiçados anualmente, em razão das práticas ineficientes da cadeia produtiva do couro, devido a uma completa ausência de políticas públicas consistentes com essa indústria no contexto de maior concorrência internacional a cada ano.

Nestor rodeou e chegou ao ponto nevrálgico da conversa, na conclusão de toda aquela aula sobre o setor coureiro calçadista: "Secretário, o que nós queríamos mesmo é que o senhor proibisse os frigoríficos de exportar couro *wet blue*, porque, se nós não tirarmos ou encarecermos a matéria-prima para os concorrentes chineses, eles vão tomar todo o mercado americano de nós!" O assunto decerto era novo para mim, como recém-empossado secretário executivo da Camex, mas eles já o vinham debatendo com autoridades federais e estaduais. Argumentavam como poderiam fazer algo nessa linha desde 1998, quando a concorrência chinesa na compra de *wet blue* ficou mais agressiva. Tentavam agora uma nova oportunidade com um novo interlocutor, talvez mais atento, e que seguiria sua razão, sem outros critérios que não o interesse do país e da economia brasileira. Estava lançado o problema e o desafio. Lembrei-me no final da audiência de um velho provérbio atribuído a Karl Marx: "Um problema só surge quando estão presentes todas as condições para solucioná-lo".

Percebi de imediato que a tal proibição de exportação de couro *wet blue* seria uma violência burocrática, provavelmente com contestação na Organização Mundial do Comércio, a OMC, e a China e os europeus reagiriam ferozmente. Uma iniciativa mais radical por parte do governo brasileiro poderia desmoralizar a boa causa que tínhamos em mãos para viabilizar. Eu sabia que a OMC permitia aos países--membros signatários a imposição de cotas de exportação, ou mesmo de impostos de exportação, como medida de natureza regulatória, para garantir em certas circunstâncias o suprimento de insumos básicos à indústria local. Despedi-me dos simpáticos empresários gaúchos, mas não sem antes combinar com Nestor uma visita a Porto Alegre e fazer uma palestra e um debate na Federação das Indústrias do Estado do Rio Grande do Sul, a Fiergs.

Chamei logo em seguida minha equipe e dei-lhe a missão de estudar a legislação e a jurisprudência recente de impostos de exportação no Brasil e no mundo. Havia, porém, uma pergunta cuja resposta não tinha sido devidamente apresentada pelos empresários calçadistas: por que os frigoríficos preferiam exportar couro *wet blue* para os chineses a vendê-lo no mercado interno? A resposta óbvia era uma só: briga de preço, e estariam procurando a Camex para tentar pôr um ponto final naquela contenda, e o pleito de proibição das exportações seria um golpe de mestre se fosse admitido pelo novo secretário. Sobravam justificativas econômicas e razões estratégicas para basear uma medida de política industrial desse tipo, mas não tão radical. A alternativa do imposto de exportação me parecia mais factível para aquela situação. Mas, antes de avançar no assunto, resolvi convocar os frigoríficos para ouvir o que eles tinham a dizer a respeito de suas volumosas exportações de *wet blue* para o mercado chinês. Conhecia bem o setor e vários de seus empresários, já que, durante minha atuação na Cotia Trading, na década de 1980, fomos um dos maiores exportadores brasileiros de carne bovina do Brasil.

Logo adiante nos reunimos com Antônio Russo, proprietário do Frigorífico Independência, com Edivar Vilela de Queiroz, do Frigorífico Minerva, e outros. O fato era que, até janeiro de 1999, os empresários calçadistas pagavam aos frigoríficos o valor em reais equivalente ao preço em dólares do *wet blue* no mercado internacional. Após a adoção do regime de câmbio flutuante, e a consequente desvalorização do real, o preço de exportação havia ficado mais atrativo que o praticado no mercado doméstico, e os calçadistas reagiam ao reajuste cambial do valor do couro. Além disso, o volume de importação de *wet blue* pelos chineses tinha mais do que dobrado em apenas dois anos, pois havia lá dezenas de novas unidades industriais de calçados sendo instaladas todos os anos, com o objetivo de exportação para o mercado norte-americano, em concorrência direta com a indústria brasileira. E, finalmente, o argumento financeiro dos frigoríficos, de que a exportação de couro lhes permitia maior volume de crédito com os bancos nacionais na forma de Adiantamento de Contrato de Câmbio (ACC), um recurso de curto prazo, denominado em dólares, e com uma taxa de juros inferior à do mercado de financiamento em reais. Suas razões também eram legítimas e boas para justificar a nova política de exportar maior volume de *wet blue*.

Cabia agora à Camex digerir todas essas informações de um lado e do outro e olhar com maior atenção para o terceiro e último vértice dessa questão, que deveria ser sempre o ponto decisivo para a futura tomada de decisão por qualquer funcionário do Estado: o interesse público. Alguns fatores pesavam mais nessa equação: a geração de empregos na indústria de calçados, a agregação de valor à matéria-prima nacional pela indústria exportadora nacional, a maior geração de divisas para um país ainda lidando com problemas de balanço de pagamentos, a maior competitividade relativa dos exportadores brasileiros diante de uma concorrência agressiva de novos produtores internacionais, como era o caso da China. De outro lado, numa economia de mercado, quanto menor a interferência do Estado, melhor seria para a eficiente alocação de recursos pelos agentes privados, e deveríamos buscar a preservação de um bom comportamento com nossos parceiros no mercado internacional, assim como o respeito às regras de comércio internacional acordadas no âmbito da OMC. Analisados os ângulos do assunto, fizemos uma nota técnica recomendando o que julgamos ser a melhor opção: a aprovação de um imposto de exportação temporário sobre o couro *wet blue*, com alíquota incidente de 15% sobre o valor FOB (*Free on Board*) da mercadoria exportada.

Antes de distribuir a nota técnica para os ministros do conselho da Camex, a quem cabia por unanimidade ter a palavra final naquela tomada de decisão, fui falar com o ministro Alcides Tápias, a quem expus detalhadamente o arrazoado daquela recomendação. Ele me olhou meio espantado e me aconselhou: "Acho que você pode ter razão nessa proposta de taxação das exportações de couro, mas você está procurando sarna pra se coçar! Esse assunto vai gerar muita polêmica, e você vai se desgastar com a indústria frigorífica e com o ministro da Agricultura. Mas, se é para fazer, vamos fazer bem-feito: um programa completo de estímulos ao investimento para agregar valor ao produto, aumentar a produtividade e a qualidade e gerar empregos. Procure também falar antes com os ministros Pratini de Moraes e Pedro Malan e, assim que puder, organize uma reunião aqui no meu gabinete com os ministros e com os presidentes das associações de classe dos dois lados juntos. Até que haja razoável consenso entre nós, sigilo absoluto, ou o assunto morre na praia".

Como experiente banqueiro e empresário, com uma inteligência intuitiva formidável, o ministro Alcides Tápias agia sempre com uma sábia mistura de cautela e ousadia. Sua liderança no MDIC era fundamental para o processo de tomada de decisão. Aprendi muito com ele nesses momentos mais tensos e decisivos, enquanto estivemos juntos no governo FHC. Segui à risca suas recomendações e iniciei as providências que havíamos combinado.

Como previsível, a tarefa de busca de consenso entre ministérios com interesses distintos seria quase impossível, mas valeria buscá-lo, até pela tentativa de aprimorar o processo decisório e as medidas de apoio ao setor que havíamos discutido no MDIC. Tanto os técnicos do Ministério da Agricultura, mais influenciados pelos pecuaristas e frigoríficos, como os do Ministério da Fazenda, mais adeptos de uma visão liberal de não intervenção do Estado nas forças de mercado, inicialmente se colocaram contra as nossas ideias. Mas não fechavam questão, admitiam que poderia ser interessante ouvir os dois lados empresariais, avaliar prós e contras antes que o tema fosse formalmente submetido para decisão do conselho de ministros da Camex em futuro próximo. Até lá, muita conversa ainda ia rolar.

Também decidimos introduzir novos interlocutores no processo. O BNDES foi chamado para apresentar novas linhas de financiamento para as empresas do setor. O Ministério das Relações Exteriores foi consultado para avaliar eventuais reações dos países cujas indústrias seriam as mais atingidas, como era o caso dos países da União Europeia, da China e da Índia. A Receita Federal e a Secretaria de Comércio Exterior foram ouvidas sobre os procedimentos burocráticos e aduaneiros de controle das exportações de couro *wet blue,* a forma de cobrança do imposto e os riscos de fraude na documentação fiscal de exportação e de controle de peso e qualidade na saída da mercadoria para o exterior. Não bastava decidir sim ou não no gabinete ministerial, era preciso planejar todas as etapas e consequências possíveis, caso a decisão fosse tomada. Foram meses de trabalho, até que ocorreu a reunião prévia no gabinete do ministro Tápias, com todas as partes envolvidas.

Na reunião, além de mim e do ministro Tápias pelo MDIC e pela Camex, compareceram o ministro Pedro Malan, acompanhado de uma equipe de assessores da pasta, e o secretário executivo do Ministério da Agricultura, Márcio Fortes de Almeida. Pelo setor produtivo compareceram vários presidentes de associações setoriais de classe, como o presidente do Centro das Indústrias de Curtumes do Brasil (CICB), José Roberto Scarabel, o presidente da Abicalçados, Nestor de Paula, o presidente da Sociedade Rural Brasileira, Luiz Hafers, o presidente da Fiergs e alguns dirigentes das indústrias frigoríficas.

Ali houve intensa e acalorada discussão da ideia de taxar ou não as exportações de *wet blue* e as consequências para a economia nacional e para os vários segmentos do setor produtivo. Os pontos de vista divergentes pareciam insuperáveis, até pelo aspecto ideológico de não intervenção no livre mercado e de livre negociação de preços entre elos da cadeia produtiva. Do ponto de vista acadêmico, essas divergências me faziam lembrar os intermináveis e históricos debates entre Keynes e Hayek, nas décadas de 1930 e 1940, sobre política econômica, quando muitas vezes os argumentos de ambos eram tão convincentes que, mesmo divergentes, parecia que ambos tinham razão.

Após a reunião no MDIC, Márcio Fortes de Almeida soltou uma nota para acalmar sua plateia agropecuária, afirmando à imprensa que o objetivo daquele encontro não era de tomar uma decisão, mas sim de discutir conceitualmente o comportamento da cadeia produtiva do couro e dos calçados. Ele explicou que, além da taxação da exportação do *wet blue,* estudavam-se medidas para aumentar a produtividade, oferecer novos financiamentos e estimular os investimentos que atendessem às necessidades de todos os setores relacionados. Mas, no final, deixou uma questão crítica para o processo decisório em curso, ao afirmar: "Não se pode tomar uma decisão em favor de um setor em detrimento de outro".

Finalmente, depois de sete meses de negociação e estudos internos, conseguimos pautar o tema na reunião de ministros da Câmara de Comércio Exterior. Com a persistência negociadora do ministro Alcides Tápias, nós havíamos conseguido talvez não convencer por completo os ministros Pedro Malan e Pratini de Moraes, mas ganhar deles um voto de confiança para avaliar na prática, em breve, os resultados daquele "experimento" que estávamos planejando juntos. Por unanimidade conseguimos, em dezembro de 2000, aprovar a criação de um imposto sobre as exportações de couro cru. Foi fixada uma tarifa de 9% sobre o valor FOB (sem incluir os impostos de importação, frete e seguro) para as exportações de couro cru. A medida provisória foi publicada no dia seguinte, no *Diário Oficial da União,* e entrou em vigor logo depois de anunciada, com repercussão em toda a imprensa.

Em entrevista logo no dia seguinte, ainda movido pela forte expectativa da medida aprovada, creio ter exagerado, e muito, ao afirmar que, com a nova medida, o valor das exportações brasileiras de couro poderia se multiplicar por dez vezes até o final de 2002. Concluí, afirmando aos jornalistas: "Hoje em dia o Brasil exporta US$ 400 milhões em couro cru. Se passar a exportar couro acabado, com o processamento no país, as vendas se multiplicam por três.

Sobem para US$ 1,2 bilhão. Se todo esse couro for transformado em calçados ou artefatos, o valor aumenta para US$ 4 bilhões. O Brasil tem condições de ser o maior fornecedor de sapatos e artefatos de couro do mundo".

No setor couro-calçadista o clima era de entusiasmo. Já no dia seguinte chegaram a mim dezenas de e-mails e telegramas de diversos líderes empresariais de todo o país, especialmente dos polos calçadistas de Franca e Birigui, em São Paulo, e do Vale dos Sinos, no Rio Grande do Sul. Meu amigo Nestor de Paula estava exultante e me convidou para ser homenageado em Porto Alegre como *Personalidade do Ano* pelo CICB, na festa de final de ano das empresas do setor. Mas talvez a maior surpresa que tive foi quando o então senador Aloísio Mercadante, um dos líderes do PT, ou seja, representante da oposição ao governo FHC, me elogiou publicamente numa entrevista, e depois veio ao meu gabinete no prédio do BNDES, em São Paulo, para me cumprimentar pessoalmente. Mercadante também é economista, e fomos contemporâneos na Faculdade de Economia da Universidade de São Paulo.

As comemorações pela aprovação da medida se esvaíram no final do ano, para logo iniciarmos 2001 com a realidade de implementar as políticas aprovadas e de apresentar em breve os primeiros resultados positivos daquela iniciativa. Os primeiros relatórios de acompanhamento setorial nos deixaram animados, mas ainda era prematuro para termos uma avaliação mais definida da nova política adotada naquele setor. Nos quatro primeiros meses de 2001 havia ocorrido um crescimento de 20,9% na quantidade de peças de couro processado exportadas, e um crescimento ainda maior do valor em dólares (29,5%) em relação aos mesmos meses de 2000, já que o valor médio do produto exportado havia aumentado cerca de 7%. Enfim, todos os indicadores eram, de início, bastante favoráveis aos exportadores de couro processado, e parecia que o efeito esperado estava se confirmando. Tudo indicava que a nova taxação deveria reduzir a exportação de couro pouco trabalhado.

Por outro lado, havia outros fatores de mercado em ação, o que dificultava uma avaliação específica da taxação desse produto nos mercados interno e externo. O desabastecimento do mercado europeu e a desvalorização do real no início de 2001 mais do que anularam os eventuais efeitos negativos da taxação na exportação de *wet blue*. As estatísticas do primeiro semestre de 2001 demonstravam ter havido queda de apenas 6,7% na exportação desse tipo de couro. Além disso, havia a suspeita de que essas estatísticas estivessem distorcidas, por causa de fraude na declaração do tipo de produto que estava sendo exportado, porque o *wet blue* poderia estar sendo exportado como couro tratado, de forma a burlar a cobrança da taxa de 9% no despacho aduaneiro de embarque. Somente em abril de 2001, em dez dias de inspeção aduaneira mais rigorosa nos portos brasileiros, foram apreendidas cerca de 600 toneladas de couro *wet blue* declarado no registro de exportação como produto já processado.

A partir de janeiro de 2001, o decreto presidencial que havíamos aprovado na reunião da Camex não era mais criticado, nem mesmo por aqueles segmentos originalmente contrários à taxação da exportação do *wet blue*, fosse porque o aumento do custo do produto exportado foi contrabalanceado pela conjuntura favorável à exportação, fosse pelo impacto político da medida na comunidade internacional. Uma vez que a Comunidade Europeia praticava a chamada *política da escalada tarifária*, taxando com alíquota zero produtos básicos e cobrando tarifas aduaneiras crescentes conforme subia a agregação na cadeia de valor, a nova posição brasileira, na verdade, resgatava uma situação de equilíbrio relativo entre os preços dos couros trabalhados e não trabalhados. Apesar dos efeitos restritivos que a medida causaria pela elevação do custo dos semiacabados, a medida poderia também ter efeito político nas negociações da taxação europeia sobre couros acabados. E isso certamente trazia muita preocupação tanto aos diplomatas negociadores do Itamaraty quanto aos exportadores brasileiros de couro".

Em suma, ao longo de 2001 e 2002 a medida adotada em dezembro de 2000 foi sendo reavaliada periodicamente por todas as partes relacionadas com o tema, e até pela academia, curiosa com a experiência efetiva de uma política microeconômica que trazia uma série de conceitos que poderiam influenciar outras medidas semelhantes. O fato é que o imposto de exportação sobre couro cru foi sendo sistematicamente renovado por consecutivas administrações federais até 2018, quando foi extinto por decisão do conselho de ministros da Camex.

Como um dos principais protagonistas daquela medida no setor couro-calçadista, fui muitas vezes convidado para debater, avaliar, defender, perante institutos, associações de classe e federações de indústrias, o que havíamos feito nesse tópico. Além de todos os outros argumentos aqui já citados, acrescentava ainda que o aumento de preço no mercado internacional de couro, sendo um produto cuja oferta está sujeita e limitada a um ciclo biológico de reprodução animal, não resultaria em súbito aumento da quantidade ofertada, como, por exemplo, um produto agrícola ou um bem mineral, e o couro é reconhecido no mercado consumidor como um bem de consumo inelástico, ou seja, de baixa ou nenhuma substituição pelo fator preço. Com isso, não sendo possível o consumidor trocar esse bem por outro, o impacto tarifário sobre ele não deveria interferir, ou interferiria muito pouco, na sua futura demanda.

Para atingir tais objetivos de eficácia econômica, qualquer imposto de exportação que venha a ser cobrado deve incidir sobre produtos em que o país em questão seja grande fornecedor mundial e que apresente uma conjuntura de demanda inelástica. Combinados esses fatores, os produtos brasileiros que fossem eventualmente tributados na exportação elevariam, consequentemente, o seu preço no mercado internacional, já que os consumidores estrangeiros não deixariam de comprá-los, haja vista que não haveria um produto similar para substituição perfeita. Ou seja, além de proteger de forma adequada as indústrias e os empregos no país, resultaria num aumento de arrecadação na veia para o Fisco brasileiro, pago pelo consumidor estrangeiro.

Os anos se passaram, e veja que coincidência: em abril de 2003 eu estava havia quase um ano fora do setor público, atuando livremente na iniciativa privada, quando fui convidado para o casamento, no Rio de Janeiro, de uma filha do ex-ministro da Agricultura Pratini de Moraes, de quem havia me tornado amigo. A festa no hotel Copacabana Palace estava magnífica, e para minha surpresa encontrei o casal Nestor e Diva de Paula. Sentamos juntos à mesa, e percebi que Nestor estava diferente, triste, parecia abalado com algo importante. Discreto, nada perguntei, até que ele me puxou a um canto e me disse que precisava falar comigo sobre sua saúde. Estava com um câncer em estágio avançado, e naqueles últimos dias teria tomado conhecimento da fatalidade de seu estado de saúde.

Fragilizado pela doença, Nestor de Paula sabia que seu tempo era curto. Nos últimos anos, havia se dedicado a tentar concluir o processo de profissionalização do grupo Azaleia, garantindo a continuidade da empresa e o emprego de mais de 16 mil pessoas. Agora era hora da contagem regressiva, e sabia que haveria muito sofrimento pela frente. Seus olhos ficavam marejados quando falava da família e da empresa.

Ao terminar seu desabafo, o qual ouvi calado e emocionado, veio o convite para que eu, junto com outros dois amigos seus, ocupássemos imediatamente a posição de integrantes do conselho de administração da Azaleia, de forma a garantir que a empresa fosse administrada de forma correta após sua morte, e eventualmente vendida por preço justo para terceiros. Como seu amigo e admirador, aceitei prontamente o convite, quase como uma convocação irrecusável, sem ao menos saber de que forma isso se daria.

Juntamente com o brilhante executivo José Galló, que já dirigia naquela época as lojas Renner, e com o ex-governador Antônio Britto, além de mais seis outros conselheiros de sua escolha, mantivemos, a partir daquele momento, reuniões mensais de acompanhamento da administração na sede da empresa, em Parobé, a duas horas de carro do Aeroporto Salgado Filho, em Porto Alegre. Nestor chegou a fazer tratamento até nos Estados Unidos, mas não era possível vencer a doença.

Em novembro de 2003, ele teve de começar a se afastar do trabalho mais pesado. Ficava apenas em sua casa, em Novo Hamburgo, com dificuldade de se deslocar. Algumas reuniões de diretoria chegaram a ser realizadas em sua residência. Ainda naqueles dias, o ex-governador Antônio Britto foi finalmente contratado para substituí-lo no comando geral da empresa. Para completar, em fins do mesmo ano veio a falecer o diretor administrativo, financeiro e de relações com investidores da Azaleia, Décio Schenkel, que por muitos anos acompanhou Nestor na administração da empresa.

No dia 23 de janeiro de 2004, Nestor faleceu. Naquele ano o grupo Azaleia era o maior fabricante de calçados femininos e tênis do Brasil, com faturamento anual de R$ 800 milhões, sendo que cerca de 20% da produção era exportada com suas marcas próprias para mais de oitenta países. Nos últimos anos, a Azaleia havia se tornado a fabricante do tênis Olympikus, famoso nesse segmento de mercado até os dias de hoje.

No dia 13 de julho de 2007, tendo havido o consenso entre os herdeiros de Nestor e demais acionistas minoritários, finalmente a Azaleia foi vendida para a Vulcabrás, a qual era, por sua vez, controlada pelos irmãos Pedro e Alexandre Grendene, também importantes e bem-sucedidos empresários calçadistas gaúchos.

Ali terminava mais um capítulo da minha carreira profissional, ao concluir a missão que nos havia sido confiada pelo inesquecível amigo Nestor de Paula. A caminhada tinha sido longa ao seu lado, mas muito aprendi, pelo seu exemplo e pela sua inteligência.

CAPÍTULO 4

O Brasil de FHC e a Venezuela de Chávez

Na primeira semana de março de 2000, logo após ter assumido a secretaria executiva da Camex, fui convidado pelo presidente Fernando Henrique Cardoso para um jantar no Palácio da Alvorada, fabulosa obra arquitetônica de Oscar Niemeyer, que até então eu conhecia apenas como turista acidental, pois jamais havia estado por lá a convite do presidente da República. A razão do jantar era uma recepção para um pequeno grupo de ministros e secretários em homenagem ao convidado oficial, o presidente Hugo Chávez, da Venezuela. Compareci curioso ao meu primeiro compromisso oficial no Alvorada, em homenagem àquele polêmico personagem que era Chávez, o qual havia assumido a presidência da Venezuela pouco mais de um ano antes, em janeiro de 1999. Por acaso eu conhecia muito bem a Venezuela, nas inúmeras viagens que para lá fiz nos anos 1980 e 1990, e onde havia feito muitos amigos, entre os quais destaco o casal Sebastián e Cristina Allegret – ele havia sido embaixador da Venezuela no Brasil de 1990 a 1996. Nós havíamos exportado pela

Silex Trading algumas centenas de milhões de dólares de produtos brasileiros para o mercado venezuelano, e destaco a exportação, em 1998, de 432 ônibus urbanos para a empresa estatal Fontur, responsável pelo transporte urbano coletivo na capital Caracas.

Quando cheguei, pontualmente às 20h, como pedia o protocolo do cerimonial, logo na entrada cumprimentei o presidente FHC, que mais uma vez me deu as boas-vindas à sua equipe, para em seguida me apresentar ao presidente venezuelano, dizendo: "Cuide bem deste senhor aqui quando ele visitá-lo logo mais, em Caracas, pois ele é agora o coordenador do comércio exterior brasileiro". Senti naquelas palavras que FHC já tinha algo em mente para eu fazer na vizinha Venezuela, e logo adiante percebi que minha intuição estava certa. Cerca de trinta minutos depois, quando já se aproximava a hora de nos sentarmos à mesa, um oficial de gabinete da presidência veio até mim e falou baixinho ao meu ouvido para que eu fosse com ele até um canto do recinto, onde os dois presidentes conversavam animadamente.

Lá chegando, o presidente FHC falou o que eu aguardava para saber: "Roberto, já tenho uma importante missão para lhe pedir. A Odebrecht ganhou uma chamada pública na Venezuela para construir uma segunda ponte rodoferroviária no rio Orinoco, obra muito importante para o Brasil e para a Venezuela, porque vai ligar a importante Puerto Ordaz, na região de Ciudad Guayana, onde existem inúmeras indústrias siderúrgicas, de alumínio, de mineração, com a rodovia que leva ao Porto de la Guaira, próximo de Caracas. Prometi ao presidente Chávez nossos melhores esforços para aprovar um financiamento para realizarmos essa obra, e você deve então tomar imediatamente as providências para buscar aprovar o financiamento no Comitê de Crédito à Exportação e negociar a garantia do governo venezuelano para esse financiamento".

Enquanto o presidente FHC falava, seu convidado me fitava atentamente com um ligeiro sorriso, tentando ver minha reação e adivinhar o que estaria esse novato secretário da Camex a imaginar. O presidente Chávez era conhecido por ser deveras eloquente e falastrão e, assim que tomou a palavra naquela conversa a três, passou a falar por alguns minutos, sem interrupção, sobre a importância da ponte, da região de Ciudad Guayana no estado de Bolívar e da empresa Corporación Venezolana de Guayana (CVG), espécie de Vale do Rio Doce da Venezuela, que seria a contratante da obra. De repente, fomos interrompidos e chamados para a mesa de jantar e lá ouvimos infindáveis discursos presidenciais por quase uma hora, com promessas lado a lado de eterna amizade, cooperação e parceria.

Chávez primeiramente agradeceu a "los hermanos brasileños" e a "su gran maestro" Fernando Henrique Cardoso, pelo enorme apoio humanitário que o governo brasileiro prestou à Venezuela em razão das tempestades que assolaram o país em dezembro de 1999, matando milhares de pessoas. Em seguida, destacou sua prioridade de integração regional com os países da América Latina e do Caribe, referindo-se ao Brasil como o "grande vizinho e amigo do Sul", uma espécie de contrapeso à influência dos Estados Unidos, indicando que, em sua visão, o Brasil constituiria, juntamente com a Venezuela, o "binômio da integração sul-americana".

A essa altura, o relacionamento do novo presidente da Venezuela com o governo norte-americano já estava em clima de crescentes desconfianças recíprocas, com discursos dissonantes de lado a lado que apontavam para um conflito diplomático e ideológico. A Venezuela, apesar de toda a retórica provocativa, tinha uma atitude pragmática com o "gigante do Norte", porque se mantinha como o terceiro maior fornecedor de petróleo para o mercado norte-americano, em que era proprietária de duas refinarias próprias da PDVSA (estatal venezuelana de petróleo) e de uma importante distribuidora de derivados (Citco), com milhares de postos de abastecimento espalhados pelo país. Já o Departamento de Estado em Washington acendia um sinal amarelo para o novo governo da Venezuela, mas mantinha cautela, numa atitude de "esperar para ver". Nesse ambiente de latente tensão, o Brasil era o interlocutor confiável para ambos os lados, mediando desavenças e acalmando ameaças. O ministro das Relações Exteriores, Luiz Felipe Lampreia, e seus competentes diplomatas do Itamaraty sabiam tirar proveito geopolítico e comercial dessa situação.

Na sua vez, o presidente FHC agradeceu e confirmou sua concordância com o convite venezuelano para uma visita oficial a Caracas nos dias 6 e 7 de abril. Afirmou que iria acompanhado de um grupo de ministros, secretários e presidentes de estatais (Petrobras,

Eletrobras, BNDES, Banco do Brasil), além de mais de quarenta empresários com negócios ou potencial de negócios no país. Enfatizou a necessidade de expansão do comércio bilateral, ainda muito modesto e pouco diversificado, e que levaria uma pauta de novos negócios para serem concluídos entre as empresas dos dois países.

Todo aquele ambiente era inédito para mim, porque estava ali não mais como um empresário exportador do setor privado, mas me sentindo "do outro lado da mesa", como integrante da equipe de governo. Era uma sensação estranha, que me remetia a um sentimento de cautela e responsabilidade. Logo na segunda semana de minha atividade à frente da Camex convidei algumas dezenas de empresas exportadoras para virem a Brasília conversar comigo e com minha equipe sobre seus negócios, e em especial sobre suas perspectivas quanto ao mercado venezuelano, me antecipando à missão oficial a Caracas, que ocorreria dali a três semanas.

Havia um órgão governamental brasileiro chamado Seguradora Brasileira de Crédito à Exportação (SBCE), que atuava com o Banco do Brasil, em parceria com a congênere francesa Coface, no seguro comercial e político de financiamentos à exportação, e definia para cada país um limite de crédito e um *rating* compatível com o risco-país avaliado por um comitê de crédito. Consultada, a SBCE logo indicou aos exportadores brasileiros que o limite da Venezuela já estava exaurido e que o *rating* desse país estava no grau 4, ou seja, no penúltimo degrau de avaliação, numa escala que ia até 5.

Restava a opção de buscar abrigo num mecanismo de compensação multilateral de créditos recíprocos no âmbito da Associação Latino- -Americana de Desenvolvimento e Integração (Aladi), que era composta de 12 países – entre eles, Brasil e Venezuela. Esse mecanismo, que havia sido criado em 1971 pelos países da Aladi, era extremamente eficaz e seguro para mitigar riscos políticos de países com dificuldade de liquidez em divisas estrangeiras e garantir pagamentos futuros, já que todas as operações comerciais inscritas no Convênio de Créditos Recíprocos (CCR) eram lançadas graficamente a crédito e débito automático pelos países exportadores e importadores, cujos bancos centrais recebiam e pagavam em moeda local aos agentes privados envolvidos em cada operação específica. A conta externa fechava a cada quatro meses, quando ocorria uma compensação parcial dos valores e a liquidação dos saldos multilaterais eventualmente positivos e negativos em moeda forte, limitando assim o uso de divisas para pagamentos do fluxo de exportação e importação entre esses países. Diante das inúmeras crises cambiais vividas pelo Brasil e pelos seus parceiros comerciais nas décadas de 1980 e 1990, eu havia me tornado *expert* em operações de *countertrade,* ou comércio compensado, e era um entusiasta do CCR, que havia permitido aos países latino-americanos manter ou mesmo expandir seu comércio intrarregional, mesmo diante das maiores crises de dívida externa e de moratória que havíamos experimentado em passado recente.

A segurança de liquidação pontual das prestações devidas nos financiamentos era quase total, se não absoluta. Tanto assim que numa ocasião, nos anos 1990, um presidente de um país latino-americano, irritado com uma construtora brasileira por algum motivo, afirmou ao seu ministro da Economia que, em retaliação, ele não deveria mais autorizar o pagamento das prestações do financiamento da obra ao BNDES. Mas o financiamento, na sua contratação original, tinha sido inscrito por garantia no CCR pelos dois respectivos bancos centrais para débito automático. O ministro, desolado, informou ao seu presidente que era impossível deixar de liquidar aquela dívida, porque seu país era credor na liquidação quadrimestral do CCR, e, assim, o débito integral das prestações vincendas ocorria de forma compulsória e irretratável. A bravata do mandatário populista ficou só na retórica, e o BNDES recebeu integralmente sua dívida. Milhares de empresas e milhões de empregos foram criados ou preservados ao longo dos anos pelo correto e providencial uso do CCR entre países latino-americanos. Nada mais óbvio que fazer uso desse mecanismo para estimular os negócios entre Brasil e Venezuela.

Faço aqui breve intervalo a fim de opinar sobre uma matéria ainda muito distorcida e estigmatizada por tantas pessoas e por muitos jornalistas e políticos, que é o financiamento público às exportações de bens e, especialmente, de serviços. O que se pratica no Brasil há muitas décadas, primeiro pelo Finex (Sistema de Financiamento às Exportações) e, a partir de 1992, pelo Programa de Financiamento às Exportações – Proex (ver o capítulo "Exportar ou morrer"), é equivalente ao que fazem de forma similar os países desenvolvidos com suas respectivas agências de financiamento e crédito às exportações: a França com o Coface, a Alemanha com o Hermes, a Itália com a Sace, a Inglaterra com o ECGD, o Canadá, os Estados Unidos, o Japão com seus respectivos EximBanks, ou seja, fazem isso porque sabem gerir bem o crédito. As exportações de bens e serviços de alto valor agregado quase nunca são vendidas à vista, mas sim financiadas em longo prazo. E essas exportações geram milhões de empregos qualificados (como nas indústrias de equipamentos, bens de capital e aeronáutica, por exemplo), inovação e tecnologia, e proporcionam agregação de milhares de fornecedores e subfornecedores nas empresas de ponta na atividade exportadora. Se avaliada a clássica relação custo-benefício, o resultado observado desse dispêndio público na política de financiamento às exportações é inquestionavelmente muito positivo.

Qual seria a nossa resposta para a típica pergunta do candidato populista: "Por que não usar o recurso do BNDES ou do Tesouro Nacional para fazer uma ponte, uma estrada ou uma linha de metrô aqui no Brasil, em vez de financiar obras na Venezuela, no Equador ou na Nigéria?" A resposta é muito simples: se aqui o estado, o município ou o órgão estatal muitas vezes não tem limite fiscal nem orçamentário para investir dentro da sua expectativa de arrecadação tributária e de sua capacidade financeira de amortização de sua dívida pública corrente, então nem o Tribunal de Contas nem o Legislativo, aos quais cabe fiscalizar os atos do Executivo, deverão permitir aquele endividamento adicional que alguns julgam que o BNDES ou o Tesouro poderiam proporcionar com os mesmos fundos públicos usados no financiamento às exportações. Já as contas fiscais de outros países não nos caberia jamais julgar, mas sim o dever de verificar com absoluta atenção a garantia a ser oferecida para ressarcir regularmente o financiamento dos bens e serviços importados, seja o importador um ente público estatal, uma empresa privada, uma cooperativa agrícola, seja uma empresa de aviação civil.

Espero que essa explicação ajude a dirimir as dúvidas sobre o controverso tema, recorrentemente usado de forma falaciosa e demagógica em campanhas políticas e discursos críticos de oposição.

A realidade é que atuamos no Brasil, desde os anos 1970, com as mesmas práticas consagradas na OMC e com os mesmos critérios e mecanismos usados por todos os países desenvolvidos no apoio à sua indústria local. Fico surpreso de ver essa desinformação sendo difundida tão frequentemente, sem que nossas instituições privadas reajam à altura, esclarecendo a verdade dos fatos. O que seria da Embraer e de tantas outras grandes indústrias brasileiras sem o apoio presente, passado e futuro do Proex e do BNDES Exim? A mesma pergunta poderia ser feita sobre o que seria do comércio intrarregional dos países latino-americanos durante os períodos de crise cambial sem o infalível mecanismo do CCR.

Voltando ao desafio de viabilizar novos financiamentos às exportações para a Venezuela, coloquei o tema em pauta na reunião ordinária do CCEx (Comitê de Crédito às Exportações) em fins de março, poucos dias antes da missão presidencial a Caracas. O veredito unânime do comitê era de que o limite de crédito para a Venezuela ao nível do Proex Financiamento e da SBCE estava de fato exaurido. As duas últimas aprovações que haviam sido feitas em reunião anterior do CCEx eram relativas à Linha 4 do Metrô de Caracas e a um grande lote de equipamentos agrícolas. A obra da ponte do rio Orinoco e a exportação de uma frota de aviões AMX da Embraer estavam fora do limite direto, e a sugestão era de que procurássemos obter a cobertura do CCR nos Bancos Centrais do Brasil e da Venezuela.

Historicamente, o BCB havia sido até então bastante receptivo à inscrição de operações de financiamento às exportações no CCR, porque a adimplência histórica era de 100%. E assim eu dava como certa a concordância do BCB nesse caso, ainda mais pelo fato de estarmos falando de negócios bilaterais incluídos na pauta de entendimentos entre os dois presidentes. A dificuldade que logo antevimos era que, pelo artigo 55 da lei de criação do Banco Central da Venezuela, a autoridade monetária era proibida de prestar qualquer tipo de garantia à República da Venezuela, o que pressupunha, evidentemente, suas empresas estatais e autarquias. Teríamos que fazer um esforço convincente e criativo para superar o obstáculo legal imposto ao BC da Venezuela.

Em 5 de abril, à noite, chegamos ao Aeroporto Simón Bolívar, em Caracas, no avião presidencial. A comitiva oficial brasileira foi recebida em alto estilo, com honras militares e execução dos hinos nacionais da Venezuela e do Brasil. O embaixador brasileiro na Venezuela, Ruy Nogueira, estava à nossa espera com todo o cerimonial organizado. O presidente Hugo Chávez estava radiante por mais uma vez encontrar seu "Gran Maestro", agora em solo venezuelano. Por volta de meia-noite chegamos ao Hotel Caracas Hilton e fomos descansar, pois a jornada do dia seguinte seria exaustiva.

O dia 6 de abril amanheceu nublado e com um pouco de chuva. O trânsito em Caracas estava caótico; lembro-me da aflição que tivemos para chegar pontualmente aos compromissos oficiais, mesmo que em alguns momentos tivéssemos à nossa frente batedores de motocicleta da polícia venezuelana, quando acompanhávamos o veículo em que viajavam o presidente FHC e o chanceler Luiz Felipe Lampreia. Após o almoço oferecido pelo presidente Hugo Chávez à delegação brasileira, com novos discursos pregando a eterna amizade entre os países, voltamos ao Caracas Hilton para a reunião do Conselho Empresarial Brasil-Venezuela, a qual me competia presidir. Ao meu lado sentaram-se o empresário e presidente da Sessão Venezuelana, Francisco Natera, e o presidente da Petrobras, Henri Philippe Reichtul, economista como eu e amigo de longa data. Na plateia lotada, centenas de empresários venezuelanos e brasileiros, prontos para discutir as relações econômicas e comerciais entre os dois países. Foram duas horas de apresentações e debates, com diversas intervenções de empresários de ambos os países, debatendo oportunidades comerciais, problemas tarifários, logísticos, financeiros, enfim, um pouco de tudo que interessava àquela plateia, ávida por ampliar os seus negócios de exportação, importação e investimentos.

A lista de negócios em curso e com perspectiva de fechamento era impressionante. Um dos temas que me chamaram a atenção foi o do acordo firmado entre a empresa estatal de eletricidade Edelca e a sua congênere brasileira Eletrobras, à época presidida pelo engenheiro baiano Firmino Ferreira Sampaio. A proposta era de fornecimento de energia hidrelétrica da Usina de Guri, no rio Caroni, na Venezuela, para a cidade de Boa Vista, capital de Roraima, no Brasil, que vivia ainda à base de energia gerada por óleo diesel, a mais cara do país. A importação brasileira de um valor significativo de energia elétrica gerada na usina venezuelana me parecia uma opção interessante de contragarantia para novos financiamentos de exportação brasileira para a Venezuela. Deixei aquela ideia arquivada na memória para um futuro próximo, quem sabe... Concluímos com a leitura de um comunicado empresarial conjunto na presença de ambos os presidentes, que, felizes, aplaudiram o nosso trabalho.

À saída desse evento, ao cumprimentar o presidente Hugo Chávez, ele logo me reconheceu e perguntou: "Dónde está el dinero para la obra del puente?" Respondi que precisaria voltar a Caracas dali a uma ou duas semanas para conversar com o Banco Central e a CVG, ocasião em que poderia avançar na negociação do financiamento da obra. Chávez fez um sinal afirmativo com a cabeça e disse-me que, em caso de qualquer dificuldade, que eu o procurasse em seu gabinete no Palácio de Miraflores.

Para entender a importância que essa obra assumia na pauta bilateral, o último dia da viagem oficial do presidente FHC foi integralmente dedicado a visitar a região de Ciudad Guayana, junto com o presidente Chávez e a comitiva de autoridades venezuelanas e brasileiras, para assistir à fixação da boia fluvial com as bandeiras dos dois países no local onde seria construída a segunda ponte do rio Orinoco. Eu assistia àquilo tudo ainda meio perplexo com a responsabilidade que me havia sido atribuída pelos dois presidentes, de viabilizar o financiamento da obra para que a CVG pudesse contratar a Odebrecht e, assim, iniciar a construção da ponte, cuja gigantesca estrutura metálica, entre outros componentes e insumos, seria produzida no Brasil e dele importada.

De volta a Brasília na semana seguinte, não tardei em agendar nova viagem a Caracas, de forma a dar seguimento aos temas tratados durante a visita do presidente FHC e, em especial, tratar do tema do financiamento da segunda ponte do rio Orinoco. O embaixador Ruy Nogueira, sempre muito atencioso e prestativo, confirmou para mim uma série de reuniões com importantes interlocutores venezuelanos, e no dia 24 de abril embarquei de volta a Caracas, para ficar por lá mais alguns dias.

Além de verificar outros pontos pendentes da pauta comercial com a Venezuela, meu principal compromisso seria me reunir com o presidente do Banco Central da Venezuela, Gastón Parra, com o ministro do Planejamento, Jorge Giordani, e com o ministro das Finanças, Francisco Bustillos, com o objetivo de convencê-los a autorizar a inscrição do financiamento do Proex brasileiro para a CVG, no mecanismo de compensação automática do CCR. O impeditivo legal inserido na lei do Banco Central era um obstáculo aparentemente intransponível para conseguir esse objetivo.

No caso específico, reportei a eles que eu já havia negociado caso semelhante no passado recente, como exportador brasileiro, e que tivera êxito na solução proposta. Munido de minutas dos documentos a que me referia, percebi que os havia tomado de surpresa, e não tinha qualquer sinal aparente de rejeição da nova proposta. Tratava-se de uma operação de financiamento à exportação de tratores brasileiros para a província de Manabí, no Equador. A ideia referida e adaptada para a Venezuela era de que houvesse um acordo de fideicomisso entre o Banco Central e o Ministério das Finanças, no qual a Venezuela passaria a ser mero agente pagador do empréstimo brasileiro nas compensações quadrimestrais no âmbito do CCR, debitando na conta do ministério o valor em bolívares correspondente a cada prestação. Por sua vez, o Ministério das Finanças faria uma caução prévia desses recursos, de forma a garantir seu desembolso a cada vencimento para o Banco Central. A solução estava dada, só faltava agora a vontade política de executá-la, e aí dependeríamos da decisão dos dois presidentes. No dia 25 de abril, a reunião com os três ministros venezuelanos terminou em clima amistoso e otimista, com perspectivas de uma resposta formal do governo Chávez nos próximos dias.

Ainda tive tempo, nos dias seguintes, de me reunir com o ministro da Agricultura, general Orlando Navas Ojeda, acompanhado do diretor de Finanças Públicas do Ministério das Finanças, e dos diretores do BNDES, Renato Sucupira e Marco Antônio Araújo Lima, a fim de tratar da finalização da venda, a um conjunto de cooperativas agrícolas venezuelanas, de máquinas e implementos agrícolas, mediante crédito à exportação do BNDES no valor de US$ 84 milhões. O BNDES entregou aos venezuelanos a versão final do *Master Loan Agreement* a ser assinado com os dois ministérios da Venezuela, as cooperativas venezuelanas e as duas *tradings* brasileiras encarregadas de exportar os equipamentos agrícolas.

Outra reunião exitosa foi com o presidente da estatal venezuelana de petróleo, a poderosa PDVSA. Conseguimos fechar um acordo no qual as empresas brasileiras produtoras de equipamentos para o setor de óleo e gás, cadastradas na Petrobras, ou as congêneres venezuelanas cadastradas na PDVSA, passariam a ser automaticamente qualificadas para participar de licitações internacionais de ambas as empresas. Nessa ocasião, pude convidar os representantes da Câmara Petroleira da Venezuela e da Associação de Industriais Metalúrgicos e de Mineração da Venezuela para realizar uma missão no Brasil no seguinte mês de maio, na qual se reuniriam com os dirigentes da Petrobras, do BNDES, da ABDIB e da Abimaq.

Ainda nessa viagem tive tempo de visitar meu amigo Enrique Garcia, presidente da Corporación Andina de Fomento (CAF), organismo financeiro multilateral com sede em Caracas, do qual o Brasil é um dos sócios principais. Lá a conversa foi sobre a possibilidade de cofinanciamento com o BNDES, fosse em projetos de infraestrutura no Brasil, fosse em outros países latino-americanos, e mais especificamente tínhamos o caso concreto do componente de gastos em moeda local na obra do Orinoco.

Finalmente, no terceiro dia dessa viagem, me reuni com o presidente da CVG, Clemente Scotto, com o presidente da Edelca, Oswaldo Artiles, e com o presidente do metrô de Caracas, Vicente Tortoriello. Fiz uma rodada dos principais temas bilaterais em pauta, não deixando de cobrar celeridade no processo decisório da burocracia local. Afinal, agia como funcionário público em missão oficial, mas pensava, como sempre pensei, como empresário privado, em que o fator tempo é a principal variável de desempenho.

Procurei me aprofundar um pouco mais no tema da integração energética entre os dois países, com o projeto já em curso, desde 1998, de interligação da energia elétrica gerada na Usina de Macagua II, no complexo de Guri, na Venezuela, com a brasileira Boa Vista. As obras da linha de transmissão do lado brasileiro estavam correndo bem, conforme o cronograma, mas do lado venezuelano estavam paralisadas, devido à inabilidade do governo Chávez em encontrar uma "solução de compromisso" que permitisse atender às reivindicações ambientais e econômicas dos povos indígenas que originariamente habitam aquela região da Venezuela.

Em fevereiro de 2000, durante reunião bilateral no Palácio de Miraflores, o presidente Chávez havia anunciado ao ministro brasileiro das Relações Exteriores, Luiz Felipe Lampreia, que se envolveria pessoalmente na solução desse impasse e que logo as obras do lado venezuelano seriam iniciadas. Durante aquela reunião, os presidentes da CVG e da Edelca me pediram que informasse ao presidente FHC que as negociações com os povos indígenas seguiam muito bem, e que as obras seriam iniciadas ainda no primeiro semestre, prevendo o começo dos testes de carga para até outubro de 2001. Além da importância econômica e estratégica desse projeto, especialmente para a população de Boa Vista, restava-me a sensação de que o fluxo de pagamentos da Eletrobras para a Edelca nessa importação de energia elétrica da Venezuela poderia ser um plano B para qualquer financiamento à exportação brasileira que viéssemos a aprovar no CCEx, inclusive para o caso da segunda ponte do rio Orinoco. Nada falei a esse respeito com ninguém, e guardei essa ideia no "bolso do colete". Quem sabe um dia...

Retornei ao Brasil no dia 27 de abril, bem animado com as perspectivas daquela rápida e intensa viagem, e logo no início da semana seguinte fui, muito satisfeito, reportar ao ministro Alcides Tápias as conversas que havia mantido com as autoridades venezuelanas. Tápias também ficou satisfeito e me convidou a reportá-las diretamente ao presidente FHC, o que fizemos dias depois, numa cerimônia à qual comparecemos junto com o presidente e outros ministros. Afinal, se o BC da Venezuela aceitasse a solução do fideicomisso que eu havia sugerido, a inscrição do financiamento para a ponte no mecanismo do CCR seria uma garantia aceitável para a aprovação final pelo CCEx e pelo conselho de ministros da Camex.

Antes de pautar esse tema nas duas instâncias decisórias, resolvi trazê-lo ao conhecimento do diretor da Área Externa do BCB, Daniel Luiz Gleizer, jovem e inteligente integrante da equipe comandada pelo presidente do BCB, Armínio Fraga. Expliquei toda a história, do começo ao fim, e ele mantinha-se atento, anotando tudo, mas silencioso, sem proferir nenhuma opinião a respeito. Parecia não conhecer o bem-sucedido histórico do CCR no apoio ao comércio intrarregional da América Latina. Fui didático ao extremo, esperando convencê-lo a apoiar todas as iniciativas à exportação que estávamos tomando, pois, como sempre afirmo, as reservas cambiais do BC não surgem lá por acaso ou de forma espontânea. São fruto principalmente dos saldos comerciais da balança de exportações e de importações, portanto, BCB e Camex têm objetivos comuns nessa estratégia de promoção das exportações brasileiras. Era assim que deveria ser.

Armínio Fraga é um notável economista, formou-se no final da década de 1970 na PUC do Rio, e em 1985 obteve seu doutorado na Universidade de Princeton, nos Estados Unidos. Depois de breve carreira em algumas instituições financeiras brasileiras e estrangeiras, voltou ao Brasil em 1992 para ocupar o cargo de diretor do BCB por alguns meses, no período final do governo Collor. De volta aos Estados Unidos, ganhou destaque primeiramente quando, por alguns anos, atuou como diretor do fundo de investimentos do magnata e financista George Soros.

Em março de 1999, finalmente retorna ao Brasil e ao BCB, agora já como seu presidente, a convite de FHC e de Pedro Malan, logo após o episódio narrado no primeiro capítulo. Sua formação econômica ultraliberal havia sido determinante em sua escolha, pois defendia com veemência a livre flutuação do câmbio, a independência do Banco Central, as metas anuais de inflação e de superávit fiscal. Diante da recuperação – ainda que discreta – da economia brasileira, a partir do segundo semestre de 1999, passou a ter crescente prestígio perante o presidente FHC e seus ministros. Na verdade, havia exigido carta branca do presidente FHC para dirigir o Banco Central. Sem alternativa, o presidente a concedeu. Eu o conhecia superficialmente e o respeitava bastante, até que aconteceu algo inesperado.

Sem perda de tempo, no dia 2 de maio de 2000 promovemos a reunião ordinária do CCEx, na qual relatamos todos os pleitos de financiamento às exportações que estavam pendentes, inclusive os relativos à Venezuela. Novamente houve destaque, pelos integrantes do CCEx, da necessidade de que a cada um desses casos pendentes os exportadores e os importadores se dirigissem a um banco comercial autorizado pelo Banco Central em seu país e solicitassem que o pagamento da operação de intercâmbio fosse cursado por meio do convênio de pagamentos da Aladi. Cada Banco Central definia a regulamentação que seria aplicada em seu país, para a utilização do mencionado convênio.

Relatei o resultado da minha reunião dias antes com o presidente do Banco Central da Venezuela e a solução que havíamos acordado para a inclusão do financiamento desejado para a construção da segunda ponte do rio Orinoco pela empreiteira brasileira. Os representantes do Banco Central no CCEx eram o diretor da Área Externa e o chefe do Departamento de Dívida Externa. Ambos ouviram atentos o meu relato, tomaram nota e seguiram a concordância dos demais membros do comitê, sem expressar nenhuma oposição. Os pleitos aprovados com valor superior a US$ 100 milhões deveriam seguir com parecer favorável do CCEx para ratificação do conselho de ministros da Camex, cuja reunião ocorreria na semana seguinte, no dia 10 de maio. Na época, eram seis ministros integrantes do conselho, e se necessário poderiam ser chamados esporadicamente ministros de outras pastas ou presidentes de autarquias ou instituições financeiras do setor público.

Tudo parecia estar correndo bem até ali, naquele roteiro prescrito para a conclusão do processo decisório dos financiamentos. Como havia muitos pleitos de utilização da garantia do CCR nos financiamentos a serem aprovados, conversei com o ministro Alcides Tápias, e de comum acordo resolvemos convidar Armínio Fraga para participar da reunião ordinária da Camex. No dia 10 de maio, como previsto, a reunião teve lugar, no período da tarde, numa sala do Palácio do Planalto, no gabinete da Casa Civil, no quarto andar. Com os seis ministros e seus assessores presentes, estranhamos a ausência de Armínio. Dividiam a cabeceira da mesa os ministros Alcides Tápias, presidente da Camex, e o ministro Pedro Parente, naquele dia anfitrião da reunião. A mim, como secretário executivo da Camex, cabia distribuir a agenda, relatar os pareceres técnicos de cada item e encaminhar a votação dos temas em pauta.

Estava indo bem nessa tarefa quando, de repente, adentra a sala de reunião um esbaforido Armínio Fraga, senta-se à mesa sem muita conversa, diz que estava com pressa, porque tinha que sair em seguida para um importante compromisso no Rio de Janeiro, pede a palavra e vai direto ao assunto:

> *Eu vim até aqui somente para informá-los que neste exato momento o Banco Central do Brasil, dentro de suas prerrogativas estatutárias e de sua competência constitucional, está aprovando e publicando uma Carta Circular com a decisão de hoje da Diretoria Colegiada com o seguinte teor:*
>
> *A Diretoria Colegiada do Banco Central do Brasil, em sessão realizada em 10 de maio de 2000, com base no disposto nos artigos 9º e 11 da Lei nº 4.595, de 31 de dezembro de 1964, e tendo em vista o disposto na Circular nº 2.650, de 27 de dezembro de 1995, decidiu:*
>
> *Art. 1º Restringir o curso sob o Convênio de Pagamentos e Créditos Recíprocos – CCR, aos instrumentos de pagamento relativos a:*
>
> *I – Importações realizadas para pagamentos até 360 dias;*
> *II – Exportações realizadas para recebimento até 360 dias [...]*

Em outras palavras, o BCB, percebendo que não tinha poderes para revogar um convênio no âmbito da Aladi (isso era matéria de política internacional do Itamaraty), resolvera unilateralmente "amputar" os braços e as pernas do CCR, limitando o seu prazo para pagamentos e recebimentos a até 360 dias, tornando-o, assim, um mecanismo inócuo como instrumento de garantia para financiamentos às exportações brasileiras destinadas a países da América Latina.

A forma impulsiva com que Armínio tratou o conselho de ministros da Camex deixou perplexos todos os presentes. Ele pediu licença, virou as costas e foi-se embora, sem esperar a opinião de ninguém. Pedro Parente, Luiz Felipe Lampreia, Pedro Malan e Alcides Tápias pareciam não acreditar no ocorrido. O clima ficou tão ruim que a reunião foi abruptamente encerrada por Tápias e nos retiramos, sob o pedido de Pedro Parente, para que tivéssemos calma, não falássemos com a imprensa sobre o fato e que, depois de conversar com o presidente FHC e o próprio Armínio, ele voltaria a falar conosco sobre o assunto.

Fiquei profundamente decepcionado com a atitude equivocada do presidente do BCB. Voltei para meu gabinete da Camex com a intenção de pedir minha demissão do cargo e voltar à lida de empresário exportador. Não havia aceitado o convite do presidente FHC e de Tápias para ficar ali enxugando gelo, e sim para gerar um bom desempenho para o país e para o comércio exterior brasileiro. Muito menos para ser destratado por quem quer que fosse, da forma como havia ocorrido na reunião da Camex. Aos poucos, os integrantes de minha equipe, que haviam assistido à cena nos bastidores da reunião, vieram se solidarizar comigo e, imaginando o risco de eu me demitir, pediram com fervor que resistisse e aguardasse os desdobramentos do caso. Logo a notícia vazou para a imprensa, e meu telefone não parava de tocar. Fiquei em silêncio e pedi tempo para refletir. Havia sido um golpe baixo de Armínio, esse de tomar uma decisão unilateral num assunto de Estado, sem consultar ninguém. Um absurdo.

Nada como uma noite (mal) dormida! No dia seguinte, embarquei para São Paulo e me reuni à tarde com Alcides Tápias, que pediu que eu me acalmasse, acrescentando que aquela situação se resolveria. Eu tinha minhas dúvidas. Fui conversar com meu amigo Emílio Garófalo, ex-diretor da Área Externa do BCB, e soube por ele e pelos seus colegas do BCB que, na visão ultraliberal de Armínio e de muitos de seus colegas de diretoria, o BCB não deveria assumir nenhuma atividade de fomento ou de garantia de empréstimos a terceiras partes, fossem elas países, empresas ou instituições.

E a existência do CCR era, para eles, um transtorno no modelo liberal da autoridade monetária, pois obrigava o BCB a ser o agente pagador, em última instância, dos valores de transações comerciais e financiamentos cursados através do convênio, que poderiam totalizar cumulativamente alguns bilhões de dólares.

Em tese, Armínio poderia até ter razão, mas na prática, de fato, o mundo perfeito imaginado pelos economistas liberais nunca existiu. A ortodoxia extrema, em qualquer caso, aprisiona a imaginação e limita a busca de alternativas, quando há uma crise para ser superada. A equipe de carreira do BCB, quando soube da decisão da diretoria, se opôs veladamente, mas já era tarde para contra-argumentar, porque a carta circular já estava sendo publicada, para espanto dos exportadores brasileiros. A repercussão dessa medida em meio à classe exportadora e aos bancos comerciais não tardou a acontecer. Foram muitas críticas à decisão do BCB e ao governo FHC, pois causaria, como causou, graves prejuízos para o setor de máquinas, equipamentos, bens de capital, veículos e serviços de engenharia, entre outros.

Afinal, passados alguns dias, após muita reflexão e superação emocional, tomei a decisão de ficar na Camex e lutar pela causa exportadora. Voltei a falar algumas vezes com Pedro Parente sobre esse assunto do CCR, mas ele afirmou que Armínio estava intransigente sobre o caso. E que o presidente FHC havia aceitado a decisão da diretoria do BCB, mesmo tendo opinião contrária e sabendo das consequências para os exportadores e para a política externa brasileira. Se, por um lado, eu iria resistir tanto quanto possível na posição contrária e crítica ao BCB, por outro eu agiria de forma pragmática e tentaria resolver os pedidos de financiamento às exportações brasileiras para os países latino-americanos por meio de caminhos alternativos. Comecei a conversar com as instituições multilaterais de crédito (BID, CAF, Banco Mundial) e com os grandes bancos internacionais, sempre muito ágeis, criativos e dispostos a correr riscos calculados.

No caso da segunda ponte do rio Orinoco, as autoridades venezuelanas, ao serem informadas de que não poderíamos mais contar com a garantia do CCR diante da inesperada decisão restritiva do BCB, resolveram adiantar uma parcela de recursos próprios orçamentários para iniciar as obras e concederam um pouco mais de tempo para que, juntos, pudéssemos estruturar uma nova garantia para o prometido empréstimo brasileiro. Foi quando me ocorreu a ideia de usar os futuros recebíveis da Edelca sobre a venda de energia elétrica para a Eletrobras, como colateral para um financiamento de longo prazo na modalidade Proex Equalização junto ao Banco do Brasil no exterior. Havia me tornado amigo do ministro do Planejamento da Venezuela, Jorge Giordani, e expus a ele minhas ideias, dizendo que, se isso ocorresse, do meu lado iria buscar uma nova aprovação no CCEx naqueles moldes, e que a CVG/Edelca e a Odebrecht deveriam ir ao mercado financeiro viabilizar a garantia bancária colateral que deveria ser exigida pelo Comitê de Crédito do Banco do Brasil. Meses depois veio a solução completa: a Venezuela emitiria bônus soberanos com a garantia colateral do fluxo de recebíveis das exportações de energia elétrica ao Brasil, em seguida o banco de investimento JP Morgan, em Nova York, subscreveria a totalidade dessa emissão de US$ 500 milhões, o governo venezuelano depositaria esse dinheiro numa *escrow account* (conta bloqueada) no Banco do Brasil em Nova York, que por sua vez faria o desembolso para as exportações de máquinas, materiais de construção e serviços de engenharia para a obra da ponte, recebendo as prestações desse empréstimo nos respectivos vencimentos por meio do débito na *escrow account*.

Em março de 2001, a tarefa de estruturar o financiamento da segunda ponte do Orinoco estava finalmente cumprida, mas ainda faltava concluir a tarefa de restituir o funcionamento integral do CCR para o apoio às exportações brasileiras. A intransigência do BCB e de seus diretores batia todos os limites. Exportadores reuniam-se nas suas respectivas associações de classe, federações e fóruns, criticando a postura irracional da autoridade monetária, e os embaixadores de países latino-americanos reclamavam ao Itamaraty, mas nada fazia o BCB mudar de posição. Só restava provocar a decisão da justiça, quando fosse consultada sobre o ato do BCB – e aí ocorreu o mandado de segurança muito bem formulado pela construtora Andrade Gutierrez, que, assim como a Odebrecht na Venezuela, tinha também um projeto contratado na República Dominicana, e para o qual o apoio do CCR havia sido negado, mesmo após a aprovação do financiamento pelo CCEx.

Na petição inicial à justiça, a construtora entrou com mandado de segurança contra ato praticado pelo presidente, pelo diretor da área externa e pelo chefe do Departamento da Dívida Externa e das Relações Internacionais do Banco Central, pela proibição do curso do financiamento à exportação sob o CCR. O Tribunal Regional Federal da Primeira Região concedeu liminar, e tanto o pedido de suspensão da segurança ante o presidente do TRF quanto o de que fosse dado efeito de suspender a decisão a um recurso (agravo de instrumento) foram negados. O BCB pediu ao presidente do STJ a suspensão da segurança concedida, porque alegava que feria a economia e a ordem pública. O BCB argumentava ainda, em sua defesa, que nem o CCEx nem a autarquia, que têm assento naquele comitê, sabiam que a garantia proposta teria o curso pelo CCR. Segundo a defesa do BCB, a decisão estaria subvertendo a sua atuação autônoma na política cambial, e a construtora estaria assumindo uma dívida de mais de US$ 129 milhões, caso a República Dominicana não comparecesse às compensações quadrimestrais do CCR. Além disso, haveria o potencial de efeito multiplicador de ações idênticas.

A Andrade Gutierrez protocolou nova petição, dizendo que não se poderia admitir o argumento de que o CCEx aprovou a equalização e não o financiamento, nem que não foi discutido o curso desse financiamento no CCR. A defesa da construtora argumentou que a garantia do CCR já era aplicada regularmente em casos similares desde a década de 1960, sem que houvesse notícia de qualquer caso de inadimplência no CCR. A construtora argumentava, ainda, que o receio de dano à economia não era iminente, pois a primeira parcela, se ocorresse liberação imediata, venceria somente dali a 36 meses. Até lá, a construtora disse que já deveria ter saído uma decisão definitiva no pedido de mandado de segurança.

Para o presidente do STJ, o tipo de ação interposta pelo Banco Central não permitia o exame de questões de mérito do mandado de segurança. Segundo o juiz, em seu despacho, a ação limitava-se à análise da ocorrência de grave lesão ao menos a um dos valores protegidos pela lei: a saúde, a segurança ou a ordem pública. Com base nesses argumentos, o STJ negou o pedido do Banco Central, afirmando que o risco alegado pela autarquia não era iminente. De acordo com o contrato de financiamento, a carência para o pagamento do valor principal seria de 42 meses, a contar da data da ratificação pelo Congresso Nacional da República Dominicana, o que aconteceria, no mais tardar, em 22 de abril de 2002. Assim, segundo o ministro, até outubro de 2005 já se deveria ter uma decisão definitiva. Isso aliado ao fato de que o BCB, se negado o mandado de segurança, poderia, se quisesse, suspender o curso da operação no CCR, conforme comunicado do Banco Central da República Dominicana.

O STJ, por fim, entendeu que o poder do Banco Central para

disciplinar como e quando deveriam ocorrer as operações de pagamentos de importações e exportações em curso no CCR, assim como a interpretação de dispositivos de modo a alcançar o espírito da norma interna, não abalaria a ordem pública protegida. O STJ, em sua decisão, não aceitou a alegação do BC quanto ao possível dano à economia pública. O receio de insolvência do país importador dos serviços da construtora brasileira a essa altura seria extemporâneo, porque o financiamento havia sido aprovado por empresa pública federal (BNDES/Finame) em outubro de 1999. Além disso, o enquadramento da equalização de taxas de juros do Proex também havia sido aprovado pelo CCEx, em dezembro de 1999, um ano depois havia sido autorizada a prorrogação da operação e, posteriormente, o contrato havia sido ratificado pelo Congresso Nacional da República Dominicana.

Na sentença, o STJ disse ainda ser pouco provável, embora não impossível, que a República Dominicana não viesse a comparecer às compensações quadrimestrais do CCR, diante dos dados técnicos apresentados por unidade do próprio BCB, atestando o crescimento econômico daquele país. Além disso, o ministro afirmou que, diante da presunção da legalidade dos atos administrativos, considerava-se que o BNDES e a Finame, como entidades instituídas pelo poder público, tinham autorização para consignar a garantia do financiamento em títulos de crédito de liquidação automática em curso no CCR. "Mesmo porque qualquer falta de sintonia entre entidades do poder público interno para honrar acordos externos poderá comprometer a imagem do país no panorama mundial e causar prejuízo concreto às finanças públicas", concluiu o STJ.

A essa sentença do STJ seguiram-se outras, obrigando o BCB a rever sua posição e, afinal, prestar as garantias no âmbito do CCR aos contratos que haviam sido assinados e aprovados pelo CCEx em datas anteriores a maio de 2000, e que eram muitos, talvez algumas dezenas; um deles, inclusive, de exportação de equipamentos de construção no valor de US$ 42 milhões para o Equador, que estava em nome da Sílex Trading, da qual eu havia sido sócio e dirigente antes de assumir a secretaria executiva da Camex, agora sob o comando de meu irmão Marcos. Sugeri a ele que a justiça seria o melhor caminho, já que eu me sentia muito pouco à vontade para tentar qualquer solução administrativa sobre o tema. Apenas informei o presidente FHC a respeito, para que ele não viesse a tomar conhecimento de surpresa por terceiros que pudessem agir por pura maledicência, em busca de intrigas.

A partir de 2002 tem início um processo de radicalização do governo Chávez. Opositores são perseguidos e presos, a imprensa é crescentemente censurada, a justiça é aparelhada por juízes simpatizantes do presidente, os empresários que desobedecem ao governo correm o risco de ter suas empresas perseguidas ou estatizadas e muitos deles abandonam o país. Na área externa, a Venezuela se aproximava cada vez mais de Cuba, com o qual veio a assinar dezenas de acordos de cooperação e comércio, ao mesmo tempo que se voltava cada dia mais contra os Estados Unidos, numa retórica agressiva e desafiadora. Nessa circunstância, o presidente Chávez procurava cada dia mais o apoio dos países do Mercosul, em especial do Brasil, considerado por ele o grande parceiro do Sul.

No dia 11 de abril de 2002, ocorreu uma tentativa de golpe de Estado contra Chávez que durou apenas 47 horas e foi logo dominada pelos chavistas. De volta ao Miraflores após a tentativa de golpe, Chávez escolheu um chefe de Estado em especial para dedicar seu primeiro telefonema de agradecimento: o brasileiro Fernando Henrique Cardoso. O motivo da cortesia era a manobra diplomática liderada pelo Brasil, que naqueles dias de incerteza em Caracas buscou colocar o bloco latino-americano ao lado do venezuelano deposto – e, por tabela, contra os Estados Unidos de George W. Bush. A chamada foi na manhã de um domingo de sol em Brasília, com a capital enfeitada para comemorar o centenário de nascimento de Juscelino Kubitschek. Do outro lado da linha, atendeu um FHC satisfeito com a volta de Chávez ao poder.

Após as formalidades iniciais, o presidente brasileiro perguntou ao venezuelano se ele ouvira falar em JK. Chávez respondeu que não. "Juscelino foi um grande presidente do Brasil, e durante seu governo, de 1956 a 1961, sofreu duas tentativas de golpe militar, uma em 1956 e outra em 1959", disse FHC. "Ele foi muito sábio e sem hesitação anistiou os golpistas", emendou. Chávez entendeu o recado. Respondeu que não pretendia punir os revoltosos (nos anos seguintes, porém, todos foram perseguidos politicamente). A quartelada que derrubou brevemente Chávez ocorreu enquanto os países do chamado Grupo do Rio, mecanismo latino-americano de consulta política, reuniam-se na Costa Rica. Era o chanceler Celso Lafer que estava em San José representando o Brasil, e ele foi instruído a buscar, com o máximo de assinaturas que conseguisse reunir, uma declaração regional condenando o golpe. "O continente é democrático e não aceitará a imposição de regimes autoritários", dissera o presidente tucano, pouco após as primeiras notícias da crise em Caracas, indicando a posição de princípio do Brasil.

Ao final, todos os países do Grupo do Rio firmaram na Costa Rica uma declaração condenando a "interrupção da ordem constitucional" na Venezuela. No mesmo dia, os Estados Unidos, num oportunismo irresponsável, reconheciam o empresário – e golpista – Pedro Carmona como legítimo presidente venezuelano. A posição de FHC diante do golpe de 2002 foi um reflexo da boa relação que ele sempre procurou manter com Chávez, enquanto os dois conviveram nas cadeiras do poder. Um mês antes das eleições presidenciais brasileiras de 2002, porém, Chávez declarou, enquanto embarcava para a Cúpula Rio+10, na África do Sul: "A esquerda vai vencer no Brasil, com o meu bom amigo Lula. Ele é um sujeito incrível, trabalhador e honesto".

No início de agosto de 2001, recebi um inesperado convite do presidente FHC para comparecer com ele e um grupo de ministros e autoridades brasileiras à cerimônia de inauguração da já referida linha de transmissão de energia elétrica entre a venezuelana Usina de Guri e a cidade brasileira de Boa Vista, no estado de Roraima, que ocorreria no dia 13 daquele mês na pequena cidade venezuelana de Santa Elena de Uairén, na fronteira entre os dois países. A viagem até aquele remoto ponto foi uma aventura, já que a etapa final de Boa Vista até Santa Elena foi feita em helicópteros militares abertos, com uma visão magnífica daquela exótica região fronteiriça, uma mistura de ambientes de savana, floresta e os impressionantes *tepuies* – relevo em forma de meseta, com paredes verticais abruptas e cumes planos, realmente lembrando uma mesa. Lá chegando, fomos recebidos pelas autoridades locais, prefeitos, deputados, vereadores e banda de música, e a comitiva do presidente foi depois encaminhada para uma grande tenda armada na região de fronteira, na qual os presidentes FHC e Hugo Chávez se reuniriam por algumas horas antes da inauguração da conexão elétrica.

Qual não foi nossa surpresa quando, ao descer do helicóptero presidencial da Força Aérea Venezuelana, Chávez, aos gritos, anuncia: "Mi gran maestro e amigo Fernando Henrique, tengo hoy una gran sorpresa para honrarnos en esta ceremonia de apertura. Me acompañó un invitado especial, nuestro gran amigo Fidel Castro, quien hoy cumple 74 años. Brindemos juntos en su honor!" E, por incrível que possa parecer, o personagem lendário, que todos conhecemos dos livros de história e da mídia internacional, desceu do helicóptero logo após o presidente Chávez, com a sua histórica farda verde-oliva, aquele boné típico da guerrilha cubana e um charuto ainda apagado entre os dentes. Fidel Castro havia chegado dois dias antes a Caracas para comemorar seu aniversário de 74 anos, e a convite de Chávez "esticou" sua visita para rever o presidente brasileiro. Fidel, ao descer da aeronave, parecia ter algum sério problema de coluna, andava com o tórax duro, como se usasse uma armadura por baixo da farda, naquele sol equatorial de 40 graus. Poderia, talvez, estar usando um colete à prova de balas.

Parecia uma miragem para todos nós o surgimento inesperado de Fidel Castro naquela cerimônia. Chávez e Castro abraçaram efusivamente o presidente FHC, cumprimentaram um a um os integrantes da delegação oficial brasileira, e logo depois Chávez deu o braço aos outros dois colegas, disse que eles tinham muito a conversar e se isolaram num canto do acampamento, em torno de uma mesa com água gelada e café. Lá conversaram por quase três horas. Na hora da despedida, Chávez, novamente me reconhecendo como o "homem da ponte", disse-me em voz alta, para todos ouvirem: "Ya le he dicho al presidente Fernando Henrique que cuando vamos a inaugurar el puente sobre el río Orinoco, vamos a nadar los tres presidentes juntos de un lado al otro". No que FHC respondeu, de pronto: "Así que no tardes mucho en construirla, de lo contrario, ninguno de los tres estará vivo para entonces". Chávez e Fidel se foram alguns anos depois, e FHC continua vivo até os dias em que escrevo este capítulo, em dezembro de 2022, com mais de 90 anos de idade.

No voo de volta ao Brasil, FHC me chamou na sala reservada do avião presidencial e, a sós comigo, puxou conversa sobre aquele inusitado encontro em Santa Elena de Uairén. Lembro-me de que ele falou que estava muito preocupado com o discurso cada dia mais radical de Hugo Chávez e que temia pelo futuro do país vizinho, no que tinha toda a razão. Agradeceu-me pela primeira vez pelo êxito na estruturação do financiamento da ponte e se assegurou de que não haveria mesmo nenhum risco de inadimplência da parte venezuelana. Disse-lhe que ficasse tranquilo, que não haveria problemas. A ponte foi finalmente inaugurada, com alguns anos de atraso, pelos presidentes Lula e Chávez, no dia 13 de novembro de 2006, logo após Lula ter sido reeleito. O financiamento Proex foi integralmente pago ao Banco do Brasil pelo governo venezuelano, com os recursos depositados previamente na *escrow account*. A partir de 2003, a nova administração do BCB, a cargo de Henrique Meirelles, recolocou o CCR para plena utilização dos exportadores brasileiros.

E la nave va...

CAPÍTULO 5

A vitoriosa saga da Embraer

A Embraer já era uma velha conhecida minha, quando assumi a secretaria executiva da Camex. Depois de privatizada, em 1995, uma equipe altamente competente e profissional havia assumido a empresa e levado adiante o plano de lançamento de uma magnífica família de aeronaves regionais de passageiros, que se mostrou um tremendo sucesso, tanto no desempenho técnico como no marketing da aviação civil, em busca de maior integração de linhas aéreas regionais com os grandes aeroportos nacionais e internacionais, ligando capitais e países mundo afora. O engenheiro Maurício Botelho foi designado para ser seu presidente executivo e realizou um amplo e bem-sucedido plano de reestruturação da empresa, principalmente no âmbito financeiro, que ficou a cargo do executivo Antônio Luiz Pizarro Manso.

As aeronaves EMB-145, com capacidade para até 50 passageiros, chegaram ao mercado com excelente receptividade pelas principais empresas de aviação comercial do mundo. As encomendas cresceram vertiginosamente, e, para espanto geral, quem sabe até dos próprios dirigentes da recém-privatizada Embraer, os seus aviões, em 1999, tomaram o lugar dos calçados como o primeiro item na pauta de exportações para os Estados Unidos, e já no primeiro trimestre de 2000 a empresa desbancou a Companhia Vale do Rio Doce como maior exportadora brasileira, vendendo no mercado americano US$ 1,1 bilhão, com um aumento de 39,25% em relação a 1998 (US$ 833 milhões).

Mas havia um problema. Ninguém, no mercado mundial de aviação civil, adquire novas aeronaves de passageiros nas condições de pagamento à vista. O fechamento dos contratos de venda precisa vir acompanhado de oferta firme de financiamento em médio e longo prazos, juros subsidiados e condições de garantia aceitáveis. E, nesse aspecto, a estrutura de financiamento à exportação, amparada nos programas Proex e BNDES Exim, era insuficiente para suportar o vertiginoso crescimento das vendas do EMB-145. Algo precisaria ser feito para adequar essa situação e assegurar a competitividade da empresa brasileira no quesito financiamento.

O programa Proex já existia desde 1992. Naquela fase da história econômica brasileira do início dos anos 1990, muito se discutiu sobre o papel do Estado na economia, por exemplo, enquanto interventor na política de promoção de exportações. Embora outros fatores, tais como inovação tecnológica, eficiente infraestrutura logística e energética, qualificação da mão de obra e desoneração fiscal, fossem todos determinantes para o incremento das exportações, a política de seu financiamento teria também um peso relevante nas decisões empresariais de investimento na expansão da capacidade industrial destinada ao atendimento da demanda externa. Caberia ao Estado, sem dúvida, ser um agente indutor do processo competitivo externo, buscando o equilíbrio do balanço de pagamentos e, por meio de políticas públicas específicas, a promoção de suas exportações. Não havia dúvida de que era basicamente uma decisão de política econômica nacional aderir ou não ao seleto clube de países exportadores de bens e serviços de valor agregado, pois, sem um mecanismo oficial de financiamento às exportações, nem o Brasil nem qualquer outro país conseguiria concorrer nesse disputado mercado de produtos manufaturados e serviços de tecnologia.

Foi por causa do programa Proex Equalização que se tornou possível desenvolver no país uma indústria exportadora de máquinas, equipamentos, bens de capital, aeronaves, serviços de engenharia, veículos pesados, ônibus, caminhões, tratores, entre outros itens. Em decorrência de legítima ambição do governo brasileiro e dos empresários por diversificar e incrementar a pauta exportadora, por meio da inclusão de inúmeros setores da nascente indústria nacional, colocou-se como objetivo absolutamente indispensável a criação de um mecanismo oficial de financiamento às exportações brasileiras de produtos manufaturados, que fosse ágil e competitivo, de forma a assegurar, no mínimo, isonomia competitiva com nossos tradicionais concorrentes nessa disputada arena, até então dominada exclusivamente pelos países desenvolvidos da América do Norte, da Ásia e da Europa, e que já contavam com suas agências oficiais de financiamento às exportações, como Ex-Im Bank (EUA), Exim-Bank (Canadá), JBIC (Japão), Korea Eximbank (Coreia do Sul), Coface (França), KfW (Alemanha), entre outras.

Muito pouco ou mesmo nada se exportaria nesses setores da economia se o financiamento competitivo à exportação, tanto em prazo de amortização como em juros sobre a dívida, não estivesse disponível. Na prática, existem duas modalidades de financiamento às exportações: *supplier credit* (crédito ao fornecedor-exportador) ou *buyer's credit* (crédito direto ao comprador-importador). No caso do *supplier credit*, seria como uma espécie de refinanciamento, já que o exportador utilizaria o crédito recebido por ele de uma instituição financeira para financiar diretamente o seu importador, usualmente, correndo o risco de crédito do mesmo nessa modalidade, ainda que esse risco de crédito político e/ou comercial pudesse ser devidamente mitigado e segurado junto a uma instituição de seguro de crédito, que no caso brasileiro era desempenhado, na época, pela SBCE (Seguradora Brasileira de Crédito à Exportação). Já na modalidade *buyer's credit*, o exportador brasileiro, ao embarcar a mercadoria objeto do financiamento, deveria em seguida obter o aceite do importador nas notas cambiais de cobrança a prazo, para em seguida descontá-las à vista junto ao agente financiador, que no caso poderia ser algum banco estrangeiro ou nacional no exterior, ou o Banco do

Brasil ou, ainda, o BNDES Exim, mas sempre sem direito de regresso contra si. Esta última era usualmente a prática utilizada pela Embraer no fechamento de seus negócios.

Os maiores exportadores brasileiros de bens de capital nessa modalidade *buyer's credit* normalmente captam recursos junto a instituições financeiras privadas no exterior para financiar suas operações de exportação de bens de capital e, por meio do Programa Proex Equalização, apresentam seus pleitos à Camex, com o objetivo de obter um benefício financeiro com *funding* amparado em recursos orçamentários do Tesouro Nacional. Esse benefício funciona como uma margem de equalização de juros, ou seja, um desconto na taxa de juros das linhas de crédito à exportação que é ofertada ao importador. Normalmente essas taxas de juros praticadas pelas diversas agências de crédito à exportação ao redor do mundo procuram ser equivalentes entre si.

Esse procedimento é essencial para as empresas brasileiras exportadoras de bens de capital, visto que lhes permite competir em reais condições de igualdade com suas principais concorrentes, atraindo ao Brasil investimentos e encomendas de bens de capital a serem utilizados nos mais diversos países do mundo. O programa Proex Equalização é imprescindível para alavancar vendas de alto valor agregado ao exterior. Estima-se que para cada US$ 1,00 despendido no programa Proex Equalização sejam viabilizadas exportações no valor de US$ 25,00. Além disso, esse programa gera milhares de empregos qualificados, desenvolve a pesquisa científica, inovação e tecnologia no país e tem impactos bastante positivos para a própria arrecadação tributária, quando se observa que a cada US$ 1,00 investido no programa Proex Equalização arrecadam-se, aproximadamente, US$ 3,20 em impostos pagos pela empresa e seus fornecedores à União. Sem o programa Proex Equalização essas exportações brasileiras de bens e serviços de alto valor agregado, inclusive da indústria aeronáutica brasileira aqui referida, simplesmente não existiriam.

No caso brasileiro, o programa Proex Equalização apresenta três grandes desafios constantes, que já existiam desde sua criação e subsistem até os dias de hoje, apesar de todas as tentativas de aprimorar as regras desse programa ao longo dos últimos trinta anos de sua existência: o primeiro ponto é a dependência do Projeto de Lei Orçamentária Anual (PLOA), a ser elaborado pelo Executivo e submetido ao Congresso Nacional. Depois de ajustado e aprovado, o parlamento o envia de volta ao Executivo para sanção presidencial e publicação no *Diário Oficial da União*. Lá é fixado o montante de recursos disponíveis para a ação orçamentária na rubrica "0267 Subvenção Econômica em Operações no âmbito do Programa de Financiamento às Exportações – Proex (Lei nº 10.184, de 2001)".

Na disputa orçamentária entre os vários setores da economia, ministérios e programas sociais, o valor atribuído à rubrica de financiamento às exportações sempre foi subestimado, e, como consequência, os recursos tornam-se insuficientes ao longo do exercício fiscal, impedindo a aprovação de novos financiamentos e inviabilizando a contratação de novas exportações desses setores de alto valor agregado.

Em segundo lugar, os recursos orçamentários são denominados em reais, mas, como os financiamentos e os juros são necessariamente denominados em dólares, quando ocorre uma desvalorização da moeda brasileira o orçamento "encolhe" para amparar as equalizações de juros aos bancos financiadores, trazendo ainda mais insegurança operacional aos exportadores. E o terceiro ponto refere-se ao custo do risco Brasil, normalmente superior ao dos países desenvolvidos nesse mercado altamente competitivo, o que exige que pratiquemos uma margem de equalização de juros normalmente superior àquela praticada pelos concorrentes.

Naquele momento, o paradoxo era que o meteórico sucesso da Embraer com o modelo EMB-145 era também o seu principal problema. Os compromissos de produção, comissionamento e financiamento foram se avolumando exponencialmente. Diante da clara percepção desses riscos de interrupção periódica das aprovações de novos financiamentos necessários à exportação de suas aeronaves, a Embraer vivia um dia a dia de agonia ao ver sua lista de encomendas de novas aeronaves aumentando e a disponibilidade de financiamento às exportações sendo gradualmente reduzida, até a sua inevitável suspensão pelo CCEx, coordenado pela Camex, e com a participação de representantes do Banco Central, da Casa Civil, Secex, Tesouro

Nacional, Banco do Brasil, BNDES, MRE e SBCE. Ao CCEx cabia a responsabilidade de examinar e enquadrar as operações, tanto do Proex Financiamento quanto do Proex Equalização, relativas às garantias admitidas, aos limites de apoio, aos setores ou destinos prioritários, bem como às contrapartidas solicitadas aos países importadores e controles da disponibilidade orçamentária de cada um dos programas.

Já àquela altura, no final dos anos 1990, a aprovação de novos financiamentos pelo CCEx para a exportação de manufaturados de elevado valor foi subitamente suspensa, e só foi retomada meses depois, após ajustes orçamentários ou aprovação de verbas suplementares. Isso havia causado grave prejuízo para muitas indústrias brasileiras, que foram obrigadas a permanecer por mais de seis meses fora do mercado internacional, sem gerar novas vendas, mais divisas e mais empregos, tudo isso num mundo altamente competitivo, em que presença permanente, tradição e confiabilidade são fatores fundamentais para viabilizar as exportações.

É um equívoco pensar que as grandes empresas internacionais instaladas no país não precisam do benefício da equalização para manter seus programas de exportação de longo prazo a partir do Brasil. A realidade é justamente o contrário. A filial brasileira concorre com outras plantas da empresa espalhadas pelo mundo, muitas em países com fortes programas de apoio. Assim, a exportação acontecerá a partir do país que for mais vantajoso. A estrutura padrão das operações dessas empresas é ter algumas poucas bases produtoras em larga escala e com orientação exportadora para o resto do mundo e, atuando como importadores na outra ponta, as suas próprias filiais e subsidiárias em alguns países estratégicos, para de lá atingir vários mercados regionais como destino final da exportação.

Nessa estrutura operacional do Proex, sem dúvida estava inserido um explícito subsídio estatal por meio da linha Proex Equalização, na qual o Tesouro Nacional desembolsava diretamente aos bancos privados financiadores das exportações a cada trimestre um valor equivalente em dólares ao valor usado como redutor dos juros cobrados pelos bancos aos importadores dos equipamentos brasileiros.

A Embraer entrou na mira da indústria mundial de aviação civil, principalmente da Bombardier, em setembro de 1996, quando venceu a concorrência para fornecer 200 jatos à empresa norte-americana Continental Express. A Bombardier acusou a concorrente brasileira de utilizar o subsídio do Proex para baixar o preço das aeronaves. Foi o estopim para que o Canadá solicitasse pedidos de consultas com o Brasil à OMC.

Tanto a Embraer quanto a Bombardier estavam entusiasmadas com as fabulosas perspectivas do segmento de jatos regionais que se vislumbravam naquele período, e cada qual estava investindo mais de US$ 1 bilhão na nova linha de aviões de 70, 90 e 108 lugares, para satisfazer a crescente demanda por jatos pequenos, além de intenso investimento em marketing. A estimativa era de que esse tipo de jato representaria 25% de todos os aviões comerciais a serem vendidos nos dez anos seguintes.

Em junho de 1997, a empresa brasileira fechou o maior contrato comercial da sua história, com uma venda que poderia superar US$ 1 bilhão, incluindo os jatos EMB-145, de 50 lugares, para a American Eagle, uma subsidiária da American Airlines que opera rotas regionais norte-americanas. À época, o vice-presidente de planejamento da American Eagle, Peter Pappas, disse que a escolha do equipamento da Embraer fora devido à eficiência, competitividade e capacidade do seu equipamento. Outro fator predominante teria sido a linha de crédito proporcionada pelo BNDES Exim à American Eagle, em condições de financiamento similares às do Canadá. Em retaliação, a Bombardier cancelou a compra de 24 aviões Super Tucanos da concorrente brasileira, que seriam repassados para a Organização do Tratado do Atlântico Norte (OTAN). A Embraer deixou de faturar cerca de US$ 100 milhões com o cancelamento.

A ofensiva comercial e diplomática do Canadá contra o Brasil tinha como objetivo brecar a avassaladora expansão da Embraer no mercado internacional de jatos regionais de até 50 lugares. Até 1996, a Bombardier praticamente detinha o monopólio desse segmento. Surpreendentemente, a Embraer não só desbancou a soberania da concorrente canadense como, em 1999, já assumia a dianteira na disputa. Foram vendidos 157 jatos, contra 96 da Bombardier. E é óbvio que a preferência pelo equipamento da Embraer não se dava exclusivamente em razão dos subsídios que eles acusavam o governo brasileiro de estar concedendo. O que o Canadá não conseguia mesmo admitir é que um país em desenvolvimento estivesse produzindo um jato regional melhor e mais barato que o seu. As razões da preferência pelo avião da Embraer eram facilmente justificáveis.

O jato brasileiro pesava duas toneladas a menos que o canadense. Financeiramente, isso equivale a uma diferença de preço entre US$ 1,5 milhão e US$ 2 milhões. Além disso, um avião mais leve consome menos combustível e tem gastos menores de manutenção. Mas o pior para o Canadá engolir era o fato de que o complexo industrial gigante e diversificado da Bombardier, com 56 mil funcionários e faturamento anual de US$ 11 bilhões, estivesse tomando uma goleada da Embraer, uma empresa brasileira que havia sido privatizada havia apenas sete anos, com cerca de 11 mil funcionários e faturamento, em 1999, de US$ 3 bilhões. Não se poderia esquecer que a Embraer tinha começado a competir nesse mercado havia apenas cinco anos, e em condições muito menos favoráveis. E havia virado o jogo a seu favor.

Apesar da queixa canadense à OMC, os negócios da Bombardier pelo mundo afora também iam de vento em popa, e o governo brasileiro decidiu agir de forma recíproca. Em abril de 1997, o ministro das Relações Exteriores, Luiz Felipe Lampreia, apresentou formalmente uma reclamação à OMC contra os subsídios oferecidos pelo governo canadense à Bombardier. Segundo o ministro notificou ao organismo à época, em razão de um conjunto de subsídios das agências canadenses para sua indústria de aviação, mesmo com o sistema de equalização de juros no programa Proex de financiamento das aeronaves brasileiras, a taxas inferiores às praticadas no mercado internacional, a Embraer ficava em desvantagem em relação à aeronave canadense equivalente.

O governo brasileiro entrou com processo semelhante, em separado, após também terem sido fracassadas as tentativas de consultas entre as partes, contra possíveis subsídios recebidos pela Bombardier por meio da Export Development Corporation (EDC), agência criada para incentivar as exportações daquele país, pelo Canada Account e pelo Technology Partnerships Canada (TPC) – o principal programa de incentivos no qual se concentravam os subsídios à Bombardier. A petição brasileira à OMC alegava, com razão, a incompatibilidade de tais medidas canadenses com o artigo terceiro do Acordo SCM, que trata de subsídios proibidos.

A petição brasileira foi encaminhada ao grupo de três painelistas indicados pelo diretor-geral da OMC para julgar o caso. A referida petição se sustentava com base nos artigos 3 §1 e 3 §2, do Acordo sobre Subsídios: a) os empréstimos, as garantias de empréstimo e as injeções de capital, estas últimas efetuadas por meio de participação acionária em empresas estabelecidas para facilitar a exportação de aeronaves, feitas pela Export Development Corporation (EDC), são condenados pela OMC; b) vultosos recursos originários de um fundo secreto, conhecido como Canada Account, vêm sendo utilizados em sigilo para subsidiar ilegalmente as exportações da Bombardier, franqueando financiamento para operações de venda consideradas de risco ou de grandes dimensões; c) subsídios proibidos vêm sendo concedidos sob o programa Technology Partnership Canada (TPC), um programa de financiamento a atividades de pesquisa e desenvolvimento, para a produção do avião CRJ de 70 lugares; d) aquisição pela Bombardier, em bases não comerciais, de 49% de participação acionária estatal da empresa fabricante de aeronaves De Havilland Inc. foi, à luz do Acordo sobre Subsídios da OMC, ilegalmente subvencionada pelo governo da Província de Ontario; e) o governo da Província de Quebec outorga uma ampla variedade de subsídios proibidos à empresa Bombardier, que tem sede em Montreal, capital daquela província.

Por outro lado, a defesa brasileira, formulada por uma equipe que reuniu representantes de diversos órgãos do governo e membros de escritórios de advocacia da Embraer, argumentou que as taxas de juros oferecidas no mercado internacional para financiamento de operações que envolvem o Brasil traziam embutida uma parcela de "risco Brasil", a qual é apenas parcialmente neutralizada pela equalização do Proex.

O painel estabelecido para exame dos programas canadenses confirmou apenas duas das cinco teses brasileiras de que estavam sendo concedidos subsídios proibidos ao setor aeronáutico daquele país. Foram nesse sentido condenados os subsídios dados ao amparo do programa conhecido como *Technology Partnership Canada* (TPC) e da chamada *Canada Account*.

A empresa canadense Bombardier, por sua vez, havia conseguido que o governo canadense impetrasse uma reclamação formal na OMC contra a empresa brasileira e o programa brasileiro de financiamento às exportações, com a alegação de que este estaria em flagrante violação aos termos do Acordo sobre Subsídios e Medidas Compensatórias, que havia sido acordado pelos países-membros daquela instituição multilateral com sede em Genebra.

Dessa forma, foi aberto um painel investigativo com base nos entendimentos para solução de controvérsias entre os países-membros. E o processo que estava em curso poderia comprometer e ameaçar a conclusão dos contratos de vendas passadas e ainda não entregues, como também do fechamento de novas vendas de aeronaves pela empresa brasileira. Com o surgimento da Organização Mundial do Comércio (OMC), o sistema multilateral de comércio havia iniciado uma nova era. Entre os pilares da normativa dessa entidade, destacava-se o seu mecanismo de solução de controvérsias, profundamente reestruturado a partir do Acordo Geral sobre Tarifas e Comércio (GATT 1947) vigente à época.

O sistema de solução de controvérsias da OMC, que está previsto no Entendimento sobre Solução de Controvérsias (ESC), é um mecanismo de múltiplas etapas, que envolve primeiramente uma fase de consultas bilaterais, seguida da fase de submissão da disputa a um grupo especial; a eventual revisão da decisão dos grupos especiais por um órgão colegiado permanente; e a fase final de imposição, pelo membro vencedor, de sanções econômicas. Entre estas, a possibilidade de se instituir a retaliação comercial em resposta a violações cometidas por seus membros constitui recurso regulamentado pela necessidade de preenchimento de certos requisitos, como, por exemplo, estar sujeito a limitações de ordem qualitativa e quantitativa. Ainda, concebe-se a retaliação como sanção cujo objetivo principal é induzir o cumprimento das decisões do Órgão de Solução de Controvérsias (OSC).

Maurício Botelho e Antônio Luiz Manso, logo após minha posse na Camex, se apressaram a vir ao meu encalço para apresentar suas inquietações e anseios sobre o futuro desempenho da Embraer. Percebi imediatamente a gravidade da situação e prometi me empenhar para ajudá-los a superar os desafios que se apresentavam. Não imaginava quão intenso seria o desenrolar daquele caso durante o período em que estive à frente da Camex.

Reuni todo o vasto material que me foi entregue a respeito dos financiamentos Proex e do painel na OMC e pautei um debate sobre o tema na primeira reunião do conselho de ministros da Camex da qual participei já como secretário executivo. Quem cuidava das negociações com a OMC na estrutura do governo federal era o Ministério das Relações Exteriores, chefiado pelos embaixadores José Alfredo Graça Lima e Valdemar Carneiro Leão e pelo ministro conselheiro Roberto Azevedo, este último futuro diretor-geral da OMC, em 2014. Esses diplomatas demonstravam competência, empenho e habilidade como negociadores oficiais, muito embora na rígida estrutura hierárquica da diplomacia brasileira eu tenha percebido que eles eram cautelosos no processo negociador, mais preocupados com o formalismo da linguagem das atas e compromissos do que muitas vezes com a própria dinâmica das negociações.

Mostrando o conhecimento adquirido sobre o tema naqueles últimos dias e meu interesse em estar envolvido na equipe negociadora, consegui convencê-los a me integrar na missão seguinte à OMC, em Genebra, para continuar os entendimentos com os canadenses. Estes, a essa altura, estavam autorizados pelo órgão a aplicar como medida compensatória uma retaliação sobre algumas exportações brasileiras destinadas ao mercado canadense, por meio da súbita elevação dos impostos aduaneiros, que reduziria ou mesmo eliminaria parte importante de nossas exportações para o Canadá.

Isso desagradaria inúmeros setores da indústria nacional e do crescente agronegócio exportador brasileiro. Milhares de empregos poderiam ser perdidos e bilhões de dólares em exportações seriam inviabilizados nos próximos anos. Também os consumidores canadenses seriam prejudicados, pois, se estavam importando certos produtos brasileiros, era porque eles eram mais baratos ou de melhor qualidade do que seus similares concorrentes de outras origens. A medida de retaliação era uma solução de perda coletiva, com o único propósito de inibir o país acusado de usar o mecanismo de subsídio em questão. Parecia-me algo irracional, a ser evitado a qualquer custo, pois deveria haver uma forma mais inteligente de chegar a um acordo, que eliminasse essa absurda ameaça retaliatória.

Instalado numa mesa gigantesca numa das salas de reunião da OMC, como estreante no time brasileiro negociador fiquei bem quieto, observando meus pares e nossos adversários, e logo concluí que, dentro daquela dinâmica cautelosa da diplomacia, os entendimentos não prosperariam e as ameaças de retaliação canadense já estariam em breve sendo aplicadas. Foi quando saí para ir ao toalete e percebi, a distância, dois grupos de executivos dispersos e indiferentes uns aos outros na recepção da OMC. Eram os executivos e advogados da Embraer, liderados pelo seu diretor Henrique Rzezinski, e de outro lado os executivos e advogados da empresa canadense Bombardier, ou seja, ali estavam encarando uns ao outros os verdadeiros protagonistas do *affair* diplomático, e, por conveniência e aconselhamento de seus advogados, não trocavam nem uma palavra entre si.

Foi quando, num impulso, tomei uma atitude inusitada e intuitiva, que espantou os presentes naquele ambiente. Em vez de cumprimentar os representantes brasileiros, como era esperado, me dirigi aos executivos canadenses, que, espantados, viram-me me apresentar como representante do governo brasileiro, para em seguida convidá-los a uma visita ao meu gabinete na Camex em Brasília, onde poderíamos estabelecer um diálogo mais construtivo e pragmático, visando resolver aquele caso entre as duas empresas concorrentes. Dei a eles meu cartão de visita e me despedi, afirmando que aguardaria sua visita. Imagino que nem os representantes da Embraer nem os diplomatas do MRE tenham gostado da minha atitude, mas eu acreditava que, conversando, poderíamos encontrar uma solução melhor – era preciso pensar "fora da caixa", ou o impasse não se resolveria. Logo adiante algumas boas ideias começaram a brotar na minha cabeça.

A primeira ideia que me ocorreu foi de inverter o sinal das chamadas medidas compensatórias, ou seja, em vez de o Canadá adotar medidas punitivas contra as exportações brasileiras, por que não poderia o governo brasileiro oferecer algumas vantagens comerciais para o Canadá para que este desistisse do processo que havia iniciado contra o Brasil na OMC? Como não havia a possibilidade de reduzir unilateralmente a Tarifa Externa Comum (TEC) para produtos canadenses importados pelo Brasil sem consultar os outros sócios do Mercosul, o Brasil – quem sabe? – poderia oferecer aos canadenses preferências nas compras pelo governo e facilitar o acesso de prestadores de serviços canadenses ao mercado nacional.

De volta ao Brasil, naquele final do primeiro semestre de 2000, realizamos, em caráter extraordinário, no dia 27 de junho, uma reunião do conselho de ministros da Camex com o objetivo de discutir a evolução das negociações com o Canadá, após aquela rodada na sede da OMC. A reunião bilateral seguinte com os canadenses havia sido marcada para o dia 17 de julho, em Montreal, no território do adversário. O embaixador José Alfredo Graça Lima, subsecretário do Itamaraty para comércio internacional, assimilou bem a sugestão de que o acordo mais viável seria uma revisão do programa Proex Equalização para futuros contratos de venda das aeronaves da Embraer. E que, em vez da proposta de retaliação admitida pela OMC, poderíamos oferecer ao governo do Canadá a compra de alguns produtos canadenses pelo governo brasileiro.

Alguns dos produtos que poderiam ser comprados da própria Bombardier seriam equipamentos ferroviários e aviões especiais, usados para pulverização agrícola e combate a incêndios em geral. Para o Itamaraty, um possível acordo entre o Brasil e o Canadá poderia tornar sem efeito uma decisão da OMC sobre os subsídios brasileiros à Embraer. Na opinião dos diplomatas, havia uma grande possibilidade de o Brasil e o Canadá chegarem a um consenso na reunião em Montreal. A decisão do conselho da Camex foi de que o Itamaraty seguiria para o Canadá com um ponto fechado: definitivamente, não aceitaríamos a proposta da Bombardier de que o governo brasileiro eliminasse a taxa de equalização à Embraer nos contratos passados e ainda não entregues.

Em julho de 2000, a força-tarefa negociadora brasileira viajou para o Canadá, confiante na sua estratégia. A expectativa era de que os negociadores brasileiros e canadenses conseguissem fazer um "pré-acordo", que fixaria uma pauta de negociações e prazos para encerrar a disputa. Nesse ambiente de tentativa de conciliação, o Canadá deveria retirar temporariamente as queixas contra o Brasil na OMC até exaurir o prazo para o acordo, estimado para o final do ano. Com base nessa decisão, Canadá e Brasil discutiriam compensações que seriam oferecidas para que os canadenses aceitassem manter as vantagens do Proex para os aviões da Embraer já encomendados e ainda não entregues. Um dos pontos mais difíceis das negociações travadas era o da exigência dos canadenses de que o Brasil aceitasse um "monitoramento" externo para evitar que fossem recriadas, com outro nome, as vantagens do Proex condenadas pela OMC. Os dois países se comprometeriam a criar uma fórmula para garantir a confiança mútua (*confidence building*). O clima da reunião estava, de fato, excepcional, e tudo indicava que o pré-acordo poderia ser alcançado logo mais.

Como uma espécie de líbero do time brasileiro, jogando simultaneamente em várias posições, eu havia travado um bom relacionamento com alguns dos executivos da Bombardier, e com especial interesse perguntava a eles sobre o desempenho das aeronaves que a empresa fabricava para combate aéreo a incêndios florestais. Afinal, esse era o tipo de equipamento que a Força Aérea Brasileira poderia empregar nos incêndios florestais durante o período de estiagem no território brasileiro todos os anos, dizimando parte de nossas valiosas fauna e flora.

Logo fui convidado a experimentar um desses equipamentos de avião-tanque, pilotado por um experiente piloto da Força Aérea Canadense. O voo foi inesquecível, pois o piloto certamente havia sido instruído para me impressionar e testar minha coragem aeronáutica. Ele mergulhava o avião-tanque bimotor, bem inclinado, por cima de lagos das planícies ao redor de Montreal, e aterrissava na sua superfície, momento em que se abriam os tanques na parte inferior da aeronave e o avião literalmente "engolia" milhares de litros de água, que o faziam afundar assustadoramente alguns metros em poucos minutos ou segundos, quando então era hora de acelerar os potentes motores turboélice na máxima potência, até o equipamento decolar de volta aos céus e cumprir sua missão de despejar todo aquele líquido sobre o suposto incêndio florestal. Havia mercado potencial para dezenas dessas aeronaves-tanques na Aeronáutica brasileira, e com um enorme benefício socioambiental, ao oferecer proteção mais efetiva para parques nacionais e florestas nativas nas várias regiões e biomas de nosso imenso país. Percebi ali que essa negociação tinha tudo para ser um processo final de ganha-ganha. Em vez de perdas e punições, poderíamos sair, os dois países, com uma relação de colaboração e entendimento para juntos dominarmos o segmento da indústria de aviação regional em nível mundial.

Mas nem tudo acontece como imaginamos no mundo ideal, e o imponderável aparece para surpreender, para o bem ou para o mal. Afinal, o pré-acordo em fase de redação nem chegou a ser concluído no fim da semana. Poucos dias depois, em 21 de julho, o órgão de apelação da OMC divulgava seu relatório. Com um estudo de 32 páginas sobre o Proex, o relatório da OMC confirmou que o Brasil deveria reformar novamente o programa, pois não havia retirado os subsídios à exportação de aeronaves regionais no prazo de 90 dias, expirado em 18 de novembro de 1999. De acordo com o relatório, o país havia violado as regras da OMC ao continuar oferecendo os subsídios aos aviões não entregues até aquela data.

O mais provável seria que, em consonância com o relatório preliminar da disputa aeronáutica, fosse recomendado para o Brasil que alterasse a taxa de referência internacional para equalização de juros do Proex – bônus do Tesouro dos Estados Unidos para dez anos, mais 0,02% ao ano –, considerada abaixo das taxas normais de mercado, portanto, subsidiada. A taxa dada como referência fora a utilizada pela Organização para a Cooperação e Desenvolvimento Econômico (OCDE). A Embraer almejava garantir ao menos condições idênticas de financiamento, já que os canadenses reconheceram que operavam com juros abaixo da CIRR (Commercial Interest Reference Rates, taxa básica de juros da OCDE).

Para não ser acusado de descumprir as regras do comércio internacional, o governo brasileiro, numa atitude conciliadora e legalista, dispôs-se a honrar as exigências impostas pela OMC, com exceção de uma. Comprometeu-se a ressarcir o Canadá, importando mais US$ 900 milhões em produtos canadenses, valor equivalente ao do subsídio que a OMC acusava o país de ter concedido à Embraer. Tal medida iria aumentar ainda mais o déficit do Brasil na balança comercial bilateral, que já era favorável ao Canadá em US$ 535 milhões. O Canadá, porém, não aceitou a proposta. Exigia que o ressarcimento atingisse todas as vendas anteriores que haviam sido assinadas pela Embraer com as empresas adquirentes dos seus aviões. Ou seja, o Canadá, que tanto alardeia a preocupação ética de sua política externa, chegava ao cúmulo de impor uma condição extrema, que obrigaria a Embraer a alterar todos os seus contratos, quebrar a confiança de seus clientes e expor a empresa a um vexame internacional. "Isso seria a sentença de morte da Embraer", esbravejou, com razão, Maurício Botelho, presidente da empresa brasileira, em concorrida entrevista coletiva logo após nosso frustrado retorno ao Brasil. "Não venderíamos nem mais uma asa de avião se essa condição retroativa fosse aceita pelo governo brasileiro."

A atitude do governo brasileiro foi, evidentemente, de rejeitar com veemência a condição retroativa da decisão do órgão multilateral e, em vez disso, aceitar o ajuste das regras do Proex Equalização para um nível consensual de consistência com as tais regras da OCDE. Depois que a OMC considerou o Proex um subsídio ilegal, a secretaria executiva da Camex encarregou-se da estruturação de um novo mecanismo de equalização de juros, que tornasse mais difícil eventual condenação pela OMC. O nosso objetivo era criar um programa de exportação "mais inteligente" que o Proex.

Anunciamos que, até dezembro de 2000, o Banco Central deveria divulgar uma resolução com as novas regras do Proex para a indústria aeronáutica. E assim foi feito, após muitas contas e simulações entre as equipes do BNDES Exim, Camex e Ministério da Fazenda. A resolução, quando pronta, estabeleceria as novas taxas de juros que a Embraer teria de praticar nas vendas de aeronaves no exterior, atendendo daí em diante à exigência da OMC. Nessa nova modelagem, a Embraer passaria a praticar uma taxa de juros de 0,8% ao ano, maior que a aplicada até aquela data. Tecnicamente, isso significaria uma taxa de juros calculada por esta equação: tesouro americano (*Treasury Bonds*) + 100 pontos (*spread* de 1,0). A equação em vigor até então era de tesouro americano + 20 pontos (*spread* de 0,2). Ao anunciar o novo Proex Equalização, afirmei publicamente que a definição das novas taxas avançaria as negociações entre os governos do Brasil e do Canadá sobre o pacote de compensações financeiras, que deveria ser adotado como forma de evitar o pagamento de US$ 1,4 bilhão aplicado pela OMC no contencioso entre as duas empresas.

PENÚLTIMAS MEMÓRIAS

Mesmo assim, insatisfeito com a nossa posição, o Canadá deu entrada com um novo recurso para que um painel avaliasse se o novo Proex, reestruturado desde dezembro de 2000, estaria de acordo com as normas da OMC. Conforme já estava claro para todo mundo, a decisão do órgão de apelação havia sido cumprida, pois as taxas de juros do Proex passaram a seguir as taxas da CIRR62 (Carta Circular do Banco Central do Brasil). Inconformados com essa situação de derrota moral no comércio e na diplomacia, o governo canadense preparava uma reação hostil ao Brasil.

Talvez ainda ingênuos naquele momento quanto à atitude agressiva que se desenhava por trás dos bastidores do governo canadense, nós continuávamos num esforço negociador e conciliatório, procurando atrair a Bombardier para a pauta ganha-ganha enunciada inicialmente com otimismo na frustrada rodada de julho, em Montreal.

A Bombardier é também muito forte na indústria de equipamentos ferroviários, inclusive para fabricação de vagões metroviários. Certo dia, conversando com o então presidente do BNDES, Francisco Gros, tomei conhecimento de que havia uma fábrica de equipamentos ferroviários no interior do Rio de Janeiro que estava inadimplente com o banco e à beira da falência. Por que não oferecer à Bombardier a oportunidade de assumir essa indústria e resgatar sua capacidade produtiva e competitiva? Bingo! A reunião com a diretoria da Bombardier foi marcada, e novamente parecia que teríamos uma bela compensação para oferecer naquele momento aos queixosos canadenses. Foram assinados protocolos de intenção, acordos de confidencialidade, e as negociações caminhavam relativamente bem, até que novamente, no início de 2001, o imponderável voltou misteriosamente a se manifestar, com o objetivo de acirrar os ânimos entre os dois lados.

No dia 23 de fevereiro de 2001, véspera de Carnaval no Brasil, o Canadá apareceu com uma face bem mais fechada do que a usual para os brasileiros. E não era cara de fantasia, mas de agressor violento, pronto para desferir mais um golpe no seu adversário. Numa decisão aparentemente mal calculada e irracional, o Canadá proibiu, de surpresa, a partir daquele dia e por período indeterminado, a importação de carne bovina brasileira.

O anúncio do boicote foi feito sem aviso antecipado, sem consulta à OMC, como é de praxe, e não atendeu ao pedido brasileiro de buscar um diálogo prévio, visando sanar a deficiência de documentação apontada como causa da medida extrema. Ou seja, foi a mais pura e absoluta deslealdade. A causa alegada era de que haveria uma remota possibilidade de o produto estar contaminado pelo "mal da vaca louca", a temível doença de origem europeia que afeta o sistema nervoso dos bovinos e que levara, nos meses anteriores, ao abate de milhões de animais no continente europeu.

Desde que a decisão fora anunciada pela imprensa, de forma bombástica, formou-se a percepção, entre os brasileiros, de que o Canadá era capaz de usar as mais infames artimanhas de pressão para vencer uma guerra comercial – guerra, aliás, que passa a quilômetros de distância do rebanho brasileiro de 200 milhões de cabeças, colocadas sob a suspeita mundial pela canetada de um burocrata canadense, com certeza, por ordens superiores. Ao misturar gado com avião, o Canadá abriu uma gigantesca crise entre os dois países e envolveu o Brasil na maior contenda comercial e diplomática de sua história. E, de repente, lá estava eu no ringue com meus colegas do Ministério da Agricultura e do Itamaraty levando um direto no queixo que quase nos pôs a nocaute.

Percebemos posteriormente que a decisão de boicote à carne brasileira não havia sido uma iniciativa, como seria de esperar, do Ministério da Agricultura do Canadá, mas, sim, do Ministério da Indústria e Comércio, comandado à época pelo ministro Brian Tobin, responsável da pasta que congrega os interesses da Bombardier. O que ficou claro nesse imbróglio é que o Canadá havia transformado a briga entre duas empresas aeronáuticas numa contenda diplomática entre os dois países. O que também constatamos efetivamente, naquele momento, era que a Bombardier era uma empresa de influência dominante na economia canadense e que ninguém do governo ousaria contrariar seus interesses.

Alguns dias depois do anúncio do boicote, a escalada de indignação já atingia proporções tais que até o presidente Fernando Henrique Cardoso trocou seu habitual tom conciliatório por uma ameaça: "Se em quinze dias o Canadá não retificar a sua posição em relação à carne brasileira, nós vamos engrossar. Que ninguém tenha dúvida em relação a isso", disse o presidente. "Se eles querem guerra, terão guerra."

A atitude canadense propagada de forma vigorosa pela mídia impressa e televisiva colocou a opinião pública de A a Z em estado de indignação. No Congresso, do PT ao PFL, os parlamentares se uniram para barrar os interesses canadenses no país. Suspenderam todos os acordos de cooperação em análise na Câmara e no Senado. Nas ruas, o protesto ganhou um tom bem-humorado. Os donos de restaurantes de São Paulo decidiram boicotar os produtos canadenses, jogando no lixo o que havia em estoque. Em Brasília, a embaixada do Canadá virou alvo dos ataques de estudantes, que levaram uma vaca para fazer um churrasco em frente à residência do embaixador.

Do ponto de vista comercial, a atitude do Canadá era um golpe baixo. As restrições às importações brasileiras de carne impostas pelos canadenses não teriam causado maiores prejuízos ao Brasil, caso tivessem ficado limitadas apenas àquele país. O Canadá importava apenas US$ 5 milhões de carne brasileira, num total de US$ 500 milhões naquele ano, ou seja, cerca de 1% do total.

No entanto, no mundo globalizado dos blocos econômicos, a lógica é outra, e o efeito foi uma repercussão mundial. No Acordo de Livre-Comércio da América do Norte (Nafta), os parceiros do Canadá, Estados Unidos e México, reagiram diante dos acordos fitossanitários assinados entre os três países, em que todos são obrigados a seguir a decisão de outro país-membro que decidir suspender a importação de qualquer produto, alegando risco para a saúde. Como em 2000 os norte-americanos haviam importado cerca de US$ 100 milhões de carne brasileira, a interrupção das vendas era um golpe para a indústria frigorífica nacional. Mas o maior prejuízo ainda não havia sido totalmente dimensionado. O dano reputacional para a carne brasileira era incomensurável.

A encefalopatia espongiforme bovina, ou síndrome da vaca louca, é uma doença que ataca o sistema nervoso do gado e mata em pouco tempo. Foi descoberta na Inglaterra em 1986 e ignorada pelo resto do mundo até dez anos depois. Em 1996, no entanto, alguns cientistas começaram a desconfiar que a síndrome poderia ser transmitida aos seres humanos pelo consumo de carne contaminada, causando outra doença mortal, conhecida como Creutzfeldt-Jakob. Até hoje, não existe comprovação científica de que ocorra a transmissão da enfermidade para seres humanos. Mas a histeria com a doença atingiu a mente dos consumidores em todo o mundo.

Afirmar, naquele momento, que determinado país teria a doença da vaca louca equivaleria, na Idade Média, a dizer que havia leprosos numa cidade. A partir daí, ninguém queria contato com os pestilentos. A campanha maledicente contra a carne brasileira teve um ingrediente ainda mais perverso: as autoridades sanitárias canadenses sabiam muito bem que o rebanho brasileiro era plenamente saudável. A doença da vaca louca está associada à alimentação antinatural imposta ao gado europeu. Lá, as vacas recebem como complemento alimentar um composto de farinha de ossos e outros restos animais tirados das carcaças do próprio gado. É um canibalismo forçado. Os especialistas suspeitam que essa ração animal dada a uma espécie ruminante e, portanto, vegetariana, esteja na raiz de todo o problema. De um lado, ela enfraquece o sistema imunológico dos animais. De outro, torna-se vetor poderoso de transmissão do mal, uma vez que animais doentes, porém sem sintomas, podem ter sido transformados em ração.

Para reforçar a acusação irresponsável do Canadá ao Brasil, havia disponível um relatório insuspeito que nos isentava de qualquer responsabilidade. A Organização Mundial da Saúde havia divulgado em dezembro um mapa mundial da ocorrência da doença da vaca louca. Nesse mapa sanitário o Brasil não aparecia. O Canadá também não, mas a OMS deixava claro que os canadenses estariam muito mais próximos da doença da Europa que o Brasil. Suspeitava-se que o Canadá poderia ter importado vacas inglesas. Os outros países da lista, além da Grã-Bretanha, eram: Irlanda, França, Suíça, Alemanha, Bélgica, Holanda, Dinamarca, Itália, Portugal, Kuwait e Omã.

Para pagar a decisão canadense com a mesma moeda, seria lícito ao Brasil reagir e retaliar interesses canadenses. "Se o jogo comercial é sujo, nós vamos reagir à altura", respondi a uma jornalista à porta de saída de meu gabinete da Câmara de Comércio Exterior. O argumento do Canadá para justificar tamanha insensatez era que o governo brasileiro não havia respondido satisfatoriamente a um questionário enviado em 1998, no qual se indagava sobre as condições sanitárias do gado nacional. Uma desculpa esfarrapada, pois, se os canadenses não estavam satisfeitos com as respostas, bastava ter pedido maior atenção da autoridade sanitária brasileira, mas jamais adotar de forma desleal uma medida extrema, como o banimento súbito do produto.

O ministro da Agricultura canadense, Lyle Vanclief, encontrou-se cinco vezes ou mais com seu colega brasileiro, Pratini de Moraes, e nunca havia feito nenhuma menção a tal questionário. "Cada vez que o Brasil põe a cabeça fora d'água, vem pau em cima. Foi assim no café solúvel, foi assim com os calçados, foi assim com o aço, tem sido assim com a laranja e agora querem fazer o mesmo com a carne, porque sabem que o Brasil é o país mais competitivo e o melhor produtor de carne do mundo", disse Pratini de Moraes, num melhor resumo da situação.

No mesmo dia em que anunciou a suspensão das importações, o governo canadense determinou que se retirasse das prateleiras de supermercados e mercearias toda a carne enlatada importada do Brasil. E fez mais: solicitou que a população canadense não consumisse o que já havia sido comprado. Nada poderia comprometer tanto a imagem de um produto. No dia 3 de fevereiro, um dia após o boicote à carne ter sido anunciado, o jornal canadense *Globe & Mail*, o único de circulação nacional no país, publicou um artigo cuja conclusão era de que se algo estava cheirando mal nessa história, não era a carne brasileira. Até os bezerros brasileiros sabiam que a razão da contenda passava longe dos pastos. Ao perceber que estava perdendo espaço para o Brasil, o governo canadense havia partido para o ataque frontal.

A questão é que, para entrar nessa briga de gente grande, o Brasil precisava dispor das mesmas armas de que dispõem os países desenvolvidos. Estados Unidos, Canadá, Japão e todo o grupo da União Europeia contam com um batalhão de especialistas de comércio internacional na OMC para defender seus interesses. O Brasil só contava com o seu corpo diplomático, que, comparado ao time dos grandes, lembrava o exército de Brancaleone. Até 1999 o Brasil não tinha sequer uma equipe de assessoramento à diplomacia brasileira na OMC. Foi o BNDES que sugeriu, em 1999, que se montasse um grupo de *experts* em questões comerciais para brigar pelos interesses das empresas brasileiras. Outra diferença entre o Brasil e seus competidores é que quase todos eles contavam com o apoio de empresários para ajudar a levantar as questões. O jogo comercial é pesado, e, se o país não estiver preparado com um arsenal de advogados e especialistas nesses trâmites de comércio internacional, vai perder a parada. O Brasil estava passando por um importante teste. Mas a guerra estava só começando.

Na manhã de segunda-feira da semana seguinte, recebi uma chamada urgente do ministro Pratini de Moraes, me convocando para uma reunião em seu gabinete no Ministério da Agricultura. Lá chegando, ele me contou que havia combinado com o ministro das Comunicações, Pimenta da Veiga, de fazermos uma reunião logo mais à tarde com os presidentes de algumas grandes corporações canadenses com extensos negócios no Brasil: Brascan, Alcan, Bell Canada e Nortel – Northern Communications. A proposta era de dar a eles um prazo de 24 horas para agir junto ao governo canadense na suspensão do boicote à carne brasileira, ou todos os negócios dessas empresas com o governo brasileiro seriam afetados e suspensos imediatamente, inclusive concessões e acesso a novas concorrências públicas. Assim foi feito: falamos em tom firme e sério com os executivos das empresas canadenses, e a repercussão foi imediata. Na manhã seguinte, o tom do discurso canadense já estava mais ameno.

Em fevereiro, alguns dias após o nosso encontro sigiloso com os executivos das multinacionais canadenses, finalmente a embaixada do Canadá distribuiu um comunicado sobre a visita de uma missão técnica que chegaria ao Brasil no decorrer da semana para "avaliar integralmente a regulamentação brasileira" sobre a BSE (Bovinus Spongiform Encephalopathy ou Doença da Vaca Louca). Para o governo brasileiro, não foi difícil demonstrar o óbvio: na visita a um dos melhores frigoríficos nacionais, em Lins, no interior de São Paulo, ficou comprovado que a quase totalidade da carne bovina que o Brasil exportava era proveniente de gado de corte produzido a pasto e, em menor quantidade, de gado alimentado com ração à base de grãos e proteínas vegetais.

A imprensa também noticiou que alguns membros da missão visitaram uma ou duas das melhores fábricas de ração animal, na região de Ribeirão Preto, no estado de São Paulo, e que os técnicos canadenses ficaram impressionados, já que essas fábricas operavam com a mais moderna tecnologia disponível. Tudo isso não poderia deixar de ser incluído nos relatórios oficiais, pois a imprensa e as autoridades brasileiras seguiam passo a passo as visitas e as informações fornecidas aos técnicos canadenses. Supõe-se que o mais difícil de explicar de maneira convincente tenha sido o terceiro fator, pois, como foi noticiado no dia da visita ao laboratório de Campo Grande, no Mato Grosso do Sul, havia apenas três laboratórios credenciados no Brasil para exame laboratorial da BSE (os outros dois estão no Rio de Janeiro e no Rio Grande do Sul). Para um rebanho de 200 milhões de cabeças, produzindo anualmente mais de 30 milhões de animais para abate, deveriam existir pelo menos dez laboratórios credenciados para fazer exames de vigilância ativa e passiva.

No final da intensa semana de trabalho com os técnicos canadenses, a imprensa publicou uma entrevista com o chefe da missão técnica, Brian Evans, em que ele afirma: "Nunca dissemos que a carne brasileira ou o gado brasileiro estivesse infectado [...], ao tomar a decisão do embargo, nós sabíamos que [...] seria muito difícil que os brasileiros aceitassem isso. Mas, insisto, a decisão foi tomada quando nós recebemos informações que sugeriram um entendimento diferente do que tínhamos até então sobre as importações feitas pelo Brasil de animais da Europa [...]. Tomei a decisão sem nenhuma pressão sob a perspectiva comercial. Simplesmente porque minha obrigação é proteger a saúde animal e a segurança alimentar do Canadá [...]. Nunca foi nossa intenção testar ou reduzir a confiança das pessoas no Brasil [...]. A pressão que sentimos é para fazermos o melhor possível no campo científico. Nós temos que ter uma justificativa científica para rever nossas ações".

No final da semana, os integrantes da missão técnica retornaram a seus países e, na semana seguinte, comunicaram ao governo brasileiro a decisão de suspender o embargo. Esse *round* estava fechado, havíamos resistido bravamente, mas as cicatrizes estavam lá, abertas, ainda sangrando e doloridas. O clima para entendimento no contencioso da Embraer na OMC estava definitivamente comprometido.

Para levantar o moral do time brasileiro, a Embraer preparou uma belíssima festa de entrega das primeiras unidades da nova família de jatos regionais: a ERJ, composta inicialmente de três modelos, o 170, o 190 e o 195. Após o sucesso alcançado pela família de jatos regionais EMB 140 e 145, a Embraer apostou no desenvolvimento de uma nova família de aeronaves, com capacidade entre 70 e 90 passageiros, ampliada depois para 122 passageiros com o ERJ 195. Nessa nova versão, a Embraer já entrava num segmento superior da aviação civil regional, em que, além da Bombardier, também disputavam mercado as poderosas Airbus e Boeing.

Durante a fase de concepção dessa nova família de jatos, a Embraer iniciou uma avançada tecnologia interativa de simulação e modelagem, o Centro de Realidade Virtual (CRV). Nesse centro, engenheiros e projetistas criaram o processo de desenvolvimento das aeronaves, reduzindo consideravelmente a necessidade de montagem de maquetes. Graças aos desenhos tridimensionais dos aviões criados no CRV, falhas e montagens incorretas puderam ser detectadas, corrigidas e eliminadas antes mesmo que qualquer peça ou conjunto fosse produzido. Ao falar desse evento comemorativo aos seus convidados, o engenheiro Satoshi Yokota, diretor vice-presidente industrial, afirmou, orgulhoso: "A instalação do Centro de Realidade Virtual representou um grande passo, pois posiciona a Embraer no mesmo patamar tecnológico das maiores e mais importantes indústrias aeroespaciais do mundo".

A festa da Embraer foi espetacular, um show de tecnologia, competência e patriotismo, para uma centena de convidados, entre autoridades, empresários, clientes e diplomatas estrangeiros. Visitamos as instalações da fábrica em São José dos Campos, ouvimos discursos e o Hino Nacional, assistimos ao hasteamento da bandeira nacional e admiramos os voos rasantes das novas aeronaves sobre a pista de testes da empresa. Maurício Botelho e os demais diretores estavam exultantes com a demonstração coletiva de admiração por aquela empresa.

A Embraer já não era apenas imagem de si mesma, mas um paradigma de toda a indústria brasileira, na medida em que a qualidade tecnológica de suas aeronaves credenciava o *made in Brazil* de todos os setores. Quem fosse capaz de fabricar aviões daquele nível tecnológico também deveria ser capaz de produzir máquinas, equipamentos, veículos os mais diversos, com a mesma qualidade e alta tecnologia. Nas minhas palestras sobre o Brasil no exterior, eu não me cansava de dizer com orgulho que "o Brasil é um país diversificado em todos os níveis, na sua cultura e na sua etnia multirracial, nas suas regiões continentais, na sua biodiversidade e na sua pauta de exportações, que vai de minério de ferro a aviões da Embraer".

A partir do episódio da "vaca louca", o contencioso da Embraer na OMC entrou numa fase de inércia e de ausência de disposição dos dois lados para qualquer possível entendimento ou acordo, principalmente com a decisão de não aplicação, pelo Brasil ou pelo Canadá, das sanções permitidas pela OMC. Assim, ambos equacionaram suas perdas com o objetivo de garantir o equilíbrio do mercado aeronáutico sem maiores complicações. Prova disso foi a concretização, em 2003, do Acordo Setorial sobre Créditos à Exportação para Aeronaves Civis, que permitiu a permanência da concessão de crédito e financiamento pelos dois países aos seus clientes nesse mercado.

Dessa forma, as empresas conviveram até o final do processo na OMC, em 2007, nesse ambiente de trégua implícita, o que demonstra significativa semelhança com a solução integrativa de "estabelecimento de pontes", haja vista que nem a Bombardier nem a Embraer tinham conseguido lograr o êxito desejado nas suas demandas iniciais ao Órgão de Solução de Controvérsias da OMC, que seria a exclusão de políticas de financiamento governamental para um e a manutenção desse mesmo benefício para outro. Ao contrário, as partes viram que suas demandas estavam fora de suas mãos e, portanto, ao repensarem nas circunstâncias potencialmente negativas para ambos, resolveram reconstruir nova relação de convivência concorrencial.

Nem a crise do 11 de Setembro de 2001 conseguiu abalar o ânimo e as vendas ascendentes da Embraer. As vendas e exportações da Embraer seguiram crescendo mês a mês, ano a ano, novos mercados foram sendo conquistados, com destaque para a China e a Índia, que adquiriram de cara centenas de novas aeronaves ERJ 170 e 190 para entrega nos próximos anos. A China até impôs a condição de que a Embraer se associasse com a estatal local da indústria aeronáutica para em breve fabricar localmente os aviões da Embraer. Maurício Botelho, sempre confiante e arrojado, não titubeou um minuto em acordar com a ideia da *joint venture* com a empresa chinesa AVIC, e, quando perguntou ao presidente desta como se chamaria a nova empresa conjunta, o chinês também não hesitou: "AVIC 2".

Tanto sucesso não era em vão, e novas dores do crescimento começaram a aflorar. Na votação da Lei do Orçamento Anual pelo Congresso Nacional, em dezembro de 2001 para o exercício de 2002, percebemos que o valor aprovado para dispêndio na rubrica Proex Equalização não seria nem de perto suficiente para atender às demandas não só das exportações da Embraer, como também das centenas de outros exportadores de veículos, tratores, equipamentos e serviços de engenharia.

No exercício de 2002 haveria eleições gerais, e nesse período é regra a proliferação de emendas legislativas ao orçamento federal, transferindo recursos para obras e despesas de interesse paroquial dos parlamentares à caça de votos. Exportações em geral não rendem votos, mesmo quando geram milhares de empregos e asseguram a liquidez externa da economia brasileira. O conflito distributivo nas negociações do orçamento público federal era difícil para aquele momento. O cobertor estava ficando curto, ou, diria melhor, o pé já não cabia no sapato. Novamente formamos uma equipe na Camex para pensar fora da caixa e criar alguma solução para esse novo desafio que poderia comprometer, em 2002, o bom e confiável desempenho das exportações brasileiras de produtos e serviços de alto valor agregado.

Quando virou o ano, vimos que o cenário político-econômico para 2002 era de muita incerteza e intranquilidade. Apesar de toda a evolução do quadro macroeconômico brasileiro naqueles últimos anos do segundo mandato do governo FHC, sua popularidade era baixa, o crescimento econômico estava pífio, a inflação em alta e a repercussão da gravíssima crise que ocorria na vizinha Argentina naquele período trazia muita intranquilidade ao mercado financeiro internacional em relação ao Brasil. Pela quarta vez consecutiva, o candidato petista Luiz Inácio Lula da Silva concorreria à eleição presidencial, dessa vez com reais chances de vitória sobre o adversário tucano José Serra.

Para amenizar o discurso mais radical de seus companheiros de partido, o candidato Lula publicou logo no início da campanha a *Carta aos brasileiros,* na qual se comprometia a adotar um grau de ortodoxia econômica que limitaria a possibilidade de ocorrerem novas aventuras heterodoxas pregadas por alguns petistas mais arrojados, como, por exemplo, não honrar os compromissos da dívida externa brasileira. Um novo cheiro de moratória ou calote pairava no ar. Esse ambiente levou o mercado de câmbio e o mercado secundário de títulos da dívida soberana brasileira a dois extremos. A taxa de câmbio desvalorizava vertiginosamente a cada semana, ultrapassando R$ 3 por dólar, enquanto os títulos brasileiros denominados C-Bond eram vendidos freneticamente por seus portadores no mercado secundário, com desconto crescente sobre o valor de face nominal, chegando próximo a 30%. A questão do orçamento para o Proex Equalização se agravava ainda mais, uma vez que os recursos orçamentários eram estáveis em reais, enquanto o dispêndio era cada dia maior em dólares equivalentes aos juros subsidiados nos financiamentos às exportações. Se o cobertor já era curto na origem do orçamento, agora então ele encurtava a cada dia e tendia a desaparecer logo adiante, o que seria um desastre para a confiabilidade do programa Proex e para as empresas exportadoras brasileiras, inclusive a Embraer.

A situação estava ficando desesperadora para a Embraer e para nós, na Camex, quando por acaso me ocorreu uma ideia criativa. Em 1992, quando a Embraer ainda era uma empresa estatal e eu dirigia a Sílex Trading no setor privado, havíamos promovido uma inesquecível exportação de aviões Tucanos para a Força Aérea da Colômbia, e o pagamento pelo importador envolveu uma complexa operação de valor expressivo, que talvez pudesse ser classificada como a única operação de conversão de dívida externa em exportação (*debt for export swap*) realizada até hoje no Brasil. Para o leitor que se interessar, essa história está contada em detalhes no capítulo 14, "Soro na veia da Embraer", de meu livro *Memórias de um trader*.

Percebi que poderíamos repetir a dose desse soro milagroso num outro modelo equivalente e que seguiria os mesmos princípios da operação de 1992. E a mesma equipe de especialistas em câmbio e financiamento às exportações, que naquela época havia colaborado na estruturação da operação colombiana, coincidentemente estava por ali comigo, no governo FHC. Logo chamei ao meu gabinete a minha assessora especial na Camex, a brilhante figura de Maria da Glória

Rodrigues, ex-funcionária de carreira do Banco Central, e o então assessor da Área Internacional do Banco Central, Emílio Garófalo Filho, e nos colocamos a pensar:

(i) De um lado estavam os credores da dívida externa brasileira, com a percepção do risco Brasil, vendendo seus títulos C-Bond com valores expressos e denominados em *dólares*, com descontos de até 30% sobre o valor de face, e cujo devedor era o Tesouro Nacional.

(ii) De outro lado estava o BNDES, cujo proprietário e único acionista também é o Tesouro Nacional, e que não dispunha de recursos orçamentários suficientes para cumprir suas obrigações de equalização dos juros compromissada com os bancos privados estrangeiros no âmbito do Proex.

(iii) A Embraer dispunha de caixa e crédito para comprar um lote expressivo de títulos C-Bond no mercado secundário internacional de títulos soberanos, com substancial desconto sobre o valor de face nominal.

(iv) A Embraer ou uma subsidiária internacional poderia contrair um financiamento à exportação de valor expressivo com o BNDES e oferecer como garantia colateral pelo valor de mercado secundário os títulos C-Bond, cujo risco era o próprio Tesouro Nacional.

(v) Em dado momento imediatamente subsequente, a Embraer poderia pedir o pagamento antecipado da dívida com o BNDES através da dação em pagamento dos títulos C-Bond em garantia, que passariam à posse do BNDES.

(vi) De posse dos títulos C-Bond, o BNDES solicitaria o resgate antecipado em moeda nacional desses títulos pelo Tesouro Nacional pelo valor de face nominal, recompondo assim o caixa do banco e gerando um lucro substancial de centenas de milhões de dólares ao BNDES, lucro extraordinário que poderia bancar os custos adicionais da equalização de juros do Proex por sua própria conta sem maior contratempo ou incerteza. Bingo!

A operação tinha tudo para funcionar, só faltava convencer as partes relacionadas. Aí foi feito um trabalho intenso e pessoal de entendimentos com a diretoria do BNDES, liderada então pelo banqueiro Eleazar de Carvalho Filho, tendo o economista Isaac Zagury, funcionário de carreira do banco, como seu braço direito e diretor financeiro. Em seguida fomos ao Tesouro Nacional, onde a conversa era com o economista, mineiro como eu, Fábio Oliveira Barbosa, brilhante profissional, infelizmente já falecido, mas que à época não apenas concordou com a operação proposta, como se dispôs, junto com sua equipe, a colaborar na sua estruturação jurídica e operacional, providenciando pareceres e providências burocráticas relacionadas com o objetivo desejado.

Em poucas semanas a operação foi aprovada pela diretoria do BNDES, e a Embraer se pôs em ação. Dias depois fui informado de que, por meio de seus banqueiros privados e agindo discretamente no mercado financeiro, para não inflacionar o preço do C-Bond, a operação comandada com sabedoria e habilidade profissional pelo diretor Antônio Luiz Manso havia sido um sucesso. De posse de um lote bilionário de C-Bonds, a Embraer, o BNDES e o Tesouro Nacional realizaram corretamente o roteiro traçado, e as margens obtidas pelo BNDES naquela operação proporcionaram com folga uma sobrevida ao Programa Proex, até o final do exercício de 2002, sem que tivesse sido necessário o dispêndio adicional de um centavo sequer de dinheiro público.

A conta do Proex estava sendo paga, na verdade, por um anônimo e desesperado credor brasileiro exageradamente assustado com o risco Brasil. Para mim, como eu muitas vezes dizia, "o risco Brasil somos nós mesmos. Se nós confiamos em nós mesmos e nos que nos cercam, então vamos em frente".

Soube depois da absoluta surpresa que tiveram os concorrentes canadenses, quando viram tudo correndo normalmente do lado brasileiro, uma vez que já esperavam e anunciavam antecipadamente aos clientes da aviação regional o iminente tropeço da Embraer diante da previsível inadimplência do Tesouro Nacional com o compromisso de equalização do Proex perante os bancos internacionais. Mais uma vez, vencíamos um obstáculo que parecia insuperável.

Mas a minha "história de amor" com a Embraer ainda não havia terminado: anos depois, quando exercia a posição de diretor titular de Relações Internacionais e de Comércio Exterior da Federação das Indústrias do Estado de São Paulo (FIESP), eu tive novamente a honra e a felicidade de convidar meu amigo Emílio Garófalo Filho, então aposentado do Banco Central, o qual, repito, considerava ser o maior especialista em matéria de câmbio no Brasil, para ser meu assessor naquela instituição patronal. E logo resolvemos estudar a possibilidade de atualizar a legislação cambial vigente, buscando dois objetivos simultâneos:

(i) Permitir aos exportadores brasileiros manter suas receitas de exportação em contas bancárias no exterior, desde que devidamente contabilizadas e registradas no seu balanço, sem prazo para eventual internação compulsória através de fechamento de câmbio, que até então era obrigatório ocorrer no prazo de 180 dias após a data da exportação. Isso proporcionaria maior flexibilidade de caixa e de decisão sobre a conveniência ou não de fechar a operação de câmbio, diante da volatilidade da taxa no mercado financeiro.

(ii) Reduzir substancialmente os custos de transação cambial, uma despesa quase invisível a cada fechamento de operação de câmbio, mas que, somada aos milhares de operações ao longo de cada ano em grandes empresas exportadoras e importadoras e incidindo sobre valores expressivos de cada transação, poderia vir a apresentar um valor surpreendente para muitos incautos executivos financeiros que não percebiam com clareza qual era esse custo cumulativo no final do exercício.

A legislação até então vigente, em 2006, era de autoria do governo Getúlio Vargas, no longínquo ano de 1932, portanto era uma legislação absolutamente anacrônica e ultrapassada diante da evolução tecnológica dos mercados e da economia global. Foi um trabalho intenso, a quatro mãos, com a equipe do Banco Central atuando sob a orientação de seu presidente, Henrique Meirelles, e que nesse caso específico era liderada pelo seu assessor Geraldo Magela, brilhante e dedicado funcionário de carreira e grande amigo de Emílio Garófalo.

No dia 3 de agosto de 2006 foi publicada a medida provisória 315/06, e logo em seguida, no dia 24, o Banco Central publicou a circular Bacen 3325. Essas novas normativas introduziram um conjunto de medidas visando a simplificação de processos operacionais e burocráticos das operações de câmbio e de comércio exterior. Dali em diante, uma empresa brasileira como a Embraer, que simultaneamente exporta e importa elevados valores por ano, não seria mais obrigada a internar suas receitas de exportação em dólares para reais, para que logo depois, ao ter que pagar pelas suas importações de peças e componentes vindos do exterior, tivesse que transformar novamente os reais em dólares no sentido inverso, incorrendo em custos desnecessários.

Tivemos, em seguida, a curiosidade de perguntar ao diretor Antônio Luiz Manso qual seria a expectativa de *cost saving* para a Embraer diante dessa nova legislação cambial. Ele não soube responder, mas afirmou que investigaria com sua equipe. Na época, a empresa exportava cerca de US$ 3,5 bilhões e importava cerca de US$ 2,5 bilhões, resultando num fluxo cambial de US$ 6 bilhões por ano. Com o cálculo cumulativo das várias taxas, *spreads* entre taxa de compra e taxa de venda, comissões e impostos incidentes sobre as operações de câmbio, o custo de cada transação era de aproximadamente 2%. Ou seja, o corte de despesas nessa rubrica contábil poderia ser superior a US$ 100 milhões por ano.

Em verdade, não haveria a suspensão de 100% das operações cambiais, mas boa parte delas, já que o mesmo dólar proveniente do pagamento das exportações pagaria os fornecedores da empresa no exterior, sem passar pelo Brasil e seu cartório cambial, até então intocado há mais de 75 anos.

Há um provérbio chinês que cabe bem aqui: "A dor, quando é contínua, acostuma". Era isso que acontecia. Sob a poeira do tempo, esses "custos invisíveis" já não eram devidamente percebidos pelos financeiros, que desde sempre os julgavam permanentes. Até que mudou!

Continuo acompanhando a história da Embraer até os dias de

hoje, e sinto muito orgulho e satisfação de ter colaborado com essa empresa e seus dirigentes em momentos tanto de adversidade como de comemoração de vitórias obtidas nesse concorrido mercado internacional da indústria aeronáutica.

CAPÍTULO 6

No olho do furacão

Quando, em agosto de 2001, o embaixador iraniano em Brasília chegou ao meu gabinete na Camex com o convite formal de seu governo para que realizássemos uma missão empresarial a Teerã no mês de setembro, confesso que fiquei muito satisfeito, porque fazia tempo que eu pretendia conhecer esse exótico país oriental, berço da civilização persa, e também seria uma excelente oportunidade para promover mais negócios entre nossos países. Como de praxe nesses casos, o Ministério das Relações Exteriores organizaria toda a logística e a agenda oficial a ser cumprida, e a Camex se encarregaria de identificar os empresários que seriam convidados e os negócios de exportação e importação que poderiam ser promovidos entre os dois países e suas respectivas empresas. Havia muitas oportunidades em pauta, e não foi difícil chegar logo ao número desejado de cinquenta integrantes do lado brasileiro, incluindo aí vários setores, como alimentos, siderurgia, automotivo, máquinas e equipamentos, produtos químicos, entre outros.

A ideia era viajarmos a Teerã via Frankfurt na sexta-feira, 7 de setembro, à noite, chegando lá no dia 8 à tarde, e ficar até o dia 13, quando voltaríamos ao Brasil pela mesma conexão via Frankfurt. Realizamos uma reunião preparatória em Brasília com os participantes convidados, na qual juntos preparamos a pauta de assuntos a serem tratados e organizamos as providências necessárias para emissão dos vistos, passagens, reservas de hotel e logística local. O embaixador do Brasil em Teerã naquela ocasião era um excelente diplomata brasileiro chamado Cesário Melantonio, muito inteligente, prestativo e falante, e que chegara havia pouco tempo àquele posto na capital iraniana. Mesmo assim, com seu empenho e entusiasmo característicos, fez um magnífico trabalho de planejamento da missão empresarial brasileira.

A missão seria chefiada conjuntamente pelo embaixador José Alfredo Graça Lima, na capacidade de secretário-geral de Integração Econômica e Comércio Exterior do MRE, e por mim. Integravam a missão, ainda, o embaixador Mario Vilalva, à época chefe do Departamento de Promoção Comercial do MRE, e mais dois ou três diplomatas de outros departamentos do ministério. Entre os empresários, destacava-se o presidente da Sadia e diretor da FIESP, Luiz Fernando Furlan, meu amigo de longa data e veterano líder dos exportadores brasileiros, e que logo depois seria ministro de Desenvolvimento, Indústria e Comércio Exterior no primeiro mandato do presidente Lula. Sua empresa Sadia (hoje BRF) já era, àquela altura, uma das maiores exportadoras de frango congelado do mundo e com grande presença no Oriente Médio. Havia também vários diretores de empresas de maquinário agrícola, do setor automotivo e especialmente da Marcopolo, produtora e exportadora de ônibus urbanos e interurbanos, localizada na gaúcha Caxias do Sul, que já exportava seus produtos para aquele mercado.

Abrimos o primeiro dia de trabalho no domingo com um seminário entre empresas brasileiras e iranianas, realizado no próprio hotel onde estávamos hospedados, e discutimos temas gerais, como logística, financiamentos, investimentos, tarifas aduaneiras e facilitação de comércio entre os dois países. À noite, Furlan despediu-se de nós e partiu de Teerã para outro destino, no qual iria prosseguir sua viagem de negócios. Naquele momento, mal sabia ele do que estava se livrando.

Nos outros dias a atividade seria externa, com grupos temáticos realizando reuniões individuais com suas contrapartes em Teerã ou em cidades próximas. No dia 10 de setembro, tivemos um animado jantar na residência do embaixador Cesário Melantonio, e o ambiente estava descontraído, tranquilo e animado até então. Tudo corria dentro do previsto e a satisfação era geral. Contávamos estar de volta ao Brasil antes do fim de semana.

Qual não foi nossa surpresa quando retornamos do dia de trabalho, no dia 11 de setembro à tarde, e encontramos centenas de iranianos agitando animadamente suas bandeiras e cartazes diante do hotel. "O que teria acontecido para ocorrer aquela manifestação?", foi nossa pergunta imediata. A resposta do nosso intérprete veio como um choque: "Nós derrubamos aquelas duas torres lá em Nova York!" Demoramos alguns minutos para processar aquela resposta até vermos, incrédulos, na tela da televisão ligada no *hall* do hotel, aquelas históricas e dramáticas cenas dos aviões chocando-se contra as torres do World Trade Center. Como estrangeiros, no meio daquela "comemoração nacional", tivemos o pressentimento de que estávamos ali na hora e no local errados, e que muitos problemas poderiam começar a partir daquele momento.

O Irã é uma nação orgulhosa e antiga, hoje com mais de oitenta milhões de habitantes, situada no limite do Oriente Médio. Sua história está repleta de queixas de países estrangeiros, em razão das políticas desestabilizadoras e repressivas em casa e no exterior. Desde setembro de 1979, quando sobreveio a revolução que derrubou o xá Reza Pahlavi e permitiu a ascensão do regime dos aiatolás, a retórica belicosa dos clérigos iranianos contra os hábitos culturais do Ocidente, e especialmente contra os Estados Unidos, ganhou força e culminou com a invasão da embaixada americana em Teerã e o aprisionamento dos seus diplomatas, que foram mantidos reféns por meses a fio. Esse episódio ganhou repercussão internacional, e alguns anos mais tarde serviu como inspiração para o livro e o filme *O voo da águia*, que retratam um fato verídico: a ousada missão de resgate dos reféns norte-americanos organizada pelo empresário Ross Perot, com ajuda de mercenários e uma frota privada de helicópteros de guerra.

Obviamente, naquela hora em que víamos as torres do WTC em Nova York sendo derrubadas por um ato terrorista, essas cenas do passado vinham logo à mente e imaginávamos a hipótese de ocorrer um imediato ataque de mísseis norte-americanos em retaliação ao país agressor. O risco imaginário que nos inquietava em meio àquela comemoração iraniana era que nós, cinquenta empresários brasileiros, poderíamos ficar por lá em Teerã como "escudos humanos" numa possível guerra. Os aeroportos do mundo inteiro foram imediatamente fechados, e os voos internacionais, cancelados. Ninguém entrava e ninguém saía do Irã nem da maioria dos países ao redor do mundo. Já era certo que ficaríamos em Teerã por um prazo indeterminado, a partir daquele momento.

Começamos a nos organizar dentro do hotel. Logo formamos um "comitê de crise": os quatro diplomatas brasileiros e eu nos reuníamos num quarto e de lá tentávamos nos informar sobre a situação política mundial e os desdobramentos dos ataques terroristas nos Estados Unidos. A tentativa de fazermos uma ligação telefônica para o Brasil não obteve sucesso, nas primeiras horas logo após o ato terrorista. Não sabíamos se a dificuldade era intencional, causada pelas autoridades iranianas, ou se era um provável congestionamento das linhas telefônicas, inclusive dos aparelhos celulares, que não completavam as ligações. A televisão do hotel tinha canal a cabo e conseguíamos ver as notícias da CNN e saber que outro avião, que também havia sido controlado pelos terroristas, havia atingido em cheio o monumental prédio do Pentágono, centro da coordenação militar dos Estados Unidos. Vimos perplexos pela televisão quando as torres do WTC desabaram após horas de incêndio, com o abalo de suas estruturas de aço, e uma colossal nuvem de poeira se levantou pelas ruas de Wall Street, como se fosse num filme de ficção. Era inacreditável o que estava acontecendo. Quem seriam os responsáveis por aquele terrível ato terrorista? Quais seriam as consequências imediatas, nos Estados Unidos e no resto do mundo?

Logo nos veio à mente a história do resgate dos quatrocentos operários brasileiros que trabalhavam no Iraque, em 1990, e que, mediante uma habilidosa negociação diplomática liderada pelo embaixador Paulo Tarso Flecha de Lima, foram liberados pelo ditador

Sadam Hussein e trazidos de volta ao Brasil, em dois ou três voos daquele histórico Boeing 707 da Força Aérea Brasileira, carinhosamente apelidado de *Sucatão*. Será que precisaríamos ser resgatados pelo *Sucatão*? Afinal, o Brasil mantinha uma posição amistosa com o Irã, e estávamos lá numa missão oficial, colaborando para estreitar as relações comerciais entre os dois países. Começamos a acreditar que poderíamos conversar com as autoridades iranianas e solicitar o resgate dos empresários brasileiros, desde que o *Sucatão* pudesse ir até o Irã. Foi quando finalmente o embaixador Graça Lima conseguiu falar com seu ministério e soubemos que era impossível autorizar qualquer voo internacional naquele momento. Havia uma interdição temporária de todos os voos. A ordem era para permanecermos calmos e isolados no hotel, aguardando o desdobramento dos fatos. O Itamaraty iria contatar as respectivas famílias e empresas dos integrantes da missão e informar a eles que estávamos todos bem em Teerã, aguardando a reabertura dos aeroportos para retornar ao Brasil.

Ainda naquela noite do fatídico dia 11 de setembro de 2001, ficamos sabendo pelo noticiário da CNN que estimavam em mais de 4.000 o número de mortos na derrubada das torres do WTC. E que os prováveis terroristas, já identificados, eram integrantes de uma organização chamada Al-Qaeda, dirigida por um cidadão árabe chamado Bin Laden. Eram nomes até então desconhecidos pela maioria das pessoas, mas que a partir daquele momento tornavam-se alvo da atenção mundial. Como e onde os Estados Unidos iriam atacar uma organização terrorista sem território, sem uma identificação nacional? Estaria o Irã envolvido com a organização Al-Qaeda? Ninguém ainda sabia responder. Mas começamos a refletir sobre os fatos geopolíticos que sabíamos a respeito do Irã e dos Estados Unidos.

A diplomacia brasileira sabia e acompanhava a distância as conversações entre o Irã e os Estados Unidos em Genebra e em Paris, nos meses que antecederam o ataque terrorista de 11 de setembro, e que tratavam do Afeganistão e da aproximação de membros da Al-Qaeda que fugiam do Afeganistão para o Irã. Sabia-se no mundo diplomático que o governo iraniano até então cooperava indiretamente com os militares dos Estados Unidos para derrubar o adversário comum, que era o regime talibã no Afeganistão, e que o Irã trabalhava abertamente com o Departamento de Estado para estabilizar um novo governo em Cabul. Logo percebemos que essa suspeita sobre o Irã não faria sentido, e, por mais hostilidade que houvesse entre esse país e os Estados Unidos, seria muito improvável, se não impossível, que ocorresse uma colaboração oficial iraniana para os ataques promovidos pela Al-Qaeda naquele dia. A noite foi longa e maldormida.

Aquela não era a primeira vez que eu passava pela situação de ficar incomunicável e impedido de viajar em terras estrangeiras. Experimentara dois golpes de Estado na Nigéria, em 1976 e 1985, e sabia que manter a calma e ficar atento era a regra certa. Procurava acalmar os ânimos da turma mais aflita, e o jeito era mantê-los reunidos e entretidos com uma boa conversa, jogos de baralho e até roda de música. No Irã, era preciso tomar cuidado com o comportamento em público. Em tese, bebida alcoólica era proibido, mas sabíamos que nos bastidores das residências e dos hotéis às vezes rolavam cerveja e uísque. Mas eu aconselhava o pessoal a se manter abstêmio, afinal era só por uns dias. Trocar olhares com mulheres persas ou abordá-las, nem pensar. Era encrenca na certa, pois elas eram absolutamente intocáveis por outros que não o marido e os pais. Quase todas andavam com os lenços cobrindo o rosto e a cabeça, só com os olhos à mostra, quando não vestidas com a indisfarçável burca, que as cobria de preto dos pés à cabeça.

No dia seguinte, reunimos todos os empresários brasileiros no café da manhã no hotel. Passamos uma mensagem de calma e confiança, de que nada grave aconteceria por ali e que nós teríamos que esperar isolados no hotel por uns dias, até que o aeroporto de Teerã pudesse novamente receber voos internacionais. A embaixada do Brasil em Teerã prestaria todo o apoio para receber e transmitir informações e reservar os voos de partida, assim que as linhas aéreas voltassem a funcionar.

Na verdade, ninguém ficou totalmente sem sair do hotel naqueles cinco ou seis dias em que permanecemos "exilados" no Irã. Saíamos com certa frequência para ir juntos à residência do embaixador Melantonio. Eu até fiz uma visita, a convite do governo iraniano,

PENÚLTIMAS MEMÓRIAS

ao Banco Central do Irã, e participei de uma reunião na qual seus diretores pediam apoio do governo brasileiro para que a Casa da Moeda fizesse uma proposta de impressão da moeda iraniana, o rial, que, com o tempo de uso, via suas notas se deteriorarem dia a dia. Com muita inflação e muito uso de moeda em espécie no comércio local, as notas em circulação logo perdiam seu valor e eram desgastadas pelo uso. Localmente, o Irã não tinha capacidade de fabricar o papel de segurança usado para impressão de notas. Aparentemente, nem as empresas dos Estados Unidos nem as dos países europeus haviam mostrado interesse nessa colaboração com os iranianos, portanto o Brasil, naquele momento, era a melhor alternativa para eles. Levamos a conversa adiante e trouxemos a oportunidade de exportação de notas iranianas para a Casa da Moeda no Brasil. Afinal, se havia algo de que entendíamos bem no Brasil era de inflação e impressão de moeda. De 1942 até 2001, já havíamos trocado sete vezes o padrão monetário brasileiro: cruzeiro (1942), cruzeiro novo (1967), cruzado (1986), cruzado novo (1989), cruzeiro (1990), cruzeiro real (1993) e, finalmente, real (1994).

Depois de longa e tensa semana, ainda permanecíamos em Teerã, quando fomos informados, no dia 18 de setembro, pela embaixada brasileira, de que os voos internacionais seriam retomados já no dia seguinte, e que nossas reservas seriam feitas individualmente, da forma possível, para diferentes destinos na Europa, onde conexões para o Brasil deveriam ser remarcadas posteriormente. Foi um alívio geral. Afinal, poderíamos voltar sãos e salvos para casa. Meu voo foi reservado pela Lufthansa com destino a Frankfurt, com conexão algumas horas depois em São Paulo. A partida de Teerã foi feita ainda sob certa tensão, com duas ou três inspeções na mala de mão, nas roupas e nos passaportes. Como secretário executivo da Camex, eu tinha um passaporte diplomático que me permitiu uma vistoria mais branda, mas dali já dava para entender que os aeroportos após o 11 de Setembro já não seriam os mesmos, e a segurança seria muito mais rígida. O mesmo se passou em Frankfurt, onde, pela primeira vez, vi o esquema de longas filas e checagem com raio X em toda bagagem e todos os passageiros que embarcavam, além de policiais com pastores-alemães treinados, farejando qualquer vestígio de explosivos ou drogas no saguão do aeroporto. Quando pousei em Guarulhos, em São Paulo, uma sensação de segurança me fez sentir perto de casa, de minha família e de meus amigos. Havia mais uma vez escapado do olho do furacão.

A situação política entre Estados Unidos e Irã permaneceu em estado de atenção pelos meses seguintes, mas ainda se mantinham vivas as conversas em Genebra sobre a colaboração no Afeganistão. Porém, o diálogo bilateral foi definitivamente interrompido, quando o presidente Bush, durante seu discurso sobre o Estado da União em 2002, incluiu o Irã, juntamente com a Coreia do Norte e o Iraque de Saddam Hussein, como parte de um "eixo do mal". Os iranianos – que não são estranhos à retórica belicosa – retomaram as conversas no canal de informação com os Estados Unidos depois de um mês. No entanto, o governo Bush não mostrou nenhum interesse em retomar essas negociações para melhorar os laços com Teerã, mesmo ignorando as advertências iranianas sobre as consequências da invasão do Iraque e aberturas subsequentes para um diálogo mais amplo após a invasão dos Estados Unidos, em 2003.

Logo em seguida, para piorar a situação, o governo Bush descumpriu a promessa de entregar os líderes do Mujahidin-e-Khalq, grupo militante da oposição iraniana que havia sido abrigado por Saddam e que na época era uma organização terrorista estrangeira designada pelos Estados Unidos, em troca de figuras da Al-Qaeda detidas no Irã. Bush também proclamou uma "agenda da liberdade", aparentemente ameaçando o Irã com uma mudança de regime, após eventos similares projetados pelos Estados Unidos que aconteceriam em breve no Afeganistão e no Iraque.

Após o dia 11 de setembro, os neoconservadores e falcões nos Estados Unidos, liderados pelo então vice-presidente Dick Cheney e pelo vice-secretário de Defesa Paul Wolfowitz, alimentavam ilusões de que a invasão norte-americana do Iraque impulsionaria os defensores da democracia em todo o Oriente Médio, e que o movimento islâmico da República do Irã seria o próximo dominó "patrocinador de terrorismo" a cair. Em vez disso, o Iraque se transformou num atoleiro, enquanto o Irã, com laços de longa data com os xiitas iraquianos e profundo conhecimento do terreno físico e político, se implantou com firmeza no Iraque – onde permanece até hoje.

Somente anos depois, em 2 de maio de 2011, uma tropa especial norte-americana conseguiu encurralar e executar o "terrorista mais procurado do mundo", o saudita Osama Bin Laden, líder fundador do grupo Al-Qaeda. O 11 de Setembro ficará para sempre em nossa memória coletiva, com as imagens chocantes daquele que foi o maior ato terrorista da história mundial.

CAPÍTULO 7

Nervos de aço

Logo no início de 2002, fui procurado no meu gabinete na Camex, em Brasília, pelos líderes do setor siderúrgico brasileiro, organizados em torno da Associação Aço Brasil, que na época era denominada IBS – Instituto Brasileiro de Siderurgia. Os Estados Unidos estavam anunciando, naqueles dias, amplo programa de salvaguardas comerciais para promover a recuperação da sua moribunda indústria de aço. O uso do mecanismo de salvaguarda comercial está previsto nas regras da OMC, e é justificado quando se comprova a necessidade de um país impor taxas alfandegárias e/ou cotas de importação de determinado produto, como forma de recuperar um segmento da indústria, por um período determinado, de três a cincos anos, e daí promover sua atualização tecnológica ou estimular o aumento da produtividade, por exemplo.

Em geral, as usinas siderúrgicas estão acostumadas a súbitas variações de mercado e a períodos de baixa utilização da capacidade instalada. A partir do 11 de Setembro, a economia mundial experimentou meses de baixa atividade econômica, e muitas empresas siderúrgicas norte-americanas operavam com pesados prejuízos.

Em momentos de redução prolongada de demanda, elas tentam diminuir seus custos fixos, tipicamente diminuindo sua atividade produtiva, desligando altos-fornos e dispensando funcionários. Ao longo dos anos, esse período de ajuste, contudo, mostrava-se demorado e árduo para a indústria do aço norte-americano. De outro lado, a partir da virada do século, tanto a China como a Coreia do Sul avançavam de forma agressiva na expansão de sua capacidade produtiva, indicando claramente que haveria desequilíbrio por algum tempo, diante de uma capacidade produtiva mundial excedente, moldada por alterações tanto na oferta quanto na demanda desse mercado.

De acordo com dados estatísticos levantados pela OCDE, a capacidade produtiva mundial de aço permanecia abaixo de 1 bilhão de toneladas métricas, entre 1980 e o final dos anos 1990. Após alcançar o volume produzido de 1,056 bilhão no exercício de 2000, a previsão dos *experts* era de que a capacidade mundial havia crescido, em 2001, novamente a uma taxa média de quase 6%. Pelo lado da demanda, a também crescente tendência de consumo havia sido interrompida pela crise econômica e financeira mundial de 2001. A análise dos dados globais da capacidade produtiva nominal e da demanda aparente mundial indicava, naquela altura, o estranho descompasso que vinha se acentuando nos últimos anos da década de 1990 e início dos anos 2000 – ainda que a demanda corrente não estivesse alcançando a capacidade de produção então disponível, uma crescente capacidade produtiva adicional era adicionada pelos países asiáticos. Não se tratava, portanto, da dinâmica esperada num modelo de mercado. Acerca de tal dissonância, a OCDE identificava certos aspectos estruturais e comportamentais do setor mundial de aço que poderiam explicar o excesso de capacidade disponível. Coube aos Estados Unidos pular à frente de outros países e anunciar um programa de salvaguardas comerciais.

Na visão dos associados da Aço Brasil, a indústria siderúrgica brasileira seria a principal prejudicada em termos relativos de valor e de volume pelo programa de salvaguardas norte-americano – e injustamente. O Brasil era um produtor siderúrgico de médio porte na escala mundial e não representava nenhuma ameaça para o setor siderúrgico norte-americano. Em 2001, a participação do mercado estadunidense como destino de nossas exportações de aço representava aproximadamente 34,3% do total exportado pelas siderúrgicas brasileiras. Por sinal, naquele início de século, todas as siderúrgicas brasileiras estavam devidamente privatizadas e mantinham um coeficiente de exportação regular de 20% do total do aço que era produzido no país. Não havia nenhuma previsão de aumento expressivo dessas exportações pela indústria siderúrgica brasileira.

O presidente Bush fizera naqueles dias um discurso muito confuso e contraditório. Falava-se em *dumping* (venda por preço abaixo do valor de mercado). A imposição de tarifas às importações de aço se converteu no principal assunto que o governo brasileiro trataria com o secretário de Comércio dos Estados Unidos, Robert Zoellick, quando de sua visita a Brasília, em janeiro de 2002. No entanto, os primeiros entendimentos sobre a visita da principal autoridade de comércio dos Estados Unidos, depois de anunciada a decisão de aumentar as tarifas de importação de aço, inclusive do Brasil, não apresentaram nenhum resultado.

O governo brasileiro, naquele momento, decidiu inicialmente esperar e não se manifestar sobre a imposição de tarifas de 8% a 30% às importações de aço pelos Estados Unidos. O ministro do Desenvolvimento, Sérgio Amaral, antes do anúncio das medidas, dissera de forma discreta que "nada justificaria o aumento do protecionismo americano". Mas, nos bastidores, durante a reunião do conselho de ministros da Camex, havia um clima de indignação a respeito, e cogitou-se que o Brasil poderia levar o caso à OMC, caso se sentisse prejudicado. O governo estava especialmente preocupado com as novas barreiras às exportações de semiacabados de aço.

A conclusão a que chegamos naquele momento é que as medidas protecionistas do setor siderúrgico norte-americano nada tinham a ver com o Brasil, que por sinal nunca tinha tido qualquer acusação de *dumping* desse setor nos Estados Unidos. Além disso, 80% da nossa exportação para o mercado norte-americano era de produtos semiacabados, ou seja, placas usadas para fazer a laminação de produtos que, depois, seriam usados nas indústrias siderúrgicas, automotivas, de eletrodomésticos, de máquinas e equipamentos, entre outras. A indústria siderúrgica de laminação nos Estados Unidos comprava nossas placas de aço para poder fazer as chapas planas vendidas à indústria automotiva. Se retirasse ou encarecesse esse fornecimento de placas para a indústria dos Estados Unidos, isso encareceria os produtos, como automóveis, geladeiras e fogões. Se encarecesse os bens finais norte-americanos, os Estados Unidos provavelmente perderiam mais empregos na indústria de transformação do que poderiam ganhar na siderurgia local.

Portanto, ficava claro que tínhamos fortes argumentos para nos defendermos e tentar obter alguma flexibilização das salvaguardas norte-americanas, pelo menos para as placas de aço produzidas pelas indústrias siderúrgicas brasileiras. A medida a ser adotada pelos Estados Unidos era um verdadeiro tiro no pé, não fazia o menor sentido.

Fui convidado pelo diretor da Aço Brasil, Marco Polo de Mello Lopes, para acompanhá-los numa rodada de negociações com as autoridades norte-americanas em Washington, de forma a convencê-los a retirar as placas de aço brasileiro do alcance das restrições tarifárias e quantitativas impostas a inúmeros países e produtos siderúrgicos. Na época, dissemos ao governo estadunidense que as placas tinham de ficar fora. Argumentamos que não havia expectativa de reativação dos altos-fornos nos Estados Unidos. Se a intenção era fazer a indústria de laminação (que produz as bobinas e as chapas) voltar a funcionar de forma mais competitiva, ela precisaria da importação de placas brasileiras.

Nas reuniões internas preparatórias com os executivos das indústrias siderúrgicas brasileiras e diplomatas do Itamaraty, refletimos que seria preciso ter muita paciência, humildade e pragmatismo e negociar à exaustão com as autoridades norte--americanas. No meio da balbúrdia, da irracionalidade, da guerra comercial que se anunciava, deveríamos encontrar interlocutores inteligentes, preparados e confiáveis e procurar exercer influência no Congresso, na iniciativa privada norte-americana, que estaria possivelmente em sintonia com nossa atitude conciliadora. Mobilizaríamos a indústria automobilística norte-americana e diríamos a eles: "Vocês são nossos aliados nessa causa. GM, Ford, Chrysler, vocês vão perder competitividade. O aço vai ficar mais caro nos Estados Unidos. Em outros países vai haver excesso de oferta e

PENÚLTIMAS MEMÓRIAS

podem ocorrer problemas para a indústria local, como, por exemplo, no Brasil. Isso interessa à indústria automotiva mundial? Não. Então, vamos trabalhar juntos em Washington?"

A Auto Alliance, a associação local da indústria automotiva, é uma instituição poderosa. Decidimos procurá-los para influenciar em uma decisão para excluir as placas de aço produzidas no Brasil da medida protecionista. Não era só uma tarefa do governo, que tem limitações do ponto de vista de relações com o setor privado. Era o caso de ir para lá o Instituto do Aço, com seus consultores, especialistas que saberiam melhor como negociar, dialogar com o governo americano e realizar um trabalho exaustivo de persuasão das autoridades americanas. Seria mais fácil excetuar um produto do que um país.

Já em Washington, mantivemos de início uma reunião com autoridades norte-americanas na agência USTR (United States Trade Representative), no Departamento de Comércio, no American Iron and Steel Institute, entre outros. Para nossa boa surpresa, na época, nossos argumentos causaram efeito positivo, e após algumas semanas tivemos sinais de que as placas poderiam ser isentas de impostos de importação. Sabíamos que a siderurgia primária norte-americana, que é a dos altos-fornos, não iria se recuperar. Era quase impossível imaginar o contrário, fosse por questões competitivas, fosse por questões ambientais ou, ainda, de integração produtiva. Eles já não tinham altos-fornos suficientes e competitivos para atender a demanda doméstica e importariam placas de qualquer maneira. E, já que teriam de comprar fora, essas empresas norte-americanas, que já eram em grande parte clientes regulares da indústria siderúrgica brasileira, deveriam ser beneficiadas com a eliminação das tarifas protecionistas. As importações de placas de aço sem o custo do imposto de importação tornariam mais competitiva toda indústria a jusante na cadeia produtiva. Conseguimos estabelecer um mínimo de lógica perante o governo dos Estados Unidos. Voltamos satisfeitos, com a expectativa do dever cumprido.

Mas a situação do mercado mundial de produtos siderúrgicos ainda iria piorar em seguida. Agora seriam os europeus retaliando os norte-americanos. Na crescente guerra protecionista, a União Europeia decidiu, em fevereiro de 2002, impor sobretaxas de até 26%

à importação de aço. A medida atingiria mais uma vez o Brasil, e a indústria siderúrgica nacional achava que havia chegado a nossa vez de retaliar. Dessa vez o Brasil se manifestou rápido. Mesmo antes de oficializadas as medidas protecionistas pela União Europeia, o governo brasileiro protestou. No início de fevereiro, o Itamaraty divulgou nota oficial lamentando a adoção de salvaguardas pelos países europeus e deixava implícita sua intenção de entrar na guerra comercial. Para o governo brasileiro, a sucessão de medidas protecionistas ameaçava o mercado de produtos siderúrgicos, com prejuízos que iriam além do próprio setor.

O início de uma guerra protecionista em escala mundial era tão temido que o governo brasileiro ainda hesitava em acreditar nessa possibilidade. "Eu veria com muita preocupação a União Europeia (UE) trilhar o mesmo caminho que os Estados Unidos, porque isso significaria uma exacerbação de um protecionismo preocupante", apontava o ministro Sérgio Amaral em entrevista a um jornal local. E a situação ficava cada dia mais preocupante. A UE finalmente decidiu pela imposição de sobretaxas de até 26% na importação de aço. A salvaguarda, que atingiria também a indústria brasileira, na verdade era uma resposta à decisão dos Estados Unidos de sobretaxar em até 30% a importação de aço. As medidas entrariam imediatamente em vigor e teriam vigência temporária de seis meses.

Porém, qual não foi minha surpresa quando, algumas semanas após o retorno dessa missão negociadora aos Estados Unidos, ao participar de uma entrevista coletiva a jornalistas de economia depois de uma palestra que realizei para um grupo de empresários em Campos de Jordão, um deles me perguntou qual era minha posição a respeito do pedido de aumento do imposto de importação para produtos siderúrgicos do Brasil de 12% para 30%.

Na verdade, eu ainda não sabia nada sobre esse pedido, feito na véspera pelos dirigentes da Aço Brasil aos ministros Celso Lafer, das Relações Exteriores, e Sérgio Amaral, do Desenvolvimento, Indústria e Comércio Exterior, nem sobre o que eles pensavam a respeito. Mas estava ali para responder às perguntas, e não para me omitir ou tergiversar. Respondi de chofre que era contra, a princípio, pois não havia nenhum motivo aparente para essa medida extemporânea.

No dia seguinte, os jornais reportavam que o secretário executivo da Camex desafiava a posição dos dois ministros que tinham se declarado, a princípio, favoráveis ao pleito do setor siderúrgico. Percebi que havia provocado, sem intenção, mais uma boa intriga entre mim e os ministros, pelos quais sempre tive muito respeito, apesar de eventuais discordâncias.

O argumento que se apresentava era que, com a aplicação das medidas de salvaguardas sobre produtos siderúrgicos, primeiro pelos Estados Unidos e logo em seguida pela União Europeia, a expectativa era que o excedente de produção da indústria siderúrgica chinesa seria encaminhado preferencialmente ao mercado brasileiro, a preços subfaturados, e em quantidades crescentes, o que colocaria em grave risco a indústria siderúrgica brasileira. Tudo ainda no campo das hipóteses, e a proposta de aumento das tarifas de importação seria uma medida preventiva para evitar que isso ocorresse. Parecia, à primeira vista, fazer sentido, mas não poderíamos desprezar, por outro lado, os efeitos inflacionários a serem pagos pelos consumidores brasileiros pelo aumento do preço do aço, que inevitavelmente ocorreria logo após o aumento do nível de proteção tarifário, conforme a Aço Brasil desejava. As demais indústrias de máquinas e equipamentos, automotiva, eletroeletrônica, autopeças e outras, absorveriam e repassariam esses custos adicionais aos indefesos consumidores brasileiros.

Imediatamente, pedi à minha equipe na Camex que levantasse as estatísticas recentes de importação de produtos siderúrgicos pelo mercado brasileiro e, com surpresa, observei que o índice de penetração das importações de siderúrgicos no mercado nacional era de apenas 5% da demanda aparente, e que nos primeiros meses de 2002 elas estavam declinando. A maioria das importações era de origem chinesa, e os importadores eram alguns distribuidores de aço para a indústria de transformação e, mesmo diretamente, algumas indústrias automotivas. Decidi logo incluir todo o capítulo de produtos siderúrgicos no rol de importações sob o regime de licenciamento não automático, ou seja, os pedidos de licença de importação para esses produtos dali em diante seriam examinados caso a caso, e, se ocorresse repentinamente um surto de importações, teríamos tempo de reagir e porventura aumentar a tarifa de importação de 12% para

30%, como havia sido pleiteado pela demandante Aço Brasil. Mas aplicar tal aumento tarifário previamente eu não considerava ser uma atitude prudente nem acertada.

Antes que a polêmica situação com os ministros Celso Lafer e Sérgio Amaral evoluísse para um confronto público, chamei, sem perda de tempo, para uma reunião em meu gabinete na Camex, a então presidente da Aço Brasil, como também da Companhia Siderúrgica Nacional (CSN), Maria Silvia Bastos Marques, que eu já conhecia e que é uma brilhante economista e executiva, acompanhada do diretor executivo da Aço Brasil, Marco Polo. Minha intenção era demovê-los da ideia de sustentar aquele pedido de aumento do imposto de importação, diante das informações de mercado e segundo as providências que já havia tomado para proteger o setor, no caso de repentina importação predatória de aço chinês. Expliquei a eles que esse pleito não era decisão de apenas um ou outro ministro individualmente, e teria que ser fundamentado para decisão do plenário do conselho de ministros da Camex, composto por oito ministros de Estado, e ainda que o parecer técnico a ser elaborado por mim e pela minha equipe seria certamente negativo ao pleito. Eles reagiram de forma agressiva, afirmando que eu estava sendo irresponsável ao expor a indústria siderúrgica brasileira a um risco tão grande, e que o Brasil deveria adotar as medidas protetivas já em prática pelos norte-americanos e europeus. Saíram furiosos daquela reunião.

Meu instinto me dizia que havia algo mais do que o desejo de buscar proteção contra importações predatórias, mas quem sabe isso seria uma boa desculpa para sancionar o aumento de preços do aço brasileiro no mercado doméstico, o que, em minha opinião, seria totalmente incorreto. Concluímos a reunião, infelizmente num ambiente muito desagradável, mas fiz o que precisava ser feito e elaborei o inequívoco parecer técnico, a ser apreciado alguns dias depois na próxima reunião da Camex. De herói do setor algumas semanas antes, ao voltarmos exitosos da missão aos Estados Unidos, agora passava subitamente ao papel de vilão, por me impor contra os interesses da indústria, que eu julgava injustificáveis.

Previamente à reunião do conselho da Camex, como de praxe, remiti a pauta de assuntos que seriam tratados e uma cópia do meu parecer sobre o pleito dos siderúrgicos aos ministros integrantes do conselho, e desta vez incluí também uma cópia à presidência da República, pois achei pertinente que o presidente FHC soubesse das razões de minha discordância pública do que haviam dito sobre o tema, dias antes, os ministros Celso Lafer e Sérgio Amaral. Aparentemente sem argumentos técnicos para contrariar meu parecer, o ministro Sérgio Amaral ficou muito desgostoso com minha atitude, ainda mais por não tê-lo consultado previamente. Nisso ele tinha razão: eu havia me precipitado ao tornar pública minha opinião. Minha posição como secretário executivo da Camex estava por um fio, eu já previa isso, pois ambos os ministros eram amigos íntimos do presidente FHC e, a essa altura, já deveriam ter pedido minha cabeça a ele. No entanto, decidi manter meu posicionamento técnico, custasse o que custasse, pois não transigiria na posição que julgava ser a correta, e, se fosse demitido, alegaria publicamente os motivos certos, sem apelação.

Foi quando sobreveio mais um evento desagradável. O então senador Paulo Hartung (PSB-ES), representante do estado do Espírito Santo no Senado Federal, instigado por alguns associados da Aço Brasil, requereu uma audiência pública no Congresso Nacional para examinar a questão da indústria siderúrgica brasileira e convocou justamente o ministro Sérgio Amaral para inquirir de forma veemente em público: "Afinal, quem manda naquele Ministério do Desenvolvimento? Vossa Excelência ou aquele economista que agora exerce o cargo de secretário executivo da Camex, sr. Roberto Giannetti da Fonseca?"

Em seguida, o senador Paulo Hartung, de forma deselegante, que não combina com seu perfil de notável homem público, desfilou uma série de críticas à minha pessoa e à minha "irresponsável omissão" na defesa da indústria siderúrgica brasileira. O ministro Sérgio Amaral, em resposta, demonstrou que havia acusado o golpe e, em vez de defender sua posição a favor do aumento das alíquotas de importação de aço, limitou-se a atacar a minha declaração contrária à sua, que eu não poderia falar em nome da Camex, que tinha me precipitado, que era seu subordinado hierárquico, e por aí afora. Houve até alguns parlamentares que simpatizaram com minha atitude firme na defesa dos consumidores brasileiros, e que chegaram a solicitar a abertura de um processo contra o ministro Sérgio Amaral na Comissão de Ética

Pública, pelo fato de ele ter me desautorizado de forma injustificada em público. Não passei recibo, liguei logo depois ao ministro Sérgio Amaral para lhe informar, conformado, que havia entendido sua declaração naquele ambiente provocativo do Senado Federal.

Mais uma vez percebia que algo mais importante do que a defesa da indústria siderúrgica estava em jogo. Era muita artilharia pesada para um caso que poderia ser racionalmente discutido em volta de uma mesa de reunião. Alguns amigos do setor me deram uma pista: a CSN estava com enorme prejuízo no mercado futuro de câmbio, e a forma mais evidente e rápida de compensar tal prejuízo seria aumentando os preços de seus produtos para o mercado nacional. Mas isso só poderia acontecer se as tarifas de importação encarecessem os preços de uma possível concorrência externa. A formação dos preços internos do aço brasileiro sempre foi feita com base na planilha comparativa de preços dos produtos importados *vis-à-vis* o produto nacional equivalente. A desculpa construída em torno das salvaguardas norte-americanas e do eventual surto de importações de aço chinês no mercado brasileiro era parte da narrativa perfeita para enganar gregos e troianos, mas não a mim, um mineiro desconfiado de segundas intenções quando o caso se mostra suspeito.

Chegaram aos meus ouvidos rumores de que o presidente do conselho e acionista controlador da CSN, Benjamin Steinbruch, e sua presidente executiva, Maria Silvia, haviam tido uma reunião com o presidente FHC para reclamar da demora na decisão de aumento das alíquotas de imposto de importação de produtos siderúrgicos e de minha postura inflexível diante daquele pleito pela Camex. As relações da CSN com o governo federal já estavam desgastadas diante do episódio conhecido como "descruzamento das posições acionárias entre a CSN e a Companhia Vale do Rio Doce". Essa operação meticulosa e exaustivamente executada com brilhantismo pelo ministro Alcides Tápias, ao longo do ano 2000, havia resultado na decisão do conselho de administração da Vale de alienar a sua relevante posição acionária no capital votante da CSN, fruto de engenhosa arquitetura jurídica e societária montada pelo empresário Benjamin Steinbruch, com apoio do Bradesco e de fundos de pensão de empresas estatais, por ocasião da privatização da histórica Companhia Vale do Rio Doce, em 1997, e que permitiu vencer o consórcio concorrente no leilão de privatização, que era formado pelo Grupo Votorantim, da família Ermírio de Moraes, e pela poderosa *trading* japonesa Mitsui & Co., visionária ao perceber o papel estratégico que as exportações de minério de ferro teriam no contexto da ascendente indústria siderúrgica asiática.

Diante dessa vitória surpreendente no processo de privatização da Vale, Benjamin pôs em prática seu plano de participações acionárias cruzadas entre a CSN e a Vale, transgredindo regras da Comissão de Valores Mobiliários (CVM), já que as duas empresas eram de capital aberto e seus acionistas minoritários reclamavam da inusitada postura do acionista controlador a ambas as empresas, como também acendia um sinal de alerta no Conselho Administrativo de Defesa Econômica (CADE), que percebia potencial concorrência desleal no suprimento de minério de ferro às outras siderúrgicas concorrentes, como Gerdau, Cosipa, Usiminas, Belgo Mineira e Acesita, todas elas clientes históricas da Vale. Pressionado pelo MDIC e pelo BNDES, em março de 2001 Benjamin aceitou, a contragosto, a imposição do governo federal, mas eu supunha que ele agora se julgava "credor" do presidente FHC, e poderia estar exigindo naquele momento, como compensação, a elevação do imposto de importação sobre aços planos, o que lhe proporcionaria aumentar os preços para seus clientes domésticos e elevar substancialmente sua lucratividade na CSN.

Obviamente, a imprensa, que adora promover polêmicas entre autoridades, fez um alvoroço em cima das declarações do ministro Sérgio Amaral e dos parlamentares na audiência pública no Senado. A notícia foi destaque em vários jornais do país. O orgulho do ministro Sérgio Amaral havia sido injustamente ferido em público. Eu sempre me havia dado bem com ele, mantínhamos uma atitude de respeito profissional um com o outro. Fizemos muitas tarefas em conjunto e admirava a sua capacidade negociadora, digna da melhor escola de diplomacia brasileira. Mas confesso que às vezes eu resistia a me subordinar a ele quando suas decisões estavam nitidamente erradas, ainda mais quando, nesse caso específico, poderia beneficiar injustificadamente uma empresa ou um setor em detrimento dos outros.

O fato é que, na reunião do conselho de ministros da Camex, no final de abril de 2002, não houve o indispensável consenso entre seus integrantes para a tomada de decisão pelo aumento das tarifas aduaneiras de 12% para 30% sobre os produtos siderúrgicos importados pelas empresas brasileiras. O Ministério da Fazenda endossou os argumentos do nosso parecer técnico enviado previamente a todos os ministros e praticamente encerrou o assunto. Afinal, nossa posição havia prevalecido e, apesar de na esteira desse caso ter criado alguns desafetos, imaginei que, com o passar do tempo, quem sabe, tudo se resolveria. Dois anos antes eu havia decidido aceitar o convite do presidente FHC para ocupar a posição de secretário executivo da Camex, sabendo que seria um sacrifício pessoal para mim e para minha família, como também para os meus negócios de comércio exterior, que ficariam paralisados enquanto ocupasse a função pública. Sabia também que essa função poderia me acarretar alguns desgastes com amigos e conhecidos a quem teria que contrariar e dizer NÃO. Era um preço consciente a ser pago, e eu o aceitei. Agora chegava a hora de sair de cena, mas à minha maneira, não por motivo injusto.

Concluída a reunião da Camex de abril de 2002, era chegada a hora de formalizar meu pedido de demissão. Escrevi ao ministro Sérgio Amaral uma carta de duas páginas, na qual iniciava afirmando que "preferia preservar sua amizade a vir a desafiar sua autoridade, e não deveríamos cair na ardilosa armadilha arquitetada pela Aço Brasil junto à imprensa, de forma a afastar-me do governo e obter êxito no seu pleito de aumento das tarifas de importação de produtos siderúrgicos". Adicionei ainda uma referência àquela audiência pública no Senado Federal: "Foi constrangedora para nós a deselegante arguição pública que lhe fez o senador Paulo Hartung, provavelmente planejada pela Aço Brasil, de forma a atingir a sua autoridade como ministro e a minha imagem pessoal como um insubordinado e irresponsável secretário executivo da Camex, o que julgo inaceitável. Não havendo argumentos técnicos, nem evidências estatísticas que lhe servissem para justificar a motivação para a realização dessa audiência pública, limitou-se o senador a fazer ataques pessoais e a promover a discórdia entre nós. Em minha opinião, esgotou-se no Brasil o modelo de

PENÚLTIMAS MEMÓRIAS

protecionismo tutelar patrocinado pelo Estado. Diante dos fatos ocorridos, julgo inadiável meu imediato desligamento da posição que atualmente ocupo no governo brasileiro, e, assim sendo, pretendo logo mais comunicar pessoalmente essa decisão ao presidente Fernando Henrique Cardoso".

O ministro Sérgio Amaral reagiu de maneira muito positiva e cordial, lamentando os fatos ocorridos, entendendo minha posição na questão dos siderúrgicos e aceitando a contragosto meu pedido de demissão. Escreveu-me, ainda: "Temos uma clara complementaridade em nossas aptidões e experiências. Conseguimos juntos avançar muito na agenda de comércio exterior, mesmo em relação a temas que muitos não acreditavam pudessem ser encaminhados no último ano de governo desta administração. A Camex se ressentirá de sua ausência e eu também. Agradeço-lhe imensamente por sua inestimável colaboração".

No dia 2 de maio de 2002, iniciei minha contagem regressiva para sair da Camex. Foram muitas reuniões de despedida com integrantes da minha equipe e com colegas de outros ministérios, dirigentes de empresas e associações de classe, jornalistas e embaixadores estrangeiros de quem havia me tornado amigo durante minha estada em Brasília. Com muita honra recebi do Ministério das Relações Exteriores a condecoração da Ordem de Rio Branco no grau de grande oficial, pelo reconhecimento de serviços prestados ao país no exterior. Meu sentimento era ambíguo: de um lado, aliviado pelo fato de estar deixando o cargo com prestígio e de voltar para a atividade privada, em que havia feito longa carreira no comércio exterior, desde os anos 1970. Era também a satisfação de voltar para casa, conviver mais com a família e com os amigos, ter menos responsabilidade funcional, ter mais tempo para lazer, para leitura, para viagens de turismo. Mas, por outro lado, a saída do governo também me gerava uma sensação de vazio, de abandonar uma obra em construção, de deixar de lado bons desafios, boas parcerias e relações institucionais de alto nível. A opção de sair do governo havia sido tomada, e nos últimos dias de maio agendei uma reunião a sós com o presidente FHC no seu gabinete no Palácio do Planalto, para me despedir oficialmente da função de secretário executivo da Câmara de Comércio Exterior da Presidência da República.

Preparei um ofício pessoal ao presidente agradecendo a confiança em mim depositada ao convidar-me para o cargo e fazendo breve prestação de contas dos principais resultados de minha atividade naquele período de dois anos e quatro meses. Entre outros pontos, escrevi este trecho sobre o desempenho do comércio exterior durante a minha gestão à frente da Camex:

"Apesar de ainda estarmos distantes do nível ideal para o grau de abertura de nossa economia e de desempenho de nossas exportações, deve-se destacar que no período 1999-2001 as exportações brasileiras cresceram cerca de 20,8%, passando de US$ 48 bilhões em 1999 para US$ 58 bilhões em 2001, enquanto, no mesmo período, o comércio mundial cresceu apenas a metade, ou seja, aproximadamente 10%, segundo dados da Organização Mundial do Comércio. Esse desempenho assegurou novo ganho de *market share* ao país, evoluindo sua participação no comércio internacional de 0,865% em 1999 para 0,972% em 2002, índice que representa o maior nível obtido desde 1994, mas ainda bastante defasado, tanto em relação ao nível de 1,5% atingido em 1985 como ao nível de participação do PIB brasileiro em relação ao PIB mundial, que é de 2,1%.

Nesse biênio deve-se ainda destacar que o universo de empresas exportadoras registradas no DECEX evoluiu de cerca de 14 mil em 1999 para pouco mais de 18 mil em abril de 2002, agregando mais de 4.000 novas empresas ao esforço exportador brasileiro, e criando cerca de 600.000 novos empregos diretos nos diversos segmentos exportadores de nossa economia. No entanto, mais importante do que qualquer estatística ou índice setorial comparativo, destaca-se, no período em referência, a significativa difusão da cultura exportadora no meio empresarial brasileiro, através das dezenas de medidas e iniciativas exportadoras implementadas sob a coordenação da Camex, visando aprimorar a competitividade sistêmica do setor exportador brasileiro, bem como incrementar continuamente o valor agregado de nossas exportações sob o emblemático slogan: 'Não basta produzir barato, é preciso vender melhor'. As bases para esse trabalho foram apresentadas e aprovadas por Vossa Excelência em memorável reunião com a presença de inúmeros ministros e autoridades integrantes de sua equipe de governo, realizada em outubro de

2000, no auditório do Palácio da Alvorada, na qual apresentamos o Programa de Exportações 2001, que é considerado o primeiro plano de gestão estratégica das exportações brasileiras, com significativa abrangência setorial e temática, lançado publicamente em novembro de 2000 pelo ministro Alcides Tápias, por ocasião do ENAEX 2000".

Mesmo estando de partida, e de forma respeitosa, não deixei de dar uma pitadinha de crítica ao fato de haver ocorrido em muitas ocasiões a ausência do árbitro final nas decisões controversas em pauta no Conselho de Ministros da CAMEX, gerando impasses muitas vezes insuperáveis entre os ministros e entre suas equipes de apoio técnico. Sobre esse impasse decisório escrevi o seguinte: "A meu ver, a CAMEX criada em 1995 sob a inspiração e liderança de Vossa Excelência é a expressão institucional de uma preocupação com o tema da coordenação de ações públicas na área de comércio exterior. Entre outros objetivos da CAMEX, destaca-se a formação de consenso interministerial no processo decisório, de maneira a eliminar o gap temporal entre a tomada de decisões e a sua implantação. Reconheço que neste aspecto houve uma razoável frustração, na medida em que, mesmo após o recente decreto presidencial fortalecendo o poder deliberativo da CAMEX, observa-se na prática que permanece uma delicada sobreposição de competências entre esta Câmara e outros órgãos da administração direta do governo federal, o que acarreta em muitos casos um impasse ou inércia na implantação de medidas acordadas entre os respectivos ministros membros da CAMEX. Nestes casos, torna-se imprescindível a interferência do Palácio do Planalto, de forma a abreviar, tanto quanto possível, a eficácia de medidas relevantes para o incremento da competitividade do comércio exterior brasileiro".

Conversamos durante cerca de meia hora, o presidente e eu, durante a qual relembramos alguns momentos e fatos dos quais juntos participamos, especialmente de viagens ao exterior em missões oficiais, e conversamos ainda sobre o ambiente político e econômico brasileiro, naquela altura bastante preocupante. No final trocamos agradecimentos recíprocos, quando então ele me perguntou o que eu faria no período de quarentena. Disse-lhe que iria ler e escrever muito, cuidar da família, rever os amigos e me preparar para o retorno à atividade privada dali a quatro meses.

Foi quando ele me lançou mais um convite: "Gostaria de ter você ainda por perto por alguns meses, para alguma consulta e elaboração de relatórios sobre economia e comércio internacional, e ao mesmo tempo o Eleazar, presidente do BNDES, disse que gostaria de tê-lo como assessor temporário da presidência do banco para reformular o programa de financiamento às exportações. Você aceitaria?" Aceitei sem pestanejar, afinal de contas seria uma função temporária, até o final de setembro, quando poderia retornar à atividade privada.

Cumpri com rigor o período da quarentena, conforme planejado, mas em julho ainda fui tomado de surpresa por outro surpreendente convite, que suspeito tenha saído com o beneplácito do Planalto. Um advogado conhecido meu, que era membro do conselho de administração da Varig, me chamou para uma reunião e me relatou, em julho de 2002, as dificuldades financeiras da empresa, o impasse nas negociações salariais com os funcionários, com os credores de bilhões de reais de dívidas vencidas, principalmente bancos e fornecedores, e ainda a crise interna de governança.

Diante desse quadro caótico, o então presidente da Varig, Ozires Silva, ex-presidente da Embraer, por quem tenho profundo respeito e admiração, havia pedido demissão, e o conselho estava em busca urgente de um substituto, surgindo meu nome como candidato, com apoio do governo federal. Pedi um tempo, alguns dias, para avaliar e pensar, afinal havia sido pego de surpresa e, na verdade, levei um baita susto com aquela perspectiva de embarcar na tarefa hercúlea de reerguer a histórica Varig, agora cambaleante depois de anos de crise.

A notícia logo vazou para a imprensa, e muitos interlocutores da empresa começaram a me ligar, na maioria dos casos pedindo que eu aceitasse o convite e enfrentasse aquele desafio. Percebi que a situação era muito mais grave do que eu imaginava, e que só poderia aceitar esse desafio se antes realizasse uma série de medidas preventivas que poderiam assegurar o início do processo de saneamento financeiro da principal empresa aérea do país.

Entre outras, relacionei as seguintes medidas: (i) formalização de um período de carência de seis meses para todas as dívidas financeiras, que seriam renegociadas com prazo longo de amortização, juros reduzidos e desconto sobre o valor principal; (ii) um acordo com os fornecedores, especialmente a Boeing e a GE, para continuar prestando os indispensáveis serviços de assistência técnica e manutenção das aeronaves; (iii) acordo com o Sindicato dos Aeronautas para não haver greves pelo período de um ano, além da liberdade para demissão de funcionários ociosos e reajuste salarial pelo nível da inflação; e finalmente (iv) o reconhecimento formal pelos governos federal e estadual, nos autos dos processos, dos créditos tributários e indenizatórios ainda em discussão judicial nas instâncias inferiores, que somavam quantias vultosas, na casa dos bilhões de reais.

Eu sabia que esse *trade off* com os funcionários e credores da Varig só seria possível nessa fase de pré-posse. Se não houvesse esses acordos preliminares, no dia seguinte à minha eventual posse, o mundo desabaria sobre minha cabeça, e eu seria derrotado inexoravelmente por aquela conjuntura adversa que já estava formada. As negociações foram tensas, longas e exaustivas. Para quem achava que o período de quarentena seria um momento de sombra e água fresca, aqueles quatro ou cinco dias de trabalho com a Varig foram para mim um verdadeiro pesadelo.

Afinal, cheguei à conclusão de que não seria possível em poucos dias realizar aquele milagre de negociar a sobrevida e a recuperação da Varig. Rejeitei o desafiante convite e voltei para minha quarentena, numa sala do BNDES em São Paulo. Quem assumiu dali a algumas semanas, com apoio dos bancos credores, foi o ex-diretor da Área Externa do Banco Central, Arnim Lore. Fez o que foi possível, mas não conseguiu evitar que meses depois, já em meados de 2003, a Varig fosse levada à falência e logo adiante desaparecesse do setor de aviação civil brasileiro, do qual havia sido líder incontesto por décadas.

Para mim, restava esperar ansiosamente o final da quarentena para reiniciar minha atividade empresarial. Muito ainda me esperava pela frente quando, em 2003, completava 53 anos de idade.

CAPÍTULO 8

Nas asas de Mercúrio

Com uma carreira profissional em grande medida dedicada a promover as exportações brasileiras, fui levado a viajar pelos quatro cantos do mundo. Estimo ter feito cerca de 300 viagens internacionais nos últimos 50 anos, das quais mais de 100 para os Estados Unidos e para o continente europeu, creio que mais de 70 vezes para países africanos, e algumas dezenas para o Japão, China e Singapura. Diante dessa intensa atividade de "caixeiro-viajante" do comércio exterior brasileiro, como um sobrevivente de tantas viagens pelos confins do planeta, devo render minhas homenagens ao deus Mercúrio, da mitologia romana – que corresponde a Hermes na mitologia grega –, filho de Júpiter e Bona Dea. Ele é o deus dos viajantes e do comércio.

Mercúrio, como deus romano do comércio, é naturalmente protetor das estradas e da navegação, e era aquele responsável por enviar as mensagens de um deus a outro. Para isso, contava com alguns aparatos, como uma bolsa, sandálias, um capacete com asas, uma mística varinha de condão e o caduceu. Seu nome é relacionado à palavra latina *merx* (mercadoria; comparado a mercador, comércio). Provavelmente Mercúrio recebeu esse nome porque é o planeta que se move mais rapidamente no sistema solar.

Ao longo do período em que atuei na Camex, talvez tenha realizado dezenas de viagens internacionais e nacionais numa intensidade atlética. Por exemplo, numa semana que iniciei chegando a Los Angeles num domingo, para participar na segunda-feira de manhã de um evento sobre tecnologia da informação, no qual interagi como palestrante e debatedor, explicando a política industrial e de comércio exterior e buscando atrair para a economia brasileira investimentos de grandes empresas multinacionais desse estratégico setor econômico. Nessa mesma noite, embarquei numa viagem de cinco horas para Washington D. C., onde, no dia seguinte, cumpri intensa agenda com o embaixador brasileiro Rubens Barbosa, em reuniões no United States Trade Representative (USTR), no Departamento de Comércio, no Departamento de Estado e na Câmara Americana de Comércio. Na noite dessa mesma terça-feira, embarquei de volta a São Paulo, onde, na quarta, mantive quatro ou cinco reuniões com empresários exportadores na sede paulistana do BNDES. Na quinta bem cedo fui de São Paulo para Brasília, pois lá participaria como organizador da reunião do conselho de ministros da Camex, que em geral durava de três a cinco horas. Em sequência, na sexta de manhã cedo, embarquei com o ministro Alcides Tápias num jatinho da FAB para uma reunião com autoridades locais e com exportadores nordestinos em Teresina, Piauí, onde fomos recebidos pelo então governador Mão Santa. No final da tarde daquele dia, graças ao deus Mercúrio, voltamos no avião da FAB para São Paulo, aonde chegamos à noite, sãos e salvos, para usufruir um fim de semana com a família e os amigos.

Afinal, havia cumprido de ponta a ponta um inusitado roteiro de Los Angeles a Teresina, passando por Washington, São Paulo e Brasília. A diversidade de locais, eventos, temas e pessoas me exigia boa capacidade física e mental para dar conta do recado.

Noutra oportunidade, em janeiro de 2001, acompanhei o presidente FHC e comitiva numa viagem oficial à Coreia do Sul. Saímos de São Paulo no avião Airbus da Presidência da República, numa comitiva de umas vinte pessoas: além do presidente, sua equipe de gabinete e de comunicação, alguns ministros, diplomatas do Itamaraty, alguns convidados especiais, jornalistas e a equipe de bordo. A primeira etapa da viagem, após cerca de treze horas de voo, foi Vancouver, na costa oeste do Canadá. Nessas viagens, o clima de conversas e descontração entre os passageiros vai acontecendo, e durante o longo voo aconteceu até jogo de pôquer com o presidente FHC e os ministros. Passamos 24 horas em Vancouver, não só para tomar um fôlego antes da segunda etapa até Seul, mas também para que houvesse uma reunião de parte da comitiva presidencial com o ministro do Exterior do Canadá, lembrando que nessa época nossas relações bilaterais andavam tensas, em razão do litígio entre as duas empresas, líderes mundiais na fabricação de aviões regionais de pequeno e médio portes, Embraer e Bombardier, em disputa comercial num Painel de Controvérsias na Organização Mundial do Comércio.

De Vancouver a Seul foram mais doze horas de viagem sobre o infindável Oceano Pacífico, chegando à capital sul-coreana somente na quarta-feira de manhã, já com um fuso horário totalmente inverso ao brasileiro, e o relógio biológico do sono e das refeições girando perdido, como uma bússola sem norte. Lá em Seul a trégua foi curta, pois o ministro do Exterior nos esperava com todas as formalidades da praxe cerimonial, breves discursos de boas-vindas, fotos e entrevistas para a imprensa e, então, seguimos para um breve descanso no hotel. Depois, reuniões umas seguidas a outras, visitas às grandes corporações coreanas, como Samsung, Hyundai e LG, jantares nos palácios de governo e nas federações de empresários e, finalmente, na sexta-feira de manhã, uma reunião de toda a comitiva brasileira com o presidente sul-coreano Kim Dae-jung e alguns de seus ministros. Entre os diversos assuntos da pauta bilateral, discutiu-se um acordo de intercâmbio de tecnologia nuclear para fins pacíficos, no qual o ministro da Ciência e Tecnologia brasileiro, Ronaldo Sardenberg, interveio com o seu interlocutor sul-coreano.

Aí surgiu repentinamente um tema que não estava originalmente na pauta e que nos pegou de surpresa: o presidente sul-coreano pediu a colaboração do governo brasileiro para resolver – ou, em outras palavras, "perdoar" – uma bilionária autuação fiscal na empresa automotiva Kia Motors por ter descumprido compromissos de investimento no Brasil que lhe proporcionavam isenções fiscais nas importações de veículos sul-coreanos pela sua subsidiária Kia Motors Brasil. Descumprida a obrigação de investimentos na nova planta industrial em Salvador, Bahia, no prazo estipulado, os impostos de que haviam sido isentos eram agora cobrados com multa e juros, e o valor já ultrapassava R$ 1 bilhão. Houve de nosso lado um constrangimento geral naquele momento, pois o assunto era ao mesmo tempo sensível na área diplomática e juridicamente espinhoso de se resolver. As outras montadoras automotivas instaladas no Brasil, a imprensa, o Tribunal de Contas da União e o Congresso Nacional estariam todos vociferando, com razão, se aquele perdão de dívida fosse concedido. Mas o assunto não era para estar na pauta entre os presidentes, e FHC, pego de surpresa, foi, como de praxe, sábio e habilidoso.

Dirigiu-se a mim e ao secretário-geral do Ministério das Relações Exteriores, embaixador Luiz Felipe Seixas Corr256, e disse ao presidente sul-coreano que nós ficaríamos à disposição do CEO da Kia Motors para discutir com mais detalhes aquele sensível tema tributário. A orientação logo passada nos bastidores era óbvia: não conceder um milímetro naquele pleito da empresa sul-coreana. E assim fizemos, Seixas Corr256 e eu, por longas horas de reunião com os executivos da indústria automotiva sul-coreana. Mesmo assim, forçando a barra, no dia seguinte os jornais locais estampavam a notícia de que havíamos concordado em reabrir os prazos para cumprimento das obrigações da empresa sul-coreana e, assim, "perdoado" a pesada multa a eles imposta. Mesmo imprecisa e incorreta, a notícia "salvava a face" do presidente sul-coreano e dava um alívio temporário à empresa Kia Motors, que, obviamente, não emitiu nenhum fato relevante sobre o tema. A missão à Coreia do Sul se encerrou com negociações muito positivas e uma agenda bilateral de comércio e investimentos bastante promissora.

Exausto, mas satisfeito, desliguei-me ali do périplo presidencial que ainda iria a Bali e Jacarta, na Indonésia, e ao Timor Leste, e de lá de volta ao Brasil. Ronaldo Sardenberg e eu embarcamos de Seul para Paris, e na capital francesa nos separamos, ele seguindo para o Brasil e eu para Havana, capital cubana. Em Cuba, fiquei por mais três dias da semana seguinte, acompanhando uma missão do Conselho Empresarial da América Latina (CEAL), encabeçado à época pelo meu amigo Roberto Teixeira da Costa. Foi uma agradável e curiosa visita à icônica ilha caribenha, palco de tensos momentos da Guerra Fria entre Estados Unidos e União Soviética, e sempre lembrada pela Revolução Cubana de 1959, liderada por Fidel Castro e pelo mitológico Che Guevara, ainda reverenciado por multidões de jovens, com sua imagem estampada em camisetas e cartazes pelo mundo inteiro.

Em Havana, fomos recebidos por ministros e autoridades locais e visitamos fábricas de medicamentos, charutos, rum e móveis. A pauta bilateral de negócios com o Brasil era ínfima: queriam importar veículos e ônibus urbanos, com financiamento às exportações sem nenhuma garantia. Situação complicada, pois não era fácil vincular receitas de exportações cubanas como garantia colateral para liquidação pontual dos empréstimos brasileiros. Concluímos a visita sem nada de muito relevante na agenda bilateral, mas não sem antes fazer uma visita noturna ao histórico bar onde, décadas antes, Ernest Hemingway, o renomado autor do best-seller *O velho e o mar*, tomava seus porres de daiquiri nas noites de boemia em Havana, ao som da maravilhosa música local. Boas lembranças de Havana! Retornando ao Brasil, depois da volta ao mundo em pouco mais de uma semana, a vida seguia no ritmo intenso imposto pelo exercício do cargo público à frente da Camex.

Outra viagem maluca e inesquecível que fiz foi em janeiro de 2002: um bate e volta a Xangai, na China, no período de uma semana, para participar, a convite do BNDES, de um seminário sobre investimentos no Brasil, no qual estariam presentes os dirigentes das maiores corporações chinesas, bem como do Banco de Desenvolvimento da China, anfitrião do evento. Deve-se recordar que até aquele momento era inexpressivo o investimento chinês no Brasil, e o interesse de internacionalização das corporações chinesas ainda era incipiente. Fomos lá a convite do presidente do BNDES, Eleazar de Carvalho Filho, um jovem e brilhante economista, filho do célebre maestro brasileiro, falecido em 1996. Eleazar e eu fizemos as apresentações de oportunidades de negócios e investimentos no Brasil para uma plateia de centenas de executivos das estatais chinesas – que ouviam atentos, apesar da tradução simultânea que, soubemos depois, havia sido muito ruim.

Missão cumprida, mais 24 horas de viagem de volta, com escala em Frankfurt, e retorno às atividades de rotina em São Paulo e Brasília, depois daquele "passeio" ao outro lado do mundo. Mas qual não foi minha surpresa quando, um mês depois do evento em Xangai, uma delegação chinesa, liderada pelo presidente do Banco de Desenvolvimento da China, pede uma reunião ao meu gabinete da Camex em Brasília para anunciar a decisão de investimentos no Brasil. Parece que, afinal de contas, Eleazar e eu havíamos sido convincentes, e os resultados vinham antes do previsto. No dia e hora marcados, a delegação de dez a doze chineses chega ao meu gabinete, no sétimo andar do prédio do MDIC, na Esplanada dos Ministérios, e a reunião começa com as boas-vindas e agradecimentos recíprocos de praxe, até chegar a hora do grande anúncio que Eleazar e eu esperávamos: onde, quanto e quando os chineses iriam investir? Fomos tomados de surpresa quando o chefe da delegação afirmou que, após longa deliberação com os dirigentes da cúpula governamental em Pequim, haviam decidido vir ao Brasil anunciar o desejo de comprar nada mais nada menos do que a Vale S/A, a maior produtora de minério de ferro do mundo, privatizada anos antes pelo governo brasileiro, com capital aberto na Bolsa e controlada por um *pool* de fundos de pensão estatais, pela *holding* Bradespar, do Bradesco, e pela *trading* japonesa Mitsui & Co. Os brasileiros em volta da mesa se entreolharam perplexos, enquanto o tradutor, cautelosamente, media as palavras para não deixar de interpretar corretamente as afirmações da autoridade chinesa.

Obviamente, aquela oferta era impossível de ser considerada, pois implicaria transferir recursos minerais estratégicos, inclusive a maior e melhor jazida de minério de ferro do mundo, a famosa mina de Carajás, no coração da Amazônia, para uma estatal chinesa, que estaria exportando preferencialmente a preço subsidiado para o parque siderúrgico chinês, que crescia de forma vertiginosa, impondo ao mundo uma concorrência agressiva no mercado de aço. Além das minas de ferro, cobre, níquel, ouro e fertilizantes, havia também as estratégicas ferrovias de Carajás e Minas-Vitória, que tinham concessões do governo federal reguladas por estritas regras de controle acionário, governança e desempenho operacional. Com muita cautela e diplomacia, fomos explicando à delegação chinesa que aquela anunciada disposição de investimento no Brasil era muito bem-vinda, mas não para comprar a Vale, pelas razões já expostas. Eles demoraram um pouco para entender e se convencer de que o governo brasileiro não permitiria que eles adquirissem as ações da Vale em poder de milhares de acionistas através de uma oferta pública, como haviam sido orientados a fazer por consultores internacionais.

Fim de papo com aqueles chineses, despedimo-nos deles, e só dali a um tempo ouvi falar que a estatal chinesa da área de energia, State Grid, havia iniciado bilionários investimentos na aquisição de redes de transmissão de energia elétrica pelo país afora. Foi difícil para nós entender certas estratégias chinesas, como essa de uma empresa estatal comprar redes de transmissão de energia elétrica em outro país. O fato é que as empresas chinesas, ao longo das duas últimas décadas, tornaram-se investidores externos relevantes na economia brasileira, e hoje concorrem com multinacionais europeias, norte-americanas e japonesas em vários campos de atividades, como infraestrutura, energia, agronegócio, automotivo, eletrônico e engenharia.

Outra viagem importante e memorável que realizei no curso de minha gestão à frente da Camex foi em novembro de 2001, ao Qatar, integrando a delegação brasileira para a abertura da chamada Rodada Doha da OMC. A Rodada Doha, também conhecida como Rodada do Desenvolvimento, teve como motivação inicial a abertura de mercados agrícolas e industriais com regras que visavam à ampliação dos fluxos de comércio dos países em desenvolvimento. A Rodada Doha surgia como reação ao desbalanceamento entre os interesses dos países em desenvolvimento e os países desenvolvidos durante a anterior Rodada Uruguai (1986-1995), em que novas disciplinas sobre propriedade intelectual e serviços foram propostas pelos países desenvolvidos. A intenção declarada da Rodada era tornar as regras de comércio mais livres para os países em desenvolvimento e, especialmente, combater o protecionismo agrícola dos países desenvolvidos. Sua ambição original era alta e o desafio das negociações multilaterais era imenso, com previsão inicial de ser concluída até 2005.

As discussões eram norteadas pelo princípio de compromisso único – "single undertaking" –, tendo em vista um tratamento especial e diferenciado para países em desenvolvimento e países menos desenvolvidos (Parte IV do GATT 1994, Decisão de 28/11/1979, sobre Tratamento Mais Favorável e Diferenciado, Reciprocidade e Plena Participação de Países em Desenvolvimento). As exaustivas negociações perduraram por mais de dez anos e nunca foram plenamente concluídas, causando grande frustração para o multilateralismo e motivando um declínio da OMC como órgão regulador das disciplinas que regem o comércio internacional de bens e serviços.

Houve, porém, um avanço histórico em um tópico das negociações que foi provocado pela delegação brasileira, tendo à frente o chanceler Celso Lafer e os ministros da Saúde, José Serra, e do Desenvolvimento, Indústria e Comércio Exterior, Sérgio Amaral. Refiro-me ao acordo conhecido pela sigla TRIPS (Direitos de Propriedade Intelectual Relacionados ao Comércio, que inclui as patentes farmacêuticas). O ministro José Serra discursou no plenário da OMC, diante de milhares de delegados internacionais presentes naquele fórum multilateral, no qual fez uma defesa memorável do direito de os países-membros quebrarem patentes farmacêuticas em casos específicos de graves epidemias e doenças crônicas. Entusiasticamente aplaudido pela corajosa postura, o acordo sobre TRIPS prevaleceu da forma como vários países em desenvolvimento desejavam, liderados pelo Brasil e pela Índia, para poder produzir e comercializar, livres das patentes farmacêuticas, os medicamentos genéricos mais baratos para combater, por exemplo, epidemias como a aids, que no final do século XX se configurava como uma grave ameaça à saúde mundial. As negociações e debates nos bastidores foram intensos. A sala reservada à delegação brasileira virou um pandemônio, eram centenas de delegados de todo o mundo querendo palpitar e participar daquela histórica decisão, e nós tivemos que nos desdobrar para atender e anotar todas as sugestões pró e contra que chegavam. O protagonismo brasileiro nesse episódio era motivo de grande orgulho para todos nós que estávamos ali presentes.

O texto negociado e aprovado pelo Brasil e defendido também pela

Índia dizia: "O acordo de TRIPS não deve impedir os países-membros de tomar medidas para proteger a saúde pública. Em consequência, enquanto reiteramos nosso compromisso ao acordo de TRIPS, nós afirmamos que o acordo deveria ser interpretado e implementado de maneira consentânea com o direito dos membros da OMC de proteger a saúde pública e, em particular, de assegurar remédios para todos". Enquanto a maioria dos países menos desenvolvidos comemorava o histórico resultado alcançado pela Declaração de Doha, os Estados Unidos, o Canadá e a Suíça reagiram, sem sucesso, considerando o acordo "político e não jurídico". No final, os Estados Unidos tiveram que aceitar a Declaração, com o compromisso de que a medida seria formalizada e passaria a fazer parte das regras da OMC. Mais adiante, não foi isso que aconteceu. O problema é que os norte-americanos queriam que fosse elaborada uma lista de doenças para as quais seria possível usar os princípios da Declaração de Doha, chegando a citar a aids, a malária e a tuberculose. O Brasil e os demais países em desenvolvimento nunca concordaram com essa limitação. O fato é que desde então os remédios genéricos ganharam uma ponderável parcela do mercado mundial e milhões de vidas foram salvas em consequência.

Para encerrar este capítulo de viagens ao redor do mundo, relatarei a missão comercial que realizamos na Índia em abril de 2002. Em março desse ano, já estava me preparando para sair da Camex, por causa das divergências ocorridas no episódio da tarifa aduaneira do aço (capítulo 7, "Nervos de aço"), quando o ministro Sérgio Amaral me chamou, certo dia de manhã, ao seu gabinete no MDIC e me pediu que o ajudasse a organizar uma missão empresarial à China e à Índia. Seria para mim uma missão de despedida da Camex e, ao mesmo tempo, uma ótima oportunidade de conhecer a Índia, país que eu admirava havia muito tempo, mas que jamais havia visitado. A missão se inseria num esforço que estávamos empreendendo de diversificar os mercados de exportação, até então muito concentrados nos Estados Unidos e na União Europeia. Obviamente, China e Índia eram dois países alvo da promoção comercial brasileira. Sérgio Amaral, como bom diplomata que sempre foi, era pragmático e metódico, e cuidava com empenho da organização daquela missão, que dizia ser a mais importante da sua gestão, que se encerraria em 31 de dezembro de 2002.

Reunimo-nos preparatoriamente no ministério, em meados de março, com cerca de 130 empresários que integrariam a missão comercial entre 1º e 10 de abril. Antes da viagem, o presidente do BNDES, Eleazar de Carvalho Filho, anunciou novos mecanismos para fortalecimento das empresas nacionais no exterior. "Tenho certeza de que as exportações do Brasil para a China e para a Índia podem crescer de forma rápida e surpreendente", afirmou Sérgio Amaral, surpreso com o grande número de empresários presentes na reunião. O ministro ainda anunciou que um grupo de empresários argentinos também integraria a missão à China e à Índia. Seria a primeira missão empresarial conjunta do Mercosul: "O Mercosul fará uma promoção comercial conjunta, que é um fato positivo para integrar o setor produtivo dos dois países, Brasil e Argentina". Seu entusiasmo com essa missão era contagiante, e entramos de cabeça para que tudo desse certo. Para coordenar a missão foi designado o assessor especial para Assuntos Internacionais, o diplomata João de Mendonça Lima Neto.

Empresários de diversos setores – entre eles, indústria aeronáutica, álcool combustível, aviação, ônibus, softwares, construção civil, alimentos, máquinas agrícolas de grande porte, caminhões e calçados – demonstravam interesse em participar da missão. O comércio bilateral Brasil-Índia estava bastante abaixo de seu potencial, e havia muita expectativa de boas oportunidades de negócios e investimentos com empresários indianos nos ramos de produtos farmacêuticos, siderúrgicos (ArcelorMittal), automotivo (Tata), software e alimentos.

Depois de cinco dias na China, visitando Pequim e Xangai, finalmente chegamos a Nova Délhi, a histórica capital e sede administrativa da República da Índia. Nova Délhi situa-se no norte da Índia, em área contígua à chamada Cidade Antiga de Délhi, que foi a sede do Império Mogol ou Mogul, de 1526 a 1857, até que, em 1911, os britânicos, como colonizadores da Índia desde 1803, transferiram a sede da administração colonial de Calcutá, na costa oriental, para Délhi, na região central. A nova capital da então colônia britânica foi projetada como um testamento às pretensões imperiais da metrópole inglesa, com *boulevards* extensos, palácios e edifícios monumentais

PENÚLTIMAS MEMÓRIAS

que hoje abrigam os diversos ministérios do governo indiano. Após a independência da Índia, em 1947, a capital foi mantida em Nova Délhi, que ganhou *status* de território da União, algo similar ao nosso Distrito Federal, onde fica Brasília.

Fomos recebidos pelas autoridades indianas em alto estilo, com jantares suntuosos e reuniões de trabalho em vários ministérios da cidade administrativa conhecida como Rashtrapati Bhavan (Casa do Vice-Rei). Em Nova Délhi, tratamos basicamente dos temas de cooperação governamental entre os dois países, sem a participação do setor privado, que seguiu direto para Mumbai, a capital financeira e comercial do país. Antes de partirmos de avião para Mumbai, porém, tivemos tempo, no fim de semana, de visitar o famoso Taj Mahal, situado na região de Agra, não muito distante de Délhi por via rodoviária. Na estrada precária, um trânsito infernal, onde circulavam não apenas automóveis, ônibus e caminhões, mas também elefantes, camelos, vacas sagradas, carros de boi e multidões de pedestres. Algo inacreditável. O sistema de castas sociais que ainda predomina na Índia, embora rejeitado pela Constituição, bem como a miséria absoluta em que vive grande parte da população indiana, faz qualquer um rever seus conceitos existenciais e espirituais diante do impacto das cenas da civilização hindu.

Chegamos a Mumbai (antiga Bombaim) no terceiro dia de estada na Índia, uma das mais populosas cidades do país e do mundo, onde nos reunimos com representantes dos setores privados dos dois países, no Fórum Empresarial Brasil-Índia organizado pelas câmaras de comércio. Com centenas de empresários no auditório lotado, o ministro Sérgio Amaral e o embaixador brasileiro na Índia fizeram os discursos formais de apresentação institucional da economia brasileira e das oportunidades de negócios e de investimentos nos dois países. A mim coube coordenar os encontros setoriais específicos nas diversas salas organizadas no amplo espaço do hotel onde se realizou o evento. Os encontros duraram dois dias inteiros, diante da vasta agenda de assuntos de interesses setoriais e da demanda de centenas de reuniões denominadas *matchmaking*. Se por um lado foi bastante cansativo coordenar os encontros setoriais, com o apoio do diplomata e assessor ministerial João Mendonça, por outro foi extremamente gratificante aprender mais sobre a economia, a história e a cultura da Índia.

Daqueles dias em Mumbai extraí a inspiração para escrever um livro que se encontra em estado avançado há muito tempo, mas resta inconcluso. Quem sabe em breve eu tenha disposição e tempo para concluí-lo, porque a história é muito boa: trata-se de uma ficção, baseada em fatos, que conta a saga dos pioneiros brasileiros que foram de Uberaba (MG) à Índia no final do século XIX com o objetivo de obter permissão do sultão de Mumbai para realizar a primeira de muitas importações de gado da raça zebu (*Bos taurus indicus*) para serem criados no Brasil. Sendo um gado mais rústico e resistente ao clima tropical que o gado europeu (*Bos taurus*), os criadores uberabenses tiveram muito sucesso nessa empreitada, transformando a pecuária brasileira no maior rebanho comercial do mundo, hoje em dia com mais de 200 milhões de cabeças, alçando o Brasil ao primeiro lugar mundial como exportador de carne bovina. Essa epopeia dos pioneiros do gado zebuíno no Brasil me trazia sempre à recordação um dos meus mestres e amigos do início de minha carreira profissional, que foi o pecuarista Ovídio Miranda Brito, mineiro de Uberaba e que havia por muitas vezes me contado aquela façanha de seus antepassados e conterrâneos. Imagine só a aventura dessa épica viagem de um grupo de "caipiras mineiros" à misteriosa Índia no final do século XIX, sem falar quase nenhuma palavra em inglês e muito menos em híndi, e tentando convencer o sultão a permitir a importação daqueles animais sagrados na cultura local.

A viagem à Índia foi também minha despedida das viagens oficiais como integrante do governo brasileiro, e é uma das que me trazem muito boas recordações. Fica aqui a promessa de conclusão do livro *Em busca do Bos indicus* em futuro próximo.

Roberto Giannetti da Fonseca e o ministro Celso Amorim em reunião na FIESP, em 2006.

Almoço do CEAL em 2016, com a presença do presidente Fernando Henrique Cardoso, do presidente do Grupo Globo, João Roberto Marinho, do deputado Bruno Araújo e do presidente do CEAL, Roberto Giannetti da Fonseca.

Emilio Garófalo Filho e Roberto Giannetti da Fonseca.

Maurício Botelho, presidente da Embraer, e o secretário executivo da Camex, Roberto Giannetti da Fonseca, na cerimônia de lançamento dos modelos E170 e E190 na sede da Embraer, em São José dos Campos, em 2002.

Roberto Giannetti da Fonseca na cerimônia de abertura do Encontro Bilateral Brasil-Peru na FIESP, em 2006.

Apresentação das Perspectivas da Economia Brasileira, por Roberto Giannetti da Fonseca, para comitiva empresarial da Suécia, liderada pelo rei Carlos Gustavo, em 2013, na FIESP.

Roberto Giannetti da Fonseca, diretor de relações internacionais da FIESP, recebe o presidente do México, Felipe Calderón, em 2006.

Fidel Castro, Hugo Chávez e Fernando Henrique Cardoso na cidade de Santa Elena de Uairen, em agosto de 2001, por ocasião da linha de transmissão da Usina de Guri, na Venezuela, para Boa Vista, capital do estado de Roraima.

CAPÍTULO 9

Entre portos, trilhos e intrigas

No retorno à atividade profissional em 2003, a decisão de dar maior ênfase às atividades de consultoria econômica e de comércio exterior me satisfazia. Muitos e bons clientes apareceram espontaneamente à minha procura, visando obter meu apoio técnico e institucional para o encaminhamento de seus objetivos empresariais, normalmente relacionados com novos investimentos, incremento da competitividade externa de seus produtos, internacionalização de suas atividades, defesa comercial contra concorrência desleal, negociações comerciais, entre outros.

Logo começaram a surgir importantes demandas setoriais de relevância para nossa equipe. Uma delas deu-se quando, em meados de 2004, fui chamado a Brasília, na sede da Associação Nacional dos Transportadores Ferroviários (ANTF), a qual reunia poucas e grandes empresas concessionárias de transporte ferroviário de cargas. Essas empresas, com exceção da Companhia Vale do Rio Doce, haviam sido formadas e criadas na década de 1990, durante o governo FHC, por ocasião da privatização das decadentes ferrovias estatais. Lá estavam, à mesa de reunião na sede da ANTF, os principais dirigentes das empresas ferroviárias MRS (antiga Central do Brasil), ALL – América Latina Logística (ex-Fepasa) e Vale do Rio Doce, a maior empresa mineradora do país e detentora das linhas ferroviárias Minas-Rio, ligando Minas ao Porto de Tubarão, no Espírito Santo, e Carajás, no interior do Pará, ao Porto de Itaqui, no Maranhão. O tema deveria ser importante, sem dúvida.

O setor experimentava grave impasse decisório: havia elevada carga tributária incidente sobre os bens de capital e equipamentos adquiridos por essas empresas. Assim, quando realizavam os necessários investimentos para modernização e expansão da malha ferroviária, além de pagar os custos de aquisição dos bens de capital, as ferrovias eram oneradas adicionalmente em cerca de 40% pela incidência de impostos federais (impostos de importação, IPI e PIS/Cofins) e estaduais (ICMS). Como atividade de capital intensivo, a depreciação do ativo fixo desses empreendimentos ferroviários é um dos seus principais custos. A depreciação seria feita ao longo da vida útil dos equipamentos, não sobre uma base 100, mas sim sobre uma base onerada pelos impostos cumulativos de 140. E, onerada pela carga tributária, impunha-se um dilema a seus dirigentes: ou repassavam esse ônus tributário nas tarifas de carga aos clientes, reduzindo a sua competividade relativa a outros modais de transporte, ou absorveriam esses custos e, por consequência, reduzindo sua lucratividade, tornando esses investimentos menos atrativos ou mesmo inviáveis para os seus investidores.

Nenhuma das alternativas parecia servir aos interesses do setor e do país. Foi quando o então presidente da MRS e da ANTF, Júlio Fontana, um ícone do setor ferroviário brasileiro, sugeriu contratar um consultor especializado para tentar obter a plena desoneração tributária dos investimentos no modal ferroviário. Daí surgiu o meu nome na reunião do Conselho da ANTF. Para alguns, a tarefa parecia impossível, mas, como eu não sabia disso, decidi aceitar o convite e me propus a realizá-la. Eles já haviam tentado antes, sem êxito, pois a voracidade fiscal dos estados e da União havia motivado a rejeição do pleito original à época das privatizações. Missão contratada, partimos para a heroica tarefa de desonerar os investimentos do setor ferroviário.

Bons argumentos não faltavam para lastrear aquele legítimo pleito do setor. O transporte de cargas no Brasil era extremamente oneroso e ineficiente, baseado de forma predominante no transporte rodoviário, com malha de rodovias em estado precário e na maior parte submetida a uma ineficiente administração federal e estadual. Num país de dimensão continental como o Brasil, com distâncias de milhares de quilômetros entre as regiões de produção e os centros de consumo e de exportação, o custo logístico ganhava cada dia mais relevância na competitividade sistêmica do país.

Eu havia me debruçado bastante sobre esse tema no período de minha gestão à frente da Camex. Havia mesmo proposto como medida importante do Programa Especial de Exportações (PEE 2001) algo semelhante para os investimentos no setor portuário, dentro da mesma lógica econômica e empresarial que agora se apresentava para o caso das ferrovias. Era o regime especial tributário denominado Reporto, para o qual não havia obtido pleno êxito na primeira tentativa, tendo sido praticamente sabotado na sua tramitação burocrática pelo Ministério da Fazenda e pela Secretaria da Receita Federal, apesar de aprovado no conselho de ministros da Camex, ainda na gestão FHC. Mas eu persisti naquele objetivo até o final de minha participação no governo federal, pois sabia que em algum momento a lógica prevaleceria e superaria a voracidade fiscal do setor público.

Em meados de 2000, quando então me ocupava da coordenação e gestão da Camex, percebi que os diversos modais de logística do país mal conversavam entre si: armadores marítimos de longa distância, terminais portuários, transportadores rodoviários e ferroviários, operadores multimodais de cargas, entre outros. Resolvi então sugerir ao presidente da Associação de Comércio Exterior do Brasil (AEB), o saudoso dr. Benedito Fonseca Moreira, ex-diretor da Cacex e ícone do comércio exterior brasileiro, que criasse sob sua gestão o Comitê de Logística Integrada, em que se propunha um permanente diálogo entre os exportadores, importadores e empresários representantes dos vários modais logísticos, promovendo uma avaliação periódica do desempenho da logística de cargas no país e efetiva coordenação de políticas públicas e iniciativas privadas, para obter maior competitividade para o comércio exterior brasileiro.

Logo na primeira reunião de instalação do Comitê, compareci como convidado especial da AEB e idealizador daquela iniciativa. Estavam presentes dezenas de dirigentes de associações de classe dos diversos setores de logística e alguns diretores da AEB, representando os exportadores. Numa das muitas intervenções que se seguiram, houve a legítima reclamação dos exportadores a respeito do elevado custo portuário no Brasil, muito superior à média internacional, o que encarecia e desestimulava nossas exportações. O diretor da Associação Brasileira dos Terminais Portuários (ABTP), William Mantelli, pediu a palavra e respondeu que um dos motivos do alto custo portuário era a abusiva tributação sobre a aquisição de equipamentos portuários de movimentação de carga. Por exemplo, os contêineres ainda eram movimentados por guindastes antigos e ineficientes, em vez dos modernos porta-contêineres, como já ocorria nos principais portos do mundo. Com a carga tributária cumulativa de cerca de 40% do valor dos investimentos, não havia viabilidade para que eles ocorressem na intensidade e na velocidade que os portos brasileiros demandavam. E a conta da ineficiência e dos altos custos portuários se irradiava pela economia brasileira, inibindo iniciativas exportadoras e a geração de investimentos produtivos, renda e emprego. Era óbvio que isso precisava ser mudado imediatamente. De pronto, propus a criação do Regime Especial Tributário para o setor portuário e, num impulso inspirador, já o batizei naquele mesmo momento de Reporto. O desafio estava lançado, para mim mesmo e para meus colegas da Camex e do MDIC.

No dia seguinte, estava estampado nas páginas de economia dos principais jornais: "Giannetti propõe a criação do Reporto para estimular investimentos portuários". Seria uma notícia auspiciosa em qualquer local e circunstância, mas não quando se trata de relações interministeriais. A noção de invasão de competência e de ciúme e inveja funcional é um problema grave entre o funcionalismo público, ao qual eu não estava acostumado. Como dizia o célebre ponta-direita da seleção canarinho, Garrincha, para o técnico Vicente Feola, ao ser instruído sobre como chegar à área adversária da equipe russa e marcar um gol: "Mas o senhor já falou com os russos?" Ali aprendi uma grande lição: eu anunciei publicamente uma iniciativa que, sem dúvida, era um gol de placa, mas sem antes falar com os "russos", que no caso eram os ciosos auditores da Receita Federal, com uma visão puramente fiscalista, sem entender as externalidades positivas e, em princípio, contra a medida proposta, por representar "inaceitável e injustificável renúncia fiscal", que abriria precedente para outros setores da infraestrutura solicitarem o mesmo tratamento especial.

A polêmica se espalhou nos corredores ministeriais e chegou até os ouvidos do ministro Pedro Malan, da Fazenda, que, por seu lado, apoiou sem pestanejar a reclamação de seu poderoso secretário da Receita Federal, Everardo Maciel, enquanto, de nosso lado, o ministro Alcides Tápias, do MDIC, assim como eu, apoiávamos entusiasticamente a medida de incentivo à modernização e expansão da estrutura portuária brasileira e de estímulo à atividade de comércio exterior.

Na reunião do conselho de ministros da Camex o debate se acalorou, as posições antagônicas entre o Ministério da Fazenda e o MDIC se aprofundaram e se multiplicaram. A Receita Federal, com aval do ministro Malan, fazia tudo para trancar qualquer medida de caráter tributário que pudesse ser aprovada em prol das exportações. O ministro Tápias foi, nessa altura, um chefe e parceiro fenomenal, usando sua experiência de longas décadas como dirigente do Bradesco, de onde havia se aposentado anos atrás após exitosa carreira. Ele agiu com firmeza e liderança nas conversas com o presidente FHC e o ministro Malan. Dizia que nós não estávamos lá para "enxugar gelo", o que era uma absoluta verdade. Havíamos saído do setor privado, de posições de comando em nossas respectivas atividades profissionais, para fazer algo relevante para a economia brasileira, e seria intolerável para nós sermos boicotados em nosso intento pela má vontade e irracionalidade econômica das autoridades fazendárias, que sem uma justificativa plausível vetavam nossas propostas de desoneração tributária de investimentos em infraestrutura e exportações. Nada mais perverso em política tributária do que tributar investimentos e exportações, como parece óbvio, mas não o era para os fiscalistas de plantão.

Tápias e eu não esmorecemos e incluímos essas medidas em nosso plano estratégico, que passamos a denominar Plano Especial de Exportações – PEE 2001, o qual foi aplaudido de pé, efusivamente, por uma plateia de mais de mil empresários exportadores presentes numa tarde memorável de outubro de 2000, no evento anual da AEB, realizado no Rio desde 1972, o famoso Encontro Nacional dos Exportadores – Enaex. Pela manhã, havíamos contado durante a cerimônia de abertura com a prestigiosa presença do presidente FHC e de vários de seus ministros integrantes do Conselho da Camex, inclusive Pedro Malan. Parecia que estávamos finalmente sintonizados em vários temas de interesse do comércio exterior brasileiro e da economia nacional. Mas, para nossa surpresa e desaponto, enquanto estávamos lá anunciando as medidas do PEE 2001, o secretário Everardo Maciel dava entrevista a um jornal carioca, dizendo que nenhuma daquelas medidas entraria em vigor antes de serem examinadas e aprovadas pela equipe da Receita Federal, e que ele ainda não conhecia o teor delas. Foi o estopim de uma crise maior entre os dois lados.

Naquele momento, houve de fato um agravamento das relações entre o ministro Tápias e o secretário Everardo Maciel. O chefe da Casa Civil, ministro Pedro Parente, percebendo que a crise poderia gerar ruídos e fatos desagradáveis para a gestão FHC, marcou uma reunião de apresentação do PEE 2001 no auditório do Palácio da Alvorada, residência do presidente da República, para uma manhã, logo no primeiro horário, antes do estressante expediente daquela equipe.

Compareceram a essa reunião os oito ministros integrantes do conselho da Camex, Everardo Maciel e eu. A reunião tinha por objetivo não só reavaliar e ratificar o proposto PEE 2001 na presença do presidente da República, como também procurar amenizar os ânimos exaltados, que ameaçavam sair do controle. Coube a mim, como titular da Camex e coordenador do PEE 2001, fazer a apresentação, uma a uma, das inúmeras iniciativas exportadoras que propúnhamos executar nos próximos meses e exercícios. Fui extremamente didático e enfático, procurando estruturar as propostas com o rigor da racionalidade econômica e a funcionalidade burocrática. O Programa de Exportações 2001 definiu as seguintes iniciativas exportadoras:

1. Redução dos custos de exportação, com ênfase nos custos de logística, financeiros e tributários, os quais constituem as três principais desvantagens competitivas dos exportadores brasileiros.

PENÚLTIMAS MEMÓRIAS

2. Aumento do valor agregado da produção exportável, seja ao longo da cadeia produtiva em cada setor, buscando exportar produtos acabados em vez de produtos primários ou intermediários, seja pela introdução de marcas comerciais ou setoriais que indiquem diferencial mercadológico de qualidade para os produtos exportados pelo Brasil.

3. Aumento da capacidade produtiva voltada para a exportação, através de investimentos para a expansão da indústria e da agricultura de exportação, bem como para o incremento do coeficiente de exportação dos principais exportadores brasileiros.

4. Agressivo programa de promoção comercial e de acesso a mercados, que resulte na maior presença do exportador brasileiro em missões comerciais com apoio institucional oficial, bem como maior ativismo multilateral, regional e bilateral.

5. Atualização da pauta exportadora brasileira, de forma a nela incluir os chamados produtos dinâmicos, cuja demanda mundial cresce a taxas exponencialmente superiores às relativas aos produtos tradicionais.

6. Aumento da base exportadora, mediante substancial incremento do número de empresas exportadoras no país, cujo universo atual não passa de irrisórias dezessete mil, diante de quatro milhões de pessoas jurídicas registradas em todo o território brasileiro.

7. Internacionalização das empresas exportadoras brasileiras, de modo que possam desempenhar com maior desenvoltura e eficácia seu papel de agentes promotores das exportações brasileiras, organizando diretamente seus canais de distribuição, sua logística, sua campanha de marketing, além de aproximá-las do mercado consumidor, produzindo não aquilo que desejam por si mesmas produzir, e sim o que o mercado deseja comprar. Em vez de vender, ou ser comprado, em nível FOB (*Free on Board*), exportar e vender em nível DDP (*Delivery Duty Paid*), agregando serviços e aumentando a confiança no fluxo de suprimento aos consumidores finais.

Depois da exposição inicial, quando entramos diretamente no tema do Reporto, que está relacionado com o item 1 do PEE 2001, o secretário Everardo Maciel reagiu, afirmando que já havia se posicionado contra, e que essa renúncia fiscal seria de bilhões de reais nos próximos anos, conforme haviam estimado os técnicos da Receita Federal. Era uma atitude típica do que chamamos de "terrorismo fiscal", estratégia usada de forma recorrente pela Fazenda quando percebe que se esgotaram argumentos jurídicos e econômicos para sustentar suas teses contrárias nos processos decisórios nas esferas judicial ou administrativa.

Perguntei candidamente ao secretário Everardo Maciel como eles haviam calculado com tanta convicção tamanha renúncia fiscal para o fisco federal. A resposta dele foi que a Receita pressupunha a ocorrência de um bilionário fluxo de investimentos pelos terminais portuários privados nos anos seguintes, e com base nesse volume se calculavam os impostos que seriam desonerados. Simples assim. A pergunta seguinte seria como a Receita havia obtido a base de cálculo do fluxo de investimentos, ou seja, havia sido feita alguma consulta junto a alguma associação de classe ou se fez uma pesquisa de mercado ou se consultou alguma assessoria de algum órgão técnico independente? A resposta foi definitiva para a conclusão dos participantes naquela reunião matinal: eles mesmos, na Receita, haviam estimado internamente, com um multiplicador do volume de comércio exterior e a necessidade de expansão da capacidade de movimentação de cargas nos portos.

Era um cálculo puramente hipotético, como se fosse uma decisão estatal de fazer ou não fazer aqueles investimentos, sem levar em consideração fatores econômicos que regem as decisões de investimento do setor privado. Ora, se os investimentos são privados, e não havendo atratividade econômica, a partir de uma taxa interna de retorno minimamente atrativa, como poderiam eles supor que tais investimentos ocorreriam naquele curto prazo e que a dita renúncia fiscal de bilhões de reais de fato ocorreria como previsto pela Receita? E quanto às externalidades positivas desses investimentos, caso ocorressem, na geração adicional de renda e emprego na economia nacional, nem uma palavra ou estimativa?

O ministro Pedro Parente se exaltou com a sinuca de bico na qual colocamos a Receita Federal e afirmou, em alto e bom som: "Se a base de cálculo é zero ou próxima de zero, tanto faz a carga tributária incidente, a arrecadação tributária também será zero, e, portanto, não há o que falar de renúncia fiscal. E, para o país, esses investimentos na modernização dos terminais portuários trará, sem dúvida, muitos benefícios indiretos sobre a competitividade das exportações e do setor produtivo nacional. Meu voto é pela aprovação do Plano PEE 2001 e todas essas iniciativas brilhantemente apresentadas pelo secretário executivo da Camex".

Modéstia à parte, me senti absolutamente vitorioso naquele momento. O Plano PEE 2001 tinha obtido a aprovação unânime dos ministros, inclusive de Pedro Malan, que, muito inteligente e perspicaz, permaneceu na maior parte do tempo calado e deixou para se manifestar somente após todos os outros. No entanto, a vitória naquele plenário ministerial se mostrou uma vitória de Pirro, pois a regulamentação dos regimes especiais teria de ser necessariamente elaborada pelo Ministério da Fazenda, assim como a minuta de medida provisória a ser apreciada pelas duas casas do Congresso Nacional, ou seja, demandaria um tempo indeterminado para serem implantados e postos em prática. Talvez durasse mais de um ano essa tramitação burocrática e legislativa. Começamos a partir dali um jogo de paciência com a Receita Federal, a qual vinha sempre postergando a elaboração dos textos legais e regulatórios, e, como se diz na gíria popular, vamos empurrando com a barriga. Para quem vinha do setor privado, esses lapsos temporais entre a tomada de decisão e a implantação de uma medida são angustiantes. A pressa era somente nossa, em prol dos exportadores brasileiros, operadores portuários e da economia nacional. Ora, economia nacional, para que tanta pressa? A burocracia fazendária continuava mandando no relógio do tempo.

As divergências entre MDIC e Ministério da Fazenda não se extinguiram naquela ocasião, ao contrário, vez ou outra surgiam novos embates em casos tópicos, e o diálogo interministerial foi ficando cada vez mais áspero, especialmente entre o ministro Alcides Tápias e o secretário Everardo Maciel. Em dezembro de 2000, a situação entre ambos estava insustentável. Foi quando Alcides Tápias realizou uma reunião de três horas a sós com o presidente Fernando Henrique Cardoso, em que deixou claro que pediria demissão do cargo de ministro de Desenvolvimento caso não houvesse uma retratação pública de Everardo Maciel em razão das divergências com ele sobre as medidas de estímulo ao comércio exterior. Apesar de não ter havido naquele momento nem uma coisa nem outra, Tápias decidiu permanecer no governo, porque considerou suficiente a nota divulgada pelo Palácio do Planalto, após a reunião. "O presidente o desmentiu publicamente e ainda o enquadrou", disse Tápias para a imprensa, referindo-se a Everardo, numa concorrida entrevista coletiva em que os jornalistas alimentavam a discórdia. "Por isso, dei o assunto por encerrado", concluiu.

Na nota divulgada pelo Planalto no dia seguinte, o presidente Fernando Henrique Cardoso afirmava apenas que "o secretário da Receita Federal se encontra inteiramente alinhado com a orientação do governo". Mesmo assim, controlado o incêndio momentâneo, a crise, no entanto, estava longe de ser encerrada. Tápias, com seu temperamento combativo de líder empresarial, não escondia sua mágoa com Everardo. Ao ser perguntado se voltaria a se reunir com o secretário da Receita, Tápias havia dado a um jornalista a seguinte resposta: "Não me relaciono com ele, e sim com o Malan, que é o chefe dele". Dessa forma, o diálogo com Everardo ficava restrito a mim e ao secretário executivo do Ministério da Fazenda, Amaury Bier, que se revelou nesse episódio um interlocutor confiável e conciliador.

Tápias afirmava, ao mesmo tempo, que continuaria no MDIC para afastar os boatos sobre sua possível iminente saída: "Não estabeleci um prazo para continuar no governo. Quem me conhece sabe que não sou disso. Vou continuar e ponto. Sem tempo certo para sair". Segundo reportagem à época, Everardo voltava a provocar intrigas palacianas ao afirmar que tinha considerado a reação de Tápias muito exagerada em relação aos temas que haviam gerado a divergência entre eles. Ele afirmou a pessoas próximas que considerava as medidas do PEE difíceis de ser implementadas. E que ele contava com total apoio de seu superior imediato, o ministro da Fazenda. O problema é que Tápias considerava, e com muita razão, o conjunto de medidas de estímulo às exportações do PEE 2001 um dos marcos de sua gestão, um legado permanente de nosso trabalho em equipe. Cada dia aumentava minha admiração pela forma aguerrida e perseverante de como ele passou a perseguir esse nosso objetivo estratégico de criar um ambiente de negócios favorável à atividade exportadora eficiente e competitiva em nosso país.

Num momento em que o MDIC começava a receber críticas de toda parte por não estar apresentando os resultados esperados pelos setores produtivos, o Programa Especial que havíamos proposto era uma resposta concreta e imediata a essas críticas, que nós mesmos julgávamos quase sempre procedentes. Por isso, as afirmações de Everardo deixavam Tápias profundamente irritado. "Foi uma indelicadeza", disse certa feita, logo após ouvir e ler algumas das declarações que Everardo frequentemente fazia aos jornalistas. De fato, em dezembro de 2000, Tápias chegou a pensar em sair do governo, e, se isso acontecesse, muito provavelmente ele não sairia sozinho. Anunciava-se na mídia que "o secretário da Câmara de Comércio Exterior, Roberto Giannetti da Fonseca, também pediria demissão". Essa situação não era nova no governo FHC: o mesmo embate entre desenvolvimentistas e monetaristas/fiscalistas já havia custado a cabeça de três antecessores de Tápias no MDIC: Luiz Carlos Mendonça de Barros, Clóvis Carvalho e Celso Lafer. Tínhamos ainda 24 meses de governo FHC pela frente. A paciência e a saúde precisavam ser preservadas para irmos em frente.

Esse conflito se articulava entre uma Receita Federal fortalecida pelo desempenho fiscal na gestão FHC, bem-estruturada do ponto de vista da carreira burocrática, com uma liderança atipicamente forte naquele período e que não aceitava a redução de suas competências contra uma agência interministerial alocada num ministério setorial mais fraco em relação a seu adversário, o Ministério da Fazenda, mas, em compensação, contava a Camex com fortes conexões com os grupos de interesse mais relevantes da sociedade: o poderoso empresariado paulista (FIESP) e as grandes empresas exportadoras (AEB).

Em janeiro de 2001, após mais um longo e desgastante embate, Tápias e eu obtivemos duas importantes vitórias. A Camex foi autorizada por decreto presidencial a tomar decisões obrigatórias por meio de "resolução", superando o caráter consultivo que limitava sua autoridade deliberativa. Assim, além de apenas estabelecer diretrizes, a Camex poderia tomar decisões obrigatórias, transformando-se num órgão colegiado deliberativo, semelhante ao Conselho Monetário Nacional. As "resoluções" deveriam ser tomadas em consenso pelos ministros da Casa Civil, do Desenvolvimento, da Fazenda, da Agricultura e das Relações Exteriores. A Camex tornou-se, além de uma instância interministerial de interlocução, um órgão "com dentes".

A outra vitória foi ganhar competência para decidir, por meio das resoluções, as alíquotas dos impostos de importação e exportação, podendo impor também medidas de defesa comercial. Antes, os impostos de importação e exportação eram decididos pelo Ministério da Fazenda, e as medidas de defesa eram tomadas em ato conjunto por esse ministério e pelo do Desenvolvimento. O decreto nº 3.756 também criou o Comitê Executivo da Camex, composto pelos secretários executivos dos ministérios que a integram, mais o secretário de Comércio Exterior do MDIC, o secretário da Receita Federal, o secretário de Assuntos Internacionais do Ministério da Fazenda e o diretor de Assuntos Internacionais do Banco Central. Esse comitê apoiaria o Conselho de Ministros, manifestando-se previamente sobre as matérias que seriam decididas nesse conselho.

Mas, ainda em janeiro de 2001, por outro lado, a briga volta a esquentar, quando a Receita Federal entra com uma representação contra a Superintendência para o Desenvolvimento da Zona Franca de Manaus (Suframa), alegando que esse órgão, subordinado ao MDIC, não teria competência para conceder benefícios fiscais aos fabricantes de telefones celulares que estavam se estabelecendo no Distrito Industrial de Manaus, entre eles a finlandesa Nokia, que àquela altura era líder de mercado mundial nesse segmento. O próprio procurador do Ministério Público se manifestou perplexo com a inusitada e surpreendente iniciativa judicial da Receita Federal, desafiando publicamente a autoridade conferida por lei ao MDIC e à Suframa. A que ponto havíamos chegado! Um ponto aparentemente sem retorno entre as equipes conflitantes.

O assunto chegou de forma azeda ao Planalto e, entre outras desavenças, contribuiu como gota d'água para o desfecho desse embate, que se encerrou no dia 7 de junho de 2001, quando Alcides

Tápias me ligou informando que sairia do MDIC no final do mês e fazia um apelo para que eu permanecesse à frente da Camex, para não parecer que haveria entre nós, como era o boato da Fazenda, um complô contra a administração do presidente FHC, a quem ambos prezávamos muito. De maneira curiosa, naquele momento, talvez justamente durante sua melhor fase, quando conseguiu obter suas principais vitórias, o ministro Tápias havia resolvido, em caráter irrevogável, pedir demissão. De acordo com minhas impressões à época, a saída de Tápias foi motivada mais por questões pessoais e por um desprezo pela disputa de poder entre as burocracias do que pelo provável enfraquecimento do MDIC.

O presidente, tomado de surpresa pela carta de demissão de Tápias naquele dia, pediu um tempo para escolher seu sucessor. Imagino, apesar de ele nunca haver me dito, que Tápias tenha sugerido meu nome para substituí-lo, mas o presidente queria um clima de paz entre suas equipes, e meu nome seria mais do mesmo, ou seja, o embate com a Fazenda e a Receita Federal continuaria ocorrendo. Era preciso encontrar um ministro de Desenvolvimento conciliador, diplomático, conhecedor do comércio internacional, que fosse entrosado com o ministro Malan e sua equipe, e não demorou muito para surgir um nome de sua absoluta confiança e sintonia, que era o do embaixador Sérgio Amaral, então servindo em Londres.

Sérgio Amaral era amigo de todos os integrantes daquele time, a começar pelo próprio presidente FHC, mas também amigo de todos os colegas diplomatas do MRE, de Pedro Malan e Pedro Parente, e também meu amigo de longa data, desde os anos 1980, quando nos conhecemos pelos corredores do governo e pelas embaixadas brasileiras nas quais ele havia servido como diplomata de carreira. Além disso, era preciso recordar que em 1994 o embaixador Sérgio Amaral fora membro da equipe econômica, como chefe de gabinete do então ministro da Fazenda, Rubens Ricupero, e havia participado de várias reuniões da equipe que formulou o Plano Real, o que lhe permitia melhor trânsito com a burocracia fazendária, uma vez que não era visto como alguém incompatível com as diretrizes da política econômica focada em instrumentos horizontais da equipe liderada por Malan.

Sérgio logo me ligou e me convidou para ficar no posto de secretário executivo da Camex, no que teve minha confirmação no ato. Eu sabia que teríamos uma mudança de estilo na gestão das atividades do MDIC e da Camex, e para mim seria um desafio me adaptar a um novo roteiro, menos proativo e mais disciplinado do que antes, com Alcides Tápias, que me apoiava em quase tudo e me dava carta branca para agir. Mas resolvi ficar mais um tempo e quem sabe poder concluir algumas tarefas ainda em curso que julgava relevantes.

Como era previsto, a tensão interministerial foi muito reduzida, assim como a pressãwo para abreviar o processo decisório das burocracias relacionadas com os atos de comércio exterior emanados do conselho de ministros da Camex. Mesmo assim, durante a gestão de Sérgio Amaral no MDIC conseguimos evoluir em vários temas e ações importantes, como na nova regulamentação do regime de importação *drawback*, no aprimoramento do programa de financiamento às exportações Proex, na revisão de regras de utilização do Convênio de Créditos Recíprocos (CCR) pelo Banco Central do Brasil e na atividade de defesa comercial. Esses fatos estão relatados em outros capítulos deste livro.

Vez ou outra, mais por causa de minha intempestividade funcional, ocorria alguma desavença com o ministro Sérgio Amaral, mas sempre superávamos as divergências com uma boa conversa e diálogo franco. Até que houve o chamado caso do setor siderúrgico, que gerou uma divergência mais aguda e constrangedora para ambos, fato relatado em outro capítulo deste livro, e que resultou na minha saída, no final de maio de 2002, o que foi até certo ponto um alívio. Mas deixei um rastro de obras inacabadas que talvez tivesse ainda tido a oportunidade de colaborar para sua conclusão, mesmo já do lado da fronteira da empresa privada para onde seguiria. A vitória do candidato Lula da Silva abriria um novo capítulo nessas atividades de comércio exterior, e eu me preparei para seguir atuando, agora como consultor.

Eis que, nesta narrativa, voltamos para o ano 2003, já na gestão Lula, quando ocorreu a nomeação de dois ministros com os quais mantinha grande afinidade e amizade: Luiz Fernando Furlan, no MDIC, e Roberto Rodrigues, no Ministério da Agricultura, Pecuária e Abastecimento (MAPA). Logo no início de março de 2003, o recém-nomeado ministro da Fazenda, Antônio Palocci, a quem ainda não conhecia pessoalmente, para minha surpresa, me convoca para uma reunião em Brasília e afirma ter admirado meu empenho recente à frente da Camex em prol das exportações brasileiras. E me pergunta o que eu havia deixado de fazer naquela época que agora poderia realizar no governo federal.

Havia enorme interesse do governo Lula em promover as exportações e reduzir a vulnerabilidade externa da economia brasileira, submetida àquela altura a mais uma crise de liquidez cambial, que havia obrigado o governo brasileiro a solicitar um apoio emergencial ao FMI e a conviver com uma taxa de câmbio que se aproximou de R$ 4 por dólar na virada de 2002 para 2003, na fase de transição da gestão FHC para a equipe petista. Elaborei dias depois uma breve nota técnica com minhas considerações sobre a política de comércio exterior que deveria ser adotada e a necessidade de se instituir uma agenda de competitividade para a atividade exportadora brasileira, por meio de uma série de medidas de âmbito financeiro, tributário, logístico e de promoção comercial. Entre essas medidas estava o Reporto, originalmente circunscrito aos investimentos no setor portuário, como na aquisição de novos porta-contêineres, guindastes, rebocadores, esteiras rolantes, pontes rolantes e outros equipamentos de carga e descarga de mercadorias.

Informei prontamente o ministro Furlan sobre essa conversa no Ministério da Fazenda e sobre a proposta do Reporto, que devia restar inerte em alguma gaveta ou num arquivo no gabinete do secretário executivo da Camex. O tempo passou, até que, no final de 2003, quando surgia para mim a demanda de consultoria da ANTF, conseguimos retomar o tema, por insistência do ministro Furlan, e o Reporto voltou à pauta da Camex, tendo sido logo aprovado pelo Congresso Nacional, por meio da Lei nº 11.033/2004, que criou o Regime Tributário para Incentivo à Modernização e à Ampliação da Estrutura Portuária – Reporto, como benefício tributário concedido ao setor portuário, que possibilitava a desoneração de investimentos feitos em portos por meio da isenção de IPI e de PIS/Cofins, bem como da cobrança de imposto de importação sobre máquinas, equipamentos e peças de reposição, itens que seriam inseridos num anexo I ao decreto de regulamentação da nova medida tributária.

Em minha concepção, havia duas possibilidades para obter a desejável desoneração tributária do setor ferroviário de cargas: por meio do mecanismo casuístico e temporário denominado *ex-tarifário*, previsto nas regras do Mercosul para ser aplicado como redutor de impostos de importação para bens de capital, máquinas e equipamentos, sem similar nacional no âmbito dos países do Mercosul, ou uma alternativa mais abrangente e mais ambiciosa, que seria a inclusão de um específico capítulo ferroviário no Reporto, por meio de uma emenda legislativa à Lei nº 11.033/2004, incluindo aí também a desoneração dos outros impostos federais, como IPI e PIS/Cofins.

Obviamente optamos pela segunda alternativa, mesmo sabendo das dificuldades que enfrentaríamos e do tempo mais dilatado para sua aprovação no Executivo e no Legislativo. Foram inúmeros ofícios da ANTF, pareceres técnicos independentes, dezenas de reuniões nos ministérios da Fazenda, MDIC, Agricultura, Transportes, Casa Civil e Receita Federal, sensibilizando ministros e equipes técnicas sobre a pertinência do tema e da necessidade de sua aprovação e encaminhamento de emenda legislativa para esse propósito. Finalmente, em dezembro de 2006, logramos aprovar o capítulo ferroviário do Reporto.

Mas ainda faltava obter a desoneração do ICMS por meio de um convênio Confaz, que exige a concordância dos 27 estados da Federação. Novas e frequentes reuniões foram realizadas com as secretarias da Fazenda dos estados mais envolvidos com o modal ferroviário, como São Paulo, Minas Gerais, Rio de Janeiro, Paraná, Mato Grosso do Sul, Mato Grosso e Goiás. O necessário consenso impunha um desafio colossal a essa tarefa, pois aprendi, como atento observador, que nem sempre a votação dos temas tributários no Confaz segue uma lógica econômica e o interesse público dos estados ou do país, mas também é cercada de disputas e rivalidades regionais, quando não de motivo de barganha por temas de variada natureza e interesses que nada têm a ver com o objeto em pauta. Foi mais um ano de trabalho e cerca de seis tentativas de pautar o tema da desoneração de ICMS para aquisição de bens de capital do setor ferroviário até sua aprovação definitiva, por unanimidade, pelo Convênio Confaz 3/2007.

A missão estava finalmente cumprida, para surpresa e satisfação de todos os três grandes concessionários ferroviários.

O êxito obtido nessa tarefa transcendeu o aspecto puramente financeiro, pois os valores investidos pelas empresas ferroviárias foram bastante significativos. Nada supera a sensação do dever cumprido e a satisfação do cliente. Um levantamento realizado pela ANTF permite afirmar que somente a desoneração de PIS e Cofins, IPI, imposto de importação e ICMS permitiu que quase R$ 4,5 bilhões a mais fossem investidos no setor ferroviário somente em 2008.

Esses valores contribuíram diretamente para geração de empregos na indústria, movimentação da economia e, principalmente, aumento da eficiência na prestação de serviços, que hoje representa posição estratégica no escoamento anual de milhões de toneladas de *commodities* essenciais para a exportação brasileira, como soja, milho, açúcar, celulose e minério de ferro, que são parcela predominante das exportações e do PIB nacional. Por sucessivas renovações periódicas, o Reporto segue em vigor até quando escrevo este livro, após quinze anos de vigência e produção de efeitos positivos para a crescente indústria ferroviária nacional.

Ainda no âmbito ferroviário, por várias vezes fui convocado pela ANTF e pelas empresas do setor ferroviário para ajudá-los a resolver problemas específicos que afetam a competividade do modal logístico. Destaco, entre outros, o trabalho que fizemos em 2010 e 2011 para a GE Locomotivas, que possui, desde os anos 1990, uma fábrica de locomotivas na cidade de Contagem, em Minas Gerais.

Acontece que, com a aprovação da desoneração tributária sobre locomotivas, inclusive as importadas do exterior, a fábrica em Contagem ficou inviabilizada, pois a maioria das peças era importada para a montagem na unidade fabril em Minas Gerais. E as peças ferroviárias tinham a mesma classificação fiscal das autopeças que mantinham alíquotas de imposto de importação elevadas, de forma a proporcionar uma relativa proteção aduaneira ao setor de autopeças nacional. E daí resultava a negativa das autoridades fazendárias em promover a desoneração das peças ferroviárias. Nossa proposta para a GE Locomotivas, então presidida pelo brilhante executivo Guilherme Mello, que depois assumiu a presidência da MRS Logística, foi de criar uma categoria e uma nomenclatura fiscais para aquelas peças ferroviárias e, a partir dessa nova situação, seria possível obter a eliminação integral do imposto de importação sobre a categoria de peças ferroviárias, ou seja, alíquota zero definitiva.

Essa seria uma solução trabalhosa, mas que traria absoluta segurança jurídica para atribuir retorno adequado e previsível aos investimentos dessa importante multinacional norte-americana. Para introduzir na nomenclatura aduaneira a diferenciação entre as peças ferroviárias e as autopeças, foi preciso elaborar o desenho técnico e definir as especificações das vinte peças ferroviárias selecionadas para essa tarefa, pelo critério de valor e de quantidade na composição das locomotivas a serem montadas no Brasil.

Para criarmos uma nomenclatura tarifária na Tarifa Externa Comum do Mercosul, primeiro era preciso aprovar a iniciativa no âmbito da Camex, com anuência da Secretaria de Comércio Exterior (Secex), do MDIC, da Receita Federal na Fazenda e do Ministério de Relações Exteriores. Depois haveria a notificação do pleito do governo brasileiro junto à secretaria executiva do Mercosul, em Montevidéu. Então, cada um dos outros três membros do grupo, Uruguai, Argentina e Paraguai, deveria ser formalmente consultado e anuir ao pleito brasileiro. Isto posto, haveria um ato declaratório do Mercosul aprovando a normativa tarifária e solicitando aos seus membros a internalização das alterações acordadas.

Tudo isso levou cerca de um ano ou pouco mais, mas até que chegou o dia da inauguração formal da nova fábrica, reformada e ampliada, já com uma carteira de pedidos de novas e modernas locomotivas GE montadas no Brasil, a um custo bastante competitivo. Na inauguração, com a presença do governador de Minas Gerais, Antônio Anastasia, de muitas autoridades federais e estaduais, fornecedores locais, clientes e funcionários, houve referência explícita da GE ao excelente trabalho promovido pela consultoria, sem o qual aquele empreendimento não teria tido sucesso. Foi uma honra e uma felicidade ter participado desse trabalho, gerando renda, emprego e competitividade para nosso país.

CAPÍTULO 10

Brex América

Uma das melhores escolhas que Alcides Tápias e eu fizemos na época em que estávamos juntos no governo FHC foi convidar a mineira de Ponte Nova e ex-ministra Dorothea Werneck para presidir a Apex Brasil. A Agência de Promoção de Exportações e Investimentos precisava ser turbinada. Dorothea, além de experiente na gestão pública (já havia sido ministra duas vezes – do Trabalho no governo Sarney, e da Indústria e Comércio no governo FHC), é uma pessoa entusiasmada, dinâmica, criativa. A Apex, até 1999, tinha uma presença modesta na atividade exportadora brasileira. Era uma entidade anexa ao Sebrae Nacional, mas sob a gestão do MDIC. Nos primeiros anos de sua existência (1996-1999), limitava-se a organizar a participação de exportadores brasileiros em feiras e exposições internacionais, missões exportadoras ao exterior e um ou outro seminário de promoção das exportações brasileiras. Era muito pouco.

Dorothea foi logo criando programas setoriais de exportações por meio de convênios com dezenas de associações de classe, promovendo a cultura exportadora com pequenas e médias empresas, estimulando o treinamento de jovens profissionais para a atividade de comércio exterior, criando e divulgando marcas setoriais e programas de marketing para os produtos de exportação, aprimorando o controle de qualidade e as embalagens dos produtos, promovendo a agregação de valor na cadeia produtiva, enfim, fez uma revolução naquela novata agência de fomento às exportações e de promoção da imagem do país (*country branding*).

Como peça fundamental do PEE 2001, a Apex expandiu significativamente suas atividades nesse período e inseriu milhares de novas empresas e centenas de novos produtos na pauta de exportações brasileiras. Lembro-me, por exemplo, de um fato ainda desconhecido que nos chamou a atenção: numa pesquisa de mercado na Alemanha sobre as frutas brasileiras, descobriu-se que 70% dos alemães jamais haviam saboreado uma manga e ignoravam seu sabor. Promover uma frequente degustação de mangas nos supermercados foi uma óbvia recomendação da área de marketing, e logo brotaram os primeiros pedidos regulares de manga para o mercado alemão.

Produtos artesanais do Nordeste, frutas tropicais do Vale do São Francisco, cafés especiais do sul de Minas, calçados femininos do Vale dos Sinos, no Rio Grande do Sul, produtos de *lingerie* de Teresópolis, no Rio de Janeiro, confecções de algodão do Vale do Paraíba, sandálias Havaianas da Alpargatas, cosméticos da Natura e do Boticário, goiabada de Ponte Nova, em Minas Gerais, castanhas-de-caju da Serra do Mel, no Ceará, camarão do Rio Grande do Norte, açaí da Amazônia, todos esses produtos eram alvo de ações específicas de marketing, visando ampliar seu consumo e sua distribuição no mercado mundial.

Era um trabalho exaustivo, de perseverança diária, identificando oportunidades e superando gargalos de logística e de distribuição, que eram os principais obstáculos para fazer chegar o produto brasileiro ao grande varejo internacional. Os melhores *cases* eram premiados, assim como os melhores profissionais de cada setor, estimulando uma saudável concorrência entre os exportadores de primeira hora. O desempenho da Apex nesse período, sob o comando de minha amiga Dorothea Werneck, era a melhor tradução do bordão que eu não me cansava de referir aos exportadores brasileiros: "Não basta produzir barato, é preciso vender melhor".

PENÚLTIMAS MEMÓRIAS

Em 2002, Dorothea e eu resolvemos organizar uma missão compradora internacional ao Brasil, por ocasião do evento anual da Associação Brasileira de Supermercados (Abras), que aconteceria no Rio de Janeiro, com exposição de milhares de produtos de consumo, palestras de fornecedores e de profissionais de marketing. A convite da Apex, trouxemos ao Rio os diretores e responsáveis de compras das grandes redes de varejo e de supermercados dos principais mercados mundiais. Entre as redes varejistas se fizeram presentes Walmart, Publix, Casino, Carrefour, Sonae, Galerie Lafayette, El Corte Inglés etc. O evento foi um sucesso, rendendo muitos milhões de dólares de novos negócios, mas ficou patente que o principal obstáculo para expansão de nossas vendas aos varejistas internacionais era a incapacidade dos exportadores brasileiros de realizar entregas periódicas locais na modalidade DDP (*Delivered Duty Paid*), ou seja, entregue no armazém, loja ou centro de distribuição do varejista livre e desembaraçado da alfândega. Para a maioria dos exportadores brasileiros, a opção era vender FOB (*Free on Board)*, ou seja, entregue no porto brasileiro, e daí por diante a logística seria de responsabilidade e custo do importador.

Obviamente tínhamos que superar esse obstáculo, e a Apex deveria se internacionalizar, abrindo escritórios e depósitos alfandegados em pontos estratégicos no exterior, para prestar mais esse apoio aos exportadores brasileiros. Mas isso seria tarefa para a próxima gestão. Em 2002 haveria eleições presidenciais e provavelmente uma troca de time. Por sorte, na gestão seguinte o ministro Luiz Furlan e o presidente da Apex, Juan Quirós, não só deram continuidade aos trabalhos da Apex como fizeram muito mais, proporcionando aos exportadores brasileiros um excepcional apoio técnico e institucional.

Outro ponto que me despertava a atenção quando ainda estava à frente da Camex, em 2002, era o fato de não haver produtos brasileiros nas lojas *duty free* dos aeroportos brasileiros, muito menos nas lojas de aeroportos estrangeiros. Fui informado de que o regulamento que havia sido feito no início dos anos 1980 para a instalação de lojas *duty free* no Brasil previa apenas a venda de produtos importados em regime alfandegado, ou seja, ainda não introduzidos no mercado doméstico nacional. Isso se dava dentro das cotas individuais de cada passageiro, que era, normalmente, de US$ 500. No resto do mundo eu via lojas *duty free* nas salas de embarque, vendendo sem impostos os produtos locais para passageiros estrangeiros que saíam do país. Havia algo muito errado no Brasil. A Receita Federal, responsável pela regulamentação e fiscalização das lojas concessionárias de *duty free* nos aeroportos brasileiros, não parecia estar muito preocupada nem interessada em alterar essa esdrúxula situação. Mas eu estava, e logo pus a equipe da Camex para trabalhar no assunto, e vislumbramos uma forma simples e imediata de resolver a questão do acesso aos produtos brasileiros, com apenas uma ligeira alteração normativa.

A ideia que surgiu foi de fazer a exportação *ficta* dos produtos brasileiros para um armazém alfandegado em solo brasileiro, nas proximidades do aeroporto internacional. De lá os produtos seriam colocados em consignação no recinto das lojas nas áreas de embarque, e, se fossem vendidos aos passageiros saindo do país, a exportação definitiva aconteceria. Faltava falar com a empresa concessionária do *duty free*, a Brasif, que era propriedade de um notável empresário mineiro, Jonas Barcellos, que até então só conhecia de nome e de fama. Na reunião que fizemos, ele e sua equipe se mostraram entusiasmados com nossa iniciativa, e disseram que já haviam tentado convencer a Receita Federal inúmeras vezes, mas nunca tinham logrado sucesso, mesmo com influência de autoridades e políticos que os apoiavam nesse pleito. Pedi que aguardassem minhas notícias.

De volta à Camex, fizemos um trabalho conjunto com a área aduaneira da Receita Federal e levamos o pleito à apreciação do conselho de ministros. Com apoio expresso dos ministros Sérgio Amaral e Pedro Malan, a nova regulamentação foi aprovada, e mãos à obra: em julho de 2002, com apoio promocional da Apex, a Brasif inaugurava oficialmente suas novas lojas na área de embarque internacional, com produtos variados, que iam de cosméticos a cachaça, de guaraná a chocolates, de sandálias Havaianas a biquínis de grife, de CDs de MPB a charutos baianos, de *lingerie* a tênis Olympikus, da Azaleia.

Ali se fazia uma excepcional plataforma de promoção e venda de produtos brasileiros de exportação que, caso viessem a cair no gosto dos viajantes e consumidores estrangeiros, depois seriam provavelmente importados para seus respectivos países. Pouco tempo depois, fui informado de que as vendas da Brasif haviam aumentado 40% após o ingresso de produtos brasileiros nas suas prateleiras de aeroportos internacionais. Foi uma festa inesquecível, que me encheu de orgulho e satisfação, quando já estava de partida da Camex, concluindo minha quarentena compulsória.

De repente, em fevereiro de 2003, recebi um telefonema de Jonas Barcellos me convidando para almoçar com ele no Rio, o que fiz dias depois. Mineiro como eu, a conversa foi girando sobre nossos familiares de Belo Horizonte, amigos comuns, experiências profissionais, até que, na hora do cafezinho, veio a pergunta e o motivo daquele convite: "O que você vai fazer agora, de volta ao setor privado?" Contei a ele meus planos de não mais atuar em atividade de *trading*, como havia feito no passado, mas, sim, agora, em atividade de consultoria econômica e de comércio exterior. Ele então disse que pensava em me propor uma sociedade para exportar os produtos brasileiros para as redes internacionais de *duty free* na Europa, nos Estados Unidos e países asiáticos. Achei a ideia interessante e desafiadora e me propus a avaliar e responder dali a alguns dias. Conversei com alguns dos produtores envolvidos no *duty free* no Brasil e percebi que havia muita receptividade a essa iniciativa. Alguns já haviam tentado isoladamente acessar as lojas nos aeroportos europeus, mas sem êxito. Quem sabe por meio de uma empresa especializada, com a participação e o suporte da Brasif, não poderia ser diferente?

Voltei ao Rio e, em reunião com Jonas e com seu executivo-chefe Santos Fagundes, expus minha proposta de criarmos uma sociedade *offshore* que faria a importação dos produtos brasileiros e sua revenda às empresas *duty free* mundo afora. E fui além: "Por que não vender os mesmos produtos brasileiros nos mercados norte-americano e europeu na modalidade DDP para as grandes redes varejistas mundiais, como havíamos detectado no evento da Abras e Apex em 2002?"

Uma semana depois, Jonas me liga e me convida para outra reunião em seu escritório no Rio. Queria me apresentar ao empresário Werner Batista, filho do lendário e sábio dr. Eliezer Batista, e irmão do não menos famoso empresário Eike Batista, naquela época menos famoso e menos bilionário. Werner já morava havia algum tempo em Boca Raton, no centro-sul da Flórida, e estava desenvolvendo naquele momento, por coincidência, uma empresa local para atuar na importação e distribuição de produtos brasileiros para o mercado norte-americano. Logo veio a ideia de Jonas de nos tornarmos, os três, sócios nesse empreendimento.

Em meados de 2003, estavam criadas as empresas Brex Group, num paraíso fiscal, e a Brex America, em Miami, nos Estados Unidos. Em outubro de 2003, compareci a um evento que acontecia anualmente em Cannes, na França: a feira mundial de produtos de *duty free*. Milhares de profissionais do setor compareciam àquele evento para atualizar suas informações sobre as principais marcas e produtos do mercado de luxo, técnicas de marketing, tendências do mercado internacional, lançamento de linhas de produtos, enfim, era um grande show daquele mundo sofisticado de produtos de luxo, de renomadas lojas de grife, de importantes fornecedores e compradores de todo o mundo. Quase nada do Brasil.

Em paralelo, a Brasif organizava sua equipe nos Estados Unidos para atuar em nome da Brex America na importação de mercadorias brasileiras para distribuição às grandes redes de supermercados norte-americanas. Ela já dispunha de um escritório central e de um depósito na região de Doral, no subúrbio de Miami, a pouca distância do aeroporto internacional e não muito distante do porto de Miami e de Everglades. A estratégia de marketing desenvolvida pela equipe da Brex America era de, numa primeira fase, atingir a pujante comunidade brasileira residente nos Estados Unidos, que se concentrava em duas regiões: no sul do estado da Flórida, entre South Miami e Orlando, e na Nova Inglaterra, entre as cidades de New Haven, em Connecticut, e Boston, em Massachusetts. Estimava-se que havia cerca de dois milhões de brasileiros morando ou estudando nos Estados Unidos. Era chamado de "mercado da saudade".

Foram estudados os hábitos e costumes dessa população, e investigou-se se os brasileiros imigrantes estariam dispostos a buscar pontos de venda onde houvesse a disponibilidade de seus produtos e marcas preferidos: os chocolates Lacta e Garoto, o Café do Ponto, o arroz e feijão tradicionais, a cachaça 51, o panetone Bauducco, os biscoitos Piraquê, o açúcar União, além de outras especialidades brasileiras, como pão de queijo, açaí, tapioca, palmito, goiabada, água de coco, queijo de minas, requeijão, temperos e muito mais.

Tínhamos, enfim, um plano de ação no concorrido mercado norte-americano e nos pusemos a negociar a venda desses produtos para as grandes redes varejistas locais, além de disputar algum espaço nas gôndolas dos supermercados para os produtos brasileiros. A rede Publix foi o nosso primeiro alvo, no sul da Flórida, onde operava cerca de 766 lojas de autosserviço, com um faturamento de US$ 16 bilhões. Em seguida, acessamos as redes Whole Foods, Walmart, Winn Dixie, Sedano's, Albertsons, Costco, Trader Joe's e outras.

Já no Brasil, nossa equipe visitava e negociava com dezenas de importantes fornecedores de alimentos e outros bens de consumo aptos a serem vendidos aos consumidores norte-americanos. Para cada item era necessário, muitas vezes, adaptação das embalagens e autorização do órgão regulador local, a FDA (Food and Drug Authority). Foram meses de trabalho no processo seletivo, de negociação de preços e de frete, de contratos de exclusividade para o mercado americano, até colocarmos as primeiras ordens de compra e de embarque.

Entre outros produtos de nossa carteira de exportação e distribuição, merecia destaque o contrato da Brex America com a Ambev, para a distribuição exclusiva do famoso guaraná Antarctica no território norte-americano. A Ambev destacou um funcionário graduado da equipe de marketing para ficar em Miami, no escritório da Brex America, acompanhando, orientando e fiscalizando nosso trabalho. Um ponto alto no marketing do guaraná era o de ter o patrocínio da seleção brasileira de futebol, que em 2002, no Japão, havia se tornado pentacampeã mundial. Campanhas promocionais de degustação, de merchandising, de descontos, eram feitas periodicamente, atraindo a atenção do consumidor norte-americano, que estranhava aquela marca que concorria com a Coca-Cola e a Pepsi, com gosto de *ginger ale*, como muitos diziam. Alguns perguntavam se o guaraná era afrodisíaco, talvez por causa da imagem sensual do brasileiro (*latin lover*) no imaginário norte-americano. Após algum tempo as vendas foram crescendo, e era uma luta para não deixar as gôndolas vazias. Chegamos a importar, só em Miami, cerca de 40 contêineres por mês. Aos poucos, o guaraná se consolidou como produto-âncora da Brex America.

Certa ocasião, tivemos a presença em Miami do embaixador do Brasil em Washington, Roberto Abdenur, um diplomata de primeira linha, sempre muito simpático e muito acessível. Convidei-o para a inauguração simbólica da instalação de uma gôndola exclusiva de produtos brasileiros numa unidade do Publix em Fort Lauderdale, e foi uma festa sensacional, com a presença dos diretores regionais da rede e a surpresa dos consumidores locais ao verem aquela festa brasileira, ao som de bossa-nova e samba. Logo em seguida, a Apex instalou um escritório e um depósito em Miami, também prestando apoio aos novatos exportadores de produtos brasileiros para o mercado norte--americano. Para apoiar nossa iniciativa, a Apex lançou o selo *Taste of Brazil*, identificando todos os produtos da linha oficial da Brex.

Em 2006 abrimos a primeira filial da Brex America na cidade de Boston, que foi planejada para atingir os milhares de pontos de venda dos estados de Massachusetts, Connecticut e Nova York. Região com alta renda *per capita*, a mais cosmopolita dos Estados Unidos e mais aberta a novas marcas e sabores. Além disso, já tinha uma alta concentração de profissionais autônomos brasileiros, que para lá emigraram depois do Plano Collor, em 1990, à procura de melhor renda e oportunidade de trabalho. Lá também o volume de vendas cresceu vertiginosamente, no "mercado da saudade". Logo em 2007 foi a vez do Texas e da Califórnia, mercados tipicamente hispânicos, mas com boa presença brasileira.

Já no plano internacional da Brex Group, com o objetivo de promover a venda de produtos brasileiros para lojas *duty free*, os destaques foram as sandálias Havaianas e os óculos de sol Mormaii. Aqui entra em cena a figura de Angela Hirata, uma profissional de marketing e comércio exterior que ficou conhecida mundialmente pelo *case* de sucesso das sandálias Havaianas – consideradas "chinelos de pobre" até os anos 1990. Angela recebeu, no início de 2001, uma carta branca da diretoria da centenária empresa Alpargatas para levar a marca Havaianas para o mercado internacional. Desafio lançado, desafio aceito pela notável executiva, que abraçou a missão com unhas e dentes.

Foi nessa época que eu a conheci, quando ela me visitou na Camex, contando-me da decisão da empresa de exportar seus produtos para países da América Latina e um dia, quem sabe, para os Estados Unidos e a Europa. Tinha o desafio de apresentar resultados em poucos meses, ou perderia a carta branca e, possivelmente, o novo cargo de gerente de exportação. Tranquila e discreta, em razão de sua ascendência oriental, procurava apoio e orientação da Camex e da Apex. Logo ela percebeu que a marca poderia fazer sucesso no mercado internacional, após identificar que não havia no mundo sandálias de dedo relacionadas a estilo e moda. Depois da divulgação em países como México, Colômbia, Costa Rica, Venezuela e outros com cultura e clima parecidos com os do Brasil, a equipe de Hirata resolveu apostar em países específicos em cada continente. Austrália na Oceania, Japão na Ásia, Estados Unidos na América do Norte, França, Itália e Grã-Bretanha na Europa.

Tanto Dorothea Werneck quanto eu logo percebemos o alto grau de profissionalismo e determinação com que a executiva levava essa tarefa, e demos início a um trabalho de apoio da Apex com a Alpargatas. A estratégia principal foi aproveitar a exposição e a venda de produtos brasileiros de confecção, calçados e cosméticos na prestigiada rede de lojas francesa Galeries Lafayette, em Paris, ao lado de grandes grifes, como Chanel, Louis Vuitton e Dior. Não sei como, mas de repente Angela conseguiu que ícones da moda internacional e modelos famosas, como a brasileira Gisele Bündchen, passassem a usar sandálias Havaianas em desfiles e eventos importantes, como a cerimônia do Oscar, em Hollywood.

No melhor estilo "Garota de Ipanema", as sandálias Havaianas ganharam fama mundial. O sucesso veio a galope, e as sandálias passaram a ser estilizadas e customizadas, de forma que se tornaram produto de alta moda. Com isso, seu preço nas lojas mais chiques subia de alguns dólares o par para 20, 30, 50 dólares ou mais. Sem medo de errar, afirmo que, após quase vinte anos desde que Angela iniciou essa atividade, as Havaianas são atualmente o produto brasileiro de maior destaque no mercado de moda internacional, sendo exportado para mais de oitenta países.

Em 2003, quando a procuramos em nome da Brex Group para propor a comercialização das sandálias Havaianas em lojas *duty free* na Europa e nos Estados Unidos, a receptividade foi imediata. E o sucesso também. A equipe da Brex teve a brilhante ideia de levar as Havaianas para venda nas lojas de navios de cruzeiro no Caribe, e aí as vendas se multiplicaram exponencialmente. Em cada viagem de cruzeiro pelo Caribe vendiam-se milhares de pares de Havaianas, os estoques voltavam zerados e eram repostos nas escalas dos navios no porto de Miami.

Outro caso interessante da Brex Group foi a venda de óculos Mormaii também nas lojas *duty free* dos Estados Unidos e da Europa, assim como nos cruzeiros marítimos no Caribe. A Mormaii nasceu meio por acaso, pela iniciativa de um jovem médico gaúcho, Marco Aurélio Raymundo, que logo após sua formatura, no início dos anos 1970, radicou-se com sua mulher e filho num pequeno vilarejo de pescadores no sul de Santa Catarina chamado Garopaba, que nem energia elétrica e água tratada tinha naquela época. Fanático por surfe, Morongo, como é chamado pelos amigos, sofria com a baixa temperatura das águas durante o inverno, e aí pediu ajuda às costureiras locais para que costurassem para ele uma roupa de *neoprene*. De repente, seus amigos surfistas de Florianópolis e Porto Alegre queriam roupas iguais às suas e passaram a encomendá-las. Com a ajuda das costureiras de Garopaba, tinha início uma carreira de sucesso daquele médico intuitivo e empreendedor, que criou a Mormaii.

Sua linha de produtos passou a se diversificar, incluindo óculos de sol, mochilas, relógios, pranchas de surfe e de skate e moda jovem e esportiva em geral. Em 2004 fui conhecê-lo em Garopaba, já famoso e bem-sucedido. Em poucas décadas, a pequena vila de pescadores havia se transformado numa próspera cidade do litoral catarinense, com centenas de pequenas empresas licenciadas trabalhando sob a marca e o estilo Mormaii, todas funcionando como satélites em torno do seu genial criador. A equipe da Brex levou alguns de seus produtos para o mercado internacional, em especial sua marca de óculos, que fazia muito sucesso nas lojas estrangeiras.

Tanto Angela Hirata como Morongo são exemplos de empreendedorismo que merecem ser lembrados como referência de marketing e criatividade. Conseguiram atribuir valor às suas respectivas marcas e produtos, hoje reconhecidos por milhões de consumidores mundo afora. Quando se fala de valor agregado às exportações, não se trata apenas de levar em conta a fase produtiva na escala industrial, mas também o conceito de marca, estilo, distribuição de produtos ao consumidor final, capturando o valor atribuído pelo mercado. Foi o que aprendemos nessa profícua experiência da Brex com marcas brasileiras de prestígio, como Havaianas, Mormaii, entre outras.

A crise financeira mundial de 2008 teve forte impacto nos negócios no mundo todo, e para a Brasif e a Brex não foi diferente. As vendas em geral caíram abruptamente, o crédito bancário ficou limitado, as margens operacionais se estreitaram e muitos negócios tiveram prejuízo ou até fecharam. Jonas Barcellos e Santos Fagundes me chamaram no final de 2008, anunciando que haviam recebido uma excelente oferta para vender a Brasif para um *equity fund* internacional. Isso resultaria na perda do apoio administrativo, logístico e financeiro que a Brasif proporcionava para a Brex. Assim, resolvemos também vender a Brex, no início de 2009.

CAPÍTULO 11

Ethanol Trading – uma jornada etílica

Numa pacata tarde de março de 2004 meu celular tocou, e do outro lado da linha estava o empresário Rubens Ometto Silveira Mello, já na época o maior produtor de açúcar e álcool do Brasil, se não do mundo, por meio de sua empresa holding Cosan. Aflito, mal me deu tempo para falar, perguntando onde eu estava, e se poderia ir imediatamente até a sede da União da Indústria de Cana-de-açúcar (Unica) para participar de uma reunião do conselho deliberativo dessa entidade. Para minha sorte, meu escritório à época ficava apenas a algumas quadras de distância, próximo à Avenida Faria Lima. Em menos de quinze minutos eu adentrava o último andar de um moderno prédio em frente ao Shopping Iguatemi, a espaçosa sala de reunião do conselho da Unica.

Ali estavam trinta ou quarenta usineiros da poderosa associação que representa mais de 330 usinas e cerca de 80% do etanol e do açúcar produzidos no Brasil. Indagava-me, curioso e inquieto: o que eles queriam comigo com tanta pressa? Fui logo convidado a me sentar ao lado do então presidente da Unica, Eduardo Carvalho, um notável economista, que por acaso havia sido meu professor na Faculdade de Economia da USP, e antigo colaborador da equipe do ministro Delfim Netto em anos anteriores. Rubens Ometto tomou a palavra e foi logo dizendo: "Temos um convite a lhe fazer, mas, antes de eu entrar no assunto, o Eduardo vai lhe fazer uma breve apresentação da atual situação do setor e explicar por que estamos nesta reunião extraordinária".

Eduardo Carvalho começou, então, a explicar que o açúcar, como toda *commodity*, experimenta ciclos de alta e baixa nos preços e, ciclicamente, oferta e demanda se ajustam numa questão de uma ou duas safras. Mas, desde que se iniciou, na década de 1970, e desde a subsequente evolução exitosa do programa Pró-Álcool nos trinta anos seguintes, a produção combinada de açúcar e álcool na mesma usina havia criado uma conjuntura diferenciada, na qual o *mix* de produção de um volume de açúcar maior ou menor, devido à oscilação de preços na bolsa de *commodities*, resultava numa produção maior ou menor de álcool anidro e hidratado pelos produtores brasileiros.

Essa flexibilidade operacional tinha seus limites técnicos, mas era suficientemente ampla para permitir aos usineiros de cana-de-açúcar um planejamento criterioso de cada safra anual, visando maximizar simultaneamente os preços do açúcar e do etanol. Mas às vezes não havia jeito, e o periódico excesso de produção de cana-de-açúcar num mercado em que atuavam mais de 500 usinas concorrentes resultava em vultosos e coletivos prejuízos, levando muitos deles à falência. E, para a supersafra de 2004-2005, essa perspectiva de significativo excesso de oferta e queda nos preços já estava no radar da Unica e de seus associados.

Naquele momento, pelo plano de safra 2004-2005, a expectativa era de que haveria um excedente de etanol de 1,5 bilhão de litros. Se isso fosse transformado em açúcar, derrubaria ainda mais o preço internacional da *commodity*. Se fosse vendido no mercado interno brasileiro, como estava previsto, inevitavelmente haveria maior concorrência entre fornecedores, leia-se centenas de usinas e destilarias espalhadas pelo país, e isso inevitavelmente derrubaria o preço do etanol nos postos de combustíveis, a ponto de gerar um enorme prejuízo para todos os produtores, levando muitos deles à insolvência financeira e à falência. A solução, portanto, seria EXPORTAR quanto antes todo aquele estoque de etanol. E eu estava sendo convidado para assumir a coordenação dessa tarefa. Engoli em seco, tomei um gole de água e entendi a razão de estar ali. Teria um grande desafio e responsabilidade pela frente.

O fato de eu estar sendo convidado pela Unica para coordenar essa desafiante tarefa tinha lá suas razões. Como dirigente da Cotia Trading, nos anos 1980, havíamos sido os exportadores pioneiros de etanol – combustível brasileiro – para os Estados Unidos, muito embora eu só houvesse acompanhado a certa distância as atividades dessa exportação, que na verdade foram muito bem conduzidas por uma competente equipe de *traders,* tendo à frente o então diretor Antônio Pargana. Além disso, havia também entre os usineiros a vívida lembrança de que, como secretário executivo da Camex, em 2002, eu havia organizado uma missão oficial ao Japão, ocasião em que foi assinada uma parceria entre a gigantesca *trading* japonesa Mitsui & Co. e a brasileira Coimex Trading, com o objetivo de introduzir o etanol brasileiro no mercado de combustíveis japonês, já que todo o petróleo consumido naquele país é importado, e estratégica e economicamente fazia muito sentido para os japoneses a diversificação de combustíveis e de suas fontes de fornecimento.

Essa possibilidade estava ainda no ar, especialmente porque naquele histórico ano de 2004 se anunciava no mercado automotivo o início da fabricação em larga escala do veículo *flex fuel,* uma novidade tecnológica que permitia a combinação de qualquer volume de etanol e gasolina no tanque de combustível dos veículos, já que havia um dispositivo eletrônico nos seus motores que regulava a injeção do combustível automaticamente, através de sensores que mediam a octanagem da mistura gasolina/etanol no tanque. O motor *flex fuel* teve início no Brasil precisamente em maio de 2003, a bordo de um Gol 1.6, da Volkswagen, com apoio dos engenheiros da Robert Bosch, que foram os pioneiros dessa nova tecnologia. Depois de doze meses de testes de bancada e de rodagem, em meados de 2004 os veículos *flex fuel* estavam prontos para ganhar o mercado brasileiro e, quem sabe, o mercado mundial. Essa inovação ainda era tenra e havia expectativa de seu sucesso no desempenho dos veículos, mas nada estava definitivamente assegurado. Os consumidores a aprovariam?

Já eram quase nove horas da noite quando saí estonteado daquela reunião surpreendente na Unica, e tudo me levava a crer que deveria aceitar aquele convite e embarcar nessa missão com os produtores de açúcar e etanol. Uma semana depois, lá estava eu de volta àquele palco para fazer a apresentação de um plano de trabalho, no qual propunha aos produtores a criação de uma empresa de propósito específico, a Ethanol Trading.

A apresentação que eu havia meticulosamente preparado ao longo da semana, com apoio de minha equipe, era dividida em três partes principais: a estrutura societária de uma sociedade de propósito específico, a estrutura logística de exportação do etanol em grandes volumes através de um alcoolduto coletivo e o modelo econômico-financeiro do novo empreendimento. Propusemos que, em face do início da safra no próximo mês de abril, a Ethanol Trading deveria ser constituída imediatamente, tendo como sócios um número expressivo de usineiros que viessem voluntariamente a aderir a essa estratégia setorial de exportação do volume de produção excedente em relação à demanda doméstica aparente prevista.

A ideia sugerida era de que a capitalização da Ethanol Trading seria feita quase que exclusivamente pela cessão dos sócios produtores à nova empresa de um percentual dos seus respectivos estoques correntes e futuros de etanol, a preços de mercado, na proporção do volume de cana que cada qual deveria moer naquele ano-safra. Assim, com centenas de acionistas e uma subscrição de capital com parte dos estoques de etanol de cada sócio produtor, a empresa nasceria robusta, com um volume de etanol suficiente para viabilizar a contratação de transporte ferroviário e rodoviário em larga escala, como também a locação das tancagens de etanol em pontos estratégicos do território nacional e nos portos do Sudeste brasileiro. Esse estoque inicial, estimado em cerca de 1 bilhão de litros, permitiria à Ethanol Trading prestar a imprescindível garantia de suprimento contínuo de médio e longo prazos aos potenciais clientes internacionais, o que nem os maiores produtores nacionais naquele momento teriam condição de realizar individualmente.

Quanto à parte econômico-financeira, havíamos esboçado um modelo no qual a Ethanol Trading buscaria exportar aquele estoque excedente de 1 bilhão de litros de etanol pelo melhor preço possível no mercado internacional, mesmo que fosse a um preço inferior ao praticado no mercado doméstico. Ao final do estoque exportado, apuraríamos o preço médio das exportações realizadas e este seria o valor da capitalização da empresa, e cada qual receberia suas ações subscritas e integralizadas. Por sua vez, a Ethanol Trading receberia como remuneração um valor fixo por litro exportado, suficiente para cobrir todos os seus custos operacionais e administrativos, inclusive os de logística interna, e ainda registrar um pequeno lucro. Parecia a todos um esquema justo e aceitável naquela circunstância.

Já nessa época imaginamos a ideia de que no futuro próximo seria necessária a construção de um alcoolduto, ligando os centros de produção de etanol no interior dos estados de São Paulo e Minas Gerais com a refinaria de Paulínia, próxima à cidade de Campinas, e dali conectar-se com a rede de dutos de combustíveis da Petrobras, permitindo acesso aos portos de Santos e do Rio de Janeiro (terminal marítimo da Ilha d'Água). Para viabilizar um projeto dessa magnitude, imaginamos que somente a união de centenas de produtores de etanol tornaria possível sua realização. A Copersucar, fundada em 1959 (na época ainda como Cooperativa de Produtores de Cana-de-açúcar e Álcool do Estado de São Paulo), e a Cosan S.A., controlada pelo empresário Rubens Ometto Silveira Mello, eram os dois principais grupos produtores, já que suas respectivas usinas produtoras de açúcar e etanol representavam quase 30% da moagem de cana no país. O problema, que eu já conhecia desde o início daquela conversa, é que entre os dois grupos havia um histórico clima de rivalidade e desconfiança, dificuldade a ser observada a cada momento nesse novo empreendimento conjunto que se iniciava.

Para minha agradável surpresa, o plano apresentado foi aprovado pelo conselho deliberativo da Unica, e a Copersucar e a Cosan se dispunham a, juntas, colaborar para o seu êxito. Saímos empolgados daquela segunda reunião, já com duas tarefas imediatas em pauta: providenciar a elaboração dos atos de constituição da empresa Ethanol Trading S/A e iniciar uma série de reuniões pelo interior de

São Paulo e por outros estados do Sudeste para convencer o maior número possível de usineiros a se associar àquela empresa de interesse coletivo. O diretor da Unica, Antonio de Pádua Rodrigues, verdadeiro mestre do setor sucroalcooleiro, foi designado pelo conselho para organizar o roteiro de reuniões e me acompanhar naquele *road show* caboclo por vários estados brasileiros. Iniciamos pelo interior de São Paulo, por Ribeirão Preto, Sertãozinho, Araraquara, Araçatuba, Jaboticabal, depois fomos a Maringá, no Paraná, a Campo Grande, no Mato Grosso do Sul, a Uberaba e Belo Horizonte, em Minas Gerais, e finalmente a Goiânia, em Goiás.

Foram quinze dias de viagens ininterruptas, algumas vezes em avião de carreira, outras vezes em aviões executivos alugados ou emprestados. Creio que essas reuniões, que duravam às vezes de três a quatro horas, tenham sido um sucesso, pois a grande maioria dos produtores entendia a lógica do empreendimento coletivo e se dispunha a aderir em breve à nova sociedade. Para dar formalidade às propostas de adesão dos produtores à nova empresa, havia uma carta de intenção que seguia para assinatura de cada produtor, para que posteriormente pudessem vir a ser convocados a uma assembleia geral da Ethanol Trading S/A, na qual seu capital inicial simbólico seria aumentado na equivalência do valor dos estoques de etanol a serem efetivamente transferidos para a nova empresa.

Faltava conquistar o essencial apoio logístico da Petrobras, mais precisamente da sua subsidiária de logística, a Transpetro. Fizemos várias reuniões na sede da Transpetro, no Rio, e houve um sinal positivo para o uso da infraestrutura de dutos, tancagem e terminais portuários para granéis líquidos. Afinal, não poderia ser diferente, pois essa era a missão da estatal subsidiária integral da gigantesca Petrobras. Detentora da rede de dutos de combustíveis, terminais portuários, tanques e navios petroleiros, a Transpetro certamente via no fluxo logístico de etanol anidro para exportação uma oportunidade de uso da capacidade ociosa de sua infraestrutura logística e de uma receita marginal com baixo custo e quase nenhum investimento.

Depois de três meses de intenso trabalho, tudo parecia correr bem, e a Ethanol Trading já se tornava notícia nos principais jornais do país, indicando que um *pool* de mais de duzentas usinas de açúcar e álcool da região Sudeste havia se unido para promover suas exportações de etanol combustível para o mercado internacional. Vez ou outra eu era convidado para dar entrevistas ou proferir palestras no Brasil e no exterior sobre o mercado internacional de etanol combustível e o papel da Ethanol Trading nesse ascendente mercado de combustíveis renováveis, e era motivo de orgulho ver o país como líder mundial nessa atividade. O advento do veículo com motorização *flex fuel* havia gerado um novo e crescente interesse internacional por esse combustível renovável e limpo, e, dependendo da cotação do petróleo, mais barato que a gasolina. Tudo indicava que estávamos entrando na era dos biocombustíveis, e o etanol era a estrela da festa.

Havíamos também iniciado a prospecção de clientes no exterior, especialmente nos Estados Unidos e na Europa, mas sem nos esquecer das possibilidades de exportação para países asiáticos e africanos. Nos Estados Unidos já havia uma indústria consolidada de produção de etanol a partir da fermentação dos açúcares e amido do milho, e muitos estados da federação norte-americana já permitiam a mistura com a gasolina na proporção de 10%, a chamada "E10". Desde a década de 1970, quando houve duas crises de fornecimento de petróleo promovidas pela OPEP, o governo norte-americano deu estímulos fiscais para a produção de etanol combustível a partir do milho, cuja produção sempre foi abundante no chamado *Corn Belt*, região do Meio-Oeste do país que envolve nove estados com forte produção agrícola. Em meados de 1990, foi editada uma nova legislação, o Clean Air Act, que instituiu uma série de regras e metas para a redução das emissões de monóxido de carbono pelos veículos automotores nas grandes cidades estadunidenses. No início dos anos 2000 foi instituída nova regra para os combustíveis no mercado norte-americano, por meio do Renewable Fuel Standard (RFS), que determinava a meta de mistura de 28 bilhões de litros de álcool na gasolina até 2012.

Havia, então, dois poderosos grupos de *lobby* locais associados fazendo pressão no governo e no Congresso para a promoção desses programas de estímulo à produção e ao uso do etanol na mistura com a gasolina no mercado norte-americano: de um lado, os ambientalistas de sempre, ONGs poderosas com escritórios na capital americana, bons advogados e lobistas promovendo reuniões, seminários, escrevendo artigos, enfim, formando uma opinião pública a favor daquelas políticas. Quando se avaliava o ciclo de vida completo do combustível, sabia-se que o etanol proporcionava uma redução de até 90% na emissão de gases causadores do efeito estufa em relação à gasolina, além de praticamente zerar a emissão de poluentes altamente nocivos, como o material particulado fino. A onda ambientalista que se formava em vários países do mundo era extremamente favorável à iniciativa de uso do etanol combustível como substituto dos combustíveis fósseis, o que era muito positivo para nossa estratégia de exportação do etanol brasileiro em larga escala.

A favor da política pró-etanol também estavam os produtores de milho do Corn Belt, envolvendo a Renewable Fuels Association (RFA), a Associação dos Produtores de Etanol de Milho, criada em 1981 para defender os interesses do setor e promover o consumo de etanol combustível de milho. A partir de sua criação, em 1981, a RFA estabeleceu políticas de proteção ao etanol norte-americano, que via no etanol brasileiro de cana-de-açúcar seu principal adversário mundial. Logo perceberam que o etanol brasileiro era não só mais barato e competitivo, como ambientalmente o seu processo produtivo era muito mais eficiente e limpo. Como consequência, já no início dos anos 2000 começaram em Washington vários processos *antidumping* contra o etanol brasileiro, alegando subsídios à sua produção e práticas desleais de comércio, o que resultou na imposição de medidas compensatórias, por meio de uma tarifa aduaneira de US$ 0,54 por galão (3,17 litros) de etanol brasileiro importado.

Mesmo assim, havia a possibilidade periódica de exportação de etanol brasileiro para o mercado norte-americano quando os preços do etanol de milho ou da gasolina oscilavam para cima, tornando viável a importação pelos distribuidores de combustíveis no mercado dos Estados Unidos. Eventuais quebras de safra ou falta de estoques no período de entressafras geravam oportunidades de exportação do etanol brasileiro, que poderiam ser mais bem aproveitadas pela nascente Ethanol Trading.

Além disso, de outro lado, havia também o *lobby* dos ambientalistas e produtores de etanol de milho para que houvesse o aumento da mistura de E10 para E15, ou seja, um aumento de 50% na demanda local, o que poderia gerar um déficit temporário de oferta local no mercado norte-americano. Também havia um problema logístico para os estados do oeste estadunidense, especialmente a Califórnia. Para transportar em larga escala o etanol de milho do Meio-Oeste para a Califórnia, há no caminho a Cordilheira das Montanhas Rochosas, que encarece e dificulta o transporte terrestre, seja por dutos, rodovias ou ferrovias. Assim, o etanol importado por meio do uso de grandes navios-tanques para o porto de Los Angeles tornava-se mais competitivo que o produto local, apesar da taxação aduaneira imposta pelo governo federal. Com apoio da Unica, fizemos algumas viagens a Washington e Los Angeles, explorando as possibilidades e identificando potenciais parcerias nessa tarefa de viabilizar as exportações de etanol brasileiro para os Estados Unidos.

A conclusão a que chegamos sobre a possibilidade de exportação de um volume expressivo de etanol combustível por meio da Ethanol Trading era que novos mercados, como Japão, Coreia do Sul, países europeus e africanos, demandariam um tempo ainda maior para adotar a mistura etanol/gasolina, elaborar as medidas internas de regulação e especificação do novo padrão de combustível e para organizar a estrutura logística de recepção do etanol nos portos e distribuí-lo no mercado interno. O único país que estava pronto para importar o etanol brasileiro em larga escala naquele momento eram os Estados Unidos. E lá restava a incerteza das medidas protecionistas, que poderiam ser agravadas quando o etanol brasileiro chegasse em maior volume, concorrendo com o etanol de milho sob a proteção da RFA e de seus lobistas em Washington. A gritaria deles seria forte e talvez decisiva.

Era inequívoca a constatação de que naquele momento o mercado norte-americano de etanol era, se não o único, também o mais atrativo para as exportações brasileiras, apesar das medidas de proteção comercial daquele país. Havia no ar um subterfúgio legal que poderia oferecer uma rota alternativa às exportações de etanol anidro brasileiro: os países do Caribe mantinham tratados comerciais preferenciais com os Estados Unidos, e, se o etanol anidro brasileiro fosse destinado para lá para ser reprocessado e transformado em etanol hidratado e finalmente reexportado para os Estados Unidos, poderia usufruir de tarifas preferenciais de importação nesse país. Essas tarifas preferenciais eram aprovadas exclusivamente para esses pequenos países caribenhos, assim essa parecia ser uma alternativa de rota de exportação para o etanol brasileiro. Era primordial que nós, brasileiros, pensássemos fora da caixa e aperfeiçoássemos nossas relações externas para obter vantagens mais expressivas em acordos futuros, podendo ser, inclusive, pela rota dos países centro-americanos, que já tinham essas preferências comerciais com os Estados Unidos.

Adicionalmente, deve-se destacar que o mercado internacional de etanol sempre havia sido bastante volátil, pois é fortemente influenciado pelo dinamismo da economia mundial, pela taxa de câmbio, pelas barreiras tarifárias nos mercados importadores e pelos preços do petróleo. Logo, um cenário de perspectiva de aumento da demanda mundial de etanol poderia tanto receber grande impulso, caso esses fatores fossem favoráveis a essa elevação, quanto sofrer um abrupto desaquecimento, se ocorresse o contrário.

O grande fato novo no mercado brasileiro era o crescente sucesso de vendas dos veículos *flex fuel*. O mercado consumidor havia recebido com entusiasmo aquela novidade tecnológica, que permitia ao motorista a liberdade de optar pela combinação que julgasse mais conveniente para seu veículo ou mais atrativa para seu bolso. Em poucos meses, todas as grandes montadoras automotivas instaladas no Brasil anunciavam seus novos modelos, testados às pressas em suas instalações, para não perder aquele *boom* que se anunciava em 2003, quando os primeiros veículos chegaram ao mercado.

Com isso, a demanda por etanol no mercado nacional começou a crescer acima das expectativas, e o tal estoque excedente de mais de 1,5 bilhão de litros naquele ano-safra parecia que se dissiparia em poucos meses, antes que a Ethanol Trading conseguisse vender e exportar os volumes que haviam sido referidos pela ocasião de sua constituição. Para dar uma ideia desse fenômeno mercadológico no setor automotivo, dados da Anfavea mostram que em 2003 a participação de veículos movidos a gasolina na frota automotiva do Brasil era de mais de 90%, e que três anos depois, em 2006, a participação havia caído para aproximadamente 60%, com os novos veículos *flex fuel* respondendo por quase metade da frota. Portanto, os veículos *flex fuel* foram os grandes responsáveis pelo abrupto crescimento da produção e da demanda de etanol no Brasil a partir daquele período.

Não bastasse essa desafiadora e volátil conjuntura externa e interna, ainda sobreveio mais uma desagradável notícia para a infante Ethanol Trading. Os advogados da Unica e da Copersucar resolveram consultar formalmente o CADE sobre a forma e o objetivo de constituição da Ethanol Trading, agregando como acionistas mais de duzentas unidades produtoras de etanol combustível com a finalidade de formar um *pool* de exportação para o mercado externo, aproveitando as economias de escala e de projeção institucional que essa empresa proporcionaria ao setor.

Numa visão provinciana, sem entender a lógica de formação de um mercado internacional de etanol combustível, no qual o Brasil já era um incipiente líder e protagonista, o CADE deu uma resposta contrária, vendo indícios de formação de cartel e de manipulação de preços, portanto pondo em risco a futura atividade daquele empreendimento, que havia sido criado meses antes com tanto entusiasmo por todos os envolvidos. No final da década de 1990, o setor já havia sido investigado por formação de cartel e acusado de divisão entre si de territórios exclusivos de fornecedores de cana, como também por combinação de preços para venda de etanol ao mercado. E essas feridas ainda estavam abertas na mente dos principais usineiros, temerosos de irritar novamente a agência de investigação de direito econômico.

Diante desse cenário, fui convidado e compareci, em setembro de 2004, a uma nova reunião do Conselho Deliberativo da Unica, na qual seria discutida a continuidade ou não do projeto Ethanol Trading, que havia sido concebido e aprovado por unanimidade naquele mesmo local, seis meses antes. Não precisou muito tempo para que a decisão de descontinuidade do projeto fosse decidida e aprovada diante dos enfáticos argumentos dos conservadores assessores jurídicos da instituição. Além do mais, tal justificativa vinha como boa desculpa, e seria mesmo um alívio para muitos usineiros ali presentes, que diante da inesperada reação do mercado após o sucesso da tecnologia *flex fuel* haviam vendido toda a sua produção naquela safra em curso, e já não dispunham de estoques de etanol compromissados para a capitalização da nova empresa.

Pobre Ethanol Trading! Com menos de seis meses de existência, e antes mesmo de receber o aporte de capital que havia sido compromissado com duas centenas de usineiros, ela acabava de ser abandonada antes de sua decolagem pelos seus proponentes proprietários, e ficava agora à deriva e solitária em minhas mãos. Foi forte o sentimento de decepção que tomou conta de mim e de nossa equipe, que havia trabalhado com entusiasmo e afinco naquele relevante projeto inicialmente concebido. Mesmo assim, não desistimos de imaginar alternativas de continuidade, e logo adiante voltamos a refletir sobre o tema; decidimos mantê-lo viva e utilizar o conhecimento adquirido para, quem sabe, identificar novas oportunidades de exportação nesse promissor mercado em plena ascensão.

Passados alguns meses, fui convidado pelo meu amigo Luiz Fernando Furlan, então ministro de Desenvolvimento, Indústria e Comércio Exterior, para acompanhá-lo numa missão empresarial à Nigéria. Afinal, ele sabia de minha atividade à frente da Cotia Trading nos anos 1970 e 1980, quando estive fortemente envolvido nas exportações brasileiras para o mercado africano, em especial para a referida Nigéria, para onde havia viajado mais de setenta vezes naquelas duas décadas. Furlan, além de ser admirado pela sua trajetória profissional à frente da Sadia, era agora também admirado pelos empresários por seu notável desempenho à frente do MDIC. Ele, como eu, era um incansável viajante, e como ministro se apresentava como protagonista de seguidas missões ao exterior promovendo as exportações brasileiras.

A missão empresarial à Nigéria se mostrava concorrida, com dezenas de importantes empresas e empresários interessados em conhecer aquele complexo mercado e talvez identificar oportunidades de vender seus produtos por lá. Resolvi aceitar o convite e me inscrevi como presidente da Ethanol Trading, na expectativa de que, mesmo sendo um país exportador de petróleo, a Nigéria seria crescente importadora de combustíveis, como gasolina e diesel, já que a capacidade de refino de seu próprio petróleo era extremamente limitada em relação à demanda doméstica. Imaginei que, em vez de importar gasolina, poderiam importar etanol brasileiro e misturá-lo com a gasolina, na mesma proporção E10 que já era praticada nos Estados Unidos. Parafraseando o cineasta Glauber Rocha, "lá fui eu com uma proposta em mãos e uma ideia na cabeça".

No Fórum Brasil–Nigéria em Abuja, capital do país, organizado para que os empresários brasileiros apresentassem suas empresas aos empresários e autoridades locais, tive a oportunidade de falar sobre a evolução da tecnologia do uso de etanol combustível, agora com o advento do *flex fuel,* e da possibilidade de introduzir o etanol no mercado nigeriano. De início a ser importado do Brasil e, em seguida, de forma gradual, vir a ser produzido em larga escala em território nigeriano, que se assemelha bastante em clima e solo ao Cerrado brasileiro. Tive a impressão de que houve muito interesse, em razão das inúmeras perguntas de empresários nigerianos que se seguiram, inclusive de um conhecido empresário local chamado Emeka Offor, dono da Starcrest Oil. Soube depois tratar-se de um bem-sucedido empresário que havia se tornado bilionário no ramo de exploração, produção e distribuição de petróleo e derivados. A figura era meio excêntrica, mas sua empresa era bem-conceituada e sólida. Ele havia percebido a oportunidade de saltar na frente na importação e na produção de etanol, e logo estávamos propondo uma parceria um ao outro.

No segundo dia da missão empresarial, o ministro Furlan havia conseguido que os empresários brasileiros fossem recebidos pelo presidente Olusegun Obasanjo, quem eu já conhecia desde a época em que ele era general do Exército. Havia sido presidente da Nigéria pela primeira vez durante o regime militar, nos anos 1970. E ali, em 2005, elegera-se no regime democrático e gozava de enorme popularidade e autoridade na nação. Éramos cerca de cinquenta empresários, recebidos pelo efusivo presidente Obasanjo, declarado simpatizante do Brasil, país que já havia visitado oficial e pessoalmente em várias oportunidades. Qual não foi minha surpresa e de todos os brasileiros quando, ao nos cumprimentar um por um, e mesmo depois de uns quinze anos desde que havíamos nos encontrado pela última vez, ele me reconheceu e, mesmo sem lembrar meu nome, falou em alto e bom som: "Mr. Cotia, what are you doing here? Come to sit at my side and please introduce me to your Brazilian friends".

Lá fui eu sentar-me ao lado do presidente Obasanjo e do ministro Furlan, à cabeceira da imensa fileira oval de cadeiras no salão presidencial de audiências, e fazer as vezes de mediador daquela reunião que durou mais de uma hora, e na qual trocamos ideias, propostas e intenções de desenvolver inúmeros negócios bilaterais, com apoio das autoridades locais, que foram instruídas pelo presidente a apoiar nossas iniciativas, fosse junto ao governo federal e suas estatais, fosse junto ao setor privado nigeriano. A missão foi um sucesso, e para a Ethanol Trading havia sido aberta uma oportunidade de exportação de etanol, tanto para a privada Starcrest como para a poderosa estatal Nigerian National Petroleum Corporation (NNPC) – neste caso, em parceria com a Petrobras, que também estava envolvida no esforço de difusão e exportação do etanol brasileiro no mercado internacional.

De volta ao Brasil, logo comecei a organizar a estratégia de exportação de etanol combustível para a Nigéria. Convidei, além de meu sobrinho Marcelo Pinheiro da Fonseca, dois amigos para colaborarem comigo nessa tarefa: Jairo Machado Furtado e Federico Gueisbuhler (Kiko). Jairo havia sido meu colega na Cotia Trading nos anos 1970 e 1980, tendo residido na Nigéria por alguns anos, e era um *expert* na avaliação de riscos de crédito e logística naquele país. Já Kiko é um formidável profissional de relações públicas e poliglota, que conversava fluentemente em mais de cinco idiomas. Viajamos os quatro, Marcelo, Jairo, Kiko e eu, várias vezes a Abuja, Kaduna e Lagos, avaliando as duas alternativas de venda e distribuição de etanol na Nigéria, pela empresa privada Starcrest ou pela gigante estatal NNPC.

Logo percebemos que havia dois sérios obstáculos a serem vencidos para que o etanol pudesse ser vendido e misturado à gasolina no mercado nigeriano: o primeiro era a falta de infraestrutura logística para estocagem de grandes volumes de etanol nos portos nigerianos, àquela altura já saturados pelo crescente volume de importação de gasolina e diesel pelos portos de Apapa (Lagos), Port Harcourt e Calabar. Alugar tanques de granel líquido era muito caro, se não impossível, pois estavam já tomados pelos importadores de gasolina.

O segundo obstáculo seria vencer o poderoso e consolidado *lobby* da gasolina, formado por um lado pelas grandes *tradings* internacionais de petróleo, e por outro pelos importadores locais, normalmente ligados à aristocracia política da Nigéria, as quais as autoridades governamentais não gostariam de contrariar. A possibilidade de importação de etanol pela NNPC e pela novata Starcrest era vista como uma afronta diante daquele bem-estruturado e lucrativo cartel, que lucrava literalmente bilhões de dólares por ano.

Alguns governadores locais chegaram a nos procurar oferecendo áreas de milhares de hectares para que implantássemos uma moderna cultura de cana-de-açúcar e uma destilaria de etanol. Chegamos a fazer alguns estudos de viabilidade técnica e financeira, a negociar com investidores locais e a organizar um pacote de financiamento de longo prazo com bancos internacionais, inclusive instituições multilaterais. O projeto era muito bem concebido, pois, além do etanol combustível a ser produzido localmente, o bagaço da cana seria usado para alimentar uma caldeira de alta pressão e haveria uma geração de bioeletricidade suficiente para suprir uma cidade de médio porte na região. Haveria também uma geração de renda e emprego local que alavancaria muitos negócios periféricos no seu entorno.

Para a Ethanol Trading, seria uma consagração abrir um mercado pioneiro para etanol no país mais populoso do continente africano. Um caso de sucesso naquele projeto promoveria em pouco tempo mais algumas dezenas de oportunidades semelhantes na própria Nigéria e nos países vizinhos. Mas, ao mesmo tempo, se fracassássemos, seria uma derrota retumbante, uma falência da empresa e daquela magistral iniciativa, que reunia muitos méritos conceituais, mas era considerada por muitos como um projeto de alto risco.

Depois de alguns meses e algumas viagens percebemos que aquela tentativa seria bastante difícil e arriscada, mesmo que fizesse muito sentido e atraísse a atenção e o apoio de muitos empresários locais, desejosos de entrar naquele disputado mercado. Foi uma decisão difícil e controversa, mas em meados de 2006 finalmente decidimos encerrar essa incursão na Nigéria.

No Brasil, o sucesso da tecnologia *flex fuel* continuava promovendo um surpreendente crescimento, tanto na venda de veículos com aquele dispositivo como na demanda de etanol e, por consequência, no surgimento de novos importantes *players* nacionais e multinacionais investindo pesadamente na produção de etanol, em novos projetos *greenfield*, em novas áreas, como Goiás, Triângulo Mineiro, Mato Grosso do Sul, Mato Grosso e norte do Paraná. Grandes *tradings* internacionais passaram a comercializar etanol pelo mundo, e algumas poderosas empresas de petróleo passaram também a produzir etanol no Brasil; entre outras, a BP (British Petroleum) e a Shell, que se associou alguns anos depois ao grupo Cosan, maior produtor de etanol do mundo.

Os investimentos em infraestrutura logística também ganhavam destaque nesse período. As concessionárias ferroviárias passaram a se equipar com maior número de vagões-tanques e a construir novos terminais de tancagem em pontos estratégicos de suas rotas. Foi quando também começaram a se estruturar simultaneamente três projetos de alcoolduto, com o objetivo de transportar o etanol produzido no interior dos estados produtores até os grandes centros urbanos consumidores, bem como ao porto de Santos, para exportação. Petrobras, Cosan, Copersucar e outros grupos disputavam o protagonismo nesses projetos concorrentes, até que, após alguns anos e dezenas de reuniões de negociações, já em 2010 foi constituída a Logum, um projeto que agregava as partes interessadas e que faria um investimento previsto, à época, de R$ 7 bilhões para ligar o terminal receptor de Paulínia, junto à refinaria de mesmo nome, até os centros produtores de Ribeirão Preto, em São Paulo, e Uberaba, em Minas Gerais. Esse projeto reuniria originalmente a Copersucar, a Cosan, um grupo de usinas independentes reunidas sob o título Uniduto, a Petrobras e a construtora Odebrecht.

Tudo ia muito bem entre os sócios na preparação dos estudos de viabilidade daquele magnífico projeto, quando alguém presente numa reunião de conselho da nova empresa perguntou aos seus dirigentes: "Mas como nós vamos faturar nossos produtos via alcoolduto? Não haverá mais um veículo com certo volume em seu tanque, em que preço, imposto e local de destino estarão especificados na nota que acompanha o veículo e a carga. Pela dutovia, toda a carga estará seguindo diariamente da origem para o destino por baixo da terra.

Como as secretarias de Fazenda estaduais vão lidar com isso?"

Um silêncio de alguns eternos segundos se fez, até que os olhares atônitos entre si demonstraram que ninguém saberia responder àquelas perguntas naquele momento. Foi quando tomou a palavra o recém-empossado presidente da Logum, Alberto Guimarães, um ex-diretor da Petrobras, de quem eu era amigo desde o tempo em que juntos viajávamos e negociávamos na Nigéria, nos anos 1980, ele comprando petróleo bruto para a Petrobras, e eu exportando itens de centenas de produtores brasileiros por meio da Cotia Trading. Alberto sugeriu a imediata contratação de um consultor econômico-tributário que pudesse ajudá-los a equacionar o regime fiscal que seria aplicado naquele inédito empreendimento coletivo, que reuniria centenas de carregadores e bilhões de litros de etanol por ano. Meu nome surgiu como melhor alternativa, por ser bem conhecido de todos e pelo meu envolvimento com o projeto da Ethanol Trading, que havia trazido a muitos deles o conceito do alcoolduto como melhor solução logística. Convidei para me ajudar nessa desafiante tarefa o jovem advogado Fábio Carneiro da Cunha, que eu havia conhecido em Washington alguns anos antes, e agora tornava-se meu parceiro nessa consultoria.

Logo estávamos atuando ao lado dos executivos da Logum e dos funcionários da Secretaria da Fazenda de São Paulo, na elaboração de regime fiscal que abrigasse as características desse novo modal logístico para o etanol. Depois de aprovado pela Secretaria paulista, seria apresentado no Conselho de Política Fazendária (Confaz), para os demais estados intervenientes e, se aprovado por unanimidade, resultaria numa portaria Confaz que daria uniformidade ao tratamento fiscal para aquela atividade.

A solução encontrada foi considerar o terminal de recepção de etanol como um armazém geral, onde cada carregador de uma mercadoria fungível, como é o caso do etanol, receberia um crédito de volume no estoque total e poderia, a partir daquele momento, solicitar a retirada de volumes parciais ou do volume total, em qualquer terminal do sistema de dutos. Ou seja, se uma usina produtora depositasse 100 mil metros cúbicos de etanol em Uberaba e resolvesse vender frações desse estoque em Ribeirão Preto e Paulínia no mesmo dia ou nos dias seguintes, daria ordens de carregamento à Logum e enviaria as notas fiscais aos clientes finais, destacando volume, destino final e impostos. Tanto faria se o etanol entregue aos seus clientes fosse ou não produzido por aquela usina. Todo produto que entrava no sistema dutoviário era de especificação semelhante e uniforme, assim permitindo a imediata utilização dos estoques pelos carregadores a qualquer momento e em qualquer ponto dos terminais do sistema. O diferimento da cobrança do ICMS para o momento de retirada do etanol do sistema pelo cliente final não traria nenhum inconveniente para os fiscos estaduais – melhor ainda, nesse *modus operandi* haveria a eliminação de eventual sonegação ou fraude tributária, que infelizmente se mostrava muito frequente nesse setor.

O auditor fiscal Luiz Claudio Carvalho, então responsável pela área de combustíveis da Secretaria da Fazenda de São Paulo, e que havia sido o principal arquiteto dessa solução, logo convenceu seus pares de outros estados no Confaz, e assim a portaria que consagrou o novo regime fiscal para o modal dutoviário de etanol foi aprovada por unanimidade, permitindo que o colossal empreendimento logístico fosse construído e tivesse concluída sua primeira fase (Paulínia-Ribeirão Preto) em 2016. Foi sem dúvida uma grande vitória do setor na racionalização do transporte de etanol. Para aquela equipe remanescente da Ethanol Trading, foi um sentimento de sucesso que compensou todo o esforço originalmente dispensado naquele projeto.

Ainda no rastro do legado da Ethanol Trading, em 2007, diante das discussões sobre a possibilidade de ocorrer nova crise energética no Brasil, bem como da otimização energética das unidades produtoras de etanol e açúcar espalhadas por vários pontos do território brasileiro, surgiu a ideia de criação de uma empresa de propósito específico para agregar o volume disponível de bagaço de cana de várias usinas numa região produtora, e dali gerar energia elétrica a partir da combustão do bagaço em caldeiras a vapor de alta pressão acopladas a turbinas geradoras.

Naquela época, eram poucas as usinas que aproveitavam a biomassa da cana-de-açúcar para a geração de energia. A maioria das usinas de açúcar e álcool estava bastante descapitalizada, com difícil acesso a crédito, e não demonstrava interesse no investimento para a geração de energia através da combustão do bagaço e da palha de cana-de-açúcar, que eram subutilizados como adubo na lavoura canavieira. Ainda como fato novo, um acordo firmado em 2006 entre a indústria sucroenergética e o governo estadual de São Paulo havia introduzido o fim das queimadas na colheita da cana, o que não apenas atendia aos imperativos da Política Estadual de Mudanças Climáticas, como tornava disponível novo insumo até então subutilizado: a palha, rica em poder calorífico e, portanto, adequada ao aproveitamento na geração de energia. Além do bagaço e da palha, a vinhaça (outro resíduo do processamento da cana-de-açúcar) vinha chamando a atenção pelo seu potencial gerador de biogás, e poderia ser utilizada diretamente ou purificada para ser convertida em biometano e usada na substituição de gases derivados de petróleo. O potencial energético dos resíduos de madeira, da lixívia (subproduto da indústria de papel e celulose), poderia também ser destinado à autoprodução e comercialização de energia elétrica.

Essa energia gerada pelo uso da biomassa da cana-de-açúcar poderia ser utilizada em parte para autoconsumo das usinas, e a energia excedente seria comercializada nos mercados livres ou regulada para consumidores de energia elétrica. A esse novo empreendimento que decidimos criar demos o sugestivo nome de Eletrocana. A empresa Eletrocana chegou a ser formalmente constituída como sociedade anônima e a realizar estudos de viabilidade econômico-financeira. As primeiras projeções apresentavam um cenário potencial bastante promissor no interior de São Paulo e de Minas Gerais. Chegamos a apresentá-la às diretorias do BNDES e da Empresa de Planejamento Energético (EPE) do Ministério de Minas e Energia, que, surpresas com o inédito modelo de negócio, manifestaram seu integral apoio ao empreendimento. Os ganhos de escala, a melhoria da eficiência energética, a racional localização centralizada das usinas termoelétricas de biomassa na região produtora de álcool e açúcar eram, entre outros, fatores determinantes na avaliação positiva desse empreendimento coletivo, a ser formado como uma rede de usinas de termoelétricas de biomassa em vários pontos do Sudeste.

A primeira unidade seria construída na região de Jaboticabal, no interior de São Paulo, não muito distante de uma dúzia de médias e grandes usinas de açúcar e álcool. Considerando as etapas de construção e operação, a usina – com capacidade instalada prevista de 80 MW para geração de energia – deveria criar por volta de 1.500 empregos diretos e indiretos, e a previsão para o início das operações era para o segundo semestre de 2011. O potencial desse empreendimento poderia ser imenso, pois somente no estado de São Paulo, como maior produtor nacional de cana-de-açúcar, havia uma estimativa de geração de bioeletricidade de cana-de-açúcar superior a 14 mil MW, equivalente à produção hidrelétrica de Itaipu.

Apesar de todos os apoios oferecidos e da viabilidade comprovada, a crise financeira internacional de setembro de 2008 impediu que a Eletrocana, como empreendimento pioneiro nesse setor, assim como dezenas de outros projetos industriais e de infraestrutura, saísse da prancheta. A partir dessa crise ocorreu um clima de incerteza para novos investimentos no Brasil e no mundo, o crédito se retraiu, os preços das *commodities* caíram abruptamente, e não havia mais clima para levar adiante projetos ambiciosos como o da Eletrocana.

É importante destacar que a energia da biomassa aconteceu de forma exitosa nos últimos anos. O estado de São Paulo, em 2020, já dispunha de uma potência instalada de 5,7 mil megawatts de biomassa de cana-de-açúcar – principal fonte de energia renovável do país, segundo o Balanço Energético Nacional de 2021, no relatório publicado pela Empresa de Pesquisa Energética (EPE). O documento mostra que a biomassa de cana representa 19,1% da oferta interna de energia ou 39,5% de toda a energia renovável usada no Brasil. Isoladamente, a cana-de-açúcar já posiciona o país como referência global em energias limpas, contribuindo para uma participação acima da média mundial, de 13,8% de renováveis na matriz, e dos países desenvolvidos OCDE, de 11%.

Era mais um projeto promissor que, por circunstâncias externas e extemporâneas, éramos obrigados a interromper a meio caminho. Mas esse não seria o único nem o último. Apesar disso, nossa resiliência fala mais alto, e continuamos sempre buscando novas oportunidades e aceitando fortes desafios do pioneirismo e da inovação.

CAPÍTULO 12

Navalha na carne

Como aquele *slogan* publicitário de marca de sutiã, da primeira exportação a gente nunca esquece. A minha primeira atividade exportadora, aos 25 anos de idade, foi gerenciar um programa de exportação de carne bovina por via aérea para a Nigéria, que relatei em detalhes no capítulo 3, "O boi voador," do meu livro *Memórias de um trader*. Nessa época, aprendi os fundamentos do setor da indústria frigorífica e da pecuária. Tive a oportunidade de participar, com meu amigo Paulo Brito, da fundação da Cotia Trading, que se tornaria anos depois a maior trading company brasileira, e que trazia no seu nome a marca de sua origem como empresa coligada ao Frigorífico Cotia, que pertencia ao pai do Paulo, Ovídio Miranda Brito. Seu Ovídio, como o chamávamos na intimidade, era uma figura notável, um homem de inteligência e sabedoria raras, como poucos que conheci em minha vida. De origem humilde e com pouco estudo na infância e na adolescência, iniciou sua vida profissional em sua cidade natal, Uberaba, e, pelo seu esforço pessoal e graças à sua inteligência extraordinária, em pouco mais de duas décadas já era um dos maiores pecuaristas do Brasil, com mais de 200 mil cabeças de gado espalhadas por 19 fazendas no interior do país. Tornou-se uma lenda no interior, um verdadeiro "rei do gado".

Seu Ovídio e eu, apesar da diferença de idade, também nos tornamos grandes amigos. Ele tinha então a mesma idade de meu pai, 57 anos, e eu, 27. Um dia ele me convidou para visitar uma fazenda sua chamada Pedra Preta, em Rondonópolis, no Mato Grosso. Seu filho Paulo não era muito ligado na atividade de pecuária e não quis ir conosco. Sua atenção era voltada para a atividade financeira e a mineração, na qual atua com muito êxito até os dias de hoje. Então fomos, seu Ovídio e eu, no pequeno bimotor até aquele campo mato-grossense cujo horizonte se perdia de vista. Na primeira manhã na Pedra Preta, às seis horas, já estávamos de café tomado e prontos para partir para uma cavalgada com os tropeiros da fazenda para vistoriar os pastos e os rebanhos. Conforme a manhã seguia, o calor aumentava, era pasto atrás de pasto, seu Ovídio vistoriando detalhes do gado, de cada rebanho, checando vacinação, qualidade da pastagem, remédio para carrapato, cocho de sal mineral e, de certa forma, me dando indiretamente uma aula de pecuária de corte. Depois de seis horas de cavalgada, sem parar por um minuto, seu Ovídio testou minha resistência: "Vamos parar ou você ainda aguenta mais um pouco?" Minha vontade era de parar, mas, por orgulho, falei: "Vamos em frente!" Percebendo que era hora para parar e almoçar, seu Ovídio fez uma pausa na cavalgada e fomos almoçar e descansar na sede da fazenda.

Lá chegando, ele me perguntou, como que por acaso: "Roberto, você não quer fazer uma parceria com minha irmã, aqui na fazenda dela, ao lado da minha?" Logo ele me contou que seu cunhado, que tomava conta da fazenda, havia falecido, e ela estava com a fazenda vazia, procurando um parceiro para alugar suas pastagens para engorda de gado de corte. Era uma fazenda de terra de ótima qualidade, toda formada, com 5 mil hectares de pasto. Falei com seu Ovídio que eu não tinha nem experiência nem tempo para cuidar do gado de corte naquele lugar. "Isso não é um problema. Experiência se ganha com a prática, e meu pessoal daqui pode cuidar do seu gado como se fosse nosso".

Diante dessa resposta, novamente ponderei que eu não tinha dinheiro suficiente para investir em milhares de cabeças de gado para encher aqueles pastos, nem habilidade para comprar garrotes e posteriormente vender os bois gordos para os frigoríficos da região. A resposta do seu Ovídio me desconcertou: "Roberto, dinheiro para comprar o gado a gente toma emprestado no crédito rural, a juros fixos e subsidiados. E comprar e vender gado é nossa especialidade aqui na região. Todo mundo conhece a gente". Parecia que ele queria mesmo que eu me tornasse um pecuarista como ele e, ao mesmo tempo, ajudaria a mim e a sua irmã a ganhar dinheiro juntos. Mas ainda havia um problema. Qual banco daria um vultoso empréstimo do disputado crédito rural a um rapaz recém-formado em economia, de vida urbana, sem nenhuma experiência no setor? Novamente seu Ovídio tinha a resposta pronta: "Ora, Roberto, seu pai é um banqueiro muito respeitado. Todos os bancos o conhecem. Não vão lhe negar crédito". Respondi que não iria pedir aval a meu pai, que eu ficaria constrangido de fazer isso. Foi aí que veio a resposta definitiva, da qual eu não tinha como escapar: "Veja só, Roberto, se nós vamos comprar, engordar e vender o seu gado, para mim não há nenhum problema em ser seu avalista. Consiga o crédito e diga ao banco que eu avalizo suas notas promissórias".

Em resumo, ali dei início a uma atividade de pecuária de corte que se prolongou por décadas, com a qual ganhei um bom dinheiro e aprendi o suficiente para entender toda a cadeia da carne bovina. Depois de um tempo acabei comprando a fazenda da irmã de seu Ovídio e ia com frequência vistoriar o gado na fazenda, em Rondonópolis. Nessa época do final dos anos 1970 e início dos anos 1980, conheci, por meio do seu Ovídio, os "barões da pecuária e dos frigoríficos" no Brasil. Todos muito simples, como é a gente do interior brasileiro, mas poderosos e astutos. Pelo escritório e pelas fazendas do seu Ovídio passaram o seu Geraldo Bordon, o famoso Tião Maia, Honorato Rodrigues da Cunha, os donos do frigorífico Kaiowa, os grandes pecuaristas de Uberaba, conhecida como capital do zebu, e assim eu, aos poucos, acabei conhecendo todos aqueles ícones da pecuária brasileira. Como bom ouvinte, seguia aquelas conversas com interesse de um aprendiz, iniciando-me dia a dia nas manhas do setor e na astúcia e sutileza das negociações entre eles. Haja sabedoria!

Por isso não estranhei quando, em maio de 2008, recebi um telefonema de meu amigo e ex-ministro da Agricultura Marcus Vinicius Pratini de Moraes, àquela época exercendo a presidência da Associação Brasileira das Indústrias Exportadoras de Carnes (ABIEC), que foi direto ao assunto: "Eu sei que você entende bastante de pecuária e de exportação de carne, e estou querendo lhe fazer um convite para vir me substituir aqui na presidência da ABIEC. Eu fui convidado pelo Joesley Batista para assumir a presidência internacional da JBS, preciso indicar ainda hoje meu substituto na reunião de conselho da associação e, para mim, seu nome é o primeiro da lista. Você aceita meu convite?"

Dois dias depois eu tomava posse na sede da ABIEC, na Avenida Faria Lima, numa ampla sala de reunião na qual estavam os novos empresários da indústria brasileira de carne bovina. A geração de empresários do setor de carnes dos anos 1970 e 1980 havia desaparecido do mapa, uns haviam falecido e seus herdeiros tinham vendido a empresa, outros foram à falência e perderam as suas empresas, enfim, a renovação era total. Os novos frigoríficos eram empresas familiares, de origem simples, mas que entediam do ramo, e logo ocuparam o espaço vago dos "barões da carne", estruturando-se em empresas com alto desempenho e vontade de crescer. Ali na sede da ABIEC estavam reunidos, naquela tarde de maio de 2008, os donos e dirigentes dos frigoríficos JBS, Bertin, Marfrig, Sadia, Minerva, Independência, Frisul, Frisa, Frigol, entre outros. Logo percebi que havia vários desafios institucionais a serem endereçados pelo setor, e que entre eles havia uma rivalidade e concorrência acirradas. Seria com certeza uma tarefa intensa e complexa, mas, lembrando-me das lições de meu mestre seu Ovídio, me sentia preparado para aquela desafiante e exaustiva "cavalgada" pelas empresas do setor.

Os dados da ABIEC que me haviam sido repassados por Pratini me impressionaram: em 2007, as exportações de carne (*in natura* e industrializada) haviam alcançado a soma de 2,525 milhões de toneladas (equivalente-carcaça), alta de 5,1% em relação ao ano anterior. A receita em 2007 havia sido de US$ 4,418 bilhões, um aumento de 12,6%.

Dois grandes centros consumidores estavam na mira de exportadores brasileiros de carne bovina: o Japão e os Estados

PENÚLTIMAS MEMÓRIAS

Unidos. Vencer as barreiras que ainda impediam os habitantes desses dois países de experimentar o produto brasileiro *in natura* era um dos desafios a serem assumidos no momento de minha posse na presidência da ABIEC. O Brasil já era, em 2007, o maior exportador mundial de carne, vendendo para mais de 150 países, e deveria manter a política de diversificação de mercados, que já vinha sendo tocada pelo meu antecessor. "Devemos continuar divulgando a nossa carne em países da Ásia, do Oriente Médio, Leste Europeu e também nos Estados Unidos, que queremos conquistar, e tornar a nossa marca *Brazilian Beef* um produto ainda mais reconhecido mundialmente pelo seu sabor e pela sua excelente qualidade", afirmei na entrevista coletiva que se seguiu à minha posse.

Ainda perguntado pela imprensa, informei que a projeção do setor era fechar o ano de 2008 com a exportação de 2 milhões de toneladas, abaixo dos 2,5 milhões negociados em 2007. Quanto ao movimento financeiro, a expectativa era atingir US$ 5 bilhões, contra os US$ 4,5 bilhões obtidos no ano anterior, em razão da alta do preço do produto no mercado internacional, o que estava contribuindo para a elevação do ganho financeiro. No entanto, afirmei que havia uma oferta reprimida em razão do embargo temporário europeu da carne bovina brasileira, que estava em vigor desde janeiro de 2008, e que esperávamos ver encerrado dali a poucos meses. Expliquei ainda que isso incluía a conscientização ambiental dos produtores de carne, como já estaria ocorrendo entre os que produzem etanol. "Precisamos dar garantia ao consumidor europeu de que está recebendo um produto saudável e de boa origem. O tema que deveria ser debatido é que é preciso conciliar o crescimento de produção do gado bovino com a desejável preservação ambiental. Mas não vai ser com discursos e frases de efeito que a gente vai conseguir isso", afirmei, concluindo a primeira entrevista como presidente da ABIEC.

Nessa época, além de minhas atividades empresariais privadas, eu ocupava também as posições de diretor titular de Relações Internacionais e de Comércio Exterior da FIESP e de presidente da Fundação Centro de Estudos do Comércio Exterior (Funcex). Ambas as atividades institucionais, somadas agora à da presidência da ABIEC, ocupavam boa parte do meu tempo, e isso exigia boa gestão do tempo, em que objetividade e pontualidade faziam parte da minha disciplina pessoal.

Logo após a minha chegada à ABIEC, recebi um gentil convite de Pratini e de Joesley para conhecer a nova sede da JBS, onde antes localizava-se uma das indústrias do Grupo Bordon. Fiquei surpreso com a imponência da sede, sinal da prosperidade que a indústria da carne estava experimentando naquela fase. Havia acelerado processo de formalização contábil e profissionalismo de gestão nas principais empresas do setor, condição expressa para que tivessem acesso ao setor financeiro e ao mercado de capitais. Muitas abriram o capital na Bolsa de Valores com sucesso e tiveram acesso a financiamentos do BNDES e de bancos internacionais, que viam nessas empresas futuros campeões nacionais.

Nenhuma outra havia sido mais bem-sucedida que a JBS Friboi, empresa iniciada nos anos 1950 em um açougue no interior de Goiás e que viu na construção de Brasília a sua grande oportunidade de expansão e crescimento. Agora era o gigante do setor, já se internacionalizando e com exportações para mais de cem países ao redor do mundo. Os irmãos Júnior, Joesley e Wesley eram ainda os principais executivos da JBS e sentavam juntos num amplo salão, de onde controlavam as dezenas de operações industriais adquiridas nos últimos anos, no Brasil e no exterior.

Conversa vai, conversa vem, contei minha história na exportação de carne para eles, e aí foram me revelando que o segredo do sucesso da JBS era crescer continuamente, e para isso deveriam trabalhar melhor que seus concorrentes, com mais crédito e dinheiro no caixa, com giro mais rápido, com custos e riscos menores e com melhor marketing e valor agregado no produto final. Era uma estratégia sofisticada, com muita inteligência e racionalidade. No final, ouvi uma afirmação que me marcou: "Se eles não resistirem à nossa concorrência, irão um dia sucumbir, e nós os compraremos bem barato, na bacia das almas".

Depois de muita conversa sobre os planos de minha atuação na ABIEC, Joesley me perguntou se eu conhecia algum bom operador de câmbio, para assessorá-lo na criação de uma ferramenta digital que viabilizasse a fixação da arroba de boi na taxa de câmbio, porque eles estavam com sério risco cambial ao comprar os bois em reais e vender a carne exportada em dólares. Fazia todo o sentido, e eu mesmo me perguntei: como é que ninguém pensou nisso antes? Apesar do jeito provinciano do meu interlocutor, percebi que ali estava um empresário com visão estratégica, que buscava inovar e crescer sem limites. Sugeri a eles o nome de Emílio Garófalo, que havia sido meu mestre em assuntos cambiais. Ele logo foi contratado pelo JBS como consultor, e seis meses depois a tal ferramenta digital estava em pleno funcionamento: quando o comprador fechava o preço por arroba de um lote de gado, a ferramenta automaticamente fechava uma posição de valor equivalente no mercado futuro de câmbio, travando o preço da arroba em dólares e, assim, permitindo trabalhar matéria-prima e produto final na mesma moeda de negociação.

Apesar dos bons ventos que sopravam para o setor no primeiro semestre de 2008, percebi que havia um clima tenso entre os principais frigoríficos, com críticas de parte a parte sobre práticas desleais de concorrência e de favorecimento pelo BNDES para algumas delas na concessão de financiamentos e capital de giro. Eu fazia o possível para agir com total isenção, tratando todos eles de forma igual e transparente. Alguns, desconfiados de que na ABIEC seriam espionados, vinham conversar comigo no meu gabinete na FIESP, onde não poupavam críticas aos seus concorrentes. Eu tentava desviar o rumo da conversa, buscava apoiar os pleitos que me eram solicitados e assim ganhar a confiança de todos eles. Certa vez, fomos numa comitiva para uma reunião no Rio, na sede do BNDES, com o presidente Luciano Coutinho, em que procuramos equalizar o apoio daquela instituição pública para todas as principais empresas do setor.

A indústria frigorífica tem uma característica que é trabalhar com altíssimo volume de capital de giro, de ciclo curto, já que todo gado bovino é usualmente comprado à vista ou para pagamento em até 30 ou no máximo 60 dias, e as vendas ocorrem dias ou semanas depois, seja para o mercado interno ou externo, na maioria das vezes também com pagamento à vista, ou em curto prazo. As margens operacionais são apertadas, e a tributação relativamente alta, com os impostos de valor agregado PIS/Cofins e ICMS prevalecendo na carga tributária e, muitas vezes, especialmente nas exportações, gerando cumulatividade sistêmica. Por isso, qualquer imprevisto no fluxo de caixa dos frigoríficos poderia gerar um grave transtorno financeiro e inadimplência temporária, e até causar a paralisação dos abates e da produção.

A principal fonte de capital de giro para os exportadores de carne era o clássico Adiantamento de Contrato de Câmbio (ACC), que, como o nome diz, é uma antecipação da receita futura de exportação, com prazo de até 180 dias e juros em base do mercado internacional. Diante do crescente volume de exportações, os frigoríficos dispunham de limites de ACC de dezenas de milhões de dólares, e faziam uso permanente desses limites para dispor de farto capital de giro e trabalhar com certa margem de segurança no fluxo de caixa.

Eis que, no dia 15 de setembro de 2008, o mercado financeiro acende o sinal amarelo. Os bancos de investimento norte-americanos estavam em aguda crise de liquidez, e um deles, o Lehman Brothers, havia entrado em falência. O Federal Reserve resolveu não socorrê-lo, gerando uma crise geral no sistema financeiro internacional. De repente, sinal vermelho, o mercado interbancário fechou, nenhum banco dava mais recursos para os outros. As linhas de ACC sumiram do mapa e a fonte de recursos para o mercado como um todo secou. Com a falta de crédito e de dólares no mercado, a taxa de câmbio disparou, as cotações das empresas em Bolsa despencaram e os preços das *commodities* agrícolas e minerais colapsaram.

Para o setor dos frigoríficos, a crise de setembro/outubro de 2008 bateu pesado. Na falta de linhas de crédito, a escala de abates era reduzida ou mesmo cancelada. As exportações eram adiadas, os embarques cancelados, as equipes de trabalhadores eram dispensadas ou colocadas em férias. Criamos um comitê de crise na ABIEC para acompanhar a evolução dos acontecimentos, para atender às demandas dos associados e buscar, se possível, uma solução para a questão do crédito em curto prazo. Uma ideia então me veio à cabeça: o Banco Central do Brasil, na qualidade de provedor de liquidez ao mercado financeiro, tinha duas fontes de reservas, uma em reais, na forma de depósito compulsório dos bancos comerciais, e outra em moeda estrangeira, que àquela altura era superior a US$ 200 bilhões. Por que não usá-las de forma criteriosa e seletiva, injetando liquidez no mercado interbancário por meio de linhas especiais aos bancos brasileiros? Liguei para o presidente do BC, Henrique Meirelles, que obviamente também já estava pensando nessa solução, e, juntos, por telefone, confabulamos sobre algumas das condicionantes para que essa solução emergencial viesse a ser implementada imediatamente. Poucos dias depois, as circulares do BC ao sistema financeiro nacional estavam lá publicadas, e os recursos das reservas começaram a fluir: primeiro para os bancos e, em sequência, na forma de ACC para as empresas exportadoras, inclusive as do setor de frigoríficos. Era o fôlego que poderia trazer a vida de volta ao normal em poucas semanas, apesar do cenário internacional ainda tão conturbado.

Dias depois eu estava numa reunião no BNDES, no Rio de Janeiro, quando fui chamado por alguém da Rede Globo, dizendo que gostaria de marcar uma entrevista minha com a repórter Miriam Leitão sobre o tema da crise internacional e as exportações brasileiras. Nada mais pertinente do que falar daquele assunto naquele momento, procurando trazer orientação, calma e esperança para empresários, trabalhadores e consumidores. Aceitei de pronto, e poucas horas depois lá estava eu nos estúdios da emissora, no Jardim Botânico, para mais uma entrevista com a excelente jornalista, mas que naquele dia seria muito infeliz e incorreta na sua abordagem. Ao meu lado, também convidado naquela ocasião, estava o presidente da AEB, José Augusto de Castro, com quem mantenho longa amizade e pelo qual tenho respeito. Ao abrir a entrevista, Miriam estava visivelmente irritada e contrariada e, de cara, foi logo perguntando para mim: "E aí, Giannetti, vocês da ABIEC ficam o tempo todo cantando de galo, maior exportador mundial de carne, bilhões de dólares em exportações, e aí vem essa crise e vocês correm com o penico nas mãos para o Banco Central, pedindo: me dá um dinheiro aí?"

Engoli em seco, contei mentalmente até 10 e comecei a responder de forma calma e pausada: "Miriam, com todo o respeito, você acha que as reservas cambiais do Banco Central vieram de onde? E existem pra quê? Elas surgiram na conta do Banco Central porque nós, exportadores, as colocamos lá em troca de reais. Elas não caíram do céu de repente, por ato divino. E elas existem como reservas, não para permanecer eternamente congeladas, aplicadas em Títulos do Tesouro Americano, como estavam até agora, mas sim para quando, e se necessário, serem usadas emergencialmente para garantir a liquidez do sistema financeiro nacional, que perdeu as linhas de curto prazo no interbancário internacional. E os exportadores se financiarão, como sempre fizeram, junto aos bancos públicos e privados, que irão receber esse empréstimo emergencial do Banco Central. Qual o problema que você vê nisso?", devolvi a pergunta.

Nervosa e contrariada com a incisiva resposta que eu lhe dera, fez com que a entrevista corresse mal, sempre com um tom agressivo e preconceituoso contra o setor. Foi uma pena, mas, saindo dali, recebi dezenas de mensagens de apoio e muitos cumprimentos pela assertiva resposta à provocação da jornalista. O fato é que a crise ainda estava longe de acabar, e novos capítulos estavam para acontecer em breve.

No final de 2008, as empresas ainda puderam compensar a baixa dos preços da carne no mercado internacional com a momentânea desvalorização do real. Com a crise, houve um recuo muito grande na demanda internacional e nos preços de exportação, e, consequentemente, houve também uma queda expressiva no volume exportado. Como o mercado interno do Brasil ainda era o principal destino da produção de carne bovina dos nossos frigoríficos, houve uma transferência da oferta excedente para o mercado nacional. Uma estratégia importante naquele momento foi buscar aumentar o volume de vendas em mercados com preços mais atraentes, como a União Europeia, e alguns parceiros tradicionais, como o Chile. Mas, para alguns dos mais importantes frigoríficos nacionais, a crise causou um estrago fatal. Casos de inadimplência de importadores tradicionais foram relatados, os prejuízos se acumularam, e os bancos, assustados, fecharam suas portas a muitas empresas do setor.

Até que, em fevereiro de 2009, veio a repercussão do pedido de recuperação judicial do Frigorífico Independência, um dos quatro maiores do mercado brasileiro. Seu principal acionista, Antônio Russo Neto, o Toninho, como o chamávamos, era um velho conhecido meu. Na década de 1970, Toninho havia sido gerente-geral do Frigorífico Cotia, na época em que exportávamos carne resfriada para a Nigéria, e havíamos desenvolvido então uma boa relação pessoal. Depois de deixar a gestão do Frigorífico Cotia, ele montou uma charqueada no interior de São Paulo e, a partir daí, após algum tempo e muitas aquisições, surgia então o Frigorífico Independência, que agora já era um dos maiores do setor. Os números do Grupo Independência eram robustos: 11,8 mil abates diários, 12,6 mil cabeças desossadas por dia, processamento de 10 mil peles, unidades frigoríficas em seis estados e uma no Paraguai, mais de 11 mil funcionários (4 mil só no Mato Grosso do Sul), enfim, um negócio de vulto, com forte impacto social e econômico. O BNDESPar havia fechado, meses antes da crise, um acordo de subscrição de capital no Independência e, diante do fato relevante de recuperação judicial, suspendeu a segunda *tranche* de capitalização.

Tentando acalmar o mercado, os fornecedores e o mercado financeiro, convoquei a imprensa para uma entrevista coletiva na sede da ABIEC para que ouvisse diretamente o filho do Toninho, Roberto Graziano Russo, que era o CEO da empresa. Com a sala lotada, ele fez uma declaração bem firme: "O fechamento das unidades é uma decisão muito difícil de ser tomada. A companhia conhece suas responsabilidades e reconhece que essa atitude irá impactar seus colaboradores e a sociedade em que ela se encontra, mas a difícil decisão teve que ser tomada a fim de interromper a significante saída de dinheiro que essas operações estavam causando em razão da situação atual do mercado. Os fechamentos são imperativos para tentar preservar a saúde financeira da companhia e garantir a continuidade de suas operações".

No início de março de 2009, o Frigorífico Independência já havia suspendido os abates de bovinos em dez unidades no Brasil, dando férias coletivas para grande parte dos seus mais de dez mil funcionários. A empresa também já havia encaminhado formalmente à justiça seu pedido de recuperação judicial no Brasil e nos Estados Unidos.

Quando o Grupo Independência quebrou, em 2009, criou-se uma onda de crise no setor pecuário brasileiro que atingiu vários setores da economia, notadamente pecuaristas e empresas fornecedoras, fato que suscitou inúmeros questionamentos sobre as razões que deram origem ao processo semifalimentar da empresa. Várias empresas do setor, tais como Margen, Quatro Marcos e Arantes, já estavam em processo de recuperação judicial. Os efeitos dessa crise provocaram a quebra de mais de dez grandes frigoríficos, sendo o Mataboi, em

Minas Gerais, o último afetado, no início de 2010. Outras empresas, até maiores e mais tradicionais que o Frigorífico Independência, como Sadia e Bertin, também sofreram com a crise e foram incorporadas por outros grupos. Ou seja, a crise mundial balançou o mercado de maneira inédita na história e até hoje mantém algumas feridas abertas.

Quando a crise de 2008 já estava sendo superada, no início de 2010, a JBS anunciou uma proposta para comprar todos os ativos do Frigorífico Independência por R$ 268 milhões, o que acabou confirmando as previsões que Joesley havia feito para mim anos antes. Logo depois, adquiriu também o concorrente Bertin, outra mega-aquisição, tornando-se assim o maior produtor e exportador mundial de carne bovina. A Sadia, vitimada por uma posição especulativa com derivativos cambiais na crise de 2008, acabou se fundindo com a Perdigão, criando a BRF, um dos maiores exportadores de carne suína e de frango do mundo. A consolidação de grandes empresas do segmento de proteína animal era o efeito final resultante da crise de 2008.

Nesse ínterim, outras duas tarefas me deram muito trabalho na ABIEC. A primeira delas foi a solução da cumulatividade de créditos presumidos do PIS/Cofins pelos exportadores de carne bovina. Um grande passo que o setor deu em 2009 foi conquistar nova regulamentação, permitindo o ressarcimento desses créditos ou a sua compensação com outros tributos federais. Como na exportação há isenção da tributação, e o fisco federal só permitia a compensação dos créditos presumidos de PIS/Cofins com o próprio imposto, a cumulatividade desses créditos era sistêmica e crescente. Cada frigorífico tinha no seu balanço dezenas ou centenas de milhões de reais de créditos tributários acumulados, sem a menor perspectiva de liquidez. Com a nova regulamentação que a ABIEC negociou passo a passo com a Receita Federal, a cadeia produtiva da carne bovina obteve significativo alívio nas suas contas, cujas margens no período pós-crise de 2008 haviam ficado muito apertadas, quando não negativas, em alguns momentos. No conjunto, mais de 1 bilhão de reais de créditos presumidos foram monetizados pelos frigoríficos ao longo de 2009 e 2010.

Outra tarefa importante deu-se em junho de 2009. A Procuradoria do Meio Ambiente do Estado do Pará obteve na justiça federal medida liminar autorizando o fechamento de diversas unidades frigoríficas no Estado, sob a alegação de que eles adquiriam e abatiam gado bovino proveniente de áreas de desmatamento ilegal, assim causando dano indireto ao meio ambiente. A decisão teve forte repercussão nas mídias nacionais e estrangeiras, causando não apenas prejuízo econômico para as empresas, mas sobretudo prejuízo reputacional para o setor e para a carne brasileira perante o mercado consumidor. Desde 2008 já tínhamos no plano estratégico da ABIEC a preocupação de organizar a rastreabilidade da carne brasileira para garantir ao consumidor que a origem dos animais abatidos pelos frigoríficos era confiável, com certificação sanitária absolutamente segura. Também queríamos mostrar que a carne brasileira poderia ter certificação ambiental, para dar ao consumidor a credibilidade e a informação de que esses animais não estavam relacionados ao desmatamento ilegal na Amazônia. Mas uma tarefa dessas, num rebanho de 200 milhões de cabeças, espalhadas em milhares de propriedades pelo país todo, não se faz da noite para o dia, e o importante era mostrar que havia consciência do problema e decisão de atuar na solução com a celeridade possível.

Para responder às críticas e às acusações da mídia e de ambientalistas radicais, escrevi, assinei e publiquei, em 22 de junho de 2009, no *Valor Econômico*, um artigo que deu o que falar:

A CARNE SEM PECADO AMBIENTAL

Creio que a maioria das pessoas não tem uma noção exata da dimensão da cadeia produtiva da Pecuária bovina no Brasil: com um rebanho de aproximadamente 198 milhões de cabeças – dito o maior rebanho comercial do mundo, responsável pela geração de milhões de empregos em todas as fases da produção, do pasto à indústria, e de cerca de 8% do PIB, além de exportações de carne e couro que conjuntamente em 2008 superaram a cifra de US$ 8,5 bilhões – ela é de importância capital para a economia nacional. Talvez por conta desse inequívoco sucesso do setor, hoje em dia a pecuária bovina e a indústria de abate e processamento da carne sofrem as maiores pressões por conta da sustentabilidade socioambiental.

De fato, o vertiginoso crescimento desse setor nos últimos anos se deu de forma desorganizada, prevalecendo em larga escala a produção informal, seja na pecuária, seja na indústria de abate; e também em passado não muito distante não havia no país a menor preocupação ambiental, haja vista que até os anos 1980 ainda se ofereciam benefícios fiscais e financeiros para a expansão da pecuária bovina em Estados das Regiões Centro-Oeste e Amazônica. O eventual mal feito no passado não pode comprometer a busca de aprimoramento para o futuro, mas negar a realidade atual ou mesmo querer eliminá-la do dia para a noite, isso, sim, é uma total utopia. Portanto, é mais do que hora de promover a sua estruturação em bases sustentáveis, de acordo com a legislação socioambiental em vigor. Isso pelo menos é o que deseja a indústria organizada e moderna da carne bovina, pela ação estratégica da Associação Brasileira das Indústrias Exportadoras de Carne (ABIEC).

A recente campanha de demonização do setor que vem sendo irresponsavelmente promovida por ONGs sensacionalistas e por alguns jornalistas com viés ideológico não apresenta nenhuma solução inteligente para o futuro, que combine o necessário aumento da produção de alimentos e o objetivo comum a todos os brasileiros de preservação do meio ambiente, especialmente referindo-se à floresta amazônica. Não reconheço nessas ONGs nenhuma autoridade moral para tratar o assunto ambiental dessa forma que vem ocorrendo, pois a preocupação sobre este tema não é sua exclusividade. Passar fome no meio de um jardim botânico não me parece que seja um cenário desejável para cerca de 30 milhões de brasileiros que hoje habitam aquela extensa e pobre região do país.

Na vida não é proibido errar. O que deveria, sim, ser proibido é mentir*. Basta da hipocrisia dessas ONGs estrangeiras que por aí circulam impunemente no nosso país e vamos direto aos fatos e dados que interessam à população brasileira em geral: As atividades de cria, recria e engorda de gado de corte ocupam cerca de 172 milhões de hectares do território brasileiro, principalmente nas Regiões Sudeste e*

Centro-Oeste, onde se concentram ao redor de 106,7 milhões de cabeças, ou seja, cerca de 53,9% do rebanho total. Na Região Norte/Amazônica encontram-se cerca de 38,5 milhões de cabeças (19,4% do total), distribuídas por mais de 500 mil propriedades de grande, médio e pequeno porte, com forte concentração no sul do Pará e em Rondônia. Portanto, para implantar um confiável sistema de rastreamento ambiental nessa região, primeiramente deve-se regularizar a estrutura fundiária, ainda caótica.

Há dois índices de produtividade setorial no Brasil que ainda são muito ruins: a taxa de suporte de cabeças por hectare, cuja média nacional é de apenas 1,15 cabeça por hectare, por causa da predominância da criação extensiva em pastagens naturais de baixa qualidade; e a taxa de desfrute, que se refere ao número de abates sobre o rebanho total, que no caso do Brasil é de pouco mais de 22%, ou seja, cerca de 44 milhões de cabeças abatidas por ano, diante de um rebanho de 198 milhões. Em ambos os casos trata-se de índices medíocres de desempenho setorial, se comparados a outros países do mundo, e que se não melhorados poderão vir a comprometer no futuro a capacidade de crescimento sustentável desse setor em nosso país.

Especialistas no tema indicam que se houvesse no futuro próximo um adequado investimento público e privado que resultasse na melhoria genética do rebanho, na melhoria das pastagens, inclusive associando-se com sistemas intensivos ou semi-intensivos de engorda, na intensificação da defesa sanitária e do sistema de rastreabilidade da criação bovina, poderíamos no período de uma década aumentar a taxa de suporte para até 1,5 cabeça por hectare, e a taxa de desfrute, para algo ao redor de 30%. Isso significa que o Brasil poderia vir a abater em 2020 cerca de 75 milhões de cabeças por ano, com um rebanho de 250 milhões, sem que fosse necessária a expansão adicional de sequer um hectare de terra, ou até ao contrário, poder-se-iam disponibilizar áreas de pastagens degradadas na própria Região Amazônica, até mesmo para a recuperação ambiental.

Para enfrentar esses enormes desafios é preciso que haja uma ação articulada em todos os elos da cadeia produtiva, do pecuarista ao varejo, passando pelo melhoramento genético e pela defesa sanitária do rebanho, com a efetiva participação da sociedade civil por meio de associações de classe como a Confederação da Agricultura e Pecuária do Brasil (CNA), a Associação Brasileira dos Criadores de Zebu (ABCZ), o Conselho Nacional da Pecuária de Corte (CNPC), a própria ABIEC e tantas outras. Somente pelo diálogo racional será possível a construção de soluções efetivas e duradouras, que venham no futuro confirmar a posição brasileira de potência ambiental e de maior produtora e exportadora de alimentos no mundo. Que venha logo a boa crítica para nos ajudar a cumprir essa difícil missão.

O fechamento das unidades frigoríficas no estado do Pará não demorou mais do que algumas semanas, a liminar do MPE foi cassada e logo adiante o processo foi arquivado, segundo consta. Mas a recuperação da imagem da carne brasileira tornou-se uma tarefa quase permanente para a ABIEC, diante da constante difusão de notícias negativas sobre essa indústria e a generalização que se faz, como se a maior parte da exportação de carne brasileira viesse da Amazônia, originada de áreas de desmatamento ilegal, o que nunca foi verdade.

Para a tarefa de promover a imagem e o consumo de carne bovina no exterior, a ABIEC, ainda em 2008, fechou uma parceria com a Apex, que possibilitou a participação do setor em feiras e ações voltadas para a área técnica, com o objetivo de reforçar a presença no mercado internacional. Entre as metas, estavam a reabertura do mercado de carne industrializada, a abertura do mercado do produto *in natura* nos Estados Unidos e na União Europeia e o fortalecimento do espaço em países asiáticos, como Singapura, China, Hong Kong, Malásia e Oriente Médio, inclusive no mercado *halal* (quando o abate dos animais deve seguir o ritual islâmico). Também foram realizadas ações diretas no mercado consumidor, com degustação em pontos de venda e *workshops* com churrascos promocionais em países como Itália, Venezuela, China,

PENÚLTIMAS MEMÓRIAS

Estados Unidos e Japão, para os quais eram convidadas autoridades locais, jornalistas formadores de opinião, *chefs* de grandes restaurantes, diretores e compradores de cadeias de supermercados.

Em fins de 2010 terminava meu mandato, e achei que era hora de encerrar essa desafiante função de presidente da ABIEC. Escolhido o meu sucessor, um profissional do setor e brilhante executivo da JBS, Antônio Camardelli, era hora de fazer o balanço final, na última entrevista coletiva na sede da associação. Anunciei então que o Brasil deveria elevar em até 20% a receita com as exportações de carne bovina no próximo ano, segundo as projeções da ABIEC. Esse resultado era possível, pois as exportações do produto começaram a se recuperar em 2010, depois do exercício de 2009 com enormes dificuldades em razão da crise financeira internacional.

"Já vemos uma recuperação de preços com tendência de alta", afirmei naquela ocasião. O preço médio da carne na exportação, que bateu US$ 3 mil por tonelada em março de 2010, estava estimado em US$ 3.559 por tonelada em outubro, e deveria atingir US$ 4 mil até o final de 2010. "Estou convicto de que a crise passou", completei com satisfação. Boa parte da recuperação nas exportações veio do aumento das vendas para o Chile, China, norte da África e até para a União Europeia. Foi o avanço do Chile e de Hong Kong, aliás, que reduziu o impacto da queda das vendas para a Rússia, um dos mercados mais afetados pela crise.

A redução das emissões de gases do efeito estufa também entrou definitivamente na pauta da pecuária após 2009. A ABIEC procurou incentivar os produtores a melhorar a qualidade dos pastos. "Pastagens hoje degradadas, se receberem um investimento adequado e tratamento de solo, terão o ciclo de produção do gado bastante reduzido, talvez de nove meses a um ano. Com isso, melhora a questão ambiental, com menor custo e maior produtividade da nossa pecuária", afirmei, fechando a entrevista e meu ciclo na ABIEC. Parodiando a famosa peça teatral do dramaturgo Plínio Marcos, havíamos passado uma "navalha na carne brasileira", procurando torná-la cada dia mais competitiva e sustentável, mais saudável e saborosa. Bom apetite!

CAPÍTULO 13

Missão nos Emirados

Era uma segunda-feira de setembro de 2009 quando, às 22h, meu telefone tocou e do outro lado reconheci imediatamente a voz do governador José Serra: "Roberto, você pode vir agora aqui ao Palácio dos Bandeirantes? Eu preciso falar com você".

Óbvio que, como de praxe, atendi ao chamado noturno do notívago governador, que gostava de conversar com seus amigos quando terminava o expediente no seu gabinete. Ia para sua residência, acoplada ao lado direito do palácio, onde costumava jantar ligeiramente uma comida frugal, quase sempre sozinho, e logo depois já saía convocando alguns dos seus amigos para o bate-papo noturno, que se estendia às vezes até depois da meia-noite. Os assuntos eram variados: poderia ser política, futebol, cultura, entre outros temas. Muitas vezes estive lá com Luiz Gonzaga Belluzzo para conversarmos sobre economia, política e futebol. Somos os três economistas e palmeirenses. Se em economia por vezes havia opiniões divergentes sobre alguns temas, em futebol a convergência era quase absoluta, já que torcíamos calorosamente pelo nosso time, do qual Belluzzo chegou inclusive a ser presidente por alguns anos.

Serra é uma figura notável. Eu o conheci no final dos anos 1970, quando ele retornou de longos anos de exílio no Chile e depois nos Estados Unidos, para escapar de uma possível prisão política durante o regime militar. Havia sido um aguerrido presidente da União Nacional dos Estudantes (UNE), em 1964, e, quando ocorreu o golpe militar, fugiu para o exílio no Chile para escapar da prisão. Com a queda de Salvador Allende e a ascensão do general Augusto Pinochet no Chile, em 1973, novamente foi obrigado a escapar para outro exílio, desta vez nos Estados Unidos, onde se formou em Economia. De volta ao Brasil em 1977, aliou-se aos políticos do MDB, em especial ao sociólogo Fernando Henrique Cardoso e ao então senador André Franco Montoro, que em 1982 concorreria ao cargo de governador do estado de São Paulo contra o candidato da Arena, Reynaldo de Barros, apoiado pelos militares. Foi nessa fase que conheci José Serra, como coordenador do programa de governo de Montoro, de quem também era amigo e apoiador entusiasmado. Com a vitória de Montoro, Serra tornou-se secretário de Planejamento, e meu irmão mais velho, Marcos, o seu secretário da Fazenda. Eu preferi continuar na iniciativa privada, como vice-presidente da Cotia Trading, na missão exportadora que já exercia havia alguns anos.

Naquela noite de setembro de 2009, em menos de meia hora, lá pelas 22h30, eu já estava adentrando o Palácio dos Bandeirantes para mais uma conversa de final de noite com José Serra. Ele abriu dizendo que muito provavelmente seria ele novamente o candidato tucano à Presidência da República nas próximas eleições, em 2010. Havia perdido as eleições para o petista Lula, em 2002, e agora teria sua revanche contra a provável candidata Dilma Rousseff, e sabia que desta vez teria melhor chance de obter a vitória nas urnas. Eu ouvia e concordava com sua expectativa, apesar de saber que o presidente Lula faria tudo para eleger Dilma, então sua chefe da Casa Civil. Dizia Lula que poderia eleger até um poste para sua sucessão, tamanha a sua popularidade naquele período de recuperação econômica da crise internacional de 2008.

De fato, a economia brasileira crescia a uma taxa de 7,5% ao ano, e as empresas estavam investindo e empregando muito. O clima

PENÚLTIMAS MEMÓRIAS

econômico era de otimismo. Portanto, a eleição à Presidência em outubro de 2010 seria novamente uma notável batalha de titãs, entre tucanos e petistas. Serra, como governador de São Paulo, também exibia excelente desempenho e estava pronto para aquela revanche. Ele estava animado e confiante.

Após uns quinze minutos de conversa introdutória, ele entrou no tema que o havia levado a me chamar àquela altura da noite: "Eu preciso mostrar minha capacidade de agir no mercado internacional em prol das exportações brasileiras e da atração de investimentos para nosso país, e gostaria que você, como diretor internacional da FIESP, organizasse uma missão empresarial de alto nível para me acompanhar em outubro próximo aos Emirados Árabes, Dubai e Abu Dhabi".

Achei a iniciativa ótima e afirmei que ele poderia contar com meu absoluto empenho. Saí de lá por volta da meia-noite com a incumbência de iniciar, no dia seguinte, as tratativas para organizar a missão em conjunto com sua equipe de assuntos internacionais.

Em menos de uma semana, sem muita dificuldade, tínhamos uma excelente agenda tentativa, que incluía um churrasco-degustação em Dubai a ser promovido pela ABIEC, da qual eu era presidente, e que reunia os grandes frigoríficos brasileiros, que estavam batendo recordes de exportação a cada mês, naquele período. O evento teria o apoio da Apex e seriam convidadas as grandes redes de supermercados locais, bem como autoridades, banqueiros e importantes empresários dos Emirados. Logo em seguida iríamos para Abu Dhabi e faríamos lá um seminário sobre a economia paulista e brasileira, além de apresentação de oportunidades de investimentos no agronegócio e nas privatizações de empresas estatais. Nesse caso, a organização seria da área internacional da FIESP, da qual eu era o diretor titular.

O governador aprovou o programa por mim sugerido, fez um ou outro reparo, e partimos para concluir todos os preparativos para que corresse tudo conforme planejado. Consegui reunir cerca de vinte empresários de vários setores de atividade, principalmente do agronegócio. Mas também convidamos empresários dos setores de máquinas e equipamentos, de produtos químicos, de couro e calçados, de móveis e até da área de tecnologia da informação, como foi o caso do meu amigo Luiz Alberto Ferla, empresário catarinense, fundador e CEO do grupo DOT – seu empreendimento se destaca na atividade de educação corporativa a distância e em ferramentas digitais de gestão.

Na data prevista, chegamos a Dubai para cumprir a agenda programada. Com o governador Serra vieram vários assessores de seu gabinete e, para minha surpresa, meu amigo e recém-nomeado secretário de Desenvolvimento Econômico, Geraldo Alckmin, que havia perdido as eleições municipais de 2008 em São Paulo e estava agora integrado à equipe do governo estadual. Em Dubai, ficamos hospedados em um daqueles hotéis magníficos que pontuam a cidade-modelo do Oriente Médio como uma cidade futurista em pleno deserto da Península Arábica. Percebe-se que com o farto dinheiro do petróleo havia sido possível criar naquele local inóspito um dos maiores centros financeiros do mundo, no final do século XX.

No último dia da missão empresarial a Abu Dhabi, tivemos um convite fora do protocolo que nos chegou de surpresa. O governador Serra, o secretário Alckmin, o embaixador brasileiro nos Emirados Árabes, mais alguns empresários e eu fomos convidados a almoçar na residência do xeque Hazza Bin Zayed Al Nahyan, irmão do xeque príncipe Mohammed bin Zayed Al Nahyan, chefe de Estado daquele que é o mais rico e poderoso emirado árabe. Sua residência era um verdadeiro palácio, cheio de fontes em um jardim suntuoso, um verdadeiro oásis.

Fomos recepcionados com as honras de praxe e diretamente encaminhados para uma enorme sala de jantar, onde uma mesa estava posta à nossa espera. O xeque Hazza, fã do futebol brasileiro, nos cumprimentou com muita satisfação e acompanhou o governador e sua intérprete até o lugar central da mesa, ficando entre Serra e o embaixador brasileiro. O secretário Geraldo Alckmin e eu nos sentamos ao lado do governador. Os demais convidados brasileiros e *emiratii* sentaram-se dispersos nos demais lugares da mesa em forma de U. Percebemos, logo que nos sentamos, que já havia inúmeras travessas de prata no centro da mesa com uma espécie de risoto, que, logo viemos a saber, era um prato típico: risoto de camelo.

Foi quando aconteceu algo inusitado para nós: o xeque Hazza, logo após umas breves palavras de boas-vindas e de admiração pelo Brasil, num ato de deferência aos convidados, meteu sua mão direita no risoto e começou a servi-lo no prato do governador Serra, que, constrangido, controlava sua surpresa diante daquele gesto de respeito e consideração do xeque Hazza à delegação brasileira. A cena se repetiu por mais três vezes, ao servir com sua mão direita os pratos dos convidados ao seu lado e à frente.

Olhávamos uns aos outros com aquela expressão no olhar: e agora? Encararíamos o risoto de camelo, numa atitude diplomática? Foi o que fizemos, obviamente, com exceção do governador José Serra, que, conhecido pela sua obsessão quanto à higiene, ainda hesitava em apreciar aquela iguaria árabe. Foi quando Geraldo Alckmin, médico de formação, bem-humorado e aproveitando que o xeque Hazza olhava para outro lado, nos disse em tom de gozação: "Depois de comermos este risoto servido com as mãos, nossa flora intestinal jamais será a mesma!"

Era o que faltava para que o governador Serra, se aproveitando de um momento de distração do xeque, conseguisse trocar o prato vazio do heroico embaixador pelo seu, ainda quase intocado, o que obrigou o distinto diplomata a repetir a dose, em nome das boas relações entre o Brasil e os Emirados Árabes.

Apesar desse percalço relativo aos costumes culturais, o ambiente era informal e amistoso. A conversa, em inglês, girou sobre economia, política e, logicamente, futebol. Descobrimos que o jogador chileno Valdivia, que havia sido ídolo do Palmeiras, estava agora no time comandado pelo xeque Hazza, e que seu contrato terminaria dali a uns meses. O governador Serra, de volta ao Brasil, não teve dúvida em enviar uma nova mensagem ao xeque Hazza, afirmando que gostaria de recebê-lo como seu convidado em São Paulo, mas que trouxesse o Valdivia com ele de volta ao alviverde paulista.

Cumprida a missão com louvor, feitas as malas, embarcamos no voo da Emirates de volta ao Brasil. Desse voo direto Dubai-São Paulo, com duração de longas 14 horas, trago uma lembrança marcante: o governador Serra se instalou na primeira classe, como era previsto, nós, empresários, ficamos na classe executiva, e buscamos saber onde estava o secretário e ex-governador Geraldo Alckmin. Lá estava ele, na classe econômica, com os demais integrantes da equipe do governo estadual.

Antes que qualquer outro o fizesse, o empresário Luiz Alberto Ferla, que é um *gentleman* e admirador do ex-governador, de quem havia feito a campanha política digital em 2006, foi até ele e lhe ofereceu trocar o assento, levando-o para a classe executiva. Geraldo Alckmin, num gesto de modéstia e confiança, recusou o gentil convite e retirou do bolso um santinho de São Francisco de Assis, que deu ao Ferla como mensagem de fé e humildade. Foi uma atitude admirável para quem já havia sido governador de São Paulo por dois mandatos consecutivos e, poucos anos antes, candidato à Presidência da República. Sãos e salvos, chegamos todos juntos a São Paulo, com a nova flora intestinal adquirida em Abu Dhabi.

CAPÍTULO 14

A novela do crédito-prêmio do IPI

Numa ensolarada manhã de sábado, em dezembro de 2005, encontrei-me no calçadão de Ipanema com o advogado tributarista Heleno Torres, a quem conhecera pouco tempo antes nos corredores da FIESP, e que por acaso havia encontrado na véspera, por ocasião da cerimônia de posse de um amigo comum na Academia Brasileira de Letras. Conversamos brevemente durante a cerimônia na sexta-feira à noite e, vendo que estaríamos ambos usufruindo de um fim de semana carioca, resolvemos então marcar de caminhar e conversar no sábado de manhã, ao longo da orla Atlântica.

O assunto que nos interessava naquele momento era a questão da tributação das exportações e o polêmico caso do crédito-prêmio do IPI, no qual os exportadores e a Fazenda Nacional disputavam já por duas décadas um bilionário litígio judicial que causava profunda apreensão aos dois lados. Tanto Heleno como eu éramos especialistas no tema, ele como notável jurista e renomado parecerista sobre matérias tributárias, e eu como economista e empresário exportador, e naquele momento ocupando a diretoria de Relações Internacionais e Comércio Exterior da FIESP.

O chamado crédito-prêmio do IPI nada mais era do que um mecanismo legal criado em março de 1969 por meio do decreto-lei nº 491 para promover o ressarcimento aos exportadores brasileiros de produtos manufaturados do resíduo tributário remanescente ao longo da cadeia produtiva exportadora. A premissa, sempre admitida como legítima no ordenamento jurídico internacional, era de que as exportações deveriam ser totalmente isentas de impostos, e, caso houvesse resíduo tributário na cadeia produtiva exportadora, esse valor deveria ser indistintamente ressarcido aos exportadores pela Fazenda Nacional por meio de um crédito tributário, a ser eventualmente compensado no pagamento de outros impostos federais devidos pelo mesmo contribuinte, ou poderia ser reembolsado em espécie pela Receita Federal. E assim foi feito com determinação pelo então jovem e poderoso ministro da Fazenda, Antônio Delfim Netto, em 1969, de forma a estimular a necessária competitividade das exportações brasileiras de produtos manufaturados, num momento em que a pauta exportadora brasileira era ainda extremamente concentrada em café em grão, minério de ferro, açúcar, cacau e outros produtos básicos.

Na prática, era muito simples obter o crédito-prêmio do IPI após o embarque das mercadorias exportadas, apesar da papelada burocrática exigida: de posse da documentação de exportação apurada após o embarque das mercadorias, o exportador apresentava no balcão de uma agência do Banco do Brasil um formulário com os diversos documentos anexos e o cálculo do valor do crédito-prêmio, equivalente a 15% do valor FOB exportado. Dias depois, após a devida checagem da documentação pela Cacex, o valor era liberado ao exportador através de crédito em conta-corrente pelo Tesouro Nacional. Essa foi uma medida fundamental para promover a diversificação da pauta exportadora brasileira e tornar a indústria nacional competitiva em face de seus concorrentes internacionais. Ao longo dos anos 1970 e da primeira metade dos anos 1980, as exportações brasileiras viveram um período áureo, cresceram exponencialmente e se diversificaram em centenas de outros produtos manufaturados, como veículos automotores, produtos siderúrgicos, alimentos industrializados, calçados e confecções, materiais de construção e papel e celulose, entre tantos outros. No centro da política de comércio exterior estavam combinadas diversas medidas, como o crédito-prêmio do IPI, o mecanismo de minidesvalorizações cambiais diárias, o Finex – Sistema de Financiamento às Exportações – e a promoção comercial pelo Ministério de Relações Exteriores.

Ocorre que já no final dos anos 1970 o Ministério da Fazenda promove uma maxidesvalorização da moeda nacional e, paralelamente, emite uma portaria anunciando que haveria redução gradual das alíquotas de crédito-prêmio do IPI, até sua extinção total, em 1983. Sem entrar aqui na polêmica análise do complexo mérito jurídico ou técnico do caso em questão, o fato é que, a partir dessa portaria ministerial, que procurava atingir uma decisão de âmbito legal, oriunda de decreto-lei nunca revogado, surgiram literalmente milhares de litígios judiciais protocolados pelos exportadores, contestando pareceres e recursos judiciais da Procuradoria-Geral da Fazenda Nacional (PGFN), e as milionárias autuações fiscais da Receita Federal, que considerava o mecanismo compensatório extinto a partir do exercício de 1983.

Ao longo dos anos 1980 e 1990, ao mesmo tempo que proliferaram os litígios entre exportadores e a Fazenda Nacional sobre a vigência ou não até aquela data do crédito-prêmio do IPI em benefício das exportações brasileiras, surgem novos impostos e contribuições cumulativas que agravaram a competitividade das exportações. As primeiras decisões de primeira e segunda instância judicial, majoritariamente a favor dos exportadores, começaram a ser proferidas a partir do final dos anos 1980, e já nos anos 1990 chegavam por bateladas de recursos de ambos os lados litigantes ao Superior Tribunal de Justiça (STJ).

De repente, em 2005, também na instância do STJ surge nova divergência entre as duas turmas julgadoras: uma diz que o mecanismo ainda estava em plena vigência e autoriza seu creditamento pelos exportadores, outra decide que havia sido encerrado em 1983, para depois mudar ainda mais uma vez, para decidir que foi encerrado em definitivo em 1990, por conta das Disposições Transitórias da Constituição Federal (ADCT) promulgada pelo Congresso Constituinte em 1988. Lá se afirmava em determinado artigo que todos os incentivos fiscais de *natureza regional e setorial* deveriam ser extintos em definitivo no prazo de dois anos a partir da data de promulgação da Constituição, exceto aqueles que viessem a ser ratificados por lei nesse período. Mais uma vez, ali estava um novo imbróglio judicial, um paraíso para os advogados, um inferno para os exportadores.

O professor Heleno Torres, como é tratado na Faculdade de Direito do Largo São Francisco, sabia que, como eu havia sido secretário executivo da Camex e naquela época era o diretor titular de Relações Internacionais e de Comércio Exterior da FIESP, poderia ser influente nessa disputa judicial, pois institucionalmente poderia representar o interesse coletivo da indústria brasileira no diálogo tanto com a Fazenda Nacional quanto com o Judiciário.

Nessa inesquecível caminhada que fizemos ao longo das praias de Ipanema e Leblon, ele procurava me convencer a liderar um processo de negociação com a PGFN, no qual poderíamos antever um acordo entre as partes litigantes de forma coletiva, caso conseguíssemos construir uma proposta consensual que viesse a mitigar os riscos de vitória judicial para qualquer um dos lados. De um lado, caso a Fazenda ganhasse, iria não só declarar eliminada a pretensão de crédito prospectivo dos exportadores, mas eventualmente, na sua fúria fiscalista, também deveria de ofício retroagir os efeitos da decisão judicial, glosando todos os créditos daqueles que porventura tivessem se aproveitado de tais créditos para compensação com outros tributos federais. Isso poderia causar o agravamento da situação financeira de milhares de empresas exportadoras brasileiras, levando mesmo algumas a uma situação falimentar. De outro lado, caso os exportadores ganhassem a causa, a Fazenda teria que reconhecer todos os créditos pretéritos, presentes e até futuros que viessem a ser reclamados pelos exportadores brasileiros, e isso poderia agravar o frágil equilíbrio fiscal do governo federal. O valor desses créditos em litígio poderia alcançar, segundo cálculos preliminares, a casa de R$ 60 bilhões em valores de 2006.

Não demorou muito e nós já fazíamos entusiasmados planos de elaboração da estratégia desse pretendido acordo que poderia ser encabeçado pela FIESP em nome dos exportadores brasileiros junto à PGFN e ao Ministério da Fazenda. Daquela caminhada com o professor Heleno Torres no idílico litoral da zona sul carioca surgia uma saga que iria me acompanhar cotidianamente pelos próximos quatro anos.

A ideia da transação tributária entre fisco e contribuintes, assim como da mediação, eram conceitos ainda pouco empregados naquele ambiente. Mas era intuitivamente o que nos parecia adequado para encerrar os milhares de processos judiciais em curso, mitigar riscos fiscais e financeiros de lado a lado e eliminar a crescente insegurança jurídica provocada por decisões divergentes sobre a mesma matéria nas diversas instâncias judiciais.

Por mais de quinze anos a jurisprudência de última instância, fosse do STF, fosse do STJ, havia se mantido favorável aos contribuintes exportadores, até que, a partir de 2005, um recurso judicial da Fazenda, num processo em curso numa turma do STJ, conseguiu reverter a jurisprudência até então consolidada por simples voto de desempate, distante de qualquer unanimidade. A partir daquele momento, instalou-se um tormentoso problema contábil, judicial e administrativo, num clima de crescente insegurança jurídica para as empresas, desde que a Receita Federal passou a negar liminarmente aos exportadores o direito ao creditamento desse incentivo fiscal, sob a alegação de considerar como "não declaradas" as compensações realizadas com outros tributos federais devidos ou os pedidos de restituição protocolados pelos exportadores.

Instado também a se pronunciar sobre o tema, o Senado da República emitiu em dezembro de 2005 a resolução de nº 71, afirmando categoricamente que o decreto-lei nº 491/69 que originou o crédito-prêmio do IPI não havia sido revogado expressa ou tacitamente até aquela data, assim, continuava ele em plena vigência. Essa resolução do Senado fez acender o sinal amarelo nos corredores do Ministério da Fazenda, criando um ambiente de incerteza em relação ao bilionário litígio judicial em curso.

De volta a São Paulo, nos meses seguintes começamos a nos reunir com frequência na FIESP com dezenas de grandes exportadores e associações de classe, reunindo opiniões e formando consenso sobre a pretendida negociação de um entendimento entre os exportadores e a Fazenda Nacional, que pudesse trazer uma solução para esse grave impasse jurídico e suas possíveis consequências, tanto para um lado como para o outro. Não era, evidentemente, uma tarefa simples de ser resolvida. Do lado dos exportadores, seus advogados se opunham a um eventual acordo que pudesse reduzir o valor dos legítimos créditos tributários de seus clientes, e, evidentemente, seus honorários de êxito. Do lado da Fazenda Nacional, as autoridades fazendárias agiam no limite de sua agressividade fiscal, glosando créditos tributários compensados, bloqueando valores financeiros em contas bancárias das empresas exportadoras, inibindo os contribuintes com bilionárias autuações fiscais, acrescidas de juros e multas de 150% sobre o valor autuado. Além disso, a Fazenda Nacional passou a restringir, para os exportadores em litígio judicial, a obtenção de Certidões Negativas de Débito (CND), o que tornava o contribuinte inelegível para uma série de financiamentos junto às instituições financeiras do setor público.

Depois de meses de hesitação, muitas reuniões, muita pesquisa, reflexão e conversas intermináveis sobre a conveniência daquela iniciativa negocial, resolvemos, em fins de 2006, nos reunir com o governo federal, representado pelo ministro da Fazenda, Guido Mantega, acompanhado de sua equipe de segundo escalão, integrada pelo secretário executivo Nelson Machado, o procurador-geral da Fazenda Nacional, Luís Inácio Adams, e o secretário da Receita Federal, Jorge Rachid. Do nosso lado, além de mim e do professor Heleno Torres, convidamos também para integrar o nosso time o economista Luiz Gonzaga Belluzzo, que gozava de muito prestígio e respeito junto ao presidente Luís Inácio Lula da Silva e ao ministro Guido Mantega.

Naquele momento haviam ocorrido duas solicitações de repercussão geral no nível do Supremo Tribunal Federal, ou seja, a partir daquele instante, todos os processos em curso ficariam sobrestados, à espera de decisão final do plenário da Suprema Corte, a qual teria efeito vinculante sobre todos os processos em instâncias inferiores. Era uma espécie de tudo ou nada, e, a nosso ver, qualquer que fosse o resultado, com vitória para os contribuintes ou para a Fazenda, o país sairia perdendo no final, diante da grave repercussão econômica gerada para um lado ou para outro. Daí surgia aquela oportunidade de ser desenhado um acordo, com a pretensão de mitigar os riscos econômicos daquela vindoura decisão judicial em última instância.

A ideia originalmente ventilada era de estabelecer em comum acordo uma *data intermediária de corte* da vigência do crédito-prêmio do IPI, que não fosse nem a data pretendida pela Fazenda Nacional (1983 ou 1990, sob as diferentes alegações) ou que aquela data pretendida pelos exportadores estivesse ainda vigente até a data da decisão do STF. Depois de muitos argumentos de lado a lado, prevaleceu entre nós e as autoridades fazendárias a sugestão de 31 de dezembro de 2002. Entre outros inúmeros argumentos de natureza judicial e econômica, teve destaque o fato de que, no exercício de 2003, a tributação de PIS/Cofins deixara de ser cumulativa sobre todos os eventos da cadeia produtiva exportadora, para ser calculada a partir de então de forma não cumulativa, o que havia reduzido, embora não eliminado, o resíduo tributário na ponta final do exportador.

A ideia proposta era de que todos os créditos reclamados pelos contribuintes, resultantes de exportações realizadas até 31 de dezembro de 2002 e que não estivessem prescritos por ausência de ingresso em juízo nos cinco anos anteriores, seriam reconhecidos como legítimos pela Receita Federal para efeito de compensação tributária ou ressarcimento em espécie. Por outro lado, os exportadores que aderissem ao pretendido acordo reconheceriam formalmente a extinção do crédito-prêmio do IPI a partir daquela data de corte, renunciando a todos os processos judiciais em curso. Pareciam concessões razoáveis de parte a parte.

Mas, obviamente, o ambiente negocial formado a partir daquela primeira reunião já ensejava explícitos jogos de cena dos dois lados. Por parte dos exportadores, anunciávamos a dificuldade de levar uma posição consensual de centenas ou mesmo de milhares de empresas exportadoras, para aceitar aquelas condições referidas em nossos entendimentos preliminares. Muitos exportadores, especialmente os maiores, já haviam lançado o crédito tributário em seus balanços patrimoniais de 2003 para a frente, inclusive, aquelas de capital aberto haviam compensado tais créditos com tributos federais próprios ou de terceiros, haviam recolhido o Imposto de Renda sobre o lucro dessas operações, haviam distribuído dividendos aos seus acionistas e, agora, perguntavam como retroceder a tudo isso. O debate estava armado, e nós fazíamos ver aos exportadores o risco de seguir adiante nos dois processos de repercussão geral e, eventualmente, haver uma vitória do Fisco e todas as consequências de uma decisão desfavorável estabelecendo a extinção do crédito-prêmio em 1983 ou em 1990.

As alegações sobre as dificuldades desse acordo foram surgindo de todos os lados e de todas as formas: a PGFN de repente surgiu com a alegação de que o crédito-prêmio era conflitante com as regras da OMC e que, portanto, haveria uma razão superveniente para sua plena rejeição pela legislação brasileira. Não hesitamos um minuto sobre a forma de contestar esse falso argumento, recorrendo a um notável parecer do jurista Luís Olavo Batista, que havia sido até então o único brasileiro a integrar o Painel de Juízes Arbitrais da OMC em Genebra, na Suíça. Nesse parecer, o ilustre jurista afirmava, sem qualquer margem de dúvida, que "o crédito-prêmio do IPI era perfeitamente compatível com as regras da OMC, já que havia sido concedido sem restrição a todos aqueles contribuintes que promovessem atos de exportação de produtos manufaturados, com a finalidade de reduzir o impacto tributário na formação de preço de suas exportações, tal como fazem de forma similar muitos países (em louvor ao regime de destino)". E, mais ainda, concluía que diante do comando constitucional de imunidade tributária das exportações brasileiras, nenhuma justificativa ampararia qualquer pretensão de considerar o mencionado incentivo como sendo passível de controle internacional, sujeito aos regimes de "subsídio específico" de que se ocupa o Acordo sobre Subsídios e Medidas Compensatórias do GATT.

Se em nível técnico o parecer do professor Luís Olavo Batista era irretocável, do ponto de vista midiático a Fazenda promovia uma guerra de narrativas, procurando formar uma opinião pública contrária à legítima pretensão dos exportadores brasileiros. Foram inúmeros os jornalistas de importantes mídias televisivas e jornalísticas que se referiam ao crédito-prêmio do IPI como algo espúrio, indevido, ilegal, imoral, criando constrangimento para qualquer tipo de acordo sobre esse litígio. Criou-se também a figura do terrorismo fiscal, com a alegação de que uma possível vitória nos tribunais ou mesmo o acordo pretendido criaria um risco ao erário público, já que a soma dos créditos demandados pelos exportadores seria superior a R$ 200 bilhões e seria cobrado e compensado à vista, num único exercício, agravando o equilíbrio fiscal do Estado brasileiro. Nada mais falso do que essas afirmativas, sem respaldo técnico de planilhas financeiras ou evidências jurídicas. Com a ajuda do economista Luiz Gonzaga Belluzzo, contratamos um parecer conjunto da FGV e da LCA Consultores, esta última liderada na sua fundação pelo economista Luciano Coutinho, então no comando do BNDES.

O parecer da FGV e da LCA foi inequívoco na sua conclusão: "Para se evitar um efeito nefasto na economia brasileira, seja pela vitória em plenário dos exportadores ou da Fazenda Nacional, um acordo que estabeleça um encontro de contas nos parece sem sombra de dúvida a melhor solução. Entende-se que o saldo credor de créditos de titularidade dos exportadores poderá ser compensado com débitos próprios ou de terceiros de tributos federais, sendo vedada esta compensação com débitos futuros, de forma a preservar o equilíbrio fiscal e a capacidade de investimentos públicos da União. Uma vez estabelecido, este Acordo em tela será reconhecido como um dos maiores Acordos e encontros de contas entre a União e os Contribuintes, no qual, como em todo Acordo, cada parte abre mão de alguns direitos em prol do bem comum".

Ainda como benefício acessório, o fim do litígio eliminaria a insegurança jurídica surgida após as decisões divergentes de turmas distintas do STJ, reduzindo custos com os milhares de processos em curso para as duas partes. Uma das vantagens que se demonstrava para a União era o impacto quase nulo nas contas públicas, pois seria muito reduzida a saída efetiva de caixa do Tesouro Nacional para ressarcimento aos exportadores. Propunha-se, para aqueles que não optassem por compensação com débitos tributários passados, o pagamento em títulos de uma série especial do Tesouro Nacional com prazo de amortização em vinte parcelas semestrais a partir da data de sua emissão. Esses títulos dariam imediata liquidez aos exportadores, na medida em que eles pudessem ser negociados livremente com o sistema financeiro nacional ou mesmo ser usados como garantia colateral para empréstimos no BNDES ou nos bancos. Os benefícios para a União seriam a gradual eliminação de um passivo potencial superior a R$ 130 bilhões (nas contas da FGV e da LCA), inclusive a renúncia pelos exportadores de créditos pós-2003 no valor estimado de R$ 86,3 bilhões, e a preservação de um fluxo de caixa orçamentário presente e futuro.

Já para os exportadores a ênfase seria na liquidez imediata de seus créditos pré-2002, além da regularização da situação contábil e fiscal na Receita Federal, e, com isso, melhores condições de financiamento no mercado de capitais para promover novos investimentos e a geração de renda e emprego no país. Todos os argumentos de renomados pareceristas econômicos e jurídicos até então conspiravam firmemente a favor das negociações de um acordo entre a Fazenda Nacional e os exportadores liderados pela FIESP. Mas o tempo passava e a Fazenda hesitava diante do risco de uma possível repercussão política desfavorável, sob a alegação de privilégios aos empresários exportadores, como se não houvesse direito *de facto* por aquele comando constitucional de imunidade tributária às exportações brasileiras.

Finalmente, após mais de dois anos do início de minhas conversas preliminares com o professor Heleno Torres e de intermináveis reuniões em Brasília com os procuradores da Fazenda Nacional liderados por Luís Inácio Adams, chegou-se à conclusão de que seria impossível política e juridicamente uma iniciativa de acordo por parte do Executivo, pois sua explicitação formal resultaria no reconhecimento implícito diante da justiça de que o incentivo não teria sido extinto, fosse em 1983, fosse em 1990. Portanto, descartada a alternativa de medida provisória ou projeto de lei de autoria do Executivo, a iniciativa do acordo deveria partir do Congresso Nacional, de uma emenda legislativa prévia e informalmente acordada entre as partes, de forma a ser aprovada nas duas casas do Congresso e posteriormente promulgada pela Presidência da República. Ficou claro que, se o texto da emenda fosse controverso, a liderança do governo no Congresso iria derrubá-la ao longo de sua tramitação pela Câmara e pelo Senado.

Começava aí meu curso intensivo de entendimento do funcionamento do Legislativo no Brasil. Faria a partir dali uma verdadeira imersão, por meses a fio, visitando as lideranças partidárias, os assessores nos respectivos gabinetes, tentando esclarecê-los sobre a complexa matéria tributária e procurando identificar uma medida provisória em curso, para então convencer seu relator a incluir a desejada emenda que traria ao texto legislativo todo o contexto da negociação acordada entre exportadores contribuintes e a Fazenda Nacional. Foram meses de trabalho na elaboração da exposição de motivos e no texto da emenda à medida provisória. Enfim, tudo foi feito com muita dedicação, responsabilidade e profissionalismo pela nossa equipe. Belluzzo, Heleno Torres e eu éramos um verdadeiro triunvirato na coordenação daquela relevante causa que já estimulava um rumoroso debate público, especialmente nos meios empresariais e jurídicos.

A crise econômica mundial originada pela quebra do banco norte-americano Lehman Brothers, em setembro de 2008, se por um lado teve um efeito paralisante por meses no curso das negociações com o Congresso Nacional e a Fazenda Nacional, por outro emergiu um sentimento de reação à crise econômica, através de medidas audaciosas, procurando mitigar custos e riscos e preservar empresas e empregos em nossa economia. Foi no primeiro semestre de 2009 que identificamos finalmente uma medida provisória, a de número 460/2009, que poderia abrigar a emenda do acordo sobre o crédito-prêmio do IPI, nos termos formulados em consenso entre nós e a PGFN, ensejando, com isso, por iniciativa do Legislativo, o fim de um dos maiores esqueletos tributários até então existentes em nossa economia.

A MP 460/2009 já estava em tramitação no Senado Federal, e, conversando com as lideranças partidárias de situação e oposição, optou-se pela escolha da prestigiada senadora Lúcia Vânia, representante do estado de Goiás e integrante do PSDB, para ser a autora da emenda à MP 460/2009. A relatora da MP no Senado seria a senadora Ideli Salvatti, do estado de Santa Catarina e integrante do PT. Ambas as senadoras puseram-se de acordo e coordenaram a tramitação do texto nas diversas comissões internas, até levá-lo a votação em plenário, que aconteceu em julho de 2009.

Surpreendentemente, a aprovação da MP e da emenda destacada foi unânime, sem ressalvas, e daí foi encaminhada para votação final na

Câmara Federal, que ocorreu uma semana depois, no dia 14 de julho de 2009, também com um placar bastante favorável, porém dividido: 358 a favor e 105 contra. A mídia mal-informada agia contra a aprovação da emenda, com uma narrativa repleta de preconceitos e falsidades, enxergando no lugar do direito e da racionalidade econômica algum tipo de privilégio indevido aos empresários exportadores e causa de vultosos prejuízos ao erário público.

Beluzzo, Heleno e eu não ficamos passivos. Escrevemos artigos rebatendo tais acusações, sendo que um deles, de minha autoria, teve forte repercussão. O artigo, com o título "Viúva perdulária e caloteira", publicado na *Folha de S. Paulo* em 21 de julho de 2009, já indicava seu provocativo conteúdo, diante das insinuações que procuravam destituir o mérito do acordo em questão. Já no preâmbulo do artigo eu fazia uma analogia com a restituição do Imposto de Renda recolhido a maior na fonte, como muitos brasileiros experimentam anualmente ao fazerem suas declarações de renda:

Viúva perdulária e caloteira

Imaginem vocês se, em 1983, a Fazenda Nacional houvesse decidido suspender a restituição do Imposto de Renda cobrada anualmente na fonte a todos os cidadãos brasileiros, assim como eu e você? Hoje em dia teríamos um imenso esqueleto fiscal de centenas de bilhões de reais. Diante dessa situação de alto impacto ao erário, a Fazenda alegaria que esse rombo fiscal colocaria em risco as contas públicas.

Alguns jornalistas que adoram defender o assistencialismo em vez da geração de renda e emprego, sairiam em defesa patriótica da Receita Federal. Manchetes de teor sensacionalista, como "Assalto aos cofres públicos" e "Desfalque na Viúva", certamente teriam impacto na opinião pública.

Haveria alguém que diria que quem paga Imposto de Renda é rico e, portanto, a restituição do IRRF, mesmo que legítima do ponto de vista legal, seria imoral, pois estaria "concentrando a renda no país". E a Viúva, que muitas vezes tem sido perdulária e caloteira, seguiria negando aos cidadãos brasileiros seu legítimo direito.

Gostaríamos, ao contrário, que a nossa querida Viúva fosse mais justa, austera e solidária. É disto que estamos falando quando nos referimos ao tema que é conhecido como crédito--prêmio de IPI. (preâmbulo do artigo).

Aprovada na Câmara dos Deputados e no Senado Federal, a MP 460/2009 seguiria para sanção ou veto presidencial. Seria a derradeira etapa daquela longa jornada que ainda se vislumbrava vitoriosa, após tantos percalços e esforços por mais de quatro anos seguidos. De acordo com a Constituição Federal, o presidente tem quinze dias de prazo regulamentar para exame e avaliação das leis aprovadas pelo Legislativo e de sanção parcial ou integral do texto final da lei a ser publicada no *Diário Oficial* para entrar em vigor na legislação brasileira.

Para justificar o veto presidencial, o gabinete da Presidência da República deveria apresentar justificativas consistentes, alegando haver alguma inconstitucionalidade ou eventual contrariedade ao interesse público. Não nos parecia haver no caso qualquer inconsistência que justificasse um possível veto presidencial, a menos que o STF julgasse, naqueles dias, um dos inúmeros recursos extraordinários que lá repousavam à espera de julgamento.

Pois foi nesse curto e definitivo período que algo imprevisto e excepcional ocorreu: a Fazenda Nacional, logo após a decisão do Congresso Nacional, mudou radicalmente de posição e decidiu provocar a urgente votação do recurso extraordinário pelo plenário do STF, o qual escalou originalmente o caso para julgamento no dia 12 de agosto de 2009, às vésperas do prazo para a decisão da sanção presidencial, que iria até o dia 15. Por requerimento do então advogado-geral da União, José Antônio Dias Toffoli, o julgamento foi adiado para o dia 13 de agosto, pois ele alegou precisar de mais um dia para viabilizar sua sustentação oral no plenário do STF.

Não bastasse essa pressão para obter um julgamento do STF antes do prazo regulamentar da decisão sobre a sanção presidencial da MP nº 460/2009, o Ministério da Fazenda ainda contra-atacou a aprovação da emenda legislativa pelo Congresso Nacional, exaustivamente negociada e finalmente acordada com a PGFN nos meses anteriores. Esse contra-ataque surgiu por meio de uma nota do Ministério da

Fazenda, que negava o acordo e se posicionava publicamente contra a solução mediadora que havíamos obtido. Publicada no dia 15 de julho, logo após a votação na Câmara dos Deputados, ela fazia antever que haveria um jogo pesado contra a posição da emenda aprovada no texto da MP nº 460/2009:

NOTA DO MINISTÉRIO DA FAZENDA
A RESPEITO DO CRÉDITO-PRÊMIO DE IPI

Diante de notícias publicadas sobre a matéria, o Ministério da Fazenda vem a público para afirmar que é contrário à Emenda apresentada pelo Senado Federal à Medida Provisória 460, que dispõe sobre o Crédito-Prêmio IPI às empresas exportadoras. As soluções apresentadas, no âmbito do Congresso Nacional, para os conflitos judiciais e administrativos relativos ao Crédito-Prêmio IPI apresentam as seguintes consequências:

1. Promovem verdadeira violação ao Tratado firmado pelo Brasil no âmbito da OMC, já que a aplicação retroativa da alíquota teto de 15% traduz em pagamento/subsídio superior à tributação incidente na exportação efetivamente praticada, suscetível de isenção.

2. Representará uma corrida aos Tribunais de todos os que não se beneficiaram ou buscaram aplicar o benefício do Crédito-Prêmio IPI (estima-se em 40% dos exportadores de manufaturados).

3. Representa para a União uma confissão de que o benefício não teria sido extinto em 1983 (tese da União) ou em 1990 (tese adotada pelo STJ), o que traduzirá em prejuízo evidente para a defesa do Estado perante o Supremo Tribunal Federal.

4. É incapaz de produzir segurança jurídica para o Estado Brasileiro, eliminando definitivamente um conflito que já perdura por 25 anos (tal segurança só poderá ser produzida no âmbito do STF).

5. Representa um risco potencial de R$ 288 bilhões (segundo dados da Receita Federal do Brasil). Mesmo os dados apresentados pelo setor exportador já são impressionantes, alcançando a cifra de

R$ 70 bilhões. Isso sem falar do impacto decorrente do risco de corrida aos Tribunais, conforme mencionado no item 2.

6. Ao determinar o reconhecimento do benefício do Crédito-Prêmio IPI para além de 1990, em coerência com a tese adotada pelo STJ, a emenda é inconstitucional, já que validaria um benefício extinto pela própria Constituição.

O Ministério da Fazenda reafirma que não houve qualquer acordo entre governo e empresas exportadoras quanto à Emenda e está seguro de que o problema será resolvido com o julgamento do STF.

A nota era definitivamente equivocada, pelas diversas razões já referidas até aqui, mas significava que algo mais grave devia ter ocorrido nos bastidores do Executivo para ter dado motivo para uma mudança tão radical de posição. Tentei falar com o ministro Guido Mantega e com o procurador-geral da Fazenda, Luís Inácio Adams. Ambos se esquivaram de forma sutil, alegando razões de agenda e compromissos fora de Brasília.

Na visão de especialistas, tal iniciativa por parte da Fazenda Nacional surgiu inesperadamente diante da repercussão interna, junto aos procuradores e auditores fiscais, contrários ao acordo ("para quê? Melhor continuar com as autuações bilionárias e o prolongado litígio..."), e externa, por causa das inúmeras matérias da mídia implacável, sensacionalista e mal-informada, que centrava fogo na decisão do Congresso Nacional ao aprovar a MP nº 460/2009. Dentro do governo federal consta que houve intenso conflito de interesses e de opinião entre alguns ministros e ministérios, e a própria Presidência da República. Nós, que havíamos agido sempre com maior empenho e lisura nesses entendimentos sobre o crédito-prêmio do IPI em nome dos exportadores brasileiros, nos surpreendemos anos depois, por ocasião de alguns depoimentos de personalidades acusadas de corrupção no âmbito da Operação Lava Jato, vinculando desentendimentos sobre esse caso como razão para o inesperado rumo e desfecho ocorrido à última hora.

Após a nota do Ministério da Fazenda, imediatamente convocamos uma força-tarefa dos melhores advogados tributaristas do país e elegemos dois ilustres juristas para fazer a defesa oral no plenário do STF em nome dos exportadores: o advogado Nabor Bulhões e o ex-ministro do STF Carlos Velloso. Nesse ínterim, elaboramos um excelente memorial e o levamos pessoalmente para o conhecimento de vários ministros do Supremo. Lembrávamos ali que nesse julgamento haveria a chamada *repercussão geral*, ou seja, a partir dessa decisão todos os demais processos a respeito desse tema seriam alinhados com a decisão em definitivo do Tribunal Superior.

A causa a ser julgada era de uma simplicidade gritante: nos termos do artigo 41º, §1º das Disposições Transitórias da Constituição Federal de 1988, a União teria o dever de revisão de todos os incentivos fiscais de natureza regional e setorial em vigor, o que deveria ser feito dentro do prazo de dois anos, ou seja, até 1990. A pergunta que se colocava para os ministros do STF: "Seria o crédito-prêmio um incentivo fiscal de natureza setorial ou não?" Ou, se abordada de outra forma: "Seria a exportação um setor ou uma atividade econômica?"

Se a exportação fosse considerada um setor, então a não ratificação do decreto-lei nº 491/69 no prazo de 24 meses após a promulgação do texto constitucional, em 1988, implicaria a extinção do crédito--prêmio do IPI a partir de outubro de 1990. Mas, se fosse a exportação considerada uma atividade transversal a todos os setores da economia, então esse preceito constitucional não se aplicaria ao decreto-lei nº 491/69, que permaneceria em vigência até aqueles dias de 2009, pois nunca havia sido revogado – como sempre alegavam os exportadores.

A questão nos parecia de uma "obviedade ululante", como diria à sua época o inesquecível Nelson Rodrigues. Mas na justiça e nos bastidores da política nacional não era bem assim. Ainda mais quando o julgamento se insere num conceito jurídico subjetivo e a sua interpretação torna-se mais uma posição de cunho político do que uma decisão objetiva, sem deixar margem a dúvidas. No caso específico, apesar da "obviedade ululante" de que o incentivo fiscal do crédito-prêmio do IPI não era de natureza setorial, o uso semântico indevido da expressão "setor exportador" permitia a interpretação nesse sentido. A Fazenda Nacional havia detectado essa fragilidade interpretativa e apostava todas as suas fichas na vitória de sua tese no plenário do STF.

PENÚLTIMAS MEMÓRIAS

Para todos nós, aquela mudança de atitude da equipe do Ministério da Fazenda, e mais especificamente da PGFN, era motivo de profunda decepção. Em primeiro lugar, tratava-se de uma deslealdade gritante com os empresários exportadores, que por anos haviam negociado em boa-fé esse acordo com a Fazenda Nacional, naquele momento com seus preceitos já aprovados integralmente pelo Congresso Nacional. Sem nenhuma prévia comunicação ou entendimento, essa iniciativa da PGFN de reverter o acordo e levar o caso de volta ao STF era uma ducha de água fria.

O STF estava até então numa zona de conforto, pois aguardava a promulgação da nova lei para reconhecer o acordo negociado entre as partes e promover o encerramento de todas as ações em curso sobre aquela matéria. Agora estava sendo conduzido a confrontar a posição do Congresso Nacional, que dias antes havia aprovado a MP nº 460/2009 com todo aquele conteúdo acordado. E a pressão institucional em torno dos ministros do STF se tornava a cada momento mais irresistível.

Finalmente, no dia 13 de agosto de 2009, lá estávamos nós reunidos no amplo salão do plenário de julgamentos do STF, à espera do veredito final, que já se supunha a favor da Fazenda Nacional. Sala lotada, muita tensão no ar, e entraram um a um os onze ministros do STF, vestidos com aquela característica capa preta e acompanhados de seus respectivos assessores. Meu semblante de decepção estava já escancarado diante da expectativa de derrota no julgamento. Meus amigos e familiares sabem que não consigo disfarçar minhas emoções, e talvez em alguns casos isso tenha prejudicado, ao longo da carreira, minha capacidade de negociação. Nesse caso não havia mais nada a fazer, só esperar. Estava eu ali sentado, no meio da elite dos advogados brasileiros e mais alguns empresários exportadores, com cara de sétimo dia, à espera da fatídica sentença.

Nos julgamentos há uma série de possíveis artimanhas visando adiar a votação para uma possível revisão dos votos ainda a serem proferidos. Pede-se vista do processo por prazo indeterminado, e, até ser devolvido para a conclusão do julgamento, podem-se passar anos a fio. Mas, caso isso não ocorresse, nesse caso, talvez o placar do processo pudesse ser 6 x 5 ou 7 x 4 para a Fazenda Nacional, avaliávamos, na melhor das hipóteses. Dava para entender que a PGFN já tinha a certeza da vitória mesmo antes de o jogo ter começado. Cumprimentos protocolares entre os presentes, alguns sorrisos amarelos de cordialidade, e a sessão foi aberta.

O RE 577.302 era de relatoria do ministro Ricardo Lewandowski, que, como já citei, teve reconhecida sua repercussão geral pelo Supremo. Ao votar pela existência da repercussão geral, o ministro Lewandowski afirmou que a matéria "possui relevância econômica, porquanto afeta todos os exportadores contribuintes do IPI, além da possibilidade de causar grande impacto na arrecadação tributária". No parecer de Lewandowski como relator da matéria, a Constituição de 1988 havia anulado os efeitos do decreto-lei nº 491/69, porque as Disposições Transitórias haviam previsto a extinção, em dois anos, de todos os incentivos fiscais que beneficiassem setores isolados da economia, caso não fosse editada nova lei.

No entendimento do relator, o crédito-prêmio se encaixava nesse perfil, porque o decreto que havia criado o incentivo fazia menção direta a produtos manufaturados, o que, na prática, limitava o benefício à indústria e ao "setor exportador". O voto do relator foi feito sem nenhuma profundidade analítica, baseado apenas em ilações semânticas e casualidade oportunística, que não se sobrepõem, evidentemente, aos fundamentos jurídicos e econômicos que deveriam prevalecer em casos como esse, de reconhecida e elevada significância econômica para os exportadores brasileiros.

Mas o pior aconteceria em seguida: todos os demais ministros acompanharam o voto do relator e concluíram sem mais delongas que o crédito-prêmio do IPI havia sido extinto em 5 de outubro de 1990, por força do parágrafo 1º do artigo 41 do ADCT. O placar de 11 x 0 era uma decepção absoluta para todos nós. Naturalmente, em face da reconhecida sanha arrecadadora das autoridades fiscais, tivemos que imediatamente recomendar a adoção de medidas acautelatórias por parte dos contribuintes exportadores, que a partir da publicação do acórdão daquele julgamento do STF deveriam se tornar alvo preferencial da fiscalização da Receita Federal. Com essa decisão unânime do STF, mais uma vez quem perdia era o contribuinte brasileiro, que normalmente sucumbe diante da inconstância legislativa vigente no país, que retira a previsibilidade necessária a um Estado democrático de direito, em que deveria vigorar a segurança jurídica.

O efeito moral e econômico sobre os exportadores foi enorme. Não bastasse essa decepção com a Suprema Corte e com o Executivo, a conjuntura era adversa naquele momento para as exportações brasileiras. Desde a crise internacional de setembro de 2008, o fluxo global de comércio havia declinado, os preços internacionais também haviam caído, e ainda por cima o real estava nitidamente sobrevalorizado (vamos tratar disso mais adiante, em outro capítulo), resultando em baixa lucratividade ou mesmo prejuízo na atividade exportadora. Agora ainda mais, as empresas exportadoras brasileiras teriam que arcar com os vultosos prejuízos que lhes causaria essa decisão do STF.

Encerrado o julgamento do STF, caberia ao presidente Lula vetar a emenda que havia sido inserida na MP nº 460/2009, o que ocorreu dias depois, obviamente. A Lei nº 12.024 foi publicada no dia 27 de agosto de 2009, sem a emenda que previa regulamentação do crédito-prêmio do IPI, vetada integralmente pela Presidência pela justificativa de inconstitucionalidade, com base na decisão do STF dias antes.

Para tentar amenizar o clima azedo que se formou entre os exportadores e o governo, o deputado Henrique Fontana (PT-RS) veio a público no dia seguinte para defender, em sessão da Câmara dos Deputados, a posição do Ministério da Fazenda naquele episódio: "O veto presidencial não vai significar o fim do diálogo com os exportadores. O governo tem dito que tem preocupação em ter um setor exportador forte e quer uma equação que traga segurança jurídica em relação às contas públicas", disse Fontana.

Às vezes eu me arrependo de não ter reagido com maior rigor diante dessa injusta situação. Se eu à época abrisse a boca, e com base nas trocas de e-mails pudesse provar as afirmações inverídicas das autoridades fazendárias sobre as negociações ocorridas, talvez o STF não tivesse se comportado de forma tão servil aos interesses do Estado em detrimento dos exportadores contribuintes. Naquele momento, lembrei-me de uma frase de um caro amigo jornalista, que, do alto de sua experiência vivida seguindo a decisão dos tribunais superiores, vaticinou: "O lendário, icônico e mestre dos mestres entre os juristas brasileiros, Sobral Pinto, que muito faz falta nos dias de hoje, já dizia lá atrás que o STF tem a prerrogativa de errar por último".

Aprendi nessa experiência, no caso do crédito-prêmio do IPI, que nem sempre a justiça tem prevalência, mesmo em casos óbvios, e que a palavra do governo, mesmo quando proferida por um ministro ou presidente, é volátil, pois muda ao sabor das circunstâncias. Perseverança e humildade diante dos fatos foi outra lição aprendida. Discrição e pragmatismo diante do resultado foi outra lição. Por isso achei melhor virar a página mais uma vez. Muita coisa ainda poderia acontecer. E aconteceu.

Em outubro de 2009, preocupado com os efeitos adversos da decisão do STF sobre o crédito-prêmio do IPI, e consequentemente sobre a agravada crise financeira das empresas exportadoras brasileiras, o Ministério da Fazenda resolveu amenizar a situação, emitindo nova medida provisória, a de número 470/2009, a qual promovia o parcelamento dos débitos tributários devidos pelas pessoas jurídicas ao Fisco Federal.

A medida provisória nº 470/2009 trouxe uma previsão curiosa, pois é dirigida especificamente (artigo 3º) para "débitos decorrentes do aproveitamento **indevido** do incentivo fiscal setorial instituído pelo **artigo 1º do decreto-lei 491, de 5 de março de 1969**". Ora, se a utilização do crédito-prêmio pelos exportadores foi feita com base em autorização judicial, então ela não foi indevida, portanto, para quem se encontra nesse caso, será que existiriam débitos a serem parcelados? Outra dúvida ainda subsistiu: se, diante dessa verdadeira saga vivida para quem exportou e gerou o "crédito-prêmio", diante da elevada carga tributária e das dificuldades das exportações, as empresas afetadas teriam condições de pagar esse novo parcelamento? Ou daqui a algum tempo teriam que suspender o pagamento e repactuar um novo parcelamento, ou, se isso não ocorresse, continuariam a fechar suas portas e a reduzir seu nível de empregos? A insegurança jurídica e econômica continuou prevalecendo, ao contrário do que afirmava a nota da Fazenda de meses atrás, ainda tirando noites de sono dos empreendedores brasileiros.

Cabe finalmente registrar que, diante da crise vivida pelos exportadores a partir de 2009, a questão do resíduo tributário na cadeia produtiva exportadora foi revisitada junto às autoridades fazendárias, e em 2011, no início do governo Dilma Rousseff, foi lançado o Programa Reintegra, que, nos moldes semelhantes ao do crédito-prêmio do IPI, veio permitir aos exportadores realizar um pedido de ressarcimento ou de compensação tributária equivalente a 3% do valor exportado de inúmeras categorias de produtos manufaturados.

O Regime Especial de Reintegração de Valores Tributários para as Empresas Exportadoras (Reintegra) foi inicialmente criado pela Lei nº 12.546/2011 para vigorar por tempo delimitado, tendo sido reinstituído em 2014 pela Lei nº 13.043/2014 de forma definitiva. De certa forma, era um reconhecimento implícito do grave equívoco jurídico e econômico ocorrido em 2009, agora parcialmente corrigido pela promulgação de uma nova lei em dezembro de 2011, introduzindo o mecanismo do Reintegra na legislação brasileira.

Tal *mea culpa* ficou ainda mais explícito na exposição de motivos enviada pelo Executivo ao Congresso Nacional, reconhecendo que a base jurídica para a introdução desse regime especial se encontra nas imunidades tributárias atribuídas à ATIVIDADE EXPORTADORA (destaque nosso). Entre elas está a contida no § 2º do artigo 149 da Constituição, incluída pela emenda constitucional nº 33/2001, segundo a qual as contribuições sociais e de intervenção no domínio econômico não incidirão sobre as receitas decorrentes de exportação. No relatório da Câmara dos Deputados à PEC que originou essa emenda constitucional foi afirmado: "Não se pode admitir qualquer forma de agregação de tributos a bens e serviços exportados".

O STF, quando analisou a questão da imunidade das receitas de exportação, acolheu o entendimento de que a imunidade deve ser garantida de forma ampla para evitar o efeito econômico nefasto de se exportar tributos, o que, se ocorresse, prejudicaria gravemente a competitividade do produto nacional exportável. E assim se justifica esse mecanismo, porque o sistema tributário brasileiro é notoriamente complexo e ineficiente. Sem esse regime, haveria um resíduo tributário resultante de inúmeros tributos incidentes sobre insumos e serviços na cadeia produtiva exportadora, e uma carga tributária residual no produto que deveria ser exportado, de maneira que, ainda que indiretamente, por outros caminhos a exportação seria onerada.

Ocorre que, ao longo dos últimos anos, de forma arbitrária e acidental, o Ministério da Fazenda tem alterado o percentual atribuído para cálculo do Reintegra, sem justificativa técnica plausível de qualquer natureza e sem sequer observar o consagrado princípio da anterioridade, que indica que qualquer mudança na carga tributária deve ocorrer somente no exercício seguinte, de forma a proporcionar um mínimo de previsibilidade aos contribuintes. A conclusão a que se chega é que aceitar a virtual extinção do Reintegra, com sua redução repentina de 3% para 0,1%, como ocorreu em maio de 2018 por ocasião da greve dos caminhoneiros (sic!), é frustrar a regra constitucional da imunidade e indiretamente tributar as operações de exportação.

Essa imprevisibilidade de regras acaba determinando a baixa eficácia do mecanismo no seu objetivo fundamental de contribuir para maior competitividade da atividade exportadora, em face da insegurança jurídica criada pelo comportamento impetuoso do Executivo, fazendo inclusive surgir um elevado grau de litigiosidade que inunda de processos e recursos os tribunais brasileiros. O que poderia ser efetivo, simples, confiável, tornou-se um mote para novos litígios tributários e de geração de maior incerteza para os exportadores brasileiros. Na época desta escrita, havia uma grande expectativa de que em breve ocorreria uma eficaz reforma tributária, que deveria de vez nos redimir e nos resgatar desse manicômio tributário em que vivemos até os dias atuais.

CAPÍTULO 15

Bola na trave mais uma vez

Os últimos dias da campanha eleitoral no início de outubro de 2014 tiveram um ritmo frenético. O Partido dos Trabalhadores atuava de forma desesperada em busca da reeleição da presidente Dilma Rousseff. Nesse intuito, a estratégia era jogar pesado na propaganda eleitoral, mesmo que fosse preciso acusar de forma cruel e desonesta seus dois principais adversários, tanto Marina Silva (Rede/PSB), que tinha assumido a posição de candidata presidencial havia apenas dois meses, após a trágica morte em acidente aéreo de seu companheiro de chapa, Eduardo Campos, como também o candidato Aécio Neves (PSDB), ex-governador mineiro por dois mandatos e um dos principais caciques tucanos.

Marina Silva aparecia de forma surpreendente nas pesquisas, pontuando em segundo lugar à frente de Aécio Neves desde o início de setembro, e com chance de vitória no segundo turno. A trágica morte de Eduardo Campos havia enlutado o país e despertado muita emoção em torno da campanha de Marina Silva. Ela era considerada uma notável figura humana, mesmo por muitos de seus adversários, fosse pela sua trajetória de vida, desde a infância humilde nos rincões do Acre, onde nasceu em meio aos seringais nativos, fosse pela sua postura íntegra e fiel a seus princípios, que a fizeram chegar em 2003 ao posto de ministra do Meio Ambiente no primeiro mandato do presidente Lula. Em 2006, acabou se desfiliando do PT, por discordar da forma como evoluía a gestão petista no governo federal, e alçou voo próprio pelo seu novo partido, Rede Sustentabilidade, criado anos mais tarde.

Foi um surpreendente momento para os políticos do país quando, em maio de 2014, Marina Silva e o ex-governador de Pernambuco e expoente do PSB, Eduardo Campos, neto do memorável líder político Miguel Arraes, convocaram uma entrevista coletiva e anunciaram sua aliança para disputar a eleição presidencial que se aproximava. Eduardo Campos seria cabeça da chapa, e Marina, sua vice. Seus discursos naquele dia de abertura da campanha do PSB causaram enorme repercussão no meio político nacional. Todos os jornais e telejornais daquele dia estamparam a notícia como manchete de suas edições.

A dupla se exibia com contagiante entusiasmo, perfeita sintonia, extrema confiança, comprovada experiência, muita esperança e aquele brilho nos olhos e sorriso na face que revelavam seus atributos para disputar e eventualmente ganhar aquela atribulada eleição, pondo fim à era petista na Presidência da República, após três mandatos consecutivos. Seus potenciais adversários políticos ficaram repentinamente desnorteados, como se num determinado momento houvessem misturado todas as cartas do baralho e agora o jogo devesse começar noutro patamar, com nítida vantagem para a surpreendente dobradinha Eduardo-Marina.

Mas, como diz a letra da música "Roda viva", de Chico Buarque:

> *Tem dias que a gente se sente*
> *Como quem partiu ou morreu*
> *A gente estancou de repente*
> *Ou foi o mundo então que cresceu*
> *A gente quer ter voz ativa*
> *No nosso destino mandar*
> *Mas eis que chega a roda-viva*
> *E carrega o destino pra lá*

Numa manhã chuvosa no fatídico dia 13 de agosto de 2014, o avião Cessna Citation caiu numa área residencial de Santos, no litoral de São Paulo, quando contornava pela segunda vez a pista da base aérea na tentativa de pouso. Eduardo Campos se dirigia ao litoral paulista para cumprir intensa agenda de campanha e estava acompanhado de parte de sua equipe de assessores. Não houve sobreviventes no acidente aéreo. A bordo, além do candidato, também morreram no desastre o fotógrafo Alexandre Severo e Silva, o assessor Carlos Augusto Leal Filho, o ex-deputado federal e assessor Pedro Valadares Neto, o cinegrafista Marcelo de Oliveira Lyra e os pilotos Geraldo Magela Barbosa da Cunha e Marcos Martins. O país ficou em estado de choque. Muitos políticos, inclusive adversários, se solidarizavam com a família, amigos e, lógico, com sua companheira de chapa, Marina Silva, que, diante das trágicas circunstâncias, assumiu a liderança da chapa PSB/Rede.

Às vezes eu me pergunto: qual teria sido o destino do Brasil e de todos os brasileiros se por acaso esse acidente não houvesse ocorrido? Teria Eduardo Campos sido eleito presidente do Brasil? Como teria sido o seu desempenho? Teriam ocorrido as reformas políticas e econômicas sempre tão prometidas, nunca cumpridas e sempre adiadas? Quem seria seu sucessor nas próximas eleições? Jamais saberemos essas respostas, mas julgo, pelos eventos posteriores, que o destino tem sido muito ingrato com nosso país e nosso povo.

Certamente a eleição de Eduardo Campos e Marina Silva poderia ter alterado para melhor a trajetória de nossa história, que mais uma vez se viu vítima de uma armadilha do destino. Jamais esquecerei a premonitória frase dita e repetida por Eduardo Campos dias antes, num memorável discurso: "Não vamos jamais desistir do Brasil!" Ficaram como legados relevantes de sua administração à frente do estado de Pernambuco os programas Pacto pela Vida e Pacto pela Educação, com os quais alçou seu estado ao destaque na redução da criminalidade e da melhoria da segurança pública, além de alcançar os melhores níveis de pontuação no *ranking* nacional dos ensinos básico e secundário.

Já no ninho tucano a candidatura de Aécio Neves seguia medianamente, sem muito entusiasmo, mas consistente com o padrão das campanhas de seus antecessores Geraldo Alckmin, em 2006, e José Serra, em 2002, ambas contra Lula, e em 2010, agora com Serra contra Dilma. Havia sempre a ligeira esperança de eventual reviravolta na reta final do segundo turno. Muito embora o retrospecto de três derrotas consecutivas dos candidatos tucanos para o PT despertasse algum ceticismo, com a chegada de um novo e inédito candidato, Aécio Neves, com discurso "menos paulista", mais jovem e dinâmico, após dois mandatos estaduais bem-avaliados, trazia novas perspectivas para a campanha presidencial do PSDB.

A imagem pública de Aécio Neves àquela altura era no mínimo controversa. Se de um lado ele havia apresentado um bom desempenho como governador de Minas Gerais, de outro lado seu comportamento político e pessoal era avaliado com ressalvas. Na vida pessoal, sempre deixava espaço para críticas pelas suas frequentes noitadas cariocas, onde passava a maior parte dos fins de semana em muita boemia, e nas quais muitas vezes se via envolvido em encrencas com seus amigos e suas namoradas. Já na vida política, sua permanente disputa pessoal com José Serra e Geraldo Alckmin pela hegemonia interna no PSDB havia produzido rusgas indeléveis, pois seu apoio a ambos nas campanhas presidenciais de 2002, 2006 e 2010 tinha sido quase nulo, lembrando que em Minas Gerais o PT havia vencido todas as eleições presidenciais de 2002 a 2014, enquanto para o governo estadual o PSDB sempre saía vitorioso. O PSDB mineiro chegou mesmo, em 2006, a propagar a dobradinha "LulAécio" durante a campanha.

Nos bastidores do PSDB cada vez mais prosperavam intrigas e desavenças entre os caciques tucanos. O ex-presidente Fernando Henrique Cardoso, único com autoridade moral para dar um "pito" nos seus colegas de partido, parecia muitas vezes alheio a tudo aquilo, procurava não tomar parte no imbróglio nem se esforçar para unir o partido. Somente uma vez o vi realmente indignado com essa predatória divisão interna, quando, dias após o término das eleições de 2006, chamou as principais lideranças do partido à sede da Fundação FHC e fez um contundente discurso criticando a atitude desleal de seus correligionários durante a campanha. Não escondia sua profunda decepção com muitos que ali estavam e que haviam prometido, mas não cumprido seu apoio à candidatura de Geraldo

Alckmin à Presidência da República. O próprio Geraldo Alckmin, àquela altura ainda abalado pela derrota para o candidato petista no segundo turno, com menos votos do que no primeiro, retrucou, afirmando que naquela eleição havia aprendido muito. Disse que havia tido duas surpresas: de quem ele esperava apoio decisivo, só recebeu deslealdade e críticas, e de quem ele talvez nada esperasse, havia recebido um incondicional e entusiasmado apoio. Eu, que havia participado ativamente de sua campanha, sabia exatamente do que ele estava falando.

O fato é que o vírus desagregador das lideranças tucanas permaneceu ativo e contagiante pelas duas décadas passadas e foi motivo importante das sucessivas derrotas do PSDB a que assistimos nesse período da história brasileira. Talvez a causa desse permanente clima interno de beligerância resulte do fato de que o PSDB é realmente um partido de muitos caciques e poucos índios, como dizem as más línguas, mas com absoluta razão.

Na verdade, além de FHC, Aécio Neves, Geraldo Alckmin e José Serra, dezenas de notáveis políticos tucanos têm disputado (e muitos na verdade vencido) eleições majoritárias nos últimos anos, tais como Tasso Jereissati, Antônio Anastasia, João Doria, Marconi Perillo, Aloysio Nunes, José Aníbal, Antônio Imbassahy, Beto Richa, Ricardo Ferraço, Bruno Covas (já falecido), Alberto Goldman (já falecido), Gerson Camata (já falecido), Bruno Araújo, Pimenta da Veiga, Roberto Rocha, Simão Jatene e, mais recentemente, Eduardo Leite e Raquel Lyra, dois jovens políticos com futuro promissor, entre outros. Talentosos, ambiciosos e experientes, todos eles buscam sobressair nesse ambiente tão disputado das eleições majoritárias pelo partido a que pertencem. A discórdia pessoal de quadros tão relevantes da vida política nacional, causada por vaidades pessoais e intrigas internas, só trouxe descrédito e desalento a todos os que votaram no projeto ideológico do liberalismo social defendido pelo partido.

A tônica da campanha em 2014 era o clamor pela "mudança". A grande maioria da população brasileira estava desencantada com os rumos do país e ansiosa por mudanças profundas na forma de governar o Brasil. Os movimentos de rua de 2013 já haviam tomado de surpresa a classe política brasileira, especialmente o governo federal, sob a terceira gestão petista consecutiva. A crise econômica e social que se abatia sobre o Brasil naqueles anos tinha origem em graves erros de gestão pública praticados pela gestão petista e que, se não fossem resolvidos a tempo, resultariam logo mais em longo período de empobrecimento do país, de aguda recessão econômica e com elevado nível de desemprego, que já fustigava milhões de famílias brasileiras por todo o país. Era preciso reinventar um Brasil mais justo, mais solidário, mais próspero e mais feliz para todos os brasileiros.

Em 2013, meu escritório situava-se no 22º andar de uma moderna torre da Avenida Faria Lima. Ali eu trabalhava intensamente das 8h às 20h todos os dias. Quase sempre era o primeiro a chegar e o último a sair. Naquele final de tarde de 20 de junho de 2013, eu havia tomado conhecimento de que haveria na região da Faria Lima uma passeata de protesto contra o aumento de R$ 0,20 nas passagens de transporte público. Imaginei que haveria algumas centenas de pessoas, talvez alguns milhares, na maioria estudantes, reclamando do inconveniente aumento da tarifa de ônibus.

Mas qual não foi minha surpresa quando, do alto da torre, avistei ao longe uma multidão incomensurável. Eram no mínimo centenas de milhares de pessoas. Fiquei estupefato, olhando a corrente humana que desfilava pacificamente ao longo da extensa avenida, até onde a vista alcançava, alguns quilômetros adiante. Eram milhares de bandeiras multicoloridas, de cartazes, dezenas de carros de som causando um barulho ensurdecedor, com músicas e discursos por vezes inaudíveis, enfim, algo que eu não via desde o movimento das Diretas Já, em 1984. Aquilo não podia ser só mero protesto contra o aumento da tarifa de ônibus, deveria haver outros interesses e causas em pauta para ter reunido aquela multidão. Minha curiosidade falou mais forte. Tirei a gravata e o paletó, arregacei as mangas da camisa social e desci para me misturar àquela corrente humana.

Curiosamente, não havia bandeiras de partidos políticos, nem mesmo a figura definida de líderes daquele movimento. O Movimento Passe Livre (MPL) havia sido reduzido a mero coadjuvante de algo anônimo muito maior, que surgia espontaneamente como fenômeno surpreendente na vida política nacional. E que, em minha opinião, ainda está aí à espreita, calado, misterioso, esperando nova oportunidade para nos tomar de surpresa, uma reprimida angústia do povo brasileiro, ainda com um nó na garganta e a voz embargada, querendo gritar contra os desmandos da política brasileira: "Fora, fulano! Fora, beltrano! Menos Brasília e Mais Brasil!"

O fato é que aquele movimento espontâneo de 2013, em minha opinião, ainda não terminou, mesmo após o *impeachment* da presidente Dilma Rousseff, em 2016, nem mesmo após a memorável Operação Lava Jato, de 2014 a 2020, e da prisão, nesse período, de centenas de políticos, burocratas estatais e empresários corruptos, quase todos posteriormente liberados pela nossa pendular jurisprudência.

Em setembro de 2014 a disputa se acirrou entre os três candidatos mais competitivos: Dilma, Marina e Aécio. Até a última hora tudo indicava que Dilma e Marina iriam para o segundo turno, deixando Aécio Neves derrotado em terceiro lugar. Mas a campanha destrutiva e insidiosa do PT, principalmente em cima de sua ex-filiada Marina Silva, havia sido intensa, enquanto Aécio Neves havia se saído muito bem nos derradeiros debates televisivos. Na véspera das eleições ele já aparecia à frente de Marina Silva, conquistando até com alguma folga o segundo lugar e o direito de disputar o segundo turno com a periclitante Dilma Rousseff.

Ocorre que meu irmão mais moço, Eduardo Giannetti, era assessor econômico da candidata Marina Silva, e eu um recorrente apoiador das candidaturas tucanas, desde Mário Covas, em 1989, até Aécio Neves, em 2014, e naquele momento apoiava com entusiasmo meu amigo Geraldo Alckmin à reeleição ao governo de São Paulo para cumprir seu quarto mandato. Portanto, em família conversávamos harmoniosamente sobre a campanha de nossos respectivos candidatos, ambos em flagrante oposição à candidatura petista. No sábado, véspera das eleições, Eduardo, meu fraterno amigo Paulo Brito e eu almoçamos juntos para conversar sobre os últimos eventos da campanha política. Já naquele momento, Eduardo, tendo diante de si as pesquisas internas de sua própria equipe, admitia a previsível derrota em primeiro turno da candidata Marina Silva, num lamento de decepção e indignação com o baixo nível da campanha petista.

No domingo, o resultado se confirmou: Dilma e Aécio estavam no segundo turno, e Marina Silva havia sido novamente derrotada na sua segunda tentativa de chegar à Presidência da República. Com 100% das urnas apuradas ainda na noite de domingo, Dilma havia liderado a disputa com 41,6% dos votos válidos, Aécio Neves em segundo com 33,6% e Marina Silva em terceiro com 21,32%. Parecia claro que o ganhador do segundo turno seria aquele que conseguisse atrair maior número de eleitores que votaram em Marina Silva.

Em entrevista logo após a divulgação dos resultados do primeiro turno, o então ministro Gilberto Carvalho afirmou que o PT estava disposto a convencer Marina Silva a apoiar Dilma no segundo turno, e que para isso o partido poderia incorporar pontos relevantes do programa da candidata derrotada. O que Gilberto Carvalho não imaginava era a profunda mágoa que Marina Silva sentia em razão da destrutiva campanha que os marqueteiros petistas haviam promovido contra ela.

Na segunda-feira de manhã, o dia começou com todos assimilando aquele resultado e esperando dali a três semanas uma "nova eleição", a definitiva de segundo turno, que resultaria na escolha do próximo presidente para o período 2015-2018. Eis que, lá pelas 8h30, ao chegar ao meu escritório, já fui interpelado a caminho de minha sala pela minha assistente, informando que o ex-presidente Fernando Henrique estava ao meu encalço, queria falar comigo com urgência. Logo consegui retornar a ligação, e ele, de forma meio aflita, foi logo perguntando se eu poderia interceder junto ao meu irmão Eduardo para conseguir marcar uma reunião sigilosa entre ele e Marina Silva nas próximas horas ou dias, pois seria importantíssimo conversarem sobre o segundo turno. Respondi de pronto que iria fazer isso, sem dúvida, mas que haveria dificuldades, pois imaginava que ela deveria estar deprimida e decepcionada com a derrota eleitoral e avessa a qualquer reunião ou encontro político naquele momento.

Eduardo também considerava difícil promover um encontro entre Marina e FHC naquela hora: ela estava exausta e muito desgastada pela violência da campanha, reclusa em seu apartamento em São Paulo, talvez precisasse de mais algum tempo de paz e reflexão para se recuperar emocionalmente. Mas, diante da minha insistência, Eduardo concordou e, com jeito, ele tentaria argumentar, destacando a relevância que poderia ter aquele seu encontro com FHC para o futuro do Brasil e quem sabe uma futura aliança programática entre PSDB, PSB e Rede. Ninguém melhor que o Eduardo naquela ocasião para retomar o diálogo com Marina Silva.

Na terça-feira à tarde, já com pouca esperança de obter êxito nessa tarefa, e indagado a cada hora pela assistente do Instituto FHC sobre o agendamento do tal encontro, eis que Eduardo me chama e diz que Marina havia concordado em se reunir com o ex-presidente FHC no dia seguinte, bem cedo, e que poderia ir até a sua casa tomar café da manhã e conversar com ele, mediante algumas condições: o encontro deveria ser absolutamente sigiloso, sem ninguém da imprensa, e eu, Roberto, deveria ir sozinho, dirigindo meu veículo, para buscá-la pontualmente às 7h30 da manhã na garagem do seu prédio residencial, em Moema, e levá-la ao apartamento de FHC, em Higienópolis. Assim foi feito, e às 7h30 Marina Silva e seu assessor político Walter Feldman (ex-PSDB) embarcaram no meu Volvo de vidros escuros, despistando alguns repórteres de plantão diante de seu edifício e, em menos de meia hora, adentrávamos a residência do ex-presidente, que nos recebeu com alegria e nos serviu um bom café da manhã, numa conversa amena sobre assuntos gerais.

Lá pelas 9h, finalmente FHC pediu licença a mim e ao Walter e convidou Marina para uma conversa a sós em seu gabinete doméstico. Lá permaneceram por três infinitas horas, enquanto Walter e eu restamos ansiosos pelo resultado daquela longa conversa. O fato é que FHC é muito persuasivo, e o resultado não poderia ser diferente: ao meio-dia saíram os dois do gabinete do anfitrião para se juntar a nós na sala de estar e anunciaram que haveria o acordo para o decisivo apoio de Marina Silva a Aécio Neves no segundo turno, mas ponderou: sujeito a algumas condições, especialmente a assinatura em ato público de uma carta de compromisso de Aécio Neves com políticas públicas defendidas pelo PSB e por Marina Silva. E que tal documento deveria ser redigido com máxima urgência, para avaliação e aprovação de ambos os partidos e candidatos. Perguntei quem iria elaborar com tanta pressa e precisão tal documento. O ex-presidente não hesitou um segundo em responder: "Ora, eu, você e seu irmão Eduardo. Leve a Marina de volta a sua casa, e logo depois do almoço espero vocês dois para começarmos a trabalhar. Até logo!", estendendo-me a mão, em despedida.

Logo no início da tarde daquela quarta-feira, lá estávamos nós três no gabinete de FHC, ele ao centro digitando no seu computador pessoal, eu e o Eduardo, um de cada lado, sugerindo alguns tópicos, textos, palavras, de forma a dar consistência aceitável a ambos os grupos partidários. Minha contribuição para a elaboração daquele documento foi ínfima, pois, na verdade, quem tinha empatia e sabia de cor e salteado o pensamento político de Marina Silva era meu irmão, que, além disso, também é um brilhante escritor, com mais de quinze livros publicados, razão pela qual foi eleito membro da Academia Brasileira de Letras. E ali na tela de seu computador, o ex-presidente FHC construía o texto com sua maestria de professor de Sociologia. Tenho muito orgulho de ter participado com eles desse momento que poderia ter sido decisivo para a história de nosso país. No final da tarde, a minuta estava pronta para ser enviada aos dois candidatos e aos presidentes de ambos os partidos.

O texto da carta a ser assinada por Aécio Neves em ato público, e em seguida divulgada para a imprensa, incluía dezenas de compromissos programáticos que eram compatíveis para os dois grupos políticos aliados. Entre os compromissos assumidos havia aqueles relacionados às questões ambientais, de desenvolvimento regional, de educação e saúde, de segurança pública, de política indigenista, de reformas estruturais, de estabilidade monetária, de inclusão social, de redução das desigualdades, de equilíbrio fiscal. Enfim, o texto abrangente foi aprovado pelos dois partidos e marcou-se sua assinatura para o sábado seguinte, em Recife, por ocasião da visita que Aécio Neves faria à viúva de Eduardo Campos, Renata, e a seus filhos e demais familiares. Lá estaria a cúpula nacional do PSB prestigiando aquele histórico momento de aliança entre o PSDB e o PSB para o segundo turno das eleições presidenciais de 2014. Parecia, naquele momento, que a vitória de Aécio Neves estava garantida, mas, como dizia meu pai, mineiro e desconfiado do imponderável no destino: "Eleição e mineração, só depois da apuração!"

A carta-compromisso foi assinada em ato público por Aécio Neves, texto transmitido pelas redes de televisão ao vivo, repetido ao longo do dia em todos os telejornais e publicado nos jornais de domingo em todo o país. Veja seu texto a seguir, na íntegra:

JUNTOS pela Democracia, pela Inclusão Social e pelo Desenvolvimento Sustentável

Terminado o primeiro turno das eleições as urnas foram claras: a maioria do eleitorado, 60% dele, mostrou o desejo de mudança. Mudar significa tirar do poder os que o estão exercendo, mas significa também mudar para melhor, em primeiro e principal lugar visando a aprimorar as práticas partidárias e eleitorais. Significa também ampliar os canais pelos quais cada cidadão poderá expressar seus pontos de vista e cooperar na deliberação dos grandes temas nacionais ou de interesse local. É minha intenção, neste segundo turno, ser consequente com os desejos da maioria dos brasileiros: vamos continuar propondo mais mudanças para melhor. Para isso, é natural que contemos, nesta etapa, com as sugestões dos que, comprometidos com a mudança, se lançaram à campanha e, mesmo não obtendo votos suficientes para chegar ao segundo turno, contribuíram com suas ideias, propostas e debates para melhorar a qualidade de nossa democracia.

De minha parte reitero o compromisso com os valores democráticos, cuja efetivação depende de mantermos as instituições virtuosas e de sermos capazes de entender que, no mundo atual, a ampliação da participação popular no processo deliberativo, através da utilização das redes sociais, de conselhos e das audiências públicas sobre temas importantes, não se choca com os princípios da democracia representativa, que têm que ser preservados. Ao contrário, dá-lhes maior legitimidade.

O PSDB se orgulha de ter ajudado o Brasil a reencontrar o equilíbrio econômico. Não só fizemos a estabilização da moeda com o Plano Real, mas criamos instituições fundamentais para sua continuidade, sustentadas por políticas de transparência que infelizmente não vêm sendo seguidas pelo atual governo. O sistema de metas de inflação e a autonomia operacional do Banco Central para fixar a taxa de juros e observar as livres oscilações do câmbio provaram ser eficientes. Graças a esta base, inauguramos nova etapa de investimentos, tanto externos quanto internos, que permitiram gerar empregos e assegurar mais tarde grande *mobilidade social. Mudamos de patamar no contexto das nações, sendo que, em 2000, já éramos proclamados como fazendo parte dos BRICs, países populosos que sobressaíam pelo vigor econômico.*

Este trabalho foi feito simultaneamente com o reforço das políticas sociais. Foi nos governos do PSDB que alcançamos a universalização do acesso ao ensino fundamental e criamos o Fundef. Propomos agora ampliar a cobertura das creches, universalizar o acesso à pré-escola e a adoção da educação em tempo integral para os alunos no ensino fundamental. O futuro do Brasil será decidido nas salas de aula.

Foi também durante o governo do PSDB que, na prática, se instalou o SUS, que, com os genéricos e a entrega gratuita de medicamentos aos mais pobres, começou a construir um Estado de bem-estar social. Falta muito ainda, e o governo do PT maltratou a saúde pública, mas continuaremos na caminhada positiva com a ampliação da participação da União no financiamento do sistema através do programa Saúde +10, que viabilizará o reajuste da tabela SUS e a recuperação das instituições filantrópicas, em particular das Santas Casas.

Foi a partir de 1994 que se inaugurou uma política de aumento real dos salários mínimos, transformada em lei mais tarde pelos governos que sucederam ao PSDB. Com isso, os benefícios da Previdência também foram aumentados. Foi nos governos do PSDB que se generalizaram as políticas de transferência direta de renda, as bolsas, assim como o Benefício de Prestação Continuada, que garante renda mínima de um salário mínimo para idosos e pessoas com deficiência. Os governos posteriores ampliaram estes avanços. E também fomos nós que criamos o Ministério da Reforma Agrária, criamos o PRONAF e assentamos cerca de 500 mil famílias, processo tão descuidado pelo governo atual. A reforma agrária precisa ser retomada com seriedade e prioridade.

As políticas sociais sempre fizeram parte de nossos governos, mesmo quando enfrentamos conjunturas econômicas adversas, e nos orgulhamos de haver entregue o país em condições de estabilidade que foram essenciais para que nossos sucessores pudessem ampliar e aprofundar essas políticas. Nossa determinação, e com isso pessoalmente me comprometo, é levar adiante o resgate da dívida social brasileira, que é tarefa inarredável de qualquer governante. Vamos ampliar e aprimorar as políticas existentes, inclusive transformando o Bolsa Família em política de Estado, e não de governo, justamente para que não sofra descontinuidade ou interrupção.

Vamos convocar a sociedade brasileira a debater e encontrar soluções generosas para nossa juventude, para lhe dar horizontes que a afastem da violência e outros descaminhos. Entendo que poderemos juntos evitar que os problemas relacionados aos jovens sejam encarados apenas sob a ótica da punição. Essa seria uma forma injusta de penalizá-los, na ponta do processo, por erros e omissões que são de todos nós.

Temos muitas ferramentas para lidar com nossas desigualdades. A mais importante delas é a riqueza da diversidade sociocultural brasileira que deve estar expressa no combate a toda discriminação, seja étnica, de gênero, de orientação sexual, religiosa, ou qualquer outra que fira os direitos humanos e a liberdade de escolha de cada cidadão.

Mais ainda, entendemos que o governo Dilma Rousseff tem sido negligente na questão da demarcação das terras indígenas. Tanto produtores rurais como indígenas têm sido vítimas dessa negligência, que contribui para acirrar conflitos e tensões. No nosso governo vamos nos posicionar pela manutenção da prerrogativa constitucional do Poder Executivo de demarcar terras indígenas, ouvindo os Estados e os órgãos federais cuja ação tenha conexão com o tema. Criaremos também o Fundo de Regularização Fundiária, que permitirá resolver as pendências em áreas indígenas nas quais proprietários rurais possuem títulos legítimos de posse da terra, reconhecidos pelo poder público. Da mesma forma, daremos a merecida atenção, não dada pelo atual governo, às reivindicações dos quilombolas e outras populações tradicionais.

É triste constatar que a Federação está doente, enfraquecida e debilitada. Padece de centralismo excessivo na esfera federal, ficando os poderes locais à míngua dos recursos e desprovidos de competências para enfrentar os problemas e melhorar a qualidade *de vida de suas comunidades. É nosso propósito promover a revisão desse estado de coisas, devolvendo a estados e municípios os meios de exercerem sua autonomia constitucional, habilitando-os a levar a solução do problema para perto de onde ele ocorre. É urgente revigorar nossa Federação, fortalecendo suas bases. O debate sobre o Pacto Federativo será articulado com a temática do desenvolvimento regional.*

Não há como pensar em novo ciclo de desenvolvimento nacional sem considerar como base fundamental o desenvolvimento regional. Nunca teremos pleno desenvolvimento com o país cada vez mais concentrado em ilhas de prosperidade e extensos vazios de produção e riquezas. O estabelecimento de políticas públicas regionais é um componente fundamental para articulação do Pacto Federativo.

Quero reiterar nossos compromissos programáticos com a questão ambiental, vista do ângulo de seu tripé: o cuidado com a natureza, com as pessoas, visando mais bem-estar e igualdade, e a adoção de corretas políticas macroeconômicas, notadamente das que afetam nossa matriz energética. O moderno agronegócio brasileiro defende um programa efetivo de preservação da riqueza florestal visando ao objetivo maior de alcançarmos o desmatamento zero.

A exploração do petróleo, inclusive do pré-sal, é imperativo do desenvolvimento e não põe à margem a diversificação de fontes energéticas menos poluidoras, como as eólicas, solar, a bioenergia, o gás e, sobretudo, o uso racional da energia para poupá-la. Além disso, estabeleceremos uma política efetiva de Unidades de Conservação, não apenas para garantir a implantação e o correto uso das já existentes, como para retomar o processo de ampliação do Sistema Nacional de Unidades de Conservação, paralisado no atual governo.

Enfatizo que darei a devida e urgente importância ao trato da questão das Mudanças Climáticas, iniciando um decisivo preparo do país para enfrentar e minimizar suas consequências. Assumo o compromisso de levar o Brasil à transição para uma economia de baixo carbono, magna tarefa a que já se dedicam as nações mais desenvolvidas do planeta, retomando uma postura proativa de liderança global nesta área, perdida no atual governo.

Espero, enfim, que o PSDB e seus aliados sejamos vitoriosos neste segundo turno pelo que trazemos de positivo em nossas propostas e não apenas pelos malfeitos, abusos e desmandos do atual governo, que são enormes. A democracia, tal como a concebemos, não se faz destruindo-se os órgãos de estado ao sabor de interesses partidários e privados, como foi feito com as agências reguladoras, as empresas estatais, os fundos de pensão e a própria administração federal. Nem pela estigmatização infamante dos setores políticos minoritários. É preciso devolver o Estado à sociedade brasileira.

Reconhecemos a necessidade de uma reforma política que não pode mais ser adiada e com ela nos comprometemos, a começar pelo fim da reeleição para os cargos executivos. Quero que meu governo seja aquele no qual os brasileiros vão recuperar a confiança na política como caminho para o exercício pleno de sua cidadania.

É com esta visão de brasileiro, mais do que de representante de um partido, que espero unir o Brasil. Apelo aos eleitores que já votaram contra a continuidade da situação política atual, e a todos os partidos e lideranças que propuseram melhorias em nossa política, que se unam a nós para levar adiante os compromissos que ora assumo, na segunda fase desta caminhada. Não para abdicarem do que creem, mas para ajudarem a ampliar nossa visão e para podermos, juntos, construir um Brasil melhor.

Destaco, especialmente, o legado de Eduardo Campos e o papel que Marina Silva tem exercido na renovação qualitativa da política brasileira e na afirmação do desenvolvimento sustentável. Peço a todos os que amam o país: juntem-se a nós! Só na união, no consenso, os brasileiros e as brasileiras poderão construir o que queremos: uma sociedade mais justa, democrática, decente e sustentável.

Aécio Neves

Ato contínuo, Marina Silva convocou uma coletiva de imprensa para domingo de manhã em um auditório na Vila Madalena, em São Paulo. Eduardo e eu comparecemos ao local, repleto de jornalistas e redes de televisão. A aliança estava consumada, agora era afinar o discurso que teria a virtude de capturar os votos de Marina Silva para a chapa tucana Aécio Neves/Aloysio Nunes. Tudo levava a crer que essa transferência majoritária de eleitores aconteceria naturalmente, até porque a carta-compromisso estava lá assinada, como âncora daquela aliança de segundo turno. FHC se mostrava confiante e estava feliz pelo êxito da missão que lhe havia sido atribuída pelos seus colegas de partido.

Até que finalmente a data fatal do último debate entre os candidatos chegou, com as pesquisas apontando um verdadeiro empate técnico, uma diferença mínima entre os dois, tendo Dilma ainda ligeiramente à frente de Aécio, mas com tendência declinante. O tucano Aécio Neves havia decidido aproveitar o debate da TV Globo naquela quinta-feira à noite, o último espaço de embate eleitoral antes das eleições de domingo, dia 26 de outubro de 2014, para atacar a presidente Dilma Rousseff em temas espinhosos para a candidata do PT: o mensalão, os desvios na Petrobras e a inflação.

Dilma Rousseff aparentava estar mais hesitante nesse debate do que nos dois anteriores e se defendeu das denúncias sem muita convicção, chamando-as de "eleitoreiras". De troco, atacou a gestão do PSDB em Minas Gerais e em São Paulo. Aécio retrucou novamente, com a revista *Veja* em mãos, a qual trazia o depoimento do doleiro Alberto Youssef, um dos acusados de liderar o esquema de corrupção na Petrobras. Nesse depoimento ele afirmava à Polícia Federal e ao Ministério Público que tanto a presidente Dilma Rousseff como o ex-presidente Luiz Inácio Lula da Silva tiveram pleno conhecimento das irregularidades na empresa estatal.

"Isto é um golpe eleitoral", afirmou Rousseff, aos berros. "O povo não é bobo, sabe que esta informação está sendo manipulada, porque não há nenhuma prova. Acredito que depois de segunda-feira ela vai desaparecer", disse ela, que completou dizendo que tomaria as medidas judiciais cabíveis contra a revista. Era mais um embate do que um debate, com graves acusações recíprocas entre os dois adversários.

Na sexta-feira à noite corriam rumores de que o doleiro Alberto Youssef, que estava preso em Curitiba em razão da ainda iniciante Operação Lava Jato, havia sido envenenado e estaria internado, com risco de vida, na UTI do hospital do presídio. Seria mais uma queima de arquivo? Ou seria, por acaso, *fake news*?

Até hoje não sabemos direito o que se passou nos bastidores da Lava Jato naquela sexta-feira às vésperas da eleição presidencial. Quanto à acusação do mensalão, que já havia sido julgada pelo STF e resultado na condenação de várias lideranças petistas, inclusive do poderoso José Dirceu, a candidata Dilma Rousseff escapou habilmente da pergunta de Aécio e não lhe respondeu, mas questionou os motivos que levaram o mensalão tucano a não ter sido julgado. E acusou o PSDB de deixar que os casos de corrupção envolvendo membros do partido prescrevessem, para não passarem por julgamento.

Tentando reequilibrar o debate, Dilma ainda teve tempo de questionar Aécio Neves sobre a não aplicação do mínimo exigido pela Constituição das verbas da saúde, e da educação durante a sua gestão como governador de Minas Gerais, e também falou da crise hídrica, que então causava racionamento de água em São Paulo, para questionar a capacidade de gestão tucana. "Teve falta de planejamento em São Paulo, candidato? Não planejar no maior estado do país é uma vergonha. O Nordeste teve o mesmo problema de falta de chuvas e não enfrenta a mesma situação". O jogo era mais destrutivo do que propositivo, e o vale-tudo predominou até o fim do debate-embate. No final, Aécio Neves ainda tentou reforçar a imagem de que o PT estava absolutamente envolvido com aqueles graves casos de corrupção e, fechando o debate, afirmou: "Para acabar com a corrupção é preciso tirar o PT do governo".

A ansiedade pelo desfecho da campanha eleitoral era elevada, principalmente diante da incerteza do resultado, por causa dos ataques do último debate e dos pronunciamentos de formadores de opinião a favor de um ou de outro durante as últimas 48 horas de campanha. Mais de 100 milhões de eleitores brasileiros se dirigiram às urnas naquele ensolarado domingo de final de outubro. Restava esperar a abertura das urnas, a partir das 17h. A apuração teve início com maior velocidade nos estados do Sul e do Sudeste, onde era nítida a vantagem do candidato tucano. Aécio Neves saiu à frente e sua margem foi subindo a cada parcial que era anunciada, mas sabíamos que no Sul/Sudeste esse resultado já era esperado. O que não sabíamos ainda era se a vantagem inicial seria suficiente para compensar a predominância petista nos estados do Nordeste, tradicional celeiro de votos petistas.

Ao contrário do que se propaga, não ocorreram nas eleições de 2014 inversões sistemáticas de um ou outro candidato à Presidência da República liderando as totalizações parciais durante o andamento da apuração dos resultados das urnas no segundo turno. Ocorreu apenas uma única inversão nas colocações entre os dois candidatos, que aconteceu às 19h32 e que pode ser verificada na planilha oficial. Isso ocorreu devido aos fusos horários do país, sendo que as votações das regiões Sul e Sudeste foram totalizadas antes das regiões Nordeste e Norte. Nessas regiões houve significativa votação para a candidata Dilma Rousseff, e, durante a totalização parcial, a cada momento, a vantagem inicial do candidato Aécio Neves ia gradativamente diminuindo, à medida que os boletins de urna das regiões Norte e Nordeste estavam sendo enviados e processados.

Dessa forma, para nosso pânico e surpresa, às 19h32 Dilma Rousseff ultrapassou Aécio Neves na contagem dos votos válidos e assim permaneceu, com uma pequena vantagem, até o final da apuração. É importante ressaltar que, mesmo que tivesse havido mais inversões, isso não comprovaria fraude. As eleições brasileiras têm seus resultados conhecidos em poucas horas após o encerramento da votação e o fechamento das urnas eletrônicas. Nesse momento, todas as urnas do país emitem um relatório de votação, o boletim de urna (BU). Os BUs – impressos em várias cópias – são distribuídos aos partidos políticos, afixados nos locais de votação e enviados às juntas apuradoras juntamente com a documentação de cada seção eleitoral. Assim, a ordem de recebimento dos resultados não altera a apuração, da mesma forma que a ordem das parcelas não altera a soma. Qualquer tipo de fraude na transmissão e totalização não escaparia a tantos fiscais.

O fato é que, por volta das 21h de domingo, já se podia saber o resultado. Conforme a planilha oficial do TSE, a candidata Dilma

Rousseff havia sido reeleita para a Presidência da República ao obter 54.501.118 votos, o equivalente a 51,64% dos votos válidos, ficando o candidato Aécio Neves com a segunda colocação, ao receber 51.041.155 votos (48,36% dos votos válidos). No segundo turno do pleito, 105.542.273 eleitores compareceram às urnas eletrônicas e votaram em um dos candidatos.

No final de 2014 e início de 2015, um novo ciclo político se abria no país, prometendo muita turbulência à frente. O país estava nitidamente dividido, e o enfrentamento entre as duas correntes políticas, PT e PSDB, continuaria em outra arena: o Congresso Nacional. Os dois finalistas da eleição presidencial de 2014 em poucos anos se tornaram personagens secundários na política brasileira. Dilma Rousseff foi destituída do cargo em agosto de 2016 por meio de rumoroso processo de *impeachment* no Congresso Nacional e, posteriormente, foi derrotada nas eleições de 2018 para o Senado Federal pelo estado de Minas Gerais. Já Aécio foi execrado pela maioria de seus colegas de partido, diante de fortes suspeitas de corrupção levantadas contra ele por denúncias de integrantes da diretoria do frigorífico JBS, em 2017, mas sobreviveu ao processo de expulsão do partido e continua como discreto deputado federal pelo PSDB mineiro. Com certeza, FHC, Marina Silva, Eduardo Giannetti e eu nos arrependemos muito do apoio dado à sua candidatura no segundo turno das eleições de 2014. Hoje entendemos que ele não merecia. Mas, como arrependimento não mata, estamos todos vivos até hoje para rememorar essa história.

CAPÍTULO 16

Buenos Aires Hora Cero

O dia tinha tudo para ser mais uma grande festa brasileira. Dia 8 de julho de 2014: eu acredito que o leitor se lembra de onde estava e do que sentiu nesse dia inesquecível para todos os brasileiros, especialmente para aqueles que, como eu, são apaixonados por esse esporte chamado futebol e pela seleção nacional, que durante a Copa do Mundo, segundo as palavras de Nelson Rodrigues, se transforma na "pátria de chuteiras". Dia de sol em Belo Horizonte, Mineirão lotado e a torcida brasileira colorindo de verde e amarelo todos os cantos do estádio, em estado de euforia, na semifinal contra a Alemanha. Eu estava numa viagem de negócios em Londres, acompanhado de minha mulher, Débora, e de minha filha, Valentina. A convite de um casal de sobrinhos, Gustavo e Liza, que moram em Londres, fomos assistir ao jogo num bar que havia se organizado para receber conjuntamente as torcidas brasileira e alemã em Londres.

Sempre vem aquela forte emoção quando o jogo da seleção se inicia e a bola rola dentro do campo. As duas seleções chegavam invictas até então àquele torneio mundial, e esperava-se uma partida equilibrada. A confiança do time brasileiro parecia alta, até que de repente, lá pelos vinte minutos do primeiro tempo, veio o primeiro gol da Alemanha. Logo depois o segundo, o terceiro, o quarto. Pasme! Em sete minutos, quatro gols da Alemanha! Aquilo parecia um nocaute futebolístico, resultado totalmente improvável. Como torcedor fanático da seleção brasileira, entrei em pânico e deixava transparecer minha profunda decepção. Valentina chorava de tanta tristeza, e logo mais eu também enxugava minhas lágrimas, ainda abraçado a ela e a Débora. Abandonamos o bar no meio-tempo, com o placar de 4 x 0 para a Alemanha, pegamos um táxi e fomos para o hotel em indignado silêncio.

Nem vimos o segundo tempo no hotel, e só mais tarde soubemos do vexame histórico, do placar final de 7 x 1 para a Alemanha. A seleção brasileira havia perdido o equilíbrio emocional, era a única explicação plausível. Até os alemães em campo pareciam perplexos e constrangidos com um resultado tão surpreendente. Mais tarde, à noite, saímos cabisbaixos para jantar com Gustavo e Liza e começamos a falar que a final da Copa no Brasil seria dali a uns dias, entre Alemanha e Argentina, dois times arquirrivais do Brasil. Minha torcida seria para a Argentina, esperando afinal uma vingança sul-americana de nossos vizinhos contra os carrascos alemães que nos levaram à humilhação em pleno solo brasileiro.

Gustavo trabalha em Londres, num típico *merchant bank* britânico, e começou a comentar a dramática situação que a economia argentina estava vivenciando naquele momento. Se no futebol a Argentina era vitoriosa, na economia e na moral nacional estava derrotada, após anos de seguida estagnação econômica e crônica inflação. Uma pena para um país tão lindo, com tantas riquezas e com elevado nível educacional e cultural, terra de gênios como o escritor Jorge Luis Borges e o músico e compositor Astor Piazzola, dois personagens argentinos entre tantos pelos quais tenho profunda admiração.

Com sua dívida externa vencida e não paga, pois suas reservas em moeda conversível eram ínfimas, os bônus externos do tesouro argentino eram vendidos no mercado secundário internacional com forte deságio, por cerca de 30% ou até menos do valor de face dos títulos. Boa parte desses títulos havia sido adquirida por *hedge funds* norte-americanos e europeus que apostavam posteriormente numa cobrança agressiva, com o objetivo de resgatar 100% do valor de face nominal, e auferiam assim altos lucros por terem assumido antes altos riscos. E a cobrança agressiva dos fundos conhecidos por "abutres" estava desde 2012 se materializando mundo afora com a penhora de bens financeiros e ativos argentinos, como navios da Marinha, imóveis de empresas e bancos argentinos no exterior, além das contas bancárias e reservas das empresas estatais e do Banco Central da Argentina. Isso, de certo modo, era um vexame pior que o episódico 7 x 1 que havíamos sofrido havia pouco contra a Alemanha.

De repente, vi uma oportunidade ímpar de negócio ao me recordar de que ali mesmo em Londres, em 1987, portanto 27 anos atrás, eu havia participado, com meu amigo Paul Zuckerman, então diretor do célebre banco S. G. Warburg, da concepção da estratégia de negociação heterodoxa da dívida externa brasileira, a qual anos mais tarde havia servido de inspiração para o Plano Brady, que pôs um ponto final na crise da dívida externa dos países emergentes que havia assolado meio mundo nos anos 1980. Essa história está reproduzida no capítulo 12 de meu livro *Memórias de um* trader.

A oportunidade que vislumbrei naquele momento, e que me entusiasmava ao refletir conjuntamente com o Gustavo, era de obter uma opção de compra por valor equivalente a 70% a 80% do valor de face dos bônus argentinos, ainda de posse dos fundos abutres norte-americanos, para um ou mais bancos brasileiros, que por sua vez negociariam com o governo argentino uma troca (*swap*) desses títulos vencidos e não honrados no vencimento por outra série de bônus soberanos da nação argentina, com prazos e juros compatíveis com a curva de juros futuros dos títulos argentinos vigentes naquela conjuntura adversa. Ao resgatar a confiança dos bancos internacionais para a dívida argentina, em breve os juros futuros cairiam e haveria crescente e gradual liquidez para vender os bônus obtidos no *swap*, com elevada taxa de lucro. No papel a estratégia parecia lógica e simples, mas na prática parecia uma missão quase impossível, e a dúvida residia em identificar quem toparia realizar essa complexa e arriscada operação. Na minha cabeça logo veio a resposta: BTG Pactual, em que um time de brilhantes executivos financeiros trabalhava sob a liderança de André Esteves e Pérsio Arida, a quem conhecia muito bem e admirava pela sua trajetória profissional e acadêmica.

O ambiente empresarial e governamental da Argentina não era novidade para mim. Havia estado lá dezenas de vezes, principalmente na década de 1990, como empresário exportador, em visitas a clientes locais como consultor econômico-financeiro, como turista, para matar saudade dos amigos e dos shows de música de Astor Piazzola, ou, ainda, mais tarde, como secretário executivo da Camex, representando o governo brasileiro em negociações bilaterais. As minhas viagens ao país vizinho em alguns momentos eram tão frequentes que, a convite, era hóspede na belíssima residência oficial do embaixador Marcos Azambuja, de quem me tornei um bom amigo, como também em muitas ocasiões fui hóspede do casal muito amigo e gentil Antônio Carlos e Valéria Barbosa de Oliveira, residentes num belo apartamento na capital portenha, ele diretor do Banco Itaú na Argentina. Em 1998, cheguei até a ser convidado para ser o orador no discurso em nome dos empresários brasileiros na Argentina, por ocasião do jantar de despedida do embaixador Azambuja, evento que foi uma honra inesquecível para mim.

Havia colaborado no início dos anos 1990 na negociação do governo brasileiro com o Banco Central da Argentina, por ocasião da concessão de financiamento brasileiro para execução das obras da hidrelétrica Pichi Picún Leufú, na província de Neuquén. Essa obra é reconhecida como um marco na história de internacionalização da Odebrecht na América Latina. Em 2014, vinte anos depois, a Odebrecht era uma das principais empreiteiras de obras públicas do governo de Cristina Kirchner. Colaborei também no financiamento das exportações de bens e equipamentos para a construção do majestoso Hotel Casino Conrad, em Punta del Este, no Uruguai, empreendimento privado construído no final dos anos 1990 pela Odebrecht, em parceria com investidores argentinos. Grande parte dos equipamentos, do material de construção e do mobiliário foi importada do Brasil, pela empresa Sílex Trading, da qual eu era sócio e presidente à época.

PENÚLTIMAS MEMÓRIAS

Como secretário executivo da Camex, participei de dezenas de reuniões bilaterais em Buenos Aires e Brasília, como também de reuniões multilaterais do Mercosul. Tenho na memória um encontro com o então ministro da Economia, Domingos Cavallo, no início dos anos 2000, um ano após o Brasil ter adotado o regime de câmbio flutuante, fato que tornava nossas exportações mais competitivas, especialmente para o mercado argentino, em que ainda prevalecia a utopia do câmbio fixo, sob o mantra "de uno dólar para uno peso". Cavallo reclamava do câmbio flutuante no Brasil e dizia que não havíamos sido firmes como ele fora nos últimos anos, resistindo a eliminar a âncora cambial do sistema de câmbio fixo. E dizia para quem quisesse ouvir que o problema não era o peso argentino, uma moeda estável e confiável, mas o dólar e o real, que eram moedas voláteis, que mudavam de valor todos os dias, e que traziam intranquilidade e insegurança para os empresários argentinos no mercado internacional.

Percebi que era elevado o grau de abstração e utopia em que ele se encontrava na sua obsessão pela paridade cambial do peso argentino. Nunca a evasão fiscal e cambial na Argentina havia sido tão elevada como naqueles anos, 2000–2001. Literalmente, centenas de bilhões de dólares fugiram da Argentina para contas na Suíça e paraísos fiscais, levados pela elite argentina, que assim precipitava o desastre anunciado. Bastaram mais alguns meses para que a explosiva crise da economia argentina ocorresse de forma dramática, iniciando longo período de instabilidade política e de *default* da dívida externa argentina, que perdurou por mais de uma década, e sobre a qual trataremos neste capítulo.

De volta ao Brasil, dias depois ainda vi a Argentina perder de 1 x 0 para a Alemanha, que se sagrou campeã do mundo pela quarta vez, atrás somente da seleção brasileira, que já era pentacampeã. Logo na semana seguinte, fui à procura de uma reunião com meus amigos do BTG, para lhes expor com a devida cautela, e com um grau de realismo possível, as minhas ideias ainda totalmente conceituais. Era de esperar certo ceticismo inicial para aquele plano mirabolante. A primeira pergunta óbvia que eles me fizeram foi se o governo argentino aceitaria garantir antecipadamente o *swap* dos títulos externos vencidos na forma idealizada. Esse era o principal risco do esquema. O governo argentino de então, presidido por Cristina Kirchner, tinha como ministro da Economia um jovem e polêmico economista chamado Axel Kicillof. Meus amigos André e Pérsio não o conheciam pessoalmente, mas acompanhavam de perto o desempenho da economia argentina, como bem-informados banqueiros, e me lançaram um desafio: iniciar o diálogo com o governo argentino e, se a conversa vier a prosperar, em sequência o BTG me contrataria como seu *special adviser* nessa operação e me ofereceria uma remuneração variável de êxito que fosse proporcional ao lucro líquido da operação, no caso de ela se realizar.

O estoque da dívida argentina em questão era na casa de US$ 20 bilhões. Qualquer resultado em cima dessa base de cálculo, ou algo próximo disso, seria um valor importante. Negociado o acordo com o BTG, em agosto de 2014, me vi, como no jogo de futebol, entrando em campo com a bola já rolando. Aquele jogo imaginado em Londres meses atrás estava agora de fato começando, e eu sabia que não seria nada fácil. O sigilo tinha de ser absoluto, tínhamos que operar com muita discrição e maestria, para obter o melhor resultado e não gerar controvérsias políticas e econômicas durante a execução do plano.

Tomei a iniciativa na semana seguinte de viajar até Buenos Aires, mas antes fui a Brasília pedir ajuda e orientação ao embaixador argentino no Brasil, o diplomata Luis Maria Kreckler, como também ao assessor especial de Assuntos Internacionais da Presidência da República, Marco Aurélio Garcia. Com o apoio de ambos, consegui marcar uma audiência com o ministro Kicillof sem muita dificuldade. Mesmo eu sendo reconhecido como partidário tucano, adversário do PT de Lula e Dilma, era tratado com respeito e atenção por petistas históricos, como Marco Aurélio Garcia, Guido Mantega, Antonio Palocci e outros. Com o apoio do governo brasileiro, a reunião com o ministro Kicillof foi agendada nos primeiros dias de setembro de 2014, e me programei para ir inicialmente sozinho àquele primeiro encontro preliminar de abertura e apresentação conceitual da proposta de operação.

Na hora marcada, estava lá, a postos, no gabinete do Ministério da Economia, num prédio vizinho à Casa Rosada, no centro de Buenos

Aires, com um livro nas mãos e muitas ideias na cabeça. Levei ao ministro Kicillof um exemplar de meu livro *Memórias de um trader*, imaginando que isso me credenciaria perante o governo argentino, pela história contada no capítulo sobre minha atuação no longínquo ano de 1987 como assessor do Banco Central do Brasil na negociação da dívida externa brasileira.

Sua posição em relação aos fundos abutres era radical: não aceitava em nenhuma hipótese nenhum acordo nem conversa com aqueles que chantageavam e criticavam publicamente o governo argentino no mercado financeiro internacional. E rejeitava qualquer hipótese de acordo com o FMI, que sempre havia sido hostilizado pela esquerda latino-americana como sendo um braço intervencionista multilateral dos interesses liberais estrangeiros nos países emergentes. Portanto, isso abria a alternativa para nós, brasileiros, nos posicionarmos como interlocutores qualificados na viabilização da solução proposta, que atenderia ao interesse de todas as partes envolvidas.

Acho que o impressionei bem, pois trocamos muitas impressões e ideias sobre a ousada proposta que tinha em mente, para em seguida Axel Kicillof chamar dois assessores diretos para se sentarem conosco à mesa, autorizando-os a disponibilizar informações sobre o estoque da dívida externa argentina e os processos judiciais de cobrança no exterior. Depois de três horas de conversa, ainda ganhei em retribuição um exemplar autografado de seu livro *Fundamentos de la teoria general*, com a foto de lorde Keynes estampada na capa, e que versa sobre as consequências da teoria keynesiana sobre a economia mundial. Li seu livro nas semanas seguintes, com redobrada atenção, de forma a entender o pensamento ideológico e econômico daquele exótico economista, então exercendo o cargo de ministro da Economia da Argentina.

Ele seria dali em diante nosso interlocutor direto nessa operação. Era notória a sua proximidade com a presidente Cristina Kirchner, bem como o grau de confiança que ela depositava em seu auxiliar. Nascido em 1971 na Argentina, Axel Kicillof, contando então 44 anos de idade, era um dos mais jovens ministros do gabinete argentino. Na maior parte de sua carreira tinha se concentrado na área acadêmica, como professor regular de Economia da Universidade de Buenos Aires. Como eu também sou economista e admirador de lorde John Maynard Keynes, a afinidade nesse tema foi muito positiva, e houve uma boa energia nesse encontro de reconhecimento recíproco. Recentemente, em 2019, Axel Kicillof foi eleito governador da Província de Buenos Aires, derrotando a então governadora Maria Eugenia Vidal, da Proposta Republicana. Sua vitória marcou a volta do peronismo ao poder na maior província da Argentina, depois de 28 anos de derrotas consecutivas.

A conversa naquele dia de setembro de 2014 evoluíra muito bem, inclusive para o tema adicional de promoção de novos investimentos e financiamentos brasileiros no mercado argentino, envolvendo o Banco do Brasil e sua subsidiária na Argentina, o Banco Patagônia, bem como os negócios de duas construtoras brasileiras com obras importantes no país, a Odebrecht e a OAS. Ambas as empresas haviam ganhado algumas concorrências bilionárias para construção de obras de infraestrutura na Argentina, mas que careciam de financiamento externo para dar início às obras contratadas, e isso estava sendo inviabilizado pela crítica situação da dívida externa do país. Informei ao ministro Kicillof que já havia sido procurado pelo governador da província de Mendonza e pelo diretor da OAS em São Paulo para assessorá-los e somar esforços nesse objetivo.

Kicillof sabia de antemão que eu era filiado ao PSDB e que havia trabalhado anos atrás no governo FHC. Perguntou-me sobre as eleições no Brasil, dali a dois meses, em outubro de 2014. Eu lhe falei do clima de imprevisibilidade, da morte de Eduardo Campos, da ascensão de Marina Silva nas pesquisas e do meu apoio discreto, mas efetivo, ao candidato Aécio Neves, com chances remotas naquele momento. Kicillof disse que a presidente Cristina e ele evidentemente torciam para a reeleição de Dilma Rousseff, pois ambos eram historicamente ligados ao PT e aos partidos de esquerda, mas que em caso de vitória do PSDB ou PSB procurariam canais de aproximação, e que contaria com meu apoio nesse objetivo, já que meu irmão Eduardo Giannetti era o principal assessor econômico de Marina Silva. Terminamos a reunião num clima positivo, com aquela perspectiva de levar adiante a estratégia de resgate da dívida externa argentina, quase integralmente nas mãos dos fundos abutres, que permaneciam obtendo arresto de bens argentinos junto aos tribunais nos Estados Unidos e na Europa.

Antes de retornar ao Brasil, resolvi me reunir no dia seguinte com o presidente do Banco Patagônia, João Carlos de Nóbrega Pecego, funcionário de carreira do Banco do Brasil, que, devido à sua competência profissional, galgava uma exitosa carreira na instituição, e lá na Argentina representava os interesses do Banco do Brasil. A troca e a checagem de informações sobre a economia argentina com ele e sua equipe foram extremamente valiosas para nosso objetivo, e de quebra ainda fui apresentado por ele a um jovem advogado argentino, que logo se tornou um bom amigo e parceiro naquela operação. Trata-se de Marcelo Etchebarne, um dos melhores e mais inteligentes advogados que já conheci em minha trajetória profissional.

Nossa sinergia foi imediata. Marcelo Etchebarne era um *expert* em colocação e reestruturação de dívida soberana no mercado financeiro internacional. Formou-se em Direito na Universidade Católica Argentina e cursou pós-graduação em Direito Econômico na Universidade Harvard, em Boston, Massachusetts. Em 2005 havia atuado como assessor legal dos bancos de investimento estrangeiros na renegociação da dívida argentina.

O trauma para a economia argentina das centenas de ações judiciais promovidas pelos fundos abutres no mercado financeiro internacional era enorme, pois muitas delas, com decisões favoráveis aos credores, permitiam o arresto de bens do país devedor e impediam o livre acesso da Argentina a novos empréstimos internacionais. Esses fatos colaboravam para que o governo argentino procurasse atuar com a máxima urgência através de confiáveis interlocutores, em busca de uma solução que fosse politicamente palatável, ou seja, não aparentasse uma derrota ou capitulação diante dos "abomináveis fundos abutres", e que por outro lado fosse financeira e juridicamente exequível, confiável e pragmática. Ainda causava espanto na mídia argentina e internacional a agressividade do juiz norte-americano Thomas Griesa, juiz da corte do distrito de Manhattan, em Nova York, que havia julgado contra a Argentina vários processos judiciais impetrados pelo fundo Elliot, de Paul Singer, entre os quais o bloqueio de reservas do Banco Central argentino depositadas em bancos norte-americanos, como também a aplicação de uma cláusula de *pari passu,* pela qual a Argentina só poderia pagar os novos bônus soberanos emitidos na negociação de 2005 se antes tivesse liquidado em valor integral a totalidade dos títulos nas mãos dos *holdouts* e dos abutres remanescentes da dívida mais antiga.

Um caso que havia se tornado emblemático nessa novela portenha foi o da fragata *Libertad,* uma embarcação da marinha argentina ao estilo do século XIX que era utilizada como barco de treinamento de jovens marinheiros argentinos e para difusão cultural e política da Argentina junto a outras nações amigas. Pois não é que numa ensolarada manhã de 2 de outubro de 2012, quando o *Libertad* se encontrava ancorado no porto de Tema, em Gana, num cruzeiro pelos países da África Ocidental, um funcionário do Judiciário ganês surpreendeu o capitão da fragata, que levava mais de trezentos tripulantes, com um ofício de um juiz local, ordenando a detenção daquela embarcação a pedido do Tribunal de Manhattan, numa ação de cobrança judicial e arresto de bens movida pelo fundo NML Elliot e seu controlador, o arqui-inimigo da Argentina, Paul Singer. O governo argentino, por meio de seus canais diplomáticos, reagiu prontamente, mas em vão.

Dez dias depois de protocolado um recurso na corte ganense, o juiz manteve a sentença de arresto do *Libertad* no porto de Tema. Não restou opção à presidente argentina Cristina Kirchner senão a de repatriar por via aérea a maior parte dos jovens aprendizes marinheiros e deixar alguns outros de plantão em Gana, vigiando a histórica embarcação nacional. Somente meses depois, após decisão favorável de uma apelação da Argentina ao Tribunal Marítimo Internacional de Hamburgo, a fragata foi então liberada e retornou a Buenos Aires, onde foi recebida com comemoração e festa, como se houvesse vencido uma guerra contra um poderoso inimigo numa batalha naval.

Etchebarne disse-me que desde 2005 ele já tinha certeza de que seria imprescindível para resgatar a normalidade da economia argentina a conclusão de uma negociação com os credores restantes, mas que desde então teria havido apenas duas tentativas frustradas, uma conduzida em 2008 por ele e um grupo de bancos internacionais, e outra diretamente pelo governo argentino, em 2010. E que os credores da dívida argentina se dividiam em dois grupos distintos.

O primeiro e mais temido era o grupo dos fundos abutres, liderado pelo financista judeu norte-americano Paul Singer, controlador do fundo Elliot, que comprava os títulos vencidos de países devedores com grande desconto sobre o valor nominal de face, que chegava em alguns casos a até 90% de desconto, para depois litigar agressivamente na cobrança e liquidação dessa dívida pelo valor integral de 100%, tarefa de alto risco, mas que proporcionava a esses investidores abutres resultados de até 4.000% sobre o valor investido em poucos anos. O outro grupo era o dos chamados *holdouts*, aglomerado disperso de pequenos e médios investidores, pessoas físicas, *family offices*, pequenos fundos, especialmente europeus, que não haviam aderido à negociação proposta pela Argentina em 2005, e permanecia com seus títulos soberanos em custódia e cobrança, à espera de eventual solução consensual mais favorável.

Marcelo Etchebarne relatou-me, então, que em 2008 atuou por meio de seu escritório de advocacia Arcadia, instalado em Nova York, em parceria com os bancos Barclays, Citi e Deutsche, na negociação com os credores remanescentes que não haviam aceitado a reestruturação dos bônus em 2005. Essa nova negociação, que tecnicamente recebia a denominação de *reverse inquiry*, foi muito bem estruturada e aceita, em princípio, por ambos os lados na disputa. Mas o imponderável surgiu no horizonte em setembro de 2008, e a transação liderada pelo escritório Arcadia só não foi realizada com êxito por um motivo superveniente: a crise da dívida dos fundos imobiliários e de bancos de investimentos em Wall Street em outubro de 2008.

Nessa iniciativa, ele me dizia ter oferecido ao governo argentino uma troca de US$ 18 bilhões de títulos vencidos por bônus novos pelo valor nominal descontado em 30%, prazo de dez anos e juros fixos anuais de 12,5%. E, de quebra, o *pool* de bancos internacionais oferecia à Argentina um novo empréstimo de US$ 2,5 bilhões de dinheiro novo, ou seja, reservas líquidas para o Banco Central. Etchebarne lamentava que o destino o havia prejudicado no *closing* daquela operação em fins de 2008, naquele momento que havia sido de enorme incerteza e turbulência do sistema financeiro internacional. Mas que agora, anos depois, via surgir novo momento propício para retomar aquele modelo de reestruturação que de fato muito se assemelhava à nossa proposta, e assim estava plenamente disposto a se associar ao BTG para atuarmos juntos. Melhor parceiro parecia impossível. Tínhamos que agir agora com presteza, para realizar aquela operação tão estratégica para a Argentina quanto lucrativa para todos nós.

Já nos primeiros dias da semana seguinte apressei-me em organizar uma reunião com André Esteves e Pérsio Arida na espetacular nova sede do BTG, na Avenida Faria Lima, para onde tinham se mudado poucos meses antes. Lá chegando, fui recebido com uma sensação de curiosidade e hesitação pelos dois banqueiros. A dupla Esteves/Arida era uma combinação perfeita da ousadia, inteligência e criatividade do primeiro com a moderação, o conhecimento técnico e a sabedoria do segundo. Falei das duas reuniões relevantes dias antes em Buenos Aires, com Kicillof e Etchebarne, e de tudo que havia aprendido sobre o recente histórico da dívida externa argentina e dos bastidores daquela arrastada e desgastante negociação com os fundos abutres que tanto prejudicava a imagem e a economia da nação sul-americana. Ouviram atentamente, falaram pouco, mas reagiram positivamente no sentido de dar continuidade ao projeto e formalizar nossa parceria para dar legitimidade à nossa atuação conjunta nessa tarefa. Saí com a incumbência de organizar nova reunião em Buenos Aires, para apresentar Esteves e Pérsio a Kicillof e buscar o credenciamento do BTG a fim de ser mandatado pelo governo argentino para atuar naquele objetivo ainda absolutamente confidencial e estratégico.

Qual não foi minha surpresa quando, dias depois, antes que nossa próxima visita a Buenos Aires estivesse confirmada, recebi um telefonema do embaixador argentino em Brasília, Luis Kreckler, aflito, dizendo que Kicillof voltava de uma viagem internacional e tinha resolvido passar algumas horas na sua escala em São Paulo para se encontrar secretamente comigo e os dois banqueiros do BTG, para trocar ideias sobre a proposta de operação que havíamos lhe apresentado. Estaria presente também Guido Mantega, que ainda estava em Brasília, e viria a São Paulo especialmente para aquele encontro fora da agenda oficial. A reunião foi marcada para as 18h, após o expediente normal, na sede da presidência do Banco do Brasil, em São Paulo, na movimentada esquina da Avenida Paulista com a Rua Augusta. Entramos com o veículo do BTG pela garagem do prédio e fomos conduzidos à sala de espera, onde já estavam o embaixador Kreckler e o cônsul argentino em São Paulo. Poucos minutos depois, fomos encaminhados à sala de reunião do gabinete, onde já se encontravam reunidos Mantega e Kicillof.

A reunião foi espetacular. André Esteves estava num dia muito inspirado e foi incisivo sobre a disposição de empenhar os melhores esforços de sua instituição financeira para levar a cabo aquela operação de regularização da dívida externa argentina, e, para mostrar sua convicção e compromisso com o projeto, informou, num gesto inesperado, que abriria nos próximos meses um escritório do seu banco em Buenos Aires, para em breve expandir as operações no mercado de capitais argentino. Marcamos os três de irmos juntos a Buenos Aires no mês seguinte, levando uma série de documentos solicitados, como a minuta do mandato a ser conferido pelo governo argentino, um fluxo passo a passo das tarefas a serem executadas de forma sequencial e um *term sheet* da operação, com uma simulação dos desembolsos e custos operacionais que viriam a ocorrer nessa sequência. A conversa direta entre Kicillof e Esteves havia sido muito promissora e havia um otimismo crescente de nossa parte.

Convocamos Marcelo Etchebarne para vir a São Paulo logo em seguida, e o BTG, bem impressionado com sua competência e conhecimento do tema, não hesitou nem um minuto em convidá-lo e contratá-lo para o nosso time negociador. A presença do experiente advogado argentino proporcionou um enorme ganho de confiança e velocidade na elaboração dos documentos jurídicos, que ele já conhecia pelas atividades das quais havia sido protagonista. Algumas semanas depois, numa reunião interna da diretoria do BTG, da qual Marcelo Etchebarne e eu participamos na qualidade de parceiros e *advisers,* ouvi com orgulho e entusiasmo André Esteves falar com seus companheiros de trabalho que aquela era a operação mais importante do banco em 2014.

No final de outubro de 2014, lá estávamos nós no gabinete de Kicillof, no Ministério da Economia, para a primeira reunião oficial de trabalho entre o BTG e a equipe ministerial argentina. Juntara-se ao nosso time o jovem executivo do BTG Bruno Coutinho, que, apesar de muito jovem, já tinha trabalhado anos antes na sucursal mexicana do UBS Pactual, antecessor do BTG, e era agora *head* da mesa de renda fixa na sede do banco, em São Paulo. Sua incumbência àquela altura era não só conduzir a elaboração das planilhas de cálculo da proposta operação, mas também providenciar a abertura do escritório do BTG em Buenos Aires e expandir as operações do banco de investimento naquele mercado vizinho. A estratégia adotada pela nossa equipe era primeiro sensibilizar o Ministério da Economia a adotar uma postura mais flexível na definição de dois parâmetros fundamentais, que assegurassem a viabilidade financeira da operação, assim como o próprio interesse do BTG, que se julgava legitimamente merecedor de generosa remuneração, em razão da complexidade, dos riscos e de seu protagonismo naquela ousada negociação com os fundos abutres.

O primeiro parâmetro a ser definido era a margem do *swap* entre o preço que seria necessário pagar à vista para os credores abutres na aquisição dos títulos em *default* e o preço pelo qual tais títulos seriam trocados por novos títulos da dívida soberana argentina a serem futuramente emitidos, com uma taxa de juros minimamente atrativa, para gerar um *spread* para o BTG que viesse a compensar seu envolvimento como principal coordenador dessa arriscada e complexa operação.

O tempo corria contra o nosso interesse por dois motivos: primeiro, porque em 2015 haveria eleições presidenciais na Argentina, e a sensibilidade sobre o tema da insolúvel crise da dívida externa com os fundos abutres iria certamente repercutir na mídia e nos discursos de campanha. Qualquer concessão excessiva aos credores, mesmo que através de um banco brasileiro intermediário, poderia ser vista como traição à pátria. Em segundo lugar, porque o sigilo da operação já havia sido rompido pelo assessor da Presidência da República, Marco Aurélio Garcia, que num arroubo jornalístico havia revelado que o Brasil se preparava para resolver os problemas *de los hermanos* argentinos por meio de engenhosa operação financeira internacional operada pelo BTG.

De quebra, trazíamos em sequência ao projeto de reestruturação da dívida externa argentina a solução financeira para o projeto de uma usina hidrelétrica denominada Los Blancos, na província de

Mendoza, a ser construída pela OAS, o que era muito importante do ponto de vista político, para estimular os governos provinciais às vésperas da campanha eleitoral de 2015. Nesse ínterim, a OAS havia contratado a Kaduna Consultoria para trabalhar na tarefa de viabilização econômico-financeira do projeto, o que certamente teria efeito positivo na nossa inserção naquele mercado, em parceria com o escritório do advogado Marcelo Etchebarne. A reabertura do mercado internacional de capitais para a Argentina resultaria numa avalanche de novos negócios privados, especialmente no campo da infraestrutura.

Nada pior do que isso para atrair propostas concorrentes de outros banqueiros internacionais mais estruturados e poderosos que o BTG, como também para prevenir os insaciáveis fundos abutres de que essa operação já estava em curso e que, assim, eles deveriam cobrar caro por sua execução, até porque acreditavam que, se a oposição liberal ganhasse as eleições em novembro de 2015, a nova gestão iria negociar diretamente com eles de forma mais pragmática, sem preconceitos ideológicos. E eles estavam certos: as duas hipóteses se materializaram após as eleições, no final do ano, em que o candidato Mauricio Macri venceu, no segundo turno, o candidato peronista Daniel Scioli, apoiado por Cristina Kirchner.

Pressionado pelo fator tempo, eu procurava evitar qualquer possibilidade de atraso nas reuniões de trabalho com a equipe argentina, e, para isso, por sugestão de Etchebarne, fui convidado a passar o final de ano acompanhado de minha mulher, Débora, num *resort* magnífico no Vale do Uco, na província de Mendoza, ao pé dos Andes, próximo do local onde seria construída a hidrelétrica Los Blancos. Já nos primeiros dias de janeiro era chegada a hora de finalmente abordarmos os fundos abutres, em Nova York, e dar início a outra exaustiva tarefa de negociação, visando a compra de seus títulos argentinos por um preço inferior ao par, ou seja, com um desconto que pudesse tanto atrair o interesse dos ávidos credores como satisfazer a margem mínima de negociação para fazer sentido ao BTG.

Pérsio, Marcelo e eu fomos incumbidos dessa missão e passamos semanas de trabalho entre Nova York e Londres, conversando com os principais credores *holdouts,* na expectativa de persuadi-los a se desfazer de seus papéis vencidos e não pagos por um preço próximo a 80% do valor de face, já que muitos deles haviam-nos adquirido havia quase dez anos, na bacia das almas, supúnhamos que por um preço de 20% a 30% do valor de face. Nenhuma negociação se mostrava conclusiva, pois a tendência dos credores era de esperar o calendário político e sentir a direção dos ventos nos discursos dos candidatos à presidência da Argentina e nas seguidas pesquisas de opinião. Foi preciso muita perseverança, mais uma vez, para seguir adiante em câmera lenta por meses a fio, pois nem no Ministério da Economia da Argentina nem no grupo de credores havia pressa para conclusão da operação. Nesse ínterim, a OAS entrou com pedido de recuperação judicial, seus diretores foram presos na Lava Jato e o contrato de assessoria para a hidrelétrica de Los Blancos foi encerrado, após enorme esforço meu e do Marcelo na montagem de um consórcio financiador do projeto, no valor de US$ 600 milhões. O clima da operação de resgate da dívida externa argentina começava a naufragar, mas poderia ainda haver uma reviravolta após as eleições.

Quando, no início de novembro de 2015, o candidato liberal Mauricio Macri venceu as eleições e anunciou o nome do novo presidente do Banco Central da Argentina (BCA), houve um renovado entusiasmo por parte de Pérsio Arida, pois o nomeado era seu amigo Federico Sturzenegger, colega de pós-graduação em economia no MIT – o prestigioso Massachusetts Institute of Technology –, em Boston. Haveria, sem dúvida, uma sensível mudança de postura do BCA, que já indicava de antemão três objetivos prioritários para o governo Macri: o combate à inflação, que rondava os 30% ao ano, a suspensão do regime de bandas cambiais e restrições à venda de dólares impostas pela gestão Kirchner e, finalmente, encontrar uma solução negociada para o caso da dívida externa argentina, permitindo assim o regresso do país ao mercado voluntário de dívida bancária internacional. Era música para nossos cansados ouvidos. Pérsio, logo que soube da notícia da indicação de Sturzenegger, ligou para ele, cumprimentando-o, referindo-se brevemente aos trabalhos que estávamos desenvolvendo em prol da economia argentina e se dispondo a visitá-lo dali a uns dias ou semanas, quando já fosse conveniente e possível iniciarem tratativas a respeito.

Mas o destino haveria, mais uma vez, de cortar o nosso caminho: na manhã de 25 de novembro de 2015, dias antes da esperada reunião entre Pérsio e Sturzenegger em Buenos Aires, acordamos com a bombástica notícia de que o banqueiro André Esteves havia sido preso pela Polícia Federal como suspeito numa investigação no âmbito da Lava Jato. A notícia causou um terremoto no mercado financeiro brasileiro – afinal, o BTG era o quarto maior banco privado brasileiro, com ativos superiores a R$ 150 bilhões, e corria-se o risco de uma crise sistêmica no mercado financeiro nacional. Imediatamente, na abertura do pregão da Bovespa, as ações do BTG caíram mais de 20%, levando à sua suspensão do mercado. Clientes desesperados sacavam todas as suas reservas e investimentos em carteira no banco, e em poucos dias mais de R$ 10 bilhões foram sacados dos cofres do BTG.

A chegada de uma força-tarefa da Polícia Federal à sede da instituição com mandado de busca e apreensão de documentos e computadores dos dirigentes da instituição financeira fez a situação chegar ao clímax do desespero – muitos funcionários choravam pelos corredores ao ver aquela inacreditável cena diante de seus olhos. Os sócios do BTG marcaram uma reunião de urgência, para que se posicionassem diante da aguda crise em curso, e Pérsio foi nomeado para assumir a coordenação da interlocução com a autoridade monetária, com os clientes e, internamente, com os funcionários em pânico. A diretoria do Banco Central do Brasil, também em pânico, fechou-se em reunião e evitou, de início, fazer qualquer declaração, levando ainda maior insegurança ao mercado. Até que, pressionada pela evolução adversa do mercado, anunciou sua disposição em oferecer liquidez ao banco, através do Fundo Garantidor de Créditos (FGC), e ao mesmo tempo sugeria ao BTG o afastamento temporário de seu presidente executivo, André Esteves, até que a situação se normalizasse e os fatos que o levaram à súbita prisão fossem esclarecidos pela justiça federal.

A prisão de André Esteves foi um dos atos mais abusivos praticados no âmbito da Lava Jato, que, apesar dos seus inegáveis méritos de investigar e punir os graves casos de corrupção ocorridos no país, muitas vezes transcendeu a legalidade e agiu de forma abusiva e irresponsável, como ocorreu no caso do BTG. Esteves foi preso apenas por ter sido citado, repito, citado pelo ex-líder do governo no Senado, Delcídio Amaral (PT-MS), numa conversa gravada intencional e clandestinamente pelo filho do ex-diretor da Petrobras Nestor Cerveró, num hotel em Brasília. Nessa escuta, Delcídio afirmou que o controlador do BTG pagaria uma mesada de R$ 50 mil para a família de Cerveró e bancaria o valor de R$ 4 milhões em honorários do advogado criminal de defesa Edson Ribeiro. Isso, segundo o parlamentar, porque o banqueiro também estava preocupado com a possibilidade de Cerveró mencioná-lo em sua delação premiada com o Ministério Público Federal. Não havia, na verdade, nenhuma prova material para embasar o pedido de prisão temporária do banqueiro, além dessas insinuações por terceiros de que Esteves estaria disposto a colaborar para comprar o silêncio do ex-diretor Nestor Cerveró. E por esse motivo causou um rombo bilionário nas contas da instituição financeira e no mercado de capitais brasileiro, prejudicando milhares de correntistas, investidores e funcionários e gerando uma crise que demorou meses para terminar. Sem falar do constrangimento moral causado a Esteves, a seus familiares e aos funcionários do BTG, que tiveram sua autoestima subitamente atingida pelo clima de vergonha e desalento que cercou aquele ambiente usualmente tão animado.

Obviamente, diante dessa ocorrência, a operação argentina, que havíamos denominado de "Buenos Aires Hora Cero", em homenagem ao genial músico portenho Astor Piazzola, entrava em inexorável processo de encerramento. Não havia mais nenhuma possibilidade, por prazo indeterminado, de voltarmos a falar com as autoridades argentinas, por motivos óbvios. André Esteves conseguiu sua liberdade condicional poucas semanas depois, ainda a tempo de passar o Natal em casa com sua família, e foi finalmente inocentado pela justiça federal de todas as acusações, em julho de 2018, tendo posteriormente retornado à direção do banco.

O ano de 2016 começou na Argentina com o ânimo recobrado pelo novo governo que assumia. Por solicitação do novo governo Macri, já em janeiro de 2016 a Corte Federal de Justiça de Nova York ratificava o procurador norte-americano Daniel Pollack como coordenador da negociação com os credores da dívida argentina. De caráter firme e pragmático e do alto de sua posição funcional,

PENÚLTIMAS MEMÓRIAS

Pollack fez notável trabalho de diplomacia judicial e de aproximação das partes, buscando a conciliação. Manteve inúmeros e discretos encontros com o novo ministro da Economia, Luis Caputo, e com o presidente do BCA, Federico Sturzenegger, e não se intimidava com os blefes táticos dos beligerantes fundos abutres NML Elliot, Dart, Aurelius, entre outros.

Em abril de 2016, finalmente foi assinado o primeiro acordo no qual a Argentina concordava em pagar a eles 75% do valor nominal de face, acrescido de um valor relativo aos vultosos honorários advocatícios incorridos ao longo de catorze anos de batalhas judiciais. No total, estima-se que foram pagos cerca de US$ 12,5 bilhões aos credores abutres e demais *holdouts*. A Argentina voltou prontamente ao mercado voluntário de dívida internacional e refez suas reservas em moeda forte.

O *script* imaginado por nós havia ocorrido poucos meses após a prisão de Esteves, que nos deixou fora do jogo no final do segundo tempo. Levamos mais uma derrota na vida, mas ganhamos um enorme aprendizado humano e profissional. A saga da dívida argentina havia sido um capítulo relevante na história das reestruturações de dívida externa de países emergentes, obrigando-os dali em diante a adotar, de forma preventiva, algumas novas cláusulas de proteção jurídica nos seus contratos de emissão de bônus e títulos externos, como, por exemplo, o caso da cláusula de *collective action,* na qual se determina que, numa negociação de reestruturação voluntária, se uma grande maioria aceita as condições oferecidas pelo devedor, todos os credores serão necessariamente obrigados a aceitar aquelas mesmas condições, ou ficarão sem nenhum pagamento.

Imagino como ato final dessa saga portenha os últimos acordes de "Buenos Aires Hora Cero" ecoando no 27º andar do escritório de Daniel Pollack, na Park Avenue, em Nova York, seguidos do som simultâneo de rolhas de champanhe francês estourando durante a festa de comemoração de uma das mais desafiadoras negociações do mercado financeiro internacional de todos os tempos.

CAPÍTULO 17

O cartel de câmbio

Na teoria econômica, logo aprendemos que a taxa de câmbio é o principal preço de uma economia, pois, de certa forma, ela afeta direta ou indiretamente todos os outros preços. Dada uma taxa de câmbio para determinada moeda nacional, todos os preços relativos de ativos, passivos, exportações e importações são afetados quando expressos em qualquer outra moeda internacional. A volatilidade da taxa de câmbio reflete, através de sua flutuação, a busca do equilíbrio entre oferta e demanda de certa moeda em relação às demais. O chamado câmbio de equilíbrio de uma economia é o resultado síntese de todos os outros movimentos de preços relativos dessa economia.

Desse enunciado resulta a evidente relevância da taxa de câmbio para o bom funcionamento de uma economia. Uma taxa de câmbio artificialmente subvalorizada ou sobrevalorizada distorce os demais preços relativos de uma economia e, consequentemente, afeta seu desempenho macro e microeconômico. A evidência empírica ao longo da história econômica moderna demonstra que todas as tentativas de aplicação de taxas fixas, múltiplas ou controladas de câmbio não foram bem-sucedidas e resultaram em graves crises de liquidez cambial e de inflação reprimida.

Há razoável consenso entre economistas de que a taxa de câmbio real de um país, se mantida em patamar artificial por um período mais longo, pode trazer vários danos para sua economia. Podemos destacar, entre outros, o desequilíbrio nas contas externas, instabilidade macroeconômica, menor geração de emprego, distorção dos preços relativos, má alocação de recursos pelo setor privado e perda do dinamismo exportador. Poderia aqui me estender no tema e discorrer por centenas de páginas sobre a teoria cambial e suas práticas ao longo do tempo em diversos países e períodos, mas não é este o objetivo deste rumoroso capítulo que ora inicio.

Como diretor titular de Relações Internacionais e de Comércio Exterior da FIESP por dez anos, de 2004 a 2014, cumpri com frequência uma rotina de atender literalmente milhares de empresas paulistas e brasileiras em seu objetivo de exportar ou importar produtos e insumos na sua atividade industrial. Por volta de 2009 percebi que, além dos efeitos da crise internacional de setembro de 2008 sobre o comércio mundial, que aos poucos se recuperava, havia algo mais sistêmico afetando o comércio exterior brasileiro. De um lado, os exportadores brasileiros reclamavam da perda de competitividade, pois enquanto seus custos em reais aumentavam, a sua receita de exportação declinava, numa perversa combinação de preços internacionais mais baixos e taxa de câmbio real/dólar aparentemente sobrevalorizada. De outro lado, a indústria brasileira em geral reclamava da crescente e agressiva concorrência de produtos importados, sobretudo de origem asiática. Mesmo com fretes, impostos e custos de importação, bens de consumo e matérias-primas chinesas chegavam ao mercado brasileiro muito mais baratos do que aqueles produzidos localmente.

As consequências desse ambiente anômalo eu já conhecia como economista experiente em política cambial e como empresário exportador que havia sofrido na pele os efeitos de prolongada sobrevalorização durante a primeira fase do Plano Real. Meu gabinete na FIESP tornara-se um verdadeiro "muro das lamentações", e eu me via refletido em cada um daqueles queixosos empresários que recorriam à FIESP em busca de alguma solução para sua crise empresarial. A valorização da moeda brasileira naqueles últimos anos *per se* – maior apreciação entre as principais moedas do mundo, de 2004 a 2010 –

justificaria a atuação do governo brasileiro de forma mais contundente, a fim de identificar as razões desse viés cambial e eventualmente corrigir essa distorção, por meio de medidas regulatórias no mercado à vista e no mercado futuro. Mas, aparentemente, não havia consenso sobre esse tema na equipe econômica do governo Lula, e isso frustrava a indústria brasileira, abalada em sua competitividade não apenas pelo custo Brasil, mas também e principalmente pela prolongada e crescente sobrevalorização cambial.

Foi quando, em meados de 2010, amargurado e irrequieto com as reclamações de tantos empresários brasileiros, resolvi aprofundar ainda mais meu conhecimento sobre a formação da taxa de câmbio na economia brasileira. Através da FIESP, contratamos a assessoria de dois *experts* em política cambial: Emílio Garófalo, ex-diretor da Área Externa do Banco Central do Brasil, e Pedro Rossi, um jovem e brilhante economista e professor da Unicamp.

Com a ajuda deles passei a acompanhar diariamente com maior atenção os movimentos cambiais nos três segmentos que compõem o mercado de câmbio e que interagem entre si: (i) o mercado à vista, que reúne todas as transações de compra e venda de moeda estrangeira para liquidação de remessas entre importadores, exportadores, investidores e turistas, entre outras; (ii) o mercado interbancário, que reúne as transações cambiais entre instituições financeiras; e (iii) o mercado futuro, o mais complexo desses ambientes, pois envolve inúmeras transações cambiais entre compradores e vendedores de moeda estrangeira para entrega futura, através de contratos de prazos e modalidades variados, denominados derivativos.

Logo percebi que a anomalia estava no vertiginoso crescimento na posição vendida dos bancos de dólares no mercado futuro de câmbio, operado pela B3 (antiga BM&F). Eram bilhões de dólares vendidos por dia em troca de reais, em contratos para entrega das moedas no prazo de 30, 60, 90 dias. O gráfico a seguir fala por si. Após ter atingido a taxa de R$ 2,40/dólar em abril de 2009, no início de 2010 já estava abaixo de R$ 1,80/dólar, ou seja, uma expressiva queda de 25% em menos de um ano. Estava perceptível a correlação positiva entre a forte valorização da moeda brasileira simultaneamente a um forte aumento da posição vendida dos bancos.

GRÁFICO 1
Variação da taxa cambial real/dólar
(janeiro/2008 a outubro/2012)

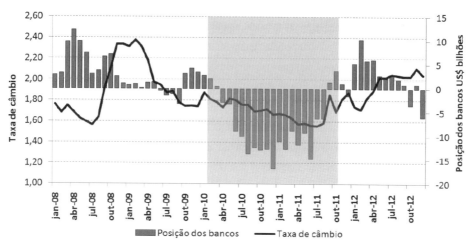

Fonte: Kaduna Consultoria

O próximo passo dessa investigação seria descobrir por que os bancos em sã consciência assumiam uma posição tão alavancada na moeda brasileira. A resposta estava numa operação de arbitragem de taxas de juros entre o real e as moedas estrangeiras, já que as taxas de juros no Brasil eram de dois dígitos, normalmente entre 10% e 15%, enquanto nos países desenvolvidos eram próximas de zero. Sempre criativos no aproveitamento de arbitragens de taxas de câmbio e de juros, os bancos logo perceberam essa megaoportunidade oferecida a eles de bandeja pela anômala política monetária brasileira. Sendo o mercado futuro de câmbio brasileiro bastante desregulado e de razoável dimensão e liquidez, ali estava o palco perfeito para a introdução de lucrativa operação financeira, que, no jargão dos bancos, é denominada *carry trade,* ou seja, uma operação contínua de rolagem e carregamento daquelas posições de arbitragem. Por rolagem e carregamento entenda-se a renovação periódica de contratos futuros de câmbio de curto prazo, digamos de 30, 60 ou 90 dias, sem que fosse necessária a troca física de moedas, mas somente a cobertura da diferença entre as taxas de câmbio de entrada e de saída desses contratos no momento da rolagem ou renovação periódica.

Com a posição exposta em reais no mercado futuro, os bancos, em nome próprio e de seus clientes em carteira de investimentos, atuavam no mercado de juros, usufruindo do diferencial entre os juros aplicados no Brasil e os do país de origem do capital investido. A cada período contratual de curto prazo rolavam as suas posições e seguiam lucrando nessa arbitragem, até que, diante do volume acumulado de operações de *carry trade* no mercado futuro, as "brigas de PTAX" se acirraram a cada final de mês por ocasião da rolagem dos contratos. PTAX é a denominação da taxa oficial de câmbio de referência do Banco Central do Brasil, a qual é utilizada em contratos financeiros e comerciais, inclusive nos contratos de mercado futuro na B3. Por isso sua importância nessa negociação dos contratos de *carry trade*.

De repente, percebia-se a hipertrofia do mercado futuro de câmbio em relação ao mercado primário à vista. O mercado futuro tornara-se cinco vezes maior em valor diário transacionado e, portanto, sua influência na formação da taxa PTAX era cada dia maior. Os *dealers* do Banco Central, quando consultados pela autoridade monetária sobre a taxa vigente naquele dia, apontavam a referência predominante do mercado futuro na B3. Diante da concentração das operações do mercado de câmbio nas mãos de poucos bancos, e dos expressivos ganhos especulativos pelos agentes que empreenderam operações de *carry trade* nesse período, milhares de investidores pelo mundo afora eram aconselhados pelos seus banqueiros a aplicar parte de seus investimentos de curto prazo no "highly profitable Brazilian carry trade market".

Para preservar os ganhos da arbitragem de juros, as taxas de câmbio de entrada e de saída dos contratos de curto prazo tinham de ser iguais ou muito próximas. Uma desvalorização do real no período lhes causaria prejuízo, e uma sobrevalorização do real, um lucro adicional. Daí resultam as evidências, a partir do segundo semestre de 2009, de um acirramento das "brigas por PTAX", anormalidade do mercado que provoca valorização cambial excepcional no último dia do mês. Essa conhecida disputa entre comprados e vendidos em dólar ocorre usualmente no último dia do mês, véspera da liquidação dos contratos futuros. A variação média diária nesse período mostra o último dia do mês com um viés de valorização cambial maior do que em qualquer outro dia do mês.

GRÁFICOS 2 e 3
Variação média diária da taxa de câmbio (esquerda) e variação diária média do módulo das variações cambiais descontada a tendência (direita) para o período de janeiro de 2010 a dezembro de 2012

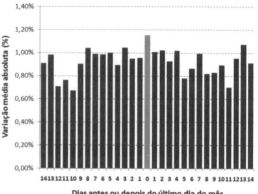

O que se verificava com evidência gráfica por conta da valorização cambial e do diferencial de juros entre as aplicações em real e dólar era que as operações especulativas com a taxa de câmbio (*carry trade*) proporcionaram altos retornos aos investidores no período analisado (2010-2011).

GRÁFICO 4
Retorno dos investidores (2010-2011)

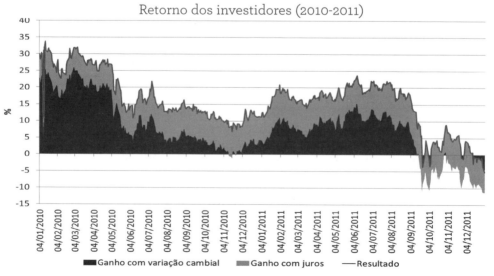

Fonte: Kaduna Consultoria

PENÚLTIMAS MEMÓRIAS

Em princípio julgo legítimo, quando não necessário, o papel do especulador de mercado. Nada contra a legítima aposta especulativa que fazemos regularmente nas nossas crenças ao comprarmos ações, imóveis e ativos financeiros, sempre esperando que eles obtenham boa valorização ao longo do tempo. Nos mercados futuros de *commodities* ou de câmbio, a especulação é sempre bilateral, pois pressupõe outro apostador na direção oposta, dando liquidez ao mercado. Quando o movimento dito especulativo torna-se unilateral, ou seja, todos os agentes concentram-se de um lado ou de outro, apenas a autoridade monetária (no caso, o Banco Central do Brasil) proporciona liquidez ao mercado, o que, na minha leitura, passa a ser *manipulação do mercado*. E isso era o que nitidamente estava ocorrendo àquela altura.

Minha intuição dizia-me, já em meados de 2011, que a taxa de câmbio PTAX, referência máxima de preço da economia brasileira, estaria sendo manipulada por pouco mais de uma dezena de bancos nacionais e estrangeiros, por meio da coordenação de suas mesas de câmbio, para atingirem seus objetivos de valorização do real a cada virada de mês na rolagem dos contratos. Na verdade, àquela altura, a "briga da PTAX" era para inglês ver, pois já tinha carta marcada e vencedor conhecido: os bancos.

Estava convicto dessa situação, mas ainda não tinha provas concretas de que existiria por trás disso tudo um cartel organizado de operadores de câmbio, que por pura ganância estariam proporcionando resultados bilionários para as instituições financeiras, mas causando prejuízo bilionário para a economia brasileira e, individualmente, para cada exportador brasileiro, que assistia em desespero à redução gradual de suas receitas de exportação a cada mês, por conta da taxa de câmbio sobrevalorizada, que resultava em menos reais por dólar vendido ao exterior.

E, na esteira disso tudo, crescente desemprego, prejuízos acumulados nos balanços das empresas exportadoras e as importações de produtos chineses invadindo o mercado brasileiro e asfixiando a indústria nacional. Era preciso fazer algo, não dava para ficar de braços cruzados assistindo ao apocalipse de nossa indústria.

Mas quem acreditaria na minha intuição, apesar dos dados estatísticos e gráficos da evolução recente da taxa de câmbio naquele período? Diriam que eu estava alucinado, que tinha inventado uma teoria conspiratória contra os bancos ou que nada entendia do mercado de câmbio. Resolvi investir em duas frentes: a primeira seria agir como investidor em operações de *carry trade* para entender a dinâmica e investigar a atitude dos bancos de investimentos para com seus clientes. A segunda frente seria escrever dois ou três artigos sobre a questão da sobrevalorização cambial e com isso tentar levantar suspeitas da manipulação da PTAX por um grupo de agentes financeiros.

A primeira iniciativa era simples e rápida: eu já conhecia alguns bons operadores de gestão de ativos em bancos de investimentos, um deles mais jovem, economista recém-formado, ex-aluno de meu irmão Eduardo poucos anos antes, no Insper, e muito inteligente. Acabava de ser empregado por um dos principais bancos de investimentos estrangeiros com forte atuação no Brasil e escritório na Avenida Faria Lima, em São Paulo, a cinco minutos a pé do meu escritório.

"Por que não havia pensado nisso antes?", perguntei a mim mesmo enquanto caminhava para o escritório do banco, numa suntuosa torre de mármore, aço e vidros escuros. Lá chegando, esse rapaz e um outro *officer* da instituição financeira me receberam com muita cortesia, e logo afirmei que gostaria de fazer uma aplicação financeira com eles. Perguntei se a operação de *carry trade* seria uma boa opção e quais seriam os riscos e os resultados. Fingindo que eu sabia pouco a respeito, eles me deram uma verdadeira aula sobre a operação de *carry trade*, indicando riscos e vantagens em detalhes, apoiados por uma excelente apresentação em PowerPoint que mostrava as margens de arbitragem de juros e de câmbio daquela operação. Estava tudo indo de acordo com meu roteiro mental, mas faltava explorar a razão de, no último dia de cada mês, invariavelmente ocorrer um movimento na escala de sobrevalorização do real frente ao dólar.

Foi quando a conversa começou a ficar mais interessante. Eles afirmaram que o risco de uma desvalorização cambial na hora de rolagem dos contratos de câmbio futuro era muito remoto, pois inúmeros bancos importantes, nacionais e estrangeiros, atuavam naquela direção ao mesmo tempo, e ninguém queria perder dinheiro, ao contrário, queriam mais, adicionando sempre na margem final da operação um *spread* de câmbio entre a taxa PTAX de entrada e de saída na rolagem a cada final de mês. Bingo! Perguntei em seguida sobre o volume de contratos, se estava crescendo ou caindo, e se havia grandes investidores institucionais estrangeiros envolvidos nesse tipo de operação.

A resposta me deixou ainda mais estupefato: não só o volume de contratos já era de mais de R$ 20 bilhões por dia no mercado futuro de câmbio, como crescia exponencialmente desde 2009, por conta dos excelentes resultados financeiros obtidos, e viam chegar a esse mercado alguns *players* muito relevantes e com muito capital – por exemplo, um dos fundos soberanos da República Popular da China. Pensei comigo: "O quê? Um fundo soberano da China operando nos bastidores do mercado futuro de câmbio no Brasil, com objetivo não só de lucrar em cima de nossa disfuncionalidade macroeconômica, mas principalmente de sobrevalorizar o real e, assim, tornar as importações chinesas cada dia mais baratas para o mercado brasileiro! Isso era nitroglicerina pura!"

Logo fiquei ansioso para terminar a conversa. Fiz a última pergunta: como eu poderia abrir uma conta com eles e fazer uma aplicação em *carry trade*? Simples, me responderam. "Abrimos uma conta sua na mesa de operações em Nova York, o valor mínimo é de US$ 1 milhão, esse depósito fica bloqueado como garantia de margem de um limite de US$ 10 milhões que abriremos e iremos operar em seu nome no mercado futuro de câmbio da B3. Com a alavancagem máxima de dez vezes, o valor desse investimento lhe dará um resultado excepcional", me garantiram. Deram-me um *set* de documentos para examinar e assinar, me despedi e voltei correndo para meu escritório, já no cair da noite. Ainda dava tempo para um telefonema muito importante naquela mesma noite.

No meu escritório, ainda afobado com aquelas informações, logo pedi uma ligação urgente para Brasília, e em menos de cinco minutos meu interlocutor atendia do outro lado da linha: "Ministro Guido Mantega, lembra-se de quando conversamos uns dias atrás sobre a sobrevalorização cambial e o prejuízo para os exportadores brasileiros? Pois eu descobri um dos responsáveis por promover essa sobrevalorização através do mercado futuro de câmbio. Você está sentado?"

Mantega, percebendo minha exaltação, respondia em monossílabos: "Sim, diga logo, de quem você está falando?" Minha resposta foi imediata: "Do Fundo Soberano da China...!" Expliquei como havia descoberto esse fato, e ficamos ambos perplexos por alguns minutos, comentando aquela absurda situação, quando ele então deu o sinal de que encerraria a conversa: "Amanhã sigo para a reunião do G-20 no exterior e vou comentar e reclamar com o ministro da Economia da China sobre essa situação. Na próxima semana, venha a Brasília e falaremos pessoalmente sobre isso aqui no Ministério".

No dia 7 de julho de 2011, a primeira página do *Correio Braziliense* estampava a manchete que vinha da agência France Presse, de Paris: "Guido Mantega acusa a China de manipular sua moeda". E na entrevista afirmava, em alto e bom som: "Não só a China manipula sua moeda, mas também as moedas de outros países, e o Brasil critica veementemente todas as manipulações de moedas, que estão dando origem a uma verdadeira guerra cambial. Estamos tomando todas as medidas contra a supervalorização do real. Mas não posso detalhá-las, porque ainda é surpresa. Me aguardem", avisou, encerrando a entrevista. Nesse dia a taxa de câmbio estava no seu nível mais baixo dos últimos anos: R$ 1,55 por dólar. A "guerra cambial" era uma realidade concreta no Brasil e fazia mortos e feridos no mundo empresarial.

Desde 2010 o governo brasileiro já vinha contestando publicamente a política de flexibilização quantitativa (*quantitative easing)* da oferta de moeda norte-americana, como medida projetada para orientar a taxa de câmbio do dólar artificialmente para baixo com a ajuda de altíssimas quantidades de moeda impressa pelo Federal Reserve. Embora os Estados Unidos acusem os chineses de "manipuladores de moeda", a liquidez internacional causada pelo Banco Central norte-americano, lá atrás, na crise financeira dos *subprimes*, também causou distorções e protegeu as empresas nacionais. Portanto, tanto nos Estados Unidos quanto na China, o papel das políticas cambiais estava intimamente ligado às políticas que estimulavam o crescimento da demanda interna e das exportações. No Brasil, o sinal de alerta já estava ligado, apesar da latente vulnerabilidade da nossa economia.

PENÚLTIMAS MEMÓRIAS

Para Mantega, a elevada taxa básica de juros brasileira (Selic), naquele momento a 10,75% ao ano, favorecia fortemente os investidores estrangeiros, cada vez mais atraídos pelos altos rendimentos de suas aplicações no país. Ele citou, na sua entrevista, por exemplo, o Japão. "A taxa de juros lá é muito baixa, de 0,5% a 1%. Um poupador japonês toma o dinheiro lá emprestado, vem aqui, aplica a 10,75% e ganha a diferença. Isso pode ser feito em dólares ou em outras moedas", criticou. O ministro tinha perfeita noção do grave prejuízo à economia nacional que essa disparidade cambial causava e sabia que era imprescindível combatê-la da melhor forma possível.

Concluiu sua entrevista naquele dia com esta afirmação: "Nós estamos preocupados em não permitir que o real se valorize mais do que já está por conta de manipulação cambial e não vamos permitir, assim, que se prejudiquem ainda mais os exportadores brasileiros nem aqueles que produzem para o mercado local, que passa a ter concorrência a preços muito baixos dos importadores".

Naquele instante, a China teria se tornado alvo de nossa atenção por um fato ainda inédito e bizarro: muitos países, desde 2008, estavam intervindo direta ou indiretamente nos seus próprios mercados de câmbio, visando realizar desvalorizações competitivas de suas moedas para aumentar suas exportações e dificultar suas importações. O único caso conhecido que tínhamos até então de flagrante manipulação da moeda de um terceiro país era o caso da China no Brasil.

Logo após o retorno de Mantega ao Brasil, reunimo-nos em seu gabinete em Brasília, no qual compareceram vários integrantes de sua equipe, entre outros, seu secretário executivo, Nelson Barbosa, e seu adjunto, Dyogo Oliveira. Também estava lá o economista Luiz Belluzzo, amigo meu e do ministro. Mantega contou da sua reunião no G-20 com os ministros da Economia dos países desenvolvidos e que havia decidido tomar medidas efetivas para reverter o processo de sobrevalorização da moeda brasileira. E o que propunha era uma alíquota de Imposto sobre Operações Financeiras (IOF) de 20% sobre as posições vendidas de real no mercado futuro de câmbio. Essa medida estava na alçada do Conselho Monetário Nacional (CMN) e poderia ser tomada imediatamente, sem demora nem burocracia, para pegar o mercado de surpresa e causar um prejuízo nas operações de *carry trade.*

Seria de fato um tiro de canhão naquela nociva operação derivativa do mercado futuro de câmbio, mas o problema é que, alertei, atingiria também indefesos agentes de comércio exterior, investidores nacionais e estrangeiros, devedores em moeda estrangeira que usavam o mercado futuro de câmbio para fazer *hedge* da moeda, ou seja, se proteger da volatilidade cambial. Não havia como segregá-los das operações de *carry trade,* e puni-los com essa alíquota de 20% seria injusto e desastroso.

O ministro perguntou então se alguém tinha uma proposta alternativa. Não me lembro quem levantou o braço e disse que bastava impor uma alíquota de 1% imediatamente, mas ao mesmo tempo acenar com o "porrete" do CMN, afirmando de forma veemente que, se a taxa de câmbio continuasse a se sobrevalorizar, essa alíquota poderia ser subitamente elevada até 25%, por mera decisão do CMN, a qualquer momento. Concluímos avaliando que a maioria dos investidores era covarde e avessa ao risco, e iria desmontar o carregamento das posições vendidas de real no mercado futuro de câmbio a partir desse anúncio. Parece que Mantega gostou dessa sugestão e de pronto concluímos a reunião.

No dia seguinte, lá estava a decisão do CMN na primeira página dos jornais, pegando muita gente de surpresa. A expectativa era de que essa estratégia de fato funcionasse, e daí veio minha outra tarefa, de escrever artigos defendendo o implacável combate à sobrevalorização cambial imposta à economia brasileira pela manipulação praticada pelos bancos. Inspirado por essas descobertas, escrevi dois artigos que julgo terem causado algum impacto no mercado cambial, já que, como economista, ex-secretário executivo da Camex e diretor da FIESP, minha opinião era alvo de atenção de operadores de comércio exterior, de câmbio e de autoridades do governo.

O primeiro artigo, publicado na *Folha de S. Paulo* no dia 8 de agosto de 2011, tinha o provocativo título "Mitos e mistérios do mercado de câmbio no Brasil", e que aqui reproduzo para contextualizar aquele momento da economia brasileira.

MITOS E MISTÉRIOS DO MERCADO
DE CÂMBIO NO BRASIL

Primeiramente, gostaria de argumentar contra o grave equívoco da utilização do câmbio valorizado como instrumento de combate à inflação. Trata-se de mecanismo claramente ineficaz, pois não atinge o cerne da pressão inflacionária, que reside nos inúmeros preços ainda indexados e nos preços do setor de serviços (alta de 8,75% nos últimos 12 meses). As medidas mais eficazes seriam as macroprudenciais, de contenção do crédito, de redução do gasto público, entre outras. Questionaria, também, a esta altura, a eficácia da taxa Selic no controle do nível de demanda agregada. Tal hipótese, no caso da economia brasileira, exigiria uma análise mais apurada dos mecanismos de transmissão da política monetária aqui aplicada. Mas isso seria tema para outro artigo.

Alguns economistas questionam a relevância do mercado de derivativos na formação da taxa de câmbio no Brasil. Eu aprendi nos anos 70, como estudante de Economia, que a taxa de câmbio se forma principalmente no mercado à vista de um determinado país, por meio dos fluxos constituídos da oferta e da demanda dos pagamentos de exportações e importações de bens e serviços, operações de turismo, royalties, financiamentos, juros, dividendos, além dos fluxos de capital de investimento.

Hoje em dia, no Brasil, esse conceito está absolutamente superado. Com a globalização financeira, combinada com a liquidez internacional e a desregulamentação dos mercados financeiros, o mercado futuro de derivativos se agigantou de tal forma que passou a ser a força dominante na formação da taxa de câmbio. Uma característica singular do mercado cambial brasileiro é a expressiva diferença entre os valores transacionados nos mercados de câmbio à vista e de câmbio futuro – em média, nos últimos três anos, no Brasil, o mercado futuro de câmbio superou em mais de quatro vezes as operações do mercado à vista. Nas principais economias do mundo, segundo o Banco de

Compensações Internacionais (BIS), as transações no mercado à vista superam amplamente as do mercado futuro.

Tal fenômeno no Brasil se explica pela alta lucratividade e o baixo risco relativo que a operação denominada "carry trade" oferece a seus investidores, na qual eles assumem uma posição ativa numa moeda cujos juros estão elevados (moeda de investimento) e uma posição passiva numa moeda cujos juros estão baixos (moeda de financiamento). Se a moeda de investimento se desvalorizar em relação à moeda de financiamento, em montante superior ao diferencial dos juros, isso resultaria em prejuízo para eles. Caso ela se valorize, aumentaria ainda mais seu ganho. No caso do Brasil, há pelo menos duas formas para um investidor estrangeiro realizar operações de "carry trade" com posição ativa em reais: por meio da aquisição de ativos de renda fixa no mercado de capitais, na qual o IOF é um mecanismo efetivo de desestímulo; ou por meio de operações de derivativos no mercado futuro, onde as múltiplas alternativas de estruturação tornam difícil o controle dessas operações por meio de mera tributação. Mas aumentar o risco e o controle dessas operações, mesmo que vulneráveis a prováveis burlas, vai afugentar muitos especuladores covardes.

Enganam-se aqueles que acreditam que as operações de hedge cambial predominam nesse mercado futuro de derivativos aqui, no Brasil. Prevalecem, isso sim, as operações de "carry trade", ou seja, arbitragem de juros internos e externos vinculada à especulação cambial. Nessas operações, o investidor precisa depositar apenas uma margem de garantia de cerca de 10% do valor do limite operacional, podendo gerar múltiplas vezes uma posição de compra ou de venda de dólares no mercado futuro.

Outros afirmam, assustados, que as operações de câmbio futuro da BM&F vão migrar para o exterior. Ora, não sendo o real uma moeda conversível e de curso internacional, é muito improvável que existam pontas vendedoras e compradoras de real em Chicago, Londres ou Nova York. Sem uma das duas pontas não há mercado, pura e simplesmente. Esse argumento, portanto, é falso, mas mesmo assim cabe indagar o que seria pior para o

Brasil: a migração do mercado futuro de câmbio da BM&F ou de grande parte da sua indústria de transformação?

Efeitos colaterais indesejáveis certamente existirão, mas entendemos que o Conselho Monetário Nacional poderá realizar ajustes em breve, sem com isso abrir a guarda para os especuladores de plantão. Acredito com convicção que, desta vez, o governo federal finalmente acertou no alvo certo. Tanto que os especuladores sentiram o golpe e estão reagindo pela mídia por meio de seus porta-vozes. É preciso resistir a críticas infundadas com a determinação de quem deseja o melhor desempenho para a economia brasileira.

Dias depois da publicação desse artigo, recebo um telefonema do então presidente da FIESP, Paulo Skaf, preocupado com a repercussão do texto e dos rumores de que teria sido eu quem sugeriu a taxação de IOF na posição vendida de real no mercado futuro de câmbio, e que isso teria afetado drasticamente o volume de operações na então BM&F, a ponto de seu presidente e diretoria solicitarem uma reunião no Conselho Superior de Economia da FIESP para debater o assunto, e obviamente eu deveria estar presente para defender a instituição e a indústria brasileira.

O Conselho Superior de Economia da FIESP era então presidido por ninguém menos que o ex-ministro da Fazenda Antônio Delfim Netto, que, além de ser meu amigo, havia sido meu professor na Faculdade de Economia da USP nos anos 1960. Sabia de antemão de sua posição como economista de primeiro time, sempre defensor de um regime de livre flutuação cambial, mas disposto a intervir pela ação da autoridade monetária para evitar sub e sobrevalorização cambial e suas consequências nefastas no setor produtivo da economia.

Preparei a reunião com empenho e fui acompanhado de meus dois gurus em matéria cambial: Emílio Garófalo e Pedro Rossi. Creio que nos saímos muito bem, rebatemos com destreza todas as críticas e no final ganhamos o apoio do professor Delfim Netto e os aplausos dos demais presentes. Só os diretores da BM&F, obviamente, não gostaram nada de nossa apresentação nem dos argumentos a favor das medidas adotadas dias antes pelo CMN. No final da reunião, já tinha a inspiração para o segundo artigo, publicado no jornal *Valor Econômico* sob o sugestivo título "A hora da virada cambial".

A HORA DA VIRADA CAMBIAL

Dias atrás, em reunião do Conselho Superior de Economia da Federação das Indústrias do Estado de São Paulo (FIESP), realizamos uma discussão extremamente esclarecedora acerca do mercado de derivativos cambiais. Muitos leitores talvez não compreendam a importância ímpar deste tema para o país e para suas próprias vidas, uma vez que a indústria brasileira há tempos sofre os efeitos deletérios de um câmbio sobrevalorizado, tendo os derivativos cambiais um papel predominante na formação da taxa cambial do Real. Por conta dessa situação, mercados para produtos brasileiros foram perdidos, muitas fábricas foram fechadas e milhões de empregos desapareceram. A atual conjuntura econômica é propícia para discutir o papel dos derivativos cambiais na economia, de forma a entender a formação da taxa de câmbio brasileira, mas também para evitar que novas rodadas de apreciação da moeda brasileira prejudiquem ainda mais os setores industriais e a geração de empregos.

Primeiramente, o tema dos derivativos de câmbio não deve ser tratado de forma estigmatizada. Esses instrumentos financeiros não são de natureza inerentemente especulativa, muito pelo contrário, eles são fundamentais para a atividade econômica, na medida em que reduzem incertezas associadas ao processo produtivo. Tampouco se deve minorar a importância da BM&F como principal centro de negociação de derivativos e de oferta de hedge para os agentes econômicos no Brasil. Essa instituição é símbolo da sofisticação do sistema financeiro brasileiro e faz do mercado de derivativos no Brasil um dos mais transparentes do mundo.

Contudo, deve-se reconhecer o caráter dual e muitas vezes ambíguo do mercado de derivativos; ao mesmo tempo que ele reduz incertezas microeconômicas dos agentes que buscam hedge, ele potencialmente aumenta as instabilidades macroeconômicas.

Nos derivativos de câmbio, esse problema ocorre quando um excesso de posições especulativas formam tendências na taxa de câmbio e uma excessiva volatilidade da moeda. Quando a especulação é dominante e, sobretudo, quando as apostas são feitas todas na mesma direção, abre-se espaço para distorções da taxa de câmbio e para uma arbitragem de agentes que ganham sempre, sem correr riscos. Dessa forma, pode haver mercados de derivativos, onde a participação dos agentes de hedge seja muito pequena e as transações sejam dominadas por agentes que têm como propósito apenas a especulação e a arbitragem.

No Brasil, o processo de apreciação cambial recente foi em parte conduzido por uma especulação sistemática, conhecida como "carry trade", que no mercado de derivativos se expressa na venda de contratos futuros de dólar para auferir o diferencial de juros e apostar na apreciação do câmbio. A pressão vendedora dos especuladores abre espaço para oportunidades de arbitragem contínuas de agentes que compram dólar futuro para arbitrar entre as taxas de juros externas e o cupom cambial. Com isso, os arbitradores são responsáveis por transmitir as tendências do mercado futuro para o mercado à vista. Nesse contexto, diferentemente da máxima que estabelece que "especulação boa é aquela que se anula por ser bidirecional, e a arbitragem boa é aquela que termina no tempo como consequência do próprio processo de arbitragem", no Brasil há longos períodos de especulação unidirecional e arbitragem ininterrupta no tempo, por conta da rigidez de suas variáveis, no caso, a elevada taxa de juros reais. Essa forma de especulação e arbitragem permanente é anômala e insustentável a médio e longo prazo.

Nesses termos, a nova regulamentação sobre o mercado de derivativos de câmbio tem a difícil tarefa de corrigir os excessos e desvios do mercado, atentando para seu caráter desestabilizador. Ao taxar os aumentos de posições vendidas dos agentes, o governo acertou em cheio a engrenagem especulativa que influi na dinâmica da apreciação cambial. No entanto, essas medidas devem ser aperfeiçoadas de forma a preservar ao máximo as características benignas do mercado de derivativos de câmbio, quais sejam: de oferta de hedge para o setor produtivo e para atividades financeiras.

Para tal, é preciso criar instrumentos para identificar os diferentes agentes no mercado de derivativos, de forma a segregar os agentes que fazem hedge daqueles que especulam. Uma vez identificados, a intervenção do governo no mercado de derivativos de câmbio deve isentar do pagamento do tributo os agentes que utilizam o mercado para operações de hedge. Em especial, as empresas não financeiras que fazem cobertura de suas atividades comerciais e produtivas. Além disso, deve-se atentar para o papel dos bancos comerciais no mercado de derivativos que, por muitas vezes, operam para fazer hedge de suas operações de crédito, como, por exemplo, ao fazer cobertura cambial das operações de ACC, ou de passivos em moeda estrangeira junto a seus clientes.

No decorrer do processo de implementação das novas regras sobre os derivativos de câmbio, é natural que haja reações contrárias de alguns setores da sociedade, afinal, há agentes financeiros que são diretamente prejudicados. Da mesma forma, se o objetivo for de reduzir a especulação com o câmbio, é inevitável que haja uma redução do volume financeiro da BM&F. Porém, o benefício de uma taxa de câmbio isenta de distorções financeiras supera os pontuais efeitos negativos das medidas. Ademais, o debate acerca do tema deve superar velhos dogmas, como a visão de um mercado financeiro harmônico onde a especulação é estabilizadora, cenário este que há tempos já foi abandonado por economistas de diversas escolas de pensamento e que hoje reconhecem o potencial desestabilizador de mercados excessivamente desregulados e especulativos.

Recentemente afirmei num outro artigo que o especulador é um covarde, e que ao pressentir um aumento de risco, desfaz sua aposta e sai do mercado. Neste caso dos derivativos cambiais, bastou o anúncio das medidas de intervenção e de regulação no mercado em fins de julho passado, para que as operações de "carry trade" fossem drasticamente reduzidas e a tendência de desvalorização do real se acentuasse a partir da segunda quinzena de agosto. Podemos concluir que a covardia superou a ganância, e que a indústria brasileira respira aliviada pela mudança de ventos na tendência da taxa de câmbio e de juros praticados na economia brasileira.

GRÁFICO 5
Taxa de câmbio observada e taxa de câmbio contrafactual

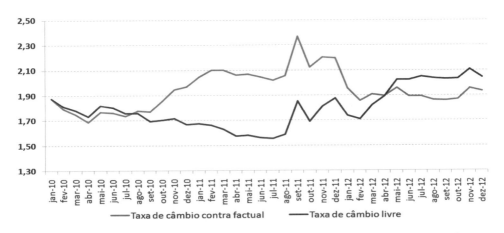

Fonte: Kaduna Consultoria

O fato é que, após as iniciativas do governo federal através do CMN, como também os artigos e atitudes da FIESP na defesa da indústria brasileira, a taxa de câmbio iniciou um processo de desvalorização do real, em razão da desmontagem das posições de *carry trade* sob a ameaça explícita de novas taxações de IOF e eventual prejuízo a seus investidores.

Em 2013, ocorreu-nos uma ideia ambiciosa, que foi bastante discutida nos bastidores da OMC, com a eleição do brilhante diplomata brasileiro Roberto Azevedo, meu amigo e companheiro de muitas jornadas internacionais em meus tempos na Camex. Havia uma omissão nas negociações multilaterais, tanto pelo FMI como pela OMC, sobre regras e disciplinas nas políticas de câmbio praticadas pelos estados-membros.

Nossa sugestão era que a OMC convocasse nova rodada multilateral de negociações de comércio internacional e políticas de câmbio (*currency round*), já que as duas matérias estavam intimamente relacionadas e a referida guerra cambial havia despertado as autoridades mundiais para o risco de acirramento de disputas comerciais, abrindo margem para litígios internacionais, medidas protecionistas e atos de retaliação comercial entre países. A justificativa para o envolvimento da OMC era de que haveria graves consequências no comércio mundial, por causa de taxas de câmbio nacionais artificialmente desvalorizadas, que estavam atuando tanto como tarifas de importação quanto como subsídios à exportação, e que o mecanismo de fiscalização da OMC deveria ser mais confiável e mais eficaz no futuro próximo. A OMC não estaria envolvida na gestão de políticas cambiais propriamente ditas, mas na supervisão das práticas de mercado no mercado de câmbio e nos efeitos de eventuais disparidades cambiais no fluxo do comércio internacional. A nossa proposta não implicava que a OMC deslocasse o FMI dessa negociação. Ao contrário, a ideia era aproveitar a vantagem comparativa das duas instituições, com o FMI fornecendo o conhecimento técnico essencial no processo de aplicação da OMC.

Com a proposta colocada publicamente pelo diretor-geral da OMC, o tema ganhou as páginas da imprensa internacional e foi amplamente debatido por alguns meses mundo afora. Mas o veto dos Estados Unidos e da China, nesse caso estranhamente aliados, fez com que a OMC deixasse a proposta de lado, e o tema, tão importante para a estabilidade econômica mundial, nunca foi retomado.

No final de 2014, apesar da instabilidade política no Brasil durante as eleições presidenciais, a situação cambial parecia sob controle, mas ainda havia muita tensão no ar entre as lideranças da indústria e do setor financeiro, que reclamavam pelo fato de terem perdido aquele filão de ouro no mercado futuro de câmbio. Na minha mente ainda subsistia a certeza de que havia um cartel articulado de operadores de câmbio das instituições financeiras que estaria por trás de toda aquela intervenção espúria e ilegal, que por mais de cinco anos teria agido na manipulação da taxa PTAX, por pura ganância, visando apenas seus bônus de desempenho, sem se dar conta do mal e do prejuízo que estavam causando ao país, a milhares de empresas e a milhões de pessoas. Saberiam os dirigentes dessas instituições financeiras o que ocorria nos bastidores das operações de suas mesas de câmbio? Seriam eles coniventes com essas práticas criminosas à luz da legislação de direito econômico?

Ou simplesmente fingiram não ver de onde vinham lucros tão generosos para si e seus clientes?

Pensei que nunca teria as respostas a essas indagações, até que um dia, numa manhã como as outras de julho de 2015, o telefone toca na minha mesa e sou avisado de que o presidente do Conselho Administrativo de Defesa Econômica (Cade), Vinicius Marques de Carvalho, gostaria de falar comigo. Atendi a ligação, e Carvalho, a quem não conhecia pessoalmente, foi muito simpático, se apresentou, disse que tinha um assunto muito importante para falar comigo, mas foi evasivo, não deu nenhuma pista a respeito e me convidou para ir até o Cade, em Brasília, em data e horário que fossem de minha conveniência. Fiquei surpreso e curioso com aquele chamado e, no dia seguinte, já estava lá, à porta de seu gabinete, na sede do Cade. Ele adentrou a sala com dois ou três assessores de sua confiança e disse que trataria de um assunto ainda muito sigiloso, o qual trazia ao meu conhecimento porque precisava de minha colaboração. Consenti em manter sigilo e na medida do possível colaborar com o Cade, mesmo desconhecendo o assunto.

Sua primeira pergunta logo revelou aonde aqueles dirigentes do Cade queriam chegar: "Por que o senhor publicou vários artigos contundentes em 2011 sobre a questão cambial, insinuando que haveria uma manipulação da taxa de câmbio no mercado brasileiro?" Antes de responder, fui eu que perguntei: "Mas por que vocês me chamam aqui no Cade, em Brasília, para fazer essa pergunta?" Foi quando fui informado de que o Cade estava prestes a iniciar um processo de investigação sobre a manipulação do mercado de câmbio por quinze instituições financeiras estrangeiras e trinta pessoas físicas, logo após uma delas ter assinado um acordo de leniência para entregar provas da prática do crime, entre 2009 e 2011. Segundo ele me afirmou, pouco ainda poderia ser dito a respeito, em razão da complexidade e especificidade do tema, mas muitas provas e evidências haviam sido entregues aos dirigentes do Cade, demonstrando que essas instituições teriam se coordenado para influenciar índices de referência dos mercados cambiais, por meio do alinhamento de suas compras e vendas de moeda. Os efeitos do cartel atingiram as taxas do Banco Central (PTAX), da WM/Reuters e do Banco Central Europeu (BCE).

Foram encontrados indícios adicionais de práticas anticompetitivas de compartilhamento de dados comercialmente sensíveis sobre o mercado de câmbio, como informações sobre negociações, contratos e preços futuros; ordens de clientes; estratégias e objetivos de negociação; posições confidenciais em operações e ordens específicas; e o montante de operações realizadas (fluxos de entrada e saída).

Minha expressão de surpresa intrigou a turma do Cade: "Mas, pelo que depreendi dos seus artigos de 2011, o senhor parecia saber disso tudo. Por que essa surpresa?" Sim, disse que tinha convicção de que havia essa orquestração de um grupo de operadores de câmbio agindo regularmente no mercado futuro de câmbio e lhes relatei com pormenores tudo que sabia até ali. Só não tinha provas do crime, por isso, de forma responsável, permaneci calado sobre aquele assunto. Contei inclusive das minhas conversas com o ministro Guido Mantega e da descoberta da presença do Fundo Soberano da China no mercado de câmbio brasileiro.

Veio então o pedido de colaboração, que eu imaginava deveria ter sido o motivo de minha convocação para aquela audiência. Eles pouco ou nada entendiam sobre o complexo mercado de câmbio e o jargão típico dos operadores quando conversavam entre si no *chat* (sala de bate-papo digital) da Bloomberg, local em que trocavam informações e armavam estratégias e objetivos de manipulação das taxas de câmbio no Brasil e em diversos outros países. Pediram que eu lhes desse uma palestra interna explicando como funcionava o mercado de câmbio e por que, em 2011, já via evidências de manipulação cambial pelas instituições financeiras. Confirmei de imediato que iria colaborar e que viriam comigo dois especialistas que sabiam muito mais do que eu sobre a matéria, para trazer seus conhecimentos e apoio à investigação do Cade. Voltei a São Paulo, já convocando meus companheiros Emílio Garófalo e Pedro Rossi para me encontrarem urgentemente no dia seguinte. Começava ali outro empolgante capítulo dessa fantástica história.

No dia seguinte, logo cedo, recebi uma ligação de Emílio, aflito, dizendo que uma nota oficial do Cade estava sendo divulgada nas mídias, a qual afirmava que estava sendo iniciada formalmente uma investigação de formação de cartel e práticas ilícitas no mercado de câmbio *offshore* (no exterior), envolvendo catorze instituições financeiras: Banco Standard de Investimentos, Banco Tokyo-Mitsubishi UFJ, Barclays, Citigroup, Credit Suisse, Deutsche Bank, HSBC, J.P. Morgan Chase, Merril Lynch, Morgan Stanley, Nomura, Royal Bank of Canada, Royal Bank of Scotland e Standard Chartered. A investigação havia sido instalada com base em provas entregues pelo banco suíço UBS, após ter assinado um acordo de leniência. Com isso, o UBS ficaria livre de punições. Os demais bancos poderiam ser condenados a pagar multas que podiam ser arbitradas pelo Cade em 0,1% a 20% do faturamento nas operações de câmbio.

Organizamos informalmente um curso intensivo de câmbio para os investigadores do Cade, na sua maioria advogados de formação acadêmica, com especialização em direito econômico e concorrência, pouco versados em matérias cambiais. Creio que aprenderam rapidamente, pois fizeram muitas perguntas, tomavam nota de tudo e até pediram nosso consentimento para gravar certas explicações sobre os mecanismos do mercado de câmbio. Entendemos que a operação seria dividida em duas fases: a primeira, envolvendo os quinze bancos estrangeiros, que já havia sido anunciada publicamente, visando apenas as operações *offshore,* mas envolvendo transações cambiais com a moeda nacional e com clientes domiciliados no Brasil e no exterior. A segunda, ainda mais atrasada, em estágio preliminar de investigação, seria focada nas operações *onshore,* ou seja, no mercado brasileiro de câmbio, aí, sim, envolvendo também as instituições brasileiras e o mercado futuro de câmbio na BM&F.

Outra novidade que viemos a saber logo em seguida é que o Cade havia concluído também um acordo de cooperação, nessa investigação específica, com órgãos similares de controle da concorrência em outros países envolvidos naquela trama, e por lá já havia julgamentos em curso e condenações anunciadas. A mais recente investigação sobre potencial manipulação do mercado de câmbio estava sendo feita pela Autoridade de Conduta Financeira do Reino Unido, além de reguladores na Suíça e em Hong Kong. Nos Estados Unidos, o Departamento de Justiça informou que investigadores de sua divisão antitruste estariam também participando do caso, o que sugeria uma visão de que o compartilhamento de informações entre os bancos poderia ter prejudicado a legítima concorrência nos mercados.

As investigações estavam focadas principalmente nos conteúdos de conversas em salas de bate-papo com nomes como *The Cartel*. Os investigadores descobriram mensagens nas quais os operadores brincavam sobre sua capacidade de influenciar as taxas de câmbio e pareciam compartilhar de forma inapropriada informações com os concorrentes. Por esse motivo, desde 2012, bancos como RBS, Barclays, UBS, J.P. Morgan e Citigroup haviam decidido suspender os operadores em conexão com a investigação sobre transações cambiais e o uso reservado de salas de *chat* pelas suas mesas de operação. Conversas grosseiras e potencialmente ilegais nessas salas de bate-papo não eram uma preocupação nova para os bancos. As comunicações via *chat* tiveram lugar de destaque numa investigação de cinco anos antes, sobre a manipulação da London Interbank Offered Rate, ou Libor, que resultou em multas de bilhões de dólares aos bancos envolvidos.

Corretores e operadores envolvidos no escândalo da Libor usavam as salas de bate-papo para coordenar suas supostas tentativas de manipular as taxas de juros, de acordo com autoridades britânicas e norte-americanas e com transcrições de bate-papo reveladas durante as investigações. Às vezes eles ofereciam incentivos, como almoços e comissões de corretagem, por ajuda na manipulação das taxas de referência, de acordo com as transcrições. No caso da Libor, bem como da investigação sobre o mercado cambial, que estava em fase inicial, os investigadores descobriram transcrições de bate-papos em que operadores e corretores se envolviam em brincadeiras grosseiras, falando de sexo e uso de drogas.

O escândalo do início das investigações pelo Cade causou reações as mais diversas em diferentes ambientes. A mídia brasileira deu destaque ao assunto em primeira página, vários artigos foram escritos por jornalistas de primeiro time, autoridades constrangidas foram entrevistadas e no Congresso Nacional logo foi instaurada uma audiência pública, no Senado, por requerimento do senador Ricardo Ferraço (PSDB/ES). Foram convocados representantes do setor privado, nomeadamente Federação Brasileira de Bancos (Febraban), Associação de Comércio Exterior do Brasil (AEB) e FIESP, além de representantes do Banco Central do Brasil, do próprio Cade e do Ministério da Justiça. Obviamente, a Febraban não compareceu, o diretor do Banco Central negou qualquer indício de manipulação cambial e alegou que as rígidas regras regulatórias de supervisão do mercado de câmbio no Brasil impediam qualquer tentativa de influenciar a formação da PTAX e por aí afora. Já o presidente da AEB e eu, pela FIESP, demos conhecimento aos parlamentares de nossas impressões sobre o potencial de manipulação da taxa PTAX e os prejuízos que haviam sido causados à indústria brasileira em geral e aos exportadores em particular. O representante do Cade, por razões de ofício e de sigilo, foi bastante comedido na sua apresentação e nada acrescentou de novo.

O importante dessa audiência pública foi que ali nasceu o consenso de que, além do processo público já em curso pelo Cade, havia motivo mais do que justo para instalação de outro processo de natureza indenizatória e de ação coletiva. Dessa vez na esfera privada, por iniciativa da AEB, representando o universo de seus associados e todos os exportadores brasileiros que foram indiretamente lesados na sua atividade exportadora por causa da sobrevalorização cambial gerada pela manipulação da PTAX pelos bancos nacionais e estrangeiros envolvidos no processo de cartelização pelo Cade.

Segundo a Lei Antitruste, em seu art. 47, "é garantido aos prejudicados por infrações à ordem econômica o direito de ação civil para obter o ressarcimento pelas perdas e pelos danos sofridos". Esse direito é garantido tanto aos particulares que se sentirem prejudicados quanto ao Ministério Público, na tutela dos interesses difusos. A aula de Direito de Defesa Econômica veio a calhar naquele momento. Para obter a reparação civil por danos concorrenciais, devem ser satisfeitos os requisitos previstos no *caput* do art. 927 do Código Civil: "i) o ato praticado deve configurar ilícito; ii) deve ocorrer dano; e iii) é preciso que exista nexo de causalidade entre a conduta e o dano". Ademais, a regra adotada por nosso ordenamento jurídico é a de que a responsabilidade civil é subjetiva, isto é, só há responsabilidade se restar comprovado dolo.

De acordo com nosso parecer, não deveria haver maiores celeumas quanto à aplicabilidade do Código Civil para responsabilização das instituições financeiras nos casos de reparação civil por danos concorrenciais, haja vista que a responsabilidade civil se distancia do que seria concernente à "estrutura" do sistema financeiro. Ora, se o STF reconhece a aplicação do Código de Defesa do Consumidor, o qual prevê uma espécie de responsabilidade civil às instituições financeiras, não parece exagero admitir o emprego do art. 927 do Código Civil nesse caso específico. Ademais, o direito de reparação é garantia constitucional decorrente do inciso XXXV do art. 5º: "A Lei não excluirá da apreciação do Poder Judiciário qualquer lesão ou ameaça a direito". Estava bem entendido que nesse tipo de processo era preciso provar o crime (ação em conluio por um grupo de agentes para influenciar ou determinar um preço, no caso, a taxa de câmbio), o nexo causal (o efeito dessa ação ilícita sobre o reclamante) e o tamanho do dano sofrido (no caso, o efeito da sobrevalorização cambial ocorrida na receita de exportação do reclamante). Não pairavam dúvidas: eram evidentes os elementos básicos desse processo, e caberia, sim, uma ação coletiva em nome de centenas ou milhares de exportadores prejudicados pela atividade ilícita dos bancos.

Depois de conversas com muitos notáveis juristas brasileiros, foi escolhido um especialista em direito econômico e ações contra cartéis, o jovem e brilhante advogado Bruno Maggi, que imediatamente abraçou a causa, pressentindo ali não apenas a chance de uma retumbante vitória jurídica, mas principalmente a reparação de um gigantesco dano causado pelos bancos aos seus próprios clientes, milhares de empresas exportadoras brasileiras de grande, médio e pequeno portes, de vários segmentos da indústria e de várias regiões do país, todas elas vítimas anônimas do crime de cartel praticado irresponsavelmente pelos bancos de 2007 a 2011, segundo a investigação do Cade.

No dia 7 de dezembro de 2016, um novo processo é instaurado pelo Cade, dessa vez envolvendo onze instituições financeiras no Brasil, referente ao mercado de câmbio *onshore*, aqui já mencionado. Nesse segundo processo, o Cade deu sequência às investigações que apuravam indícios de práticas adotadas por instituições financeiras no Brasil para manipular as cotações do real com o dólar, agora agindo em conluio no mercado futuro da B3, fixando taxas que lhes proporcionariam maiores lucros nas rolagens de contratos futuros de câmbio a cada final de mês. No inquérito do mercado *onshore*, muito embora as provas da atuação do cartel fossem robustas, de início, num pacto de silêncio, nenhuma instituição havia firmado até então qualquer compromisso de leniência com o órgão, na expectativa de que seria uma admissão antecipada de culpa.

Nesse caso, estavam sendo investigados os bancos BBM, BNP Paribas, BTG Pactual, Citi e HSBC (hoje, parte do Bradesco). Com menor intensidade, ABN Amro Real (hoje Santander), Fibra, Itaú Unibanco, Santander e Société Générale. Há ainda pessoas físicas entre os investigados pelo Cade – sobretudo operadores que atuavam no mercado de câmbio. Entre pessoas físicas e jurídicas, no total eram 29 envolvidos. Quando iniciou a investigação, o Cade via evidências de fixação de níveis de preços (*spread* cambial); coordenação na compra e venda de moedas e propostas de preços para clientes; além de imposição de dificuldades para atuação de outros operadores no mercado de câmbio envolvendo a moeda brasileira.

Em maio de 2017, o Cade homologou mais dois acordos com as unidades brasileiras dos bancos Citibank e Société Générale, num caso relativo a um esquema de manipulação de taxas de câmbio no país. O Citibank se comprometeu a pagar R$ 71,6 milhões, e o Société Générale pagaria R$ 5,57 milhões, segundo fontes do Cade. A essa altura, não se discutem mais dois pontos do processo civil de indenização coletiva, que são: a existência do cartel está mais do que comprovada, pelo próprio testemunho de vários indivíduos participantes e das instituições financeiras que assinaram acordos de leniência; o óbvio nexo causal das atividades do dito cartel, com o efeito da subtração da receita exportadora das empresas reclamantes.

Nos dois casos, a AEB foi prontamente admitida pelo Cade como terceira parte interessada (*amicus curi*), o que lhe permitiu desde então um acompanhamento privilegiado dos processos em curso. Para instruir o processo *onshore,* faltava calcular um fator fundamental para a correta instauração do processo judicial. Trata-se da dimensão do dano causado aos exportadores brasileiros. Para isso, era preciso realizar uma complexa análise contrafactual que decidisse qual seria a taxa de câmbio, se não houvesse o acúmulo de posições vendidas dos bancos no mercado à vista, expurgando outros fatores exógenos que viessem também a influenciar simultaneamente a formação da taxa PTAX a cada momento naquele período (2007-2011).

Um time de economistas da Unicamp foi contratado pela AEB, sob a coordenação do professor Pedro Rossi. Obtivemos com precisão as séries históricas de exportações e importações brasileiras, dia a dia, fornecidas pela Secex, das taxas PTAX diárias, fornecidas pelo Banco Central do Brasil, e nos pusemos em marcha para calcular com a maior precisão possível os valores que instruiriam o processo da AEB. Sabíamos de antemão que o número seria gigantesco e que poderia causar a descrença do público, mas era a conta que deveria ser feita, com profissionalismo e responsabilidade. Para nosso espanto, o relatório final, elaborado e assinado pela equipe, mostrava que, em julho de 2011, a taxa real observada estava 31% mais valorizada do que a taxa de contrafactual, o que representava 49 centavos de real por dólar. Considerando a diferença entre a taxa de câmbio observada e a taxa de câmbio contrafactual e descontadas as importações das empresas exportadoras, tem-se a perda líquida de receita dos exportadores. No período que vai de fevereiro de 2010 a dezembro de 2012, a perda de receita média dos exportadores foi de R$ 3,1 bilhões por mês, totalizando R$ 110,58 bilhões (!) durante os 21 meses que compõem o período. De maio a setembro de 2011, a perda passava dos R$ 10 bilhões por mês.

GRÁFICO 6
Perda de receita mensal em preço dos exportadores (R$)

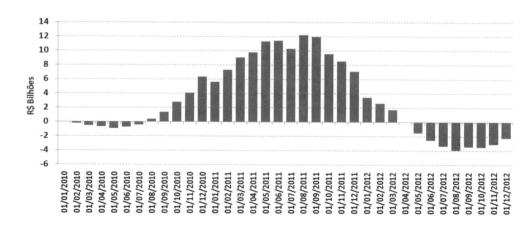

Fonte: Kaduna Consultoria

Nos últimos anos, centenas de empresas exportadoras reunidas sob a égide da AEB entraram na justiça em ação coletiva para tentar evitar a prescrição do prazo, com o objetivo de cobrar uma justa indenização de bancos brasileiros e estrangeiros investigados pelo Cade. Os bancos envolvidos logo foram devidamente notificados, reuniram-se com as melhores bancas de advogados do país e apresentaram respectivamente suas defesas e contra-argumentações, tanto ao Cade como à justiça federal, mas ainda não houve até o momento nenhum pronunciamento conclusivo nos dois processos, que correm em sigilo. Os advogados que fazem a defesa dos bancos avaliam que, no caso do mercado local, o inquérito deve ser concluído antes do fim de 2023.

A leitura dos especialistas é que a leniência, ao representar admissão de culpa, tornaria os bancos mais expostos a pedidos de indenização por parte das empresas exportadoras que se sentiram lesadas pela subtração da receita de exportações à época, sob forte efeito de sobrevalorização do real causado pelas práticas ilícitas do dito cartel. Ao mesmo tempo, há instituições que alegam não ter encontrado nenhuma prática indevida internamente.

Alguns bancos estrangeiros, no entanto, ainda negociam acordos de leniência e de ajuste de conduta com o Cade, seja como uma atitude protelatória para uma decisão final daquela agência reguladora da concorrência, seja mesmo para mitigar os prejuízos que, admitem, poderão ocorrer diante de uma causa que no íntimo já consideram perdida. Ainda há os que tentam enveredar pela nulidade do Cade em promover essa investigação de cartelização dos operadores de câmbio, afirmando que a competência para tal feito seria do BCB.

Ademais, especificamente no que diz respeito ao mercado de câmbio, a própria Resolução nº 3.568 do CMN dispõe sobre a punição de condutas congêneres às infrações à ordem econômica:

> *Art. 22. Sujeitam-se os agentes autorizados a operar no mercado de câmbio às sanções previstas na legislação e regulamentação em vigor para a compra ou a venda de moeda estrangeira a taxas que se situem em patamares destoantes daqueles praticados pelo mercado ou que possam **configurar evasão cambial, formação artificial ou manipulação de preços**.* [grifo nosso]

Como equacionar essa antinomia? Afinal, a tutela da concorrência no sistema financeiro seria competência do BCB ou do Cade ou, ainda, de ambos, de maneira complementar? Sem uma sinalização do órgão regulador de que de fato houve a formação e atuação de um cartel e que a manipulação da taxa de câmbio resultou em prejuízos significativos para as empresas exportadoras, a interpretação que vem prevalecendo nos bancos é a de que não há o que fazer, neste momento, em relação às ações judiciais. Lembrando ainda que o Cade iniciou a investigação sobre o cartel de câmbio no mercado local em dezembro de 2016, diante das fortes e inequívocas evidências obtidas à época no curso das investigações *offshore*.

Em 2017, conversando sobre o tema de segurança jurídica com o professor Arnold Wald, um dos mais experientes e sábios juristas que já conheci na vida, e do qual tenho o privilégio de ser amigo, como também de seus filhos Alexandre e Arnoldo, resolvemos escrever um artigo juntos. Como o tema tem muita pertinência com o caso do cartel de câmbio e com a morosidade da justiça na conclusão de processos mais complexos, lembrei-me de inseri-lo aqui, no final deste capítulo, na expectativa de que um acordo entre os bancos e os exportadores possa ser resolvido num futuro próximo, por meio de uma mediação bem conduzida entre as duas partes, evitando maior desgaste para os bancos relacionados nessa operação em fase final de investigação pelo Cade.

O Estado mediador
Por Arnold Wald e Roberto Giannetti da Fonseca

Já se disse que o século XXI seria o das Parcerias e da Mediação, justificando-se a atribuição ao Estado de uma nova função, a de mediador. Conhecemos, no passado, o Estado liberal da Constituição de 1946, e depois, o Estado intervencionista do regime militar. Parece-nos que chegou a hora de uma nova missão para o Poder Público: a de mediar os conflitos para dar-lhes uma solução rápida e eficaz, que nem sempre o Judiciário resolve no tempo da economia, que é diferente do necessário para obter decisões definitivas pela via judicial.

Depois da tese da liberdade econômica plena, que quando excessiva pode resultar numa sociedade anárquica, e da antítese da disciplina rígida, com a onipotência do Estado, chegamos à síntese. Trata-se do direito que, sempre que possível, deve ser o resultado do consenso, numa economia "concertada", com uma legislação flexível. Substitui-se o direito imposto pelo direito composto, decorrente da simbiose da vontade das partes, com as concessões necessárias decorrentes de toda parceria.

Não é só na área tipicamente comercial das relações entre empresas que a mediação pode ser útil e eficiente. O Estado pode ser um catalisador importante nos conflitos entre os vários grupos, encontrando soluções que atendam simultaneamente aos interesses individuais, sociais e públicos. Recentemente, o governo e seu órgão jurídico, a AGU, se convenceram dessa transformação, que lhes atribui um novo poder-dever, o de mediar os grandes conflitos, com maior ou menor formalismo. Assim, nos processos decorrentes da aplicação dos chamados "Planos Monetários" (aos quais as instituições financeiras foram obrigadas a obedecer) que opõem, há cerca de três décadas, os poupadores aos bancos, uma solução consensual acaba de ser acordada.

Decorreu, em grande parte, do esforço intenso e continuado da ministra advogada-geral da União, que conseguiu aproximar as partes, moderar as divergências e construir soluções que já mereceram parecer favorável da Procuradoria-Geral da República e estão aguardando homologação do Supremo Tribunal Federal. O caso merece ser enfatizado, pois, num certo momento, os litígios chegaram a ser avaliados em algumas centenas de bilhões de reais e mobilizaram a Justiça, em todo o país, com cerca de um milhão de feitos, que acabaram encontrando solução no recente acordo, cuja razoabilidade decorre do próprio consenso das partes. Trata-se também de questão que era de certa forma controversa quanto aos fundamentos jurídicos invocados, pois as instituições financeiras e o Banco Central defendiam o princípio da estabilidade monetária e do poder da União de modificar a unidade monetária ou o índice de sua correção. Entendem que a nova norma editada deveria aplicar-se de imediato aos contratos pendentes. Por outro lado, os poupadores, invocando o Código do Consumidor e a eventual existência de um direito adquirido ao padrão monetário, consideravam que a nova legislação e regulamentação não deveriam alcançar as operações em curso. **O Judiciário garantiu o sucesso da arbitragem e mediação e tornou o país um dos mais importantes nos dois setores.** As discussões que abrangeriam os cinco Planos Monetários só se reduziram com a maior sofisticação do Plano Real, mas os litígios quanto aos demais continuaram gerando, ao mesmo tempo, uma forte insegurança jurídica e financeira e uma verdadeira avalanche processual. Caberia ao Supremo Tribunal Federal decidir a matéria, o que só poderia fazer com um quórum específico, que os seus integrantes não estavam alcançando em virtude de divergências entre alguns ministros e de impedimentos de outros.

A questão teórica não é nova e já tinha surgido em nosso meio na década de 1930, no caso de vedação do uso das cláusulas de pagamento em moeda estrangeira ou em ouro. Mais recentemente, ressurgiu por ocasião das variações do salário mínimo e da discussão da admissibilidade do mesmo como índice de correção. Na Europa, os juristas e magistrados se defrontaram com problema similar logo após a Primeira Guerra Mundial e diante de uma inflação galopante que destruiu a moeda na Alemanha e em outros países. Nos Estados Unidos, a aplicação imediata das "gold clauses", proibidas pela legislação do New Deal, levou a intenso debate na Suprema Corte, que só conseguiu ser resolvido por uma votação de 5 x 4 (a maioria a favor da constitucionalidade). É significativo lembrar que, na América do Norte, se a Suprema Corte tivesse que decidir a matéria por maioria qualificada, não teria conseguido uma solução e teria levado o presidente Roosevelt a ter que cumprir a sua ameaça de aumentar o número dos ministros que a compunham.

Por outro lado, também recentemente, houve progressos no sentido de admitir a colaboração entre o Conselho Nacional de Justiça, o Banco Central do Brasil e a Federação Brasileira dos Bancos, para estabelecer medidas que possibilitassem a defesa dos direitos do consumidor de produtos e serviços financeiros, o estímulo à resolução de conflitos de forma amigável nas causas *pré-processuais e judiciais, e a redução das demandas judiciais relacionadas à relação entre o consumidor de serviços financeiros e as IFs do SFN, contribuindo, ainda, para o aprimoramento da atividade regulatória do Banco Central.*

Os resultados das soluções extrajudiciais dos conflitos foram importantes e se fizeram sentir, permitindo a justa comemoração, em 2017, dos 20 anos da Lei de Arbitragem, enquanto a mediação se desenvolvia sob todos os aspectos. O Poder Judiciário garantiu o sucesso de ambos os institutos (arbitragem e mediação), tornando o nosso país um dos mais importantes nos dois setores, em pouco tempo, com uma sensibilidade construtiva, que nos afastou do formalismo, que inspirava alguns dos juristas no passado. Assim, o Estado brasileiro, neste crítico momento de nossa História, segue inovando e progredindo, oferecendo à nossa população maior segurança jurídica e um melhor clima de negócios e de investimentos.

A história do cartel de câmbio ainda não havia terminado quando escrevi este livro, em dezembro de 2022, mas certamente novos capítulos dessa desafiante novela virão em breve. Tenho convicção no desfecho favorável aos exportadores brasileiros. Só nos resta, agora, esperar.

CAPÍTULO 18

O caso Paranapanema: de herói a vilão

No início de 2007, vieram me procurar dois velhos amigos: Geraldo Haenel e Luiz Antônio Ferraz, à época, respectivamente, presidente e diretor financeiro da Paranapanema S/A, um conglomerado de empresas minero-metalúrgicas nos setores de cobre e estanho. A razão era urgente e grave: a Paranapanema havia sofrido dias antes uma milionária autuação fiscal da Receita Federal, no valor de R$ 275 milhões, em razão da utilização irregular de atos "concessórios de *drawback isenção*" outorgados para se eximir do pagamento de tributos no processo de importação de concentrado de cobre do Chile, para processamento industrial na sua subsidiária Caraíba Metais, no polo de Camaçari, no estado da Bahia, e posterior exportação dos cátodos de cobre para o mercado internacional. Pedimos para examinar os documentos da autuação e percebemos de pronto que havia um gravíssimo e inexplicável equívoco conceitual cometido pelo auditor fiscal naquele caso.

Primeiro, há que se entender o que é o *drawback*.

Trata-se de um regime tributário especial, instituído pelo decreto-lei nº 37, de 18 de novembro de 1966, que dispõe sobre a forma de desoneração dos tributos de importação incidentes sobre as matérias-primas importadas, desde que pactuado a um compromisso de exportação de produtos manufaturados com prazo e volume e/ou valor definido. O *drawback* tem sido, ao longo dos últimos cinquenta anos, um dos principais e mais efetivos mecanismos de desoneração tributária das exportações, possibilitando maior vantagem competitiva para empresas nacionais no mercado externo.

Esse regime aduaneiro, conforme sua legislação, pode ser aplicado alternativamente na forma de três modalidades distintas e definidas de acordo com o decreto-lei nº 37, de 1966:

(i) **Suspensão** dos tributos de importação sobre insumos a serem exportados após seu beneficiamento ou daqueles destinados à fabricação, complementação ou acondicionamento de outro produto a ser exportado.

(ii) **Isenção** dos impostos de importação de insumos, em igual quantidade e qualidade àquela requerida para beneficiamento, fabricação, complementação ou acondicionamento de produto exportado.

(iii) **Restituição** total/parcial dos impostos pagos na importação de insumos exportados após beneficiamento ou usados na fabricação, complementação ou acondicionamento de outra mercadoria exportada.

Ao longo dos anos, esse regime aduaneiro vem se aperfeiçoando e se modernizando, em linha com a evolução tecnológica das informações digitais, num mercado mundial cada vez mais integrado e globalizado.

O ato concessório do *drawback* é concedido ao exportador a partir de seu requerimento, que será analisado pela Secex, através de rigoroso exame do mérito do pleito da empresa requerente, dos contratos de exportação do produto manufaturado final e da relação insumo-produto no processo industrial, a qual muitas vezes tem de ser comprovada por laudo técnico independente, entre outras exigências. Após o cumprimento de todos os compromissos de importação de insumos e exportação de produtos manufaturados no decorrer do prazo estipulado, o exportador apresenta a devida documentação à Secex, que pode declarar o ato concessório cumprido integralmente, parcialmente, ou inadimplente, nestes dois últimos casos aplicando a cobrança de impostos com multa e correção monetária sobre a parcela do compromisso não executada. À Receita Federal, dentro da sua competência administrativa, cumpre o papel de fiscalizar a conformidade dos processos de *drawback* junto aos operadores de comércio exterior, não tendo em nenhum momento a prerrogativa de emitir, prorrogar, anular ou cancelar atos concessórios de *drawback*, prerrogativa essa exclusiva da Secex.

No caso específico da Paranapanema, a sua subsidiária Caraíba Metais, desde os anos 1970, importava regularmente um volume considerável de concentrado de cobre de várias origens, mas especialmente das minas do Chile e do Peru, processava o concentrado no seu *smelter* em Camaçari e gerava um produto intermediário da cadeia produtiva do cobre, o cátodo refinado de cobre, parte do qual seria destinada para o mercado doméstico e parte para o mercado internacional. Para evitar a incidência de impostos diversos, federais (imposto de Importação, IPI e PIS/Cofins) e estaduais (ICMS), na atividade de importação do concentrado de cobre, a empresa aplicava continuamente, ao longo dos anos, o regime de *drawback*, ora por isenção, ora por suspensão. A diferença entre ambos está na ordem dos fatores: na modalidade de isenção, primeiro se exporta o produto manufaturado, e aí se atribui o direito de posteriormente repor o volume de insumos com isenção de impostos na proporção exportada; já na modalidade de suspensão, primeiro se importam os insumos com a suspensão temporária dos impostos e depois se exporta, comprovado o uso integral dos insumos desonerados na fabricação dos produtos exportados.

O que ocorreu na autuação fiscal da Paranapanema: o concentrado de cobre era importado do Chile e, por conta dessa origem e de um acordo da Aladi, gozava da incidência de alíquota zero no imposto de importação. Mesmo sabendo disso, o auditor fiscal, de forma grotesca, julgava ter ocorrido um suposto *duplo benefício* sobre a mesma mercadoria importada, sem considerar os demais impostos incidentes, e num equívoco absurdo de considerar que zero mais zero seria algo diferente de zero. O fato é que lavrou a tal autuação fiscal, por ignorância ou intencionalmente, por outros motivos, considerando nulos todos os atos concessórios de *drawback* isenção emitidos pela Secex e baixados como integralmente adimplentes nos últimos cinco anos (2001-2006). Ao valor dos impostos federais não recolhidos nas importações, acresceu correção monetária e multa de 150% (!), por considerar ter sido um ato doloso, de fraude e de sonegação intencional. Eu jamais havia visto algo tão absurdo até então por parte da Receita Federal.

Consultado pelos executivos da empresa, Geraldo Haenel e Luiz Antônio Ferraz, sobre o que poderia ser feito, sugeri que se defendessem muito bem no processo tributário, primeiro junto à chamada Delegacia Regional de Julgamento (DRJ), instância administrativa da própria Receita Federal, para avaliar e ratificar ou não os autos de infração lavrados pelos seus auditores fiscais. Raramente um auto de infração é anulado pela DRJ, seja pelo corporativismo latente, seja pela atribuição de "desempenho" que resulta em bônus e promoção à equipe de fiscalização. Em sequência, o processo fiscal segue para o Conselho Administrativo de Recursos Fiscais (CARF), no qual existem diversas turmas de julgamento, com seis membros cada uma, três originários do setor privado e três integrantes dos quadros da própria Receita Federal. Do começo ao fim, um processo no CARF pode levar muitos anos para ser julgado e concluído e, nesse período, gera insegurança jurídica e custos advocatícios elevados para os contribuintes. Orientei meus amigos e sugeri que eles contratassem um bom escritório de advocacia para essa tarefa, o que fizeram em seguida, nomeando um advogado que já atuava havia muito tempo para a empresa, e com sede no Rio de Janeiro. Obviamente, dois anos depois, em 2009, a DRJ de Fortaleza ratificou o auto de infração, desconsiderando totalmente os bons argumentos do advogado carioca em defesa de seu cliente, e, por consequência, o processo seguiu para o julgamento do CARF em Brasília.

Ao longo desse período, de 2006 a 2009, a Paranapanema nos

contratou para fazer uma verdadeira *due diligence* nos seus atos concessórios de *drawback* em aberto, conferindo e reconciliando prazos de importação e exportação de cada um dos atos, identificando qualquer inconsistência entre os volumes de insumos importados e de produtos finais exportados e criando um eficiente e confiável sistema de controle, de forma a evitar qualquer possível autuação fiscal no futuro próximo. Os controles do *drawback*, antes manuais e mais burocráticos, a partir de 2008 passaram a ser eletrônicos, facilitando muito a gestão dos processos, tanto pela Secex como pelo setor privado. Nosso trabalho foi impecável, realizado com empenho e dedicação por uma trinca de especialistas da nossa equipe de consultoria de comércio exterior: Alessandra Cavalcanti, Alexandra Gioso e Renata Bley, que ganharam efusivos elogios de toda a diretoria da Paranapanema, nessa época já presidida por Luiz Antônio Ferraz.

No início de 2009, quando a DRJ de Fortaleza emitiu sua decisão de ratificar o auto de infração e enviou o processo para o CARF em Brasília, a Receita Federal notificou a empresa para apresentar novamente sua defesa. A diretoria da Paranapanema não teve dúvida em novamente nos chamar e solicitar apoio profissional na sustentação de um tema tão específico e técnico como aquele, que já conhecíamos tão bem, de ponta a ponta. Concordamos em atuar como coordenadores da defesa, mas indicando a necessidade imediata de contratação de um advogado em Brasília, que tivesse experiência em direito tributário e nos trâmites do CARF, para fazer o acompanhamento periódico e a sustentação oral da defesa no curso do processo.

Sem saber quem indicar, Ferraz nos delegou a tarefa de selecionar e contratar esse advogado para a causa em questão. O primeiro nome que nos ocorreu foi o do escritório Spíndola & Palmeira Advogados, cujos jovens advogados, recém-formados, eram Carlos Palmeira e os irmãos Vladimir e Camilo, filhos de Lytha Spíndola, que havia sido, de 1999 a 2002, secretária titular da Secex, no mesmo período em que atuei na Camex, e que comigo havia participado ativamente no aperfeiçoamento legislativo e regulatório do regime especial de *drawback*. Em 2009, ela ainda seguia na carreira pública, naquele momento como adida tributária na embaixada do Brasil em Washington, atuando na negociação de acordos bilaterais de bitributação entre o Brasil e os Estados Unidos. Eu já conhecia os jovens advogados desde a época em que ainda eram estudantes de Direito em Brasília, e acompanhei com satisfação a evolução e o bom desempenho profissional que tiveram nos seus primeiros anos de carreira profissional.

Logo nos pusemos juntos a trabalhar nas teses de defesa, examinando a farta jurisprudência de casos similares em vários níveis de instâncias de julgamento. A convicção era de que tínhamos um caso inequívoco de vitória para o nosso cliente, com argumentos mais que suficientes para, quem sabe, vencermos por unanimidade na turma do CARF designada para julgar aquela absurda autuação fiscal. Apesar disso, a empresa sofria com o apontamento, no relatório de auditoria de seu balanço patrimonial, de um risco fiscal contingente de mais de R$ 350 milhões em 2009, o que representava pouco mais de 20% de seu patrimônio líquido. Com isso, a cotação de suas ações na Bolsa despencava, os bancos limitavam suas linhas de crédito e subiam os *spreads* de juros, os fornecedores exigiam pagamento à vista e, em resumo, seu desempenho era gravemente prejudicado, numa fase crítica da economia brasileira e mundial, pós-crise de setembro de 2008.

Como acionista minoritário da Paranapanema à época, eu assistia com interesse e atenção às consecutivas assembleias de acionistas, bem como ao malabarismo que meu amigo Ferraz era obrigado a exercitar para continuar à frente da administração da empresa, prometendo que ela em breve ganharia aquela bilionária disputa no CARF. Já em fins de 2008, durante a crise financeira internacional, milagrosamente Ferraz havia conseguido alienar o controle de outra subsidiária do grupo Paranapanema, a Mineração Taboca, vendida para a empresa peruana Minsur, pelo valor de R$ 850 milhões. A Mineração Taboca era então a maior produtora de estanho do Brasil e representava um ativo estratégico para a Minsur, uma das maiores produtoras desse estratégico metal no mundo. Com a entrada desses recursos no caixa durante o exercício de 2009, a Paranapanema melhorou seu índice de liquidez corrente, mas agora se restringia ao setor de cobre, no qual era líder no Brasil, mas ainda operava com prejuízo operacional.

Passados alguns anos, um dia foi indicado por sorteio o integrante da turma do CARF que seria o relator do processo. Por absoluta coincidência, fui informado via e-mail, por Vladimir Spíndola, que o escolhido havia sido o advogado Daniel Gudiño. Imediatamente reconheci o nome do jovem advogado carioca que eu havia conhecido num trabalho anterior e respondi: "Que sorte, Vlad, eu o conheço bem, já foi parceiro da Kaduna anos atrás num caso de defesa comercial. O advogado Daniel Gudiño é integrante da equipe do escritório Dannemann Siemsen, que me foi apresentado por Alessandra Cavalcanti numa tarefa na qual atuamos juntos na defesa da empresa Compactor", concluí, com indisfarçável satisfação. Certamente, sendo meu conhecido, ele ouviria com atenção nossos argumentos e saberia avaliar com a devida isenção a causa em juízo.

Nesse período inicial de preparação da defesa da Paranapanema, buscamos identificar em primeiro lugar a incompetência da Receita Federal no ato de cancelamento dos atos concessórios emitidos pela Secex a favor da Caraíba Metais. Se comprovada essa tese, o auto de infração já estaria automaticamente anulado, já que havia sido lavrado em base ilegal. Não foi difícil encontrar vasta jurisprudência nessa direção que apontávamos, e, para não exaurir o leitor com vasta e complexa tese jurídica, transcrevo apenas um trecho de algumas sentenças dos tribunais superiores que não deixavam margem a dúvida sobre a legitimidade da empresa na sua defesa:

> 1. *Acórdão nº 3101-00.322, sessão de 04/12/2009. Recurso voluntário que foi dado provimento por unanimidade, confirmando a competência da SECEX para decidir sobre alterações do regime concessório no seu âmbito de atuação. A decisão foi bem resumida na ementa do acórdão: "A solicitação de alteração do prazo final de exportação e demais condições estabelecidas no Ato Concessório são de competência exclusiva da SECEX". **Não cabe à Receita Federal declarar a nulidade do ato administrativo vigente daquele órgão ou negar-lhe vigência, por entender que ocorreu vício formal ou material na concessão e, com base nisso, considerar inadimplido o Regime Aduaneiro Especial de Drawback, uma vez que deve prevalecer a presunção de legitimidade do ato e do princípio da moralidade administrativa.**

*2. Acórdão nº 301-31.857, sessão de 14/06/2005. Recurso de ofício da Delegacia de Julgamento que a turma negou provimento por unanimidade. A decisão foi pela incompetência da Receita Federal em modificar ato de prorrogação de regime, mesmo sendo intempestivo. A decisão da turma foi resumida na ementa do acórdão: "Tendo a SECEX deferido prorrogação ao do ato concessório, ainda que o pedido protocolizado pelo beneficiário do regime tenha sido intempestivo, **não cabe à Receita Federal desconstituir a validade desses atos, haja vista que a competência para concessão, alteração e prorrogação do regime aduaneiro especial de drawback é exclusiva da Secex".***

*3. Acórdão nº 302-38.579, sessão de 24/04/2007. Neste julgamento também foi discutida a competência da SECEX para declarar o inadimplemento do regime de Drawback, A posição da turma consta da ementa do acórdão: "Se o beneficiário não se desincumbe de comprovar o adimplemento junto ao órgão (SECEX) que lhe concedeu o regime especial, **a Secretaria da Receita Federal SRF) não deve se manifestar a respeito do adimplemento do regime, uma vez que o regime econômico precede o regime aduaneiro e prescinde desse, para fins de comprovação, mas o regime aduaneiro não prescinde daquele".***

Com o avanço da discussão no CARF, o pensamento foi consolidado no sentido de definir dois critérios: uma fiscalização dita "econômica" e uma "aduaneira". A primeira seria de responsabilidade da Secex, sendo sua competência decidir sobre a concessão do regime, considerando os insumos a serem importados, os produtos a serem exportados e os valores financeiros dessas operações. Nessa seara, seriam de competência da Secex as alterações nos regimes de concessão (atos concessórios) durante a validade do regime, sendo autônoma para averiguar os requisitos econômicos para alterações no regime. De outro giro, à Receita Federal caberia o controle aduaneiro, além de verificar, segundo essas decisões do CARF, as informações prestadas à Secex e utilizadas para aferir o cumprimento do regime, auditando a correspondência das informações de importação e exportação. Os acórdãos trataram de seguir o conceito da definição de fiscalização "econômica" e "aduaneira". Questão que também suscitou discussões no CARF foi a possibilidade de o auditor fiscal da Receita Federal fazer alterações nos atos definidos pela Secex, tais como concessão de regime e prorrogações de prazo. As turmas decidiram pela absoluta incompetência da Receita Federal para interferir e alterar os atos administrativos de responsabilidade da Secex.

Diante de dezenas de acórdãos com esse teor e de inúmeras decisões de variadas turmas e instâncias do Superior Tribunal de Justiça e do próprio CARF, não restava dúvida, a meu ver, da flagrante irregularidade da autuação fiscal lavrada pela Receita Federal contra a Paranapanema, autuação que, de forma irresponsável, colocou a própria sobrevivência da empresa em risco. Veja que, ao lavrar os referidos autos de infração, em 2007, o auditor fiscal calculou, além dos impostos de importação que julgou deveriam ter sido pagos ao longo dos últimos cinco anos (na falsa premissa de usufruto de duplo benefício Aladi), uma multa agravada de 150% sobre o valor corrigido dos impostos, acrescido ainda de juros de mora pelo período decorrido, até a data do pagamento dos autos de infração.

Nós estávamos convencidos, já naquela altura, de que, se houvesse um julgamento imparcial no CARF, certamente prevaleceria a inequívoca jurisprudência que havíamos reunido de forma a convencer os juízes da Turma do Conselho de Contribuintes da legítima defesa do nosso cliente, a começar pelo relator indicado.

Para isso, de forma transparente e formal, agendamos uma reunião no escritório do advogado e conselheiro do CARF Daniel Gudiño, no Rio de Janeiro, à qual compareci com Vladimir Spíndola e o diretor jurídico da Paranapanema, Arnaldo Corona. Fomos recebidos com muita cortesia, e logo eu lembrei a ele do trabalho que havíamos realizado juntos alguns anos antes, do qual ele se recordou com precisão. Relatamos a ele o histórico da autuação fiscal da Caraíba Metais, uma empresa do Grupo Paranapanema. Ele afirmou que ainda não tinha tido tempo de ler os autos nem de pesquisar com atenção a jurisprudência do caso e, ainda, que não entendia bem a legislação de *drawback,* o que nos levou a lhe explicar o funcionamento e a relevância desse regime especial tributário na estrutura da política de comércio exterior brasileira.

Entregamos a ele alguns documentos que poderiam lhe facilitar o entendimento do caso e da ilegitimidade da referida autuação fiscal, que punha em risco a solvência financeira do Grupo Paranapanema, empresa de capital aberto e controlada por três grandes fundos de pensão à época (Previ, Funcef e Petros). Ao final da reunião, que não durou mais do que meia hora, Daniel nos afirmou que estudaria o caso com atenção e que, se houvesse necessidade de algum novo esclarecimento, estaria à disposição para nos receber novamente. Saímos confiantes e otimistas de que Daniel iria fazer um parecer bem-fundamentado e justo para avaliação de seus pares na Turma do CARF.

Meses depois, a Turma do CARF, diante de nossos argumentos na defesa do cliente e do parecer preliminar elaborado por Daniel Gudiño, decidiu converter o julgamento em diligência, para que a Secex explicitasse as razões e os critérios adotados quando da concessão do benefício fiscal. A Secex, em resposta, deixou claro que, buscando respeitar a legalidade na administração pública, cabia-lhe afirmar que o recolhimento dos tributos no ato da primeira importação **NÃO** era condição necessária, nem muito menos um requisito previsto na legislação de regência para a concessão dos inúmeros atos concessórios solicitados regularmente pela empresa metalúrgica exportadora.

E concluía a Secex, no seu despacho aos conselheiros do CARF, que o Regulamento Aduaneiro (decreto n.º 6.759, de 2009) explicitava a **competência exclusiva da Secex para os atos de concessão de *drawback* isenção, bem como sua prorrogação ou cancelamento**. Diante desses fatos e evidências, a Secex afirmava que julgava improcedentes todos os lançamentos fiscais efetuados pelos auditores fiscais sob o fundamento de que o benefício do *drawback* isenção "só seria admitido se for demonstrado que as importações dos insumos, já utilizados na industrialização das mercadorias exportadas, ocorreram com todos os ônus fiscais".

Da leitura dos dispositivos legais e regulamentares referidos pela Secex emergiram duas conclusões óbvias, que não foram observadas pela Receita Federal: a competência para concessão, prorrogação ou anulação do ato concessório de *drawback* isenção era exclusiva da Secex; e que nunca havia sido uma condição indispensável para a concessão do benefício do *drawback* o pagamento dos tributos na importação originária. Portanto, tornava-se inquestionável o direito da empresa de obter a revogação dos autos de infração lavrados em 2007 pela Receita Federal.

Mesmo antes do pronunciamento da Secex ao CARF, eu via a crescente preocupação do advogado Vladimir Spíndola com a importância daquela missão que lhe estávamos confiando. Pela primeira vez, ele faria a defesa oral em um julgamento no Conselho de Contribuintes, e logo em um caso que despertava a atenção, devido ao vultoso valor em disputa, pois no início de 2013 o valor ajustado e corrigido dos autos de infração já superava a casa dos R$ 400 milhões.

Foi quando, após longa conversa telefônica e posterior troca de e-mails, ele tentou insistentemente me convencer de que seria melhor, para assegurar a possibilidade de vitória, que convidássemos mais um advogado sênior para apoiar a defesa, alguém com vasta experiência em processos administrativos fiscais na esfera federal e renomado acadêmico no mundo jurídico. O nome sugerido era do ex-presidente do CARF, já aposentado após longa carreira na Receita Federal, Edison Rodrigues, que eu não conhecia nem de nome, mas que tinha de fato um currículo impecável, inclusive com várias obras escritas sobre direito administrativo, uma delas em parceria com os notáveis e famosos juristas Ives Gandra Martins e Tércio Sampaio Ferraz. Demorei a ser convencido dessa necessidade, tal era minha confiança na possibilidade de vitória, pelo que até ali avaliávamos no mérito da causa. Mas acabei cedendo aos argumentos do Vlad, e incorporamos ao time de defesa o escritório Rodrigues & Advogados Associados S/S.

Finalmente o julgamento foi agendado e ocorreu de forma expedita no dia 25 de setembro de 2013. O resultado foi de 5 a 1 a favor do contribuinte, a Caraíba Metais, e só não foi por unanimidade porque o presidente da Turma, integrante da Receita Federal, votou com espírito corporativista, a favor do Fisco Federal, mesmo contrariando a vasta jurisprudência de julgamentos anteriores em tema semelhante. A defesa oral promovida pelos advogados Edison Rodrigues e Vladimir Spíndola, pelo que soube, havia sido brilhante, contundente, assertiva, o que simplesmente referendou o entendimento prévio já referido formalmente pela Secex.

Mesmo assim, tínhamos que aguardar que a decisão fosse publicada no *Diário Oficial da União*, o que ocorreu quase nove meses depois, no dia 5 de junho de 2014. Faltava um último passo, que seria eventual recurso dessa decisão pela Procuradoria-Geral da Fazenda Nacional, órgão do Ministério da Fazenda. Para nossa surpresa, a decisão da PGFN foi rápida e direta: no dia 9 de julho de 2014, publicaram a nota de que não havia como recorrer da decisão da Turma do CARF, diante da evidência de ilegalidade dos autos de infração lavrados pela Receita Federal em 2007 contra a empresa. A esperada vitória era finalmente definitiva, transitada em julgado, após pouco mais de sete anos de uma angustiante espera.

A diretoria da Paranapanema, seus conselheiros e acionistas, todos ficaram eufóricos com a definitiva decisão da PGFN. E nossa equipe, feliz pelo êxito naquela tarefa que havia consumido milhares de horas de reuniões, pesquisas, definição de estratégia, elaboração de pareceres e memoriais, preparação da defesa e acompanhamento cotidiano do andamento do processo. Fez-me lembrar esse dia um conhecido provérbio do filósofo Immanuel Kant: "Duas coisas me enchem a alma de crescente admiração e respeito, quanto mais intensa e frequentemente o pensamento delas se ocupa: o céu estrelado sobre nós e a certeza dentro de mim do dever cumprido".

A defesa constituída sob nossa liderança e coordenação tinha por objetivo a própria sobrevivência da empresa, que por isso mesmo anunciou como fato relevante, seguindo normas da CVM, a sua vitória nessa legítima causa em julho de 2014, quando a PGFN, convencida de que não caberia nesse caso nenhum recurso plausível a ser enviado à Câmara Superior do CARF, encaminhou o processo diretamente para arquivamento. Percebi que a correta decisão da PGFN havia sido mal digerida pela Receita Federal e mal interpretada por parte da imprensa, que, instigada por fontes da Receita, publicou algumas notas sugerindo certa perplexidade pelo arquivamento do caso sem oferecimento do último recurso de ofício. Foi essa providência, que creio rara e inusitada, mas aqui compreensível, que chamou à época a atenção do Ministério Público Federal, e daí surgiram suspeitas de ilicitude na condução daquele processo.

Como bom vitorioso, sugeri a todos os integrantes de nossa

equipe e ao cliente que, se procurados pela imprensa, se abstivessem de tecer qualquer comentário e mantivessem uma atitude discreta diante da vitória alcançada. Demos por concluído o feito e cumprido com êxito o contrato de prestação de consultoria técnica e jurídica à Paranapanema, recebemos merecidamente nossos honorários profissionais e remuneramos proporcionalmente os dois escritórios jurídicos que nos assessoraram. Era um caso para ser comemorado e para entrar na lista de casos de sucesso dos profissionais envolvidos. Infelizmente não foi o que ocorreu, como veremos adiante.

Em 2015, eu estava assoberbado de trabalho: iniciara com o BTG o projeto de reestruturação da dívida externa argentina (*vide* capítulo 15) e estava também envolvido na estruturação da ação coletiva em nome da AEB sobre o cartel de câmbio (*vide* capítulo 16). Por isso, quando fui procurado, no primeiro semestre de 2015, por algumas outras empresas exportadoras com processos de autuação fiscal resultantes de operações de *drawback* semelhantes ao caso da Paranapanema, recusei a oportunidade de assessorá-los, pois não pretendia atuar de forma sistêmica e continuada nessa atividade de defesa de contribuintes junto ao CARF, matéria mais condizente com advogados tributaristas com sede em Brasília. Mas me impressionou muito saber que os auditores fiscais continuavam lavrando autos de infração absurdos, por discordarem do adimplemento de empresas exportadoras em atos concessórios de *drawback*, o que, além de ilegal, punha em risco a segurança jurídica do próprio regime especial de *drawback*, responsável por cerca de 30% de todo o comércio exterior brasileiro.

Decidi, então, numa rotineira viagem a Brasília, visitar o então secretário de Comércio Exterior Daniel Godinho (não confundir com seu quase homônimo Daniel Gudiño, advogado e conselheiro do CARF) e expor a ele minha preocupação com a recorrente invasão de competência da Receita Federal nos atos administrativos da Secex. Era inadmissível que continuássemos a assistir inertes a essas autuações fiscais, que causavam enorme prejuízo financeiro e reputacional às empresas exportadoras. Mesmo quando vitoriosas no julgamento do CARF, passavam anos com aquela contingência fiscal nos seus balanços, sem acesso a uma certidão negativa de débito fiscal e arcando com custos administrativos e advocatícios para sua defesa.

Daniel Godinho, um jovem inteligente, diligente e cauteloso, como bom mineiro, prometeu agir e me perguntou o que eu faria em seu lugar. Sugeri que ele procurasse o então secretário da Receita Federal, Jorge Rachid, com quem mantínhamos um relacionamento amistoso e respeitoso, e afirmasse que seria preciso ratificar o entendimento do Regulamento Aduaneiro (decreto n° 6.759, de 2009), através de uma portaria interministerial que deixasse claras e explícitas as diferentes competências nas questões aduaneiras e tributárias. Dias depois, falando por telefone com Godinho, ele me afirmou que Rachid estava de acordo com a portaria interministerial, que seria inclusive mais ampla, envolvendo outros temas pendentes entre as duas secretarias e ministérios. Disse a ele que tínhamos elaborado uma minuta de texto sobre o *drawback*, e que faria com que ela chegasse prontamente às suas mãos para sua avaliação e eventual inclusão na portaria interministerial. A portaria foi finalmente publicada em julho de 2015, um ano após a decisão do caso da Paranapanema no CARF, e ali eu acreditava ter posto fim a essa nefasta ocorrência.

Acontece que, em março de 2015, foi lançada pelo Ministério Público Federal a chamada Operação Zelotes, na qual se investigavam cerca de setenta empresas e bancos, como, entre outros, a Siderúrgica Gerdau, os bancos Santander, Safra, Bradesco e BankBoston e as empresas automotivas Mitsubishi e Ford, além de dezenas de pessoas físicas, incluindo o então ex-presidente Luiz Inácio Lula da Silva e o ex-ministro Guido Mantega. A Polícia Federal dizia ter encontrado "elementos consideráveis de irregularidades" nas práticas dessas empresas e de seus assessores jurídicos, que supostamente subornavam alguns conselheiros do CARF, em troca da suspensão temporária de julgamentos e mesmo da alteração de votos em favor de determinadas empresas.

Haveria indícios de que o esquema teria sido iniciado em 2005, mas as investigações só começaram em 2013. Os relatórios indicavam que conselheiros e servidores do CARF manipulavam a tramitação dos processos e, consequentemente, o resultado dos julgamentos do Conselho. Para mim, esse evento teria passado sem muita atenção, não fosse o fato de ver arrolado entre os suspeitos exatamente os advogados Vladimir Spíndola, seu irmão Camilo e o ex-presidente do CARF, Edison Rodrigues. Logo que pude, procurei Vladimir pessoalmente em seu escritório em Brasília, e ele me assegurou que era inocente e que nada teríamos a temer no caso Paranapanema, pois a decisão dos conselheiros teria sido absolutamente legítima, sem nenhum favorecimento, não apenas porque não seria ético, mas também desnecessário, diante do inquestionável mérito da causa.

Afirmou ainda que sua participação no caso investigado teria sido de elaboração de um parecer jurídico para empresas do setor automotivo. Acredito que ele tenha dito a verdade, mas fiquei aborrecido com o fato de que ele e Edison Rodrigues estivessem agora no epicentro investigativo da tal Operação Zelotes, que ganhava crescente repercussão na mídia, conforme avançavam as investigações pelo Ministério Público Federal.

Anos se passaram, e a dita Operação Zelotes, irmã gêmea da Lava Jato, continuava a realizar periodicamente novas fases de investigação e de busca e apreensão de documentos junto às empresas e pessoas físicas suspeitas de envolvimento ilícito nos julgamentos do CARF. Anunciava-se que o prejuízo apurado aos cofres públicos até março de 2018 era de R$ 5,7 bilhões, e que o montante em todos os processos investigados chegava a R$ 19 bilhões. O *impeachment* da presidente Dilma Rousseff em 2016, o escândalo da JBS na gravação clandestina com o presidente Michel Temer em 2017 e a prisão do ex-presidente Lula em abril de 2018 ocupavam as atenções da mídia e do público, mas a Operação Zelotes estava lá na atividade de investigar possíveis atos de corrupção nos julgamentos do CARF.

No início de 2018 abria-se um ano eleitoral, já que em outubro ocorreriam as eleições para a Presidência da República, para governadores de estado e para o Congresso Nacional. Como amigo de longa data do então governador Geraldo Alckmin e do então prefeito João Doria, eu dialogava com ambos, tentando amenizar os ânimos de uma disputa interna que ambos travavam na expectativa de se lançar à candidatura para o cargo de presidente da República pelo PSDB. Em janeiro de 2018, Geraldo Alckmin já se declarava pré-candidato e iniciava a organização de sua campanha, reunindo-se com seus colegas de partido e colaboradores para elaboração do programa de governo.

Logo no início da campanha, ainda em dezembro de 2017, fui acionado por Alckmin, que me pediu que convidasse o economista Pérsio Arida para um almoço, ocasião em que formalizou a ele o convite para que coordenasse a área econômica da sua campanha, formulando as propostas de uma economia liberal, mas com forte vetor na direção de políticas públicas nas áreas sociais, especialmente saúde e educação. Foram também convidados a colaborar informalmente os economistas José Roberto Mendonça de Barros e Edmar Bacha, formando um trio de economistas de primeira linha para ajudá-lo naquela concorrida campanha presidencial que se iniciava.

Fazendo uma analogia com o futebol, consultado pelo candidato sobre qual área eu preferiria atuar, respondi que dessa vez preferiria atuar como uma espécie de líbero, podendo convocar especialistas de outras matérias para colaborar ou integrar sua equipe e, assim, ter maior grau de liberdade de ação. Entre outros, lembro-me de ter chamado o engenheiro Décio Oddone, um craque na área de óleo e gás, ex-funcionário da Petrobras e ex-presidente da Agência Nacional de Petróleo, como também Mozart Ramos e Ricardo Paes de Barros, dois especialistas em políticas sociais, especialmente na área de educação. Mozart havia sido um notável secretário de Educação no estado de Pernambuco, e Ricardo era professor de Políticas Públicas no Insper e havia integrado a equipe do governo Lula que elaborou a concepção técnica e realizou a implementação do programa Bolsa Família. Ambos atuavam também como colaboradores do Instituto Ayrton Senna, sob a liderança de Viviane Senna. Na área de logística, convidei o então presidente da empresa Rumo Logística, Julio Fontana Neto, que é o maior especialista do país em ferrovias. Convidei ainda outro grande amigo, agrônomo e líder do agronegócio no Brasil, o ex-ministro da Agricultura Roberto Rodrigues. Tínhamos uma seleção de brasileiros talentosos e notáveis em nossa companhia, e imaginava comigo mesmo que, caso Alckmin fosse finalmente eleito, eles fariam uma grande transformação no Brasil, tornando-o um país mais próspero e mais justo para seus cidadãos.

Naquele início de 2018 eu me reunia frequentemente com o governador Alckmin, normalmente nos fins de semana ou no final da tarde, após o expediente, quando avaliávamos as propostas em discussão, e eu lhe trazia as minhas sugestões de programas setoriais de políticas microeconômicas, tais como de geração de empregos, de abertura comercial e comércio exterior, de estabelecimento de uma agenda de competitividade para revitalizar a indústria brasileira, de energias renováveis na região Nordeste, de privatização de empresas estatais, de reforma tributária e administrativa, entre tantos outros temas:

Alguns órgãos de imprensa, de forma até provocativa, insinuavam que eu era uma espécie de conselheiro de Geraldo Alckmin, que eu fazia sua cabeça, que eu era um de seus homens de confiança e assim por diante. Isso, em vez de me alegrar, me trazia grande constrangimento, porque não era necessariamente verdade. Geraldo Alckmin tem uma grande qualidade: não hesita em perguntar quando não sabe, sabe ouvir com atenção e formar sua própria opinião, ouvindo diversos interlocutores que escolhe a dedo, os quais muitas vezes trazem opiniões divergentes, para que ele possa escolher qual rumo tomar. E, além do mais, essa exposição de proximidade como bons amigos despertava muito ciúme na equipe de campanha, que me enxergava como um rival na atenção do candidato.

Quando começou a campanha, no início de 2018, a imprensa me procurava para que eu desse entrevista, indagando sobre o que eu pensava a respeito de diversos assuntos relacionados ao programa de governo, e, na melhor das intenções, passei a enumerar alguns pontos que deveriam ser abordados no programa de governo do candidato. Uma das respostas que me lembro de ter dado abordava diretamente a possibilidade de Geraldo Alckmin vir a ser eleito presidente do Brasil, algo que muitos duvidavam à época:

> *Colocando de lado toda a minha admiração pessoal pelo cidadão Geraldo Alckmin, que é um homem de hábitos simples e de caráter íntegro, eu vejo nele também as qualidades políticas de hábil negociador e conciliador de interesses divergentes, de eficiente gestor, com responsabilidade e experiência comprovada, de comportamento austero e visão estratégica. Ele não é um político carismático, de fazer discursos empolgantes, demagógicos e dramáticos, como outros populistas da direita e da esquerda, mas sim aquele que saberá conquistar a simpatia dos eleitores*

pela sinceridade, autenticidade e pelo compromisso público com suas promessas de campanha. Veja que ele foi eleito governador de São Paulo por três vezes em primeiro turno e, na última eleição, ganhou de seus adversários em 649 dos 650 municípios paulistas. Neste momento de desejada renovação dos quadros políticos, vejo nele também a consciência de ser o candidato de transição para uma nova atitude de se fazer política no Brasil, que poderá atrair o apoio de milhões de jovens que clamam pela mudança na cultura política nacional. Eu tenho convicção de que o Geraldo saberá se posicionar como legítimo candidato dessa transição de gerações de políticos, dando acesso aos jovens e revelando novos talentos na gestão pública brasileira.

Apesar do bom teor das entrevistas que julgo ter dado, creio que de fato me precipitei naquela oportunidade, pois, mesmo afirmando que eu falava naquela ocasião estritamente em meu nome, se de um lado recebia literalmente centenas de elogios de leitores daquelas entrevistas, de outro houve uma forte reação de vários integrantes da equipe de campanha, enciumados por me identificarem na mídia como "guru do Alckmin". Combinei com o candidato de me abster temporariamente e resolvi sair um pouco de cena, permanecendo meramente como um conselheiro pessoal à disposição para ajudá-lo no que fosse necessário.

Foi quando, em fins de abril de 2018, recebi um telefonema do prefeito João Doria, que acabava de anunciar seu desligamento da Prefeitura Municipal de São Paulo para concorrer ao cargo de governador do estado, e de pronto me convidava para assumir a coordenação-geral do programa de governo que ele precisava elaborar para aquela disputa eleitoral.

Depois de refletir e hesitar um pouco, percebi que não poderia negar esse apoio ao meu amigo de longa data, após ele ter se desligado do setor privado em 2016 e, com enorme sacrifício pessoal, adentrar a vida pública, com disposição e energia assombrosas. Sua inegável qualidade de bom gestor já era conhecida como sua principal virtude: extremamente metódico, exigente, pontual e organizado.

Lá fui eu para o escritório da campanha, um casarão alugado e reformado às pressas na Rua Estados Unidos, no bairro paulistano dos Jardins. Sua sugestão era montarmos 14 grupos temáticos (GTs) que seriam integrados por 10 a 15 especialistas em cada tema, e eu faria a coordenação e integração dos debates internos e a relatoria final do programa. Teríamos que definir, para cada tema, de três a cinco programas ou propostas prioritárias, com uma síntese das ações necessárias para atingir o objetivo proposto. Fizemos de fato uma preparação primorosa e lançamos um desafio ambicioso do que imaginávamos seria o melhor programa de governo jamais elaborado para o estado de São Paulo.

Reunimos cerca de trezentos especialistas, entre empresários, funcionários públicos, professores, cientistas, políticos, líderes sindicais, dirigentes de ONGs, enfim, muita gente de altíssima qualidade. Fazíamos duas ou três reuniões de trabalho por noite, das 19h às 23h, todos os dias úteis da semana, e às vezes até nos fins de semana. Foi uma tarefa extremamente exaustiva, mas ao mesmo tempo muito prazerosa, pois eu aprendia de tudo um pouco, desde segurança pública até educação, saúde, habitação, energia, meio ambiente, logística, entre outros temas.

De maio a agosto nós tínhamos programado cerca de 140 reuniões de trabalho com as diversas equipes, e o objetivo era concluir o programa de governo até o dia 15 de agosto. O próprio João Doria, quando disponível em São Paulo, participava das discussões, estimulando nossos colaboradores a apresentar suas sugestões e novas ideias para serem incluídas no programa. Uma das propostas que mais se destacaram foi a de revitalização do rio Pinheiros (*vide* capítulo 19), que agora vemos quase totalmente concluída, deixando um legado ambiental e turístico para a capital paulista, em benefício de todos os seus habitantes.

Quando informei a Geraldo Alckmin que paralelamente à colaboração para sua campanha à Presidência da República eu atuaria como coordenador do programa de governo de João Doria, percebi nele um sinal de preocupação. Afinal, o desentendimento deles não havia sido de todo superado, e ainda havia uma mágoa enrustida de Alckmin em razão do que considerava ter sido uma deslealdade de Doria ao ter insinuado, em meados de 2017, a sua concorrência à

Presidência da República contra ele, que havia sido seu padrinho político no PSDB e seu maior apoiador na campanha a prefeito de São Paulo, em 2016. Mas não houve objeção formal, e, com um pé em cada canoa, meu dia passou a ter mais de 24 horas.

O leitor pode estar se perguntando neste momento: "O que será que tudo isso tem a ver com o caso da Paranapanema no CARF, que deu início a este capítulo?" Já vamos chegar lá, mas, antes disso, ainda tem mais um evento político que merece destaque. Em meados de julho de 2018, a campanha presidencial de Alckmin avançava, mas patinava, sem muito sucesso, segundo as pesquisas de opinião.

Havia nítida polarização entre a esquerda, representada pelo PT e seu candidato, Fernando Haddad – já que o ex-presidente Lula seguia preso em Curitiba e inelegível –, e os candidatos de centro, que eram vários: Ciro Gomes, Marina Silva, Henrique Meirelles, João Amoedo, Álvaro Dias e o próprio Geraldo Alckmin, pelo PSDB, partido que, nos últimos quatro pleitos, havia sido derrotado pelo PT no segundo turno.

Por fora corria um candidato da extrema direita, um ex-militar e deputado federal, Jair Messias Bolsonaro, figura bizarra, polêmica e controversa, mas que era, entre os candidatos, o que melhor encarnava o predominante espírito antipetista que emanava da Operação Lava Jato e de toda a corrupção sistêmica descoberta na Petrobras desde o início do governo petista, em 2003. Era preciso buscar uma consolidação das candidaturas de centro para que um daqueles nomes emergisse com força para os combates eleitorais no primeiro e segundo turnos, provavelmente mais uma vez contra o candidato petista.

Foi quando, numa conversa pessoal com Alckmin em minha casa, na ensolarada manhã de 14 de julho de 2018, sábado, eu lhe sugeri que elaborássemos um manifesto do centro democrático brasileiro, no qual se postulasse a adesão de inúmeros partidos de centro à sua candidatura, nos moldes do que FHC, meu irmão Eduardo e eu fizéramos em 2014 para conseguir a adesão de Marina Silva à campanha de Aécio Neves no segundo turno (*vide* capítulo 14). Ele gostou da ideia e propôs que eu o redigisse e apresentasse a Pérsio Arida para seu conhecimento prévio.

Entusiasmado com um manifesto que pudesse representar um *turning point* da campanha presidencial, pus-me a escrever, com dedicação, inúmeras versões, tentando a cada vez aprimorar o texto, para que ele fosse consensual a todos os partidos e candidatos, que poderiam vir a aderir a esse chamado de reforço do fragmentado centro democrático.

Transcrevo a seguir a versão final do manifesto, jamais publicado, que foi objeto de uma troca de e-mails entre Pérsio e eu na noite de 25 de julho de 2018.

MANIFESTO COMPROMISSO DA COLIGAÇÃO DE PARTIDOS FORMADORES DA FORÇA CENTRO DEMOCRÁTICO

A grande maioria da população brasileira está atualmente desencantada com os rumos do país e ansiosa por mudanças profundas na forma de governar o Brasil. A crise econômica e social que ainda hoje enfrentamos teve origem em graves erros de gestão pública praticados no passado recente, e que resultaram em longo período de recessão econômica e forte desemprego, que aflige hoje milhões de brasileiros por todo o país.

Mudar significa em primeiro lugar reconhecer que ninguém está satisfeito com a situação atual, e que por isso devemos juntos assumir o compromisso público de realizar as mudanças que a população brasileira legitimamente almeja alcançar. Sabemos que isso só será possível através da eleição do próximo presidente da República, dos governadores estaduais e de nossos representantes no Congresso Nacional.

Juntos, o PSDB e muitos dos diversos partidos políticos e aqui signatários deste Manifesto da Força Centro Democrático já mostraram que são capazes de mobilizar forças sociais e instituições públicas e privadas suficientes para realizar grandes mudanças para melhorar a vida nacional.

Orgulhamo-nos muito de ter ajudado o Brasil no passado recente a reencontrar o seu equilíbrio econômico. Não só conseguimos, através da estabilização da moeda promovida pelo

Plano Real, eliminar a hiperinflação que naquela época corroía o salário dos mais pobres a cada dia, como também criamos instituições fundamentais para sua continuidade, sustentadas por políticas de responsabilidade fiscal e de transparência das contas públicas, que nem sempre foram seguidas pelos governos que nos sucederam a partir de 2003.

O sistema de metas de inflação e a autonomia operacional do Banco Central para fixar a taxa de juros e observar as livres oscilações do câmbio provaram ser eficientes. Graças a essa base, inauguramos nova etapa de investimentos, tanto externos quanto internos, que permitiram ainda por alguns anos após 2003 gerar milhões de empregos e assegurar mais tarde grande mobilidade social.

A má gestão da política econômica nos últimos anos, e uma sucessão de práticas irresponsáveis e desonestas pelos governantes, levou novamente grande parte dos brasileiros nos últimos anos a perder a esperança no futuro de nossa nação. De todos os males econômicos e sociais que poderiam ser relacionados, sobressai como o mais grave o persistente nível de desemprego que hoje ainda atinge mais de 14 milhões de brasileiros da população economicamente ativa, principalmente os mais jovens, entre 18 e 25 anos.

Portanto, o primeiro e principal compromisso que vamos juntos assumir neste momento com a população brasileira é pela criação maciça de empregos pelo país afora. A base do crescimento econômico é a confiança dos investidores e dos consumidores nos seus governantes e numa política econômica responsável. Quando o investidor não investe e o consumidor não consome, temos uma situação inevitável de colapso econômico. Com base num programa econômico corajoso e ao mesmo tempo responsável, vamos estimular os investimentos produtivos e a expansão da base de consumo doméstico e das exportações brasileiras. Isso se dará já a partir de janeiro de 2019, com medidas de Reforma e de Simplificação Tributária, com o início de uma ampla Reforma do Estado, reduzindo substancialmente ao longo do tempo os gastos de custeio da máquina pública, os desperdícios de recursos públicos, e com a melhoria do ambiente de negócios e da segurança jurídica para os investidores. Um amplo programa de privatização de empresas estatais, de concessão de serviços públicos e de parcerias público-privadas será posto em prática. Estímulos para as atividades de inovação e desenvolvimento de tecnologias serão ampliados. **Vamos desburocratizar o Brasil.**

Um processo contínuo de maior abertura de nossa economia, com maior volume de exportações e de importações, concomitante com a execução firme e obsessiva de uma Agenda de Competitividade, contribuirá para um crescimento econômico vigoroso e sustentável pelos próximos anos, gerando milhões de empregos de qualidade nas atividades produtivas pelo setor privado, no agronegócio, na indústria de transformação, nos serviços e na construção civil da habitação e de obras de infraestrutura. A racionalidade tributária resultante deverá imprimir um maior grau de competitividade ao setor produtivo e assim possibilitar um melhor benefício econômico social da abertura da economia brasileira e sua integração às cadeias globais de valor. Estímulos à agregação de valor às nossas exportações poderão gerar milhões de novos empregos à nossa população hoje desempregada.

Reformar a Previdência não é uma questão dogmática nem ideológica. O atual regime é insustentável no longo prazo, pois sabemos que mais dia menos dia levará à falência do Estado brasileiro. Trata-se de uma questão matemática pura e simples. Os números não mentem, mas as pessoas sim. Dessa forma, assumimos o compromisso de realizar uma reforma abrangente que elimine os privilégios abusivos de certas categorias do setor público e equalize as condições de aposentadoria entre os trabalhadores dos setores público e privado, entre outras medidas necessárias.

Não podemos permitir que a população brasileira continue a ser iludida por discursos demagógicos, corporativistas, populistas, que visam apenas angariar votos daqueles que se deixam iludir, sem jamais apresentar uma solução correta para garantir a solvência do regime previdenciário no futuro próximo. Iremos ao mesmo tempo estimular a formação da poupança doméstica através da previdência complementar, esta sim a forma justa e legítima de garantir o futuro dos cidadãos que trabalham neste país e ao mesmo tempo de estimular os investimentos domésticos que promovam o crescimento sustentável de nossa economia.

As políticas sociais sempre fizeram parte de nossos governos e de nossa agenda, mesmo quando enfrentamos conjunturas econômicas adversas, e nos orgulhamos de ter garantido no passado as condições de estabilidade que foram essenciais para que nossos sucessores pudessem ampliar e aprofundar essas políticas. Nossa determinação, e com isso nos comprometemos, é levar adiante o resgate da dívida social brasileira, que é tarefa inarredável de qualquer governante. Vamos sim ampliar e aprimorar as políticas existentes, inclusive transformando o programa Bolsa Família em política de Estado e não de governo, justamente para que não sofra descontinuidade ou interrupção. O contraponto do programa Bolsa Família será o programa de geração de empregos, que proporcionará segurança e dignidade para os chefes de família por todo o Brasil.

A sociedade brasileira demanda com justa indignação que os serviços públicos sejam de boa qualidade, especialmente nas áreas de saúde, de educação e de segurança pública. Nosso compromisso será assumido desde já, de melhorar imediatamente o atendimento do cidadão brasileiro nessas três áreas. Não é apenas uma questão de recursos públicos suficientes, mas principalmente de uma gestão pública eficiente nos três níveis administrativos, federal, estadual e municipal.

Vamos atuar com rigor na oferta de serviços públicos de qualidade, através de parcerias com os entes estaduais e municipais, da descentralização administrativa, do treinamento e incentivos aos servidores públicos, médicos, professores, policiais e gestores, de forma que no futuro próximo possamos observar o recrudescimento da cidadania brasileira, com orgulho do país e satisfação do cidadão comum. Foi nos governos do PSDB que alcançamos a universalização do acesso ao ensino fundamental e criamos o Fundef. Assumimos agora o compromisso de ampliar a cobertura das creches, universalizar o acesso à pré-escola e a adoção da educação em tempo integral para os alunos no ensino fundamental. Entendemos que o futuro do Brasil será decidido nas salas de aula. Não basta estar na escola: é necessário aprender. Vamos valorizar o professor, usar a flexibilidade do ensino técnico para dar mais empregabilidade aos jovens e estimular o esporte amador. Teremos uma política para a juventude que afaste nossos jovens da criminalidade e da marginalização.

Na questão da segurança pública assumimos o firme compromisso de combate implacável ao crime organizado, ao tráfico internacional de drogas e de armas, aos crimes de violência urbana e rural, aos crimes de trânsito nas ruas e estradas brasileiras e especialmente aos crimes que ocorrem cotidianamente nas periferias dos grandes centros urbanos. Uma política de integração das polícias federal, estadual, civil e militar, científica e dos serviços de inteligência será ponto central dessa ação vigorosa contra o crime em todo o Brasil. Recursos humanos e tecnológicos serão aprimorados na ação de combate ao crime. Serão propostas mudanças na legislação penal brasileira para eliminar a impunidade de criminosos e a concessão de benefícios no cumprimento da pena para crimes mais graves. A inteligência vencerá o crime e libertará a sociedade brasileira do medo e do sofrimento que hoje aflige grande parte de nossa população.

Assumimos também o compromisso de utilizar as muitas ferramentas de que dispomos para lidar com nossas desigualdades. A mais importante delas é a riqueza da diversidade sociocultural brasileira, que deve estar expressa no combate a toda discriminação, seja étnica, de gênero, de orientação sexual, religiosa ou qualquer outra que fira os direitos humanos e a liberdade de escolha de cada cidadão. A valorização de nossa cultura e de nossa diversidade deve ser ponto de realce de nossa cidadania e do patriotismo.

É triste constatar que a Federação está doente, enfraquecida e debilitada. Padece de centralismo excessivo na esfera federal, ficando os poderes locais à míngua dos recursos e desprovidos de competências para enfrentar os problemas e melhorar a qualidade de vida de suas comunidades. É nosso propósito promover a revisão desse estado de coisas, devolvendo a estados e municípios os meios de exercerem sua autonomia constitucional, habilitando-os a levar a solução do problema para perto de onde ele ocorre.

É urgente revigorar nossa Federação, fortalecendo suas bases.

O debate sobre o Pacto Federativo será articulado com a temática do desenvolvimento regional. Não há como pensar em novo ciclo de desenvolvimento nacional sem considerar como base fundamental o desenvolvimento regional. Nunca teremos pleno desenvolvimento com o país cada vez mais concentrado em ilhas de prosperidade e extensos vazios de produção e riquezas. O estabelecimento de políticas públicas regionais é um componente fundamental para articulação do Pacto Federativo.

Queremos ainda reiterar nossos compromissos programáticos com a questão ambiental, vista do ângulo de seu tripé: o cuidado com a natureza, com as pessoas, visando mais bem-estar e igualdade, e a adoção de corretas políticas macroeconômicas, notadamente das que afetam nossa matriz energética. O moderno agronegócio brasileiro defende um programa efetivo de preservação da riqueza florestal visando ao objetivo maior de alcançarmos o desmatamento zero. A exploração do petróleo, inclusive do pré-sal, é imperativo do desenvolvimento e não põe à margem a diversificação de fontes energéticas menos poluidoras, como as eólicas, solar, a bioenergia, o gás e, sobretudo, o uso racional da energia para poupá-la. Além disso, estabeleceremos uma política efetiva de Unidades de Conservação, não apenas para garantir a implantação e o correto uso das já existentes, como para retomar o processo de ampliação do Sistema Nacional de Unidades de Conservação, paralisado no atual governo.

Reconhecemos ainda o compromisso inadiável de uma reforma política efetiva, e com ela nos comprometemos, a começar pelo fim da reeleição para os cargos executivos. Vamos nos empenhar para que, quando eleito, nosso próximo governo seja aquele no qual os brasileiros vão recuperar a confiança na política como caminho para o exercício pleno de sua cidadania.

Esperamos, enfim, que o PSDB e seus aliados sejam os vitoriosos nesta próxima eleição presidencial em outubro, pelo que trazemos de positivo em nossas propostas e não apenas pelos malfeitos, abusos, arbitrariedades e desmandos dos governos que nos precederam, e que são enormes. A democracia, tal como a *concebemos, não se faz destruindo-se os órgãos de Estado ao sabor de interesses partidários e privados, como ocorreu com as Agências Reguladoras, as empresas estatais, os fundos de pensão e a própria administração federal. E muito menos pela estigmatização infamante dos setores políticos minoritários. É preciso devolver o Estado à sociedade brasileira.*

É com essa visão de cidadãos brasileiros, mais do que de representantes de um ou de outro partido político, que esperamos juntos unir o Brasil, e não dividi-lo em extremos radicais, seja de partidos da esquerda, seja de partidos de direita. Estamos compromissados com a união do povo brasileiro, com os valores da democracia representativa, com o pragmatismo programático, com a honestidade, a eficiência e a justiça social. Juntos, nós, signatários deste Manifesto Compromisso, em nome da coligação **FORÇA CENTRO DEMOCRÁTICO,** *iremos às urnas sob a liderança do candidato* **GERALDO ALCKMIN,** *prontos para vencer e governar o Brasil com os compromissos ora assumidos diante do povo brasileiro.*

São Paulo, 15 de agosto de 2018.

Na noite de 25 de julho fui dormir satisfeito, porque havíamos batido o martelo na minuta final do texto, e agora o manifesto estava pronto para ser divulgado aos demais candidatos e partidos políticos, com assinatura coletiva numa reunião que estava prevista para ocorrer no próximo dia 15 de agosto. Mas quis o destino que isso não viesse a acontecer, por fatos absolutamente imprevisíveis.

Na manhã do dia 26, às 6h exatamente, ouvi que tocavam a campainha e batiam forte na porta do meu apartamento. Estava sozinho em casa e levantei-me assustado, sem perceber direito se era sonho ou se estava mesmo acordado, e, quando abri a porta, tive um impacto. Espremidos no *hall* do elevador estavam seis cidadãos vestidos de preto, um deles com arma na mão, e foram logo entrando em casa, sem muita cerimônia. Eram integrantes da força-tarefa da Operação Zelotes, da Polícia Federal, da Receita Federal e do Ministério Público Federal, que tinham vindo cumprir uma ordem de busca e apreensão na minha casa e no meu escritório, além de diversas outras pessoas, por conta de suspeitas de corrupção no julgamento do caso da Paranapanema, em setembro de 2013.

Leram para mim em voz alta a ordem judicial de busca e apreensão, emitida por juiz federal de Brasília, e iniciaram a sua função. Sentei-me numa poltrona, perplexo com o que estava acontecendo, enquanto eles vistoriavam todos os cantos de meu apartamento à procura de documentos ou dinheiro vivo escondido. Obviamente, nada acharam, mas levaram de imediato meu *laptop* e meu telefone celular, e logo me pediram que eu me vestisse para acompanhá-los ao meu escritório, que ficava a menos de 100 metros de distância, na mesma rua, no Itaim Bibi. Um deles pediu-me a senha dos aparelhos, que eu dei, e logo se pôs a bisbilhotar o conteúdo do meu *laptop*. Ao abrir a tela, deparou-se com o arquivo aberto do e-mail que eu havia trocado na noite anterior com Pérsio Arida a respeito do manifesto do Centro Democrático. Passou a lê-lo em voz alta para seus colegas, ao mesmo tempo que perguntava qual era o meu papel na campanha do candidato Geraldo Alckmin. Percebi naquele momento que era hora de me manter calado, porque a motivação daquele evento parecia não ser totalmente acidental. Liguei para minha advogada, que imediatamente veio ao nosso encontro e passou a acompanhar todos os movimentos daquela força-tarefa.

À porta do prédio, às 7h, já estavam vários repórteres de jornais e de televisão a postos, para iniciar o noticiário sensacionalista com as manchetes: "Aliado de Alckmin e Doria sofre mandado de busca e apreensão por suspeita de corrupção", "Coordenador da campanha de Doria na mira da Operação Zelotes". Quem havia avisado a imprensa para estar ali naquele horário da manhã? Sabiam daquilo desde a véspera? Se se tratava de uma investigação ainda em fase preliminar, por que aquele sensacionalismo por um mero cumprimento de ordem de busca e apreensão? Nunca obtive respostas para essas indagações.

Mas o fato ficou ainda mais grave quando, às 10h da manhã, um dos jornais publicou em manchete que, no *laptop* do investigado, estava o texto do manifesto do Centro Democrático que seria divulgado logo mais pelo comitê de campanha de Geraldo Alckmin, e que isso provava o meu envolvimento na sua campanha presidencial.

Pela regra do mandado de busca e apreensão, apenas documentos relacionados com o tema da investigação deveriam ser apreendidos e levados ao Ministério Público Federal, e, mesmo assim, o caso correria em segredo de justiça. Ora, estava tudo errado: como os jornalistas haviam tido acesso quase imediato aos documentos de meu computador? Quem divulgava ilegalmente, quase que on-line, o conteúdo de meus aparelhos eletrônicos? Eu estava humilhado e arrasado. Iniciava-se ali um movimento de linchamento público pela imprensa, alimentada pelos integrantes da Operação Zelotes, sem que houvesse uma única prova evidente da culpa que me imputavam, de ter sido eu o agente coordenador dos supostos atos de corrupção daquele longínquo processo no CARF, em 2013.

A divulgação prematura e distorcida da existência do manifesto do Centro Democrático pela imprensa foi um absurdo, pois insinuava como sendo algo sigiloso, que o PSDB estava tramando nos bastidores com os líderes dos demais partidos políticos, para derrubar a campanha dos adversários de Geraldo Alckmin na corrida eleitoral. Um dos trechos da notícia afirmava o seguinte:

"Após a oficialização dos partidos do Centro – DEM, PP, PR, SD e PRB – em apoio ao tucano Geraldo Alckmin, a coligação prepara um 'Manifesto Compromisso' a ser assinado logo mais em agosto pela 'Força Centro Democrática' – que assim já se autointitula. Querem os tucanos que o documento tenha a força da Carta aos Brasileiros escrita por Lula da Silva em 2002, quando era o favorito, mas ainda causava desconfiança no mercado e no eleitor".

A partir das 10h, alertados pelas notícias que já circulavam nas mídias eletrônicas, meus familiares e alguns amigos começaram a me chamar e a vir para meu escritório prestar solidariedade e buscar notícia de todo aquele espetáculo midiático, todos estupefatos com o que estava ocorrendo. De imediato comuniquei-me com ambos os candidatos, Geraldo Alckmin e João Doria, expondo a eles minha versão dos fatos e pedindo que informassem formalmente as suas respectivas assessorias de comunicação sobre o meu desligamento imediato de qualquer atividade relacionada à campanha eleitoral em curso. Meu constrangimento era abismal. No escritório, tive que me reunir imediatamente com os funcionários de minha equipe de trabalho, os quais, assustados e solidários, colocaram-se ao meu lado para prestar qualquer tipo de apoio que fosse necessário. Jornalistas tentavam em vão entrar em contato comigo, e confesso que não sabia ainda o que deveria fazer naquela constrangedora situação.

Era preciso buscar imediatamente um advogado criminal para orientar meus próximos passos. Um bom amigo, Antônio Carlos Calil, solidário com minha pessoa naquela grave circunstância, e por ser um advogado renomado, me recomendou que buscasse apoio jurídico do advogado criminalista Claudio Pimentel, a quem não conhecia pessoalmente, mas que me impressionou bem pela forma direta, assertiva e atenciosa com que me ouviu e atendeu naquele momento de quase pânico. Já no final da tarde, soltamos a primeira nota à imprensa:

> *"KADUNA CONSULTORIA E ROBERTO GIANNETTI DA FONSECA DECLARAM QUE ESTÃO ABERTOS A PRESTAR QUALQUER INFORMAÇÃO E A COLABORAR INTEGRALMENTE COM A JUSTIÇA FEDERAL PARA ELUCIDAÇÃO DE QUALQUER FATO RELACIONADO À INVESTIGAÇÃO ZELOTES. ELE REAFIRMA QUE AQUELES QUE O CONHECEM SABEM QUE ELE SEMPRE SE PAUTOU PELOS PRINCÍPIOS ÉTICOS E LEGAIS NO RELACIONAMENTO COM SEUS CLIENTES E COM AS AUTORIDADES PÚBLICAS, SENDO TOTALMENTE INFUNDADAS AS SUSPEITAS LEVANTADAS CONTRA SI E A EMPRESA".*

Logo estabelecemos uma estratégia racional de defesa, que iria nortear nossas próximas ações. Haveria dois momentos a serem analisados consecutivamente para efeito do juízo a se formar na defesa da Kaduna Consultoria, suspeita de atitude ilícita no julgamento no CARF de autos de infração contra a empresa Paranapanema.

Em primeiro lugar, caberia analisar, para efeito de avaliação do caso Paranapanema junto ao CARF, se haveria mérito no recurso em defesa da empresa contra os autos de infração lavrados pelo auditor fiscal aduaneiro. Poder-se-ia inicialmente julgar, nesse caso, tanto o mérito intrínseco que motivou a referida autuação (imposto de importação 0% no concentrado de cobre importado antecipadamente do Chile [Aladi]) como a questão de competência legal da Receita Federal para intervir no processo de *drawback* já adimplido pela Secex, revogando unilateralmente todos os atos nessa modalidade no período afetado de cinco exercícios anuais anteriores. Mostraríamos, a seguir, farta documentação jurídica e de acórdãos do próprio CARF demonstrando de forma cabal a absoluta incompetência legal da Receita Federal para modificar atos concessórios regularmente emitidos pela Secex, à qual cabe a prerrogativa de emissão, prorrogação e revogação de atos concessórios de *drawback*. Dessa forma, ficaria clara a correta decisão do CARF e da PGFN a respeito do caso, e rebateríamos qualquer falsa alegação de prejuízo à Fazenda Nacional. Em segundo lugar, caberia examinar a forma como essa tarefa de defesa da Paranapanema foi contratada junto à Kaduna Consultoria e como foi executada por si e por terceiros prepostos junto aos conselheiros do CARF e junto às autoridades federais pertinentes. Essa análise deveria merecer especial atenção, para que em sequência pudéssemos provar que da parte da Kaduna Consultoria sempre se observara a absoluta licitude em todos os momentos de cumprimento dessa tarefa, e nem mesmo eu ou outro integrante da empresa havia tido conhecimento de qualquer eventual prática ilícita por terceiros subcontratados para prestar suporte jurídico à Paranapanema junto ao CARF.

Obviamente, a Kaduna Consultoria, como era seu dever de ofício, insistiu à época formalmente com as autoridades do MDIC e da Secex pela prevalência do dispositivo legal que garante à Secex a exclusiva competência nos atos administrativos relacionados ao regime especial de *drawback*, dispositivo que se colocava então em risco diante do julgamento do caso Paranapanema junto ao CARF, em junho de 2013. Caso essa empresa não fosse vitoriosa, colocaria também em risco a própria segurança jurídica desse incentivo fiscal de enorme relevância para o comércio exterior brasileiro (cerca de 30% das exportações brasileiras são amparadas em regime *drawback*).

Lendo e revendo a peça acusatória do MPF que deu suporte à justiça federal para autorizar a ação de busca e apreensão em minha residência e em meu escritório, não identificamos nenhum ato concreto diretamente imputado à minha pessoa ou à Kaduna Consultoria que, objetivamente, revelaria minha participação direta ou indireta no ato de *prometer, oferecer* ou *dar* vantagem indevida a qualquer agente público, e, diante da legitimidade comprovada da decisão do CARF sobre a matéria em questão, muito menos poderia se falar em ato lesivo ao erário público. Mas, incitada pelo MPF, a mídia anunciava que eu havia sido o agente e o mentor de um rombo de mais de R$ 400 milhões nos cofres públicos.

Um dos fatos mais absurdos da investigação aberta pelo MPF se referia à minha atuação junto ao secretário de Comércio Exterior, Daniel Godinho, com o objetivo de obter a edição de uma portaria interministerial entre a Secex e a Receita Federal, já referida, de forma a influenciar a decisão do CARF e da PGFN. Esqueceram-se de verificar as datas de minhas reuniões com Godinho e a data de assinatura da portaria, que ocorreu em julho de 2015, portanto quase dois anos após a decisão do CARF e um ano após o arquivamento sem recurso do processo administrativo pela PGFN. Como um ato pretérito poderia influenciar retroativamente aquela fundamentada decisão dos juízes do CARF? Como poderia o secretário da Secex contrariar um dispositivo legal em vigor, que era ratificado conjuntamente, de forma pública e transparente, por ele e o secretário da Receita Federal, Jorge Rachid?

Pois saiba que, por conta desse absurdo argumento falacioso do MPF, o secretário da Secex, que em 2018 já atuava na iniciativa privada como diretor de conceituada empresa industrial brasileira, também foi alvo de busca e apreensão em sua residência e sofreu igual constrangimento pessoal e profissional, como se agora fosse um criminoso, depois de uma gestão íntegra e admirável à frente daquela Secretaria. O que esperavam eles achar na casa do secretário, quatro anos após os fatos investigados e de sua saída da Secex, ainda em 2015? Nada me revoltou mais do que essa agressão moral ao Daniel Godinho e a outras sete pessoas arroladas no processo investigativo do MPF.

Entre as centenas de mensagens de solidariedade que eu recebi naqueles dias, algumas foram muito expressivas, por parte de muitos amigos, colegas de trabalho, economistas e juristas renomados, que se colocaram à disposição para que, se fosse preciso, tornar públicas as suas manifestações sobre aquele absurdo golpe que eu injustamente havia sofrido da Operação Zelotes. Renomados professores de Direito Tributário que me conheciam bem, como os advogados Heleno Torres e Fernando Scaff, vieram se solidarizar e prestar apoio.

Alguns meses depois, Ives Gandra Martins, Hamilton Dias de Souza e Renato Silveira, três dos mais importantes professores de Direito no Brasil, publicaram um artigo na *Folha de S. Paulo* que eu sabia ter sido motivado pelo meu caso específico, mas que deveria também servir como legítimo desabafo contra a forma abusiva como o Ministério Público Federal vinha conduzindo as inúmeras ações de investigação de casos de corrupção naqueles dias.

Veja o texto do memorável artigo:

Dignidade sob Pressão

Um dia Ernest Hemingway (1899-1961), do alto de sua sabedoria de vida, afirmou que "a coragem é a dignidade sob pressão".

Pois é esta coragem, fruto da indignação conjuntamente percebida, que nos anima a manifestarmo-nos [sic] na defesa da cidadania brasileira. A indignação que sentimos no sentido coletivo é por conta da forma imprudente como têm sido conduzidos recentemente alguns casos de investigação criminal no âmbito das operações policiais de combate à corrupção. Para não deixar dúvida, declaramos desde já o nosso irrestrito apoio ao mote de tais operações. Igualmente relevantes foram as medidas para pôr fim ao sentimento de impunidade para os crimes de colarinho branco, cometidos seja por autoridades, políticos ou empresários. Ninguém está acima da lei, assim como não acreditamos que haja cidadão acima de qualquer suspeita. No entanto, é de se recordar que a investigação criminal é um instrumento legítimo de apuração de responsabilidades e de apoio à Justiça no julgamento regular das pessoas suspeitas, requerendo responsabilidade no seu trâmite. Ela deve ser conduzida com imparcialidade, impessoalidade e equilíbrio, para trazer à luz fatos e dados que conduzam a um julgamento justo.

Portanto nada justifica hoje em dia a forma agressiva e

humilhante a que se veem submetidos os eventuais suspeitos nas investigações em curso nas operações anticorrupção. Sem nem sequer ter conhecimento prévio de que existe uma investigação corrente sobre sua pessoa, são submetidos a uma ruidosa operação de busca e apreensão em suas residências e escritórios e, antes mesmo de se concluir tal operação, a imprensa já está informada em detalhes sobre a referida ação e daí se processa o linchamento moral do cidadão suspeito.

A regra deveria ser de absoluto sigilo na execução do mandado de busca e apreensão, pois a mera suspeita de envolvimento de uma pessoa no eventual crime praticado não pode se tornar um prejulgamento público antes que as provas materiais do referido crime sejam apreciadas em juízo. E se não tiver ocorrido o suposto crime? E se o suspeito for inocente? Como fica o dano moral ao cidadão que teve seu nome e sua honra postos à divulgação pública em situação tão vexatória? Nesse contexto, muitas vezes destroem-se a carreira e a reputação de bons e honestos profissionais, prejudicam-se empresas que operam na legalidade, abalam-se as famílias e as amizades das pessoas suspeitas e, em casos extremos, leva-se, por vezes, ao suicídio de alguns. Assim ocorreu, recentemente, com o ex-reitor da Universidade Federal de Santa Catarina.

Relembre-se: o artigo 37 da Constituição determina que os agentes do Estado atuem em observância aos princípios da legalidade, moralidade e impessoalidade. Desses vetores axiológicos decorre a exigência de imparcialidade, segundo a qual a autoridade administrativa deve agir sem levar em conta quaisquer outros interesses que não o cumprimento fiel da lei e da Constituição. Isso significa que, na ausência de fortes indícios da conduta ilícita, o promotor não deveria acusar o suspeito. Na prática, porém, ocorre o contrário. Há casos em que a autoridade pública age sem maior reflexão, acusa de forma temerária e permanece irresponsável pelos prejuízos causados a inocentes.

O sistema jurídico deve criar mecanismos para que se responsabilizem os agentes públicos que atuem com parcialidade e, consequentemente, descumpram a Constituição. É de se pedir equilíbrio, mesmo no caminho de continuidade do rigor e da justiça no processo de combate à corrupção. É hora de grandes mudanças no Brasil, inclusive no respeito às leis, às garantias e à cidadania.

Artigo originalmente publicado no jornal *Folha de S. Paulo*, em 6 de novembro de 2018, por Ives Gandra Martins, em coautoria com Renato de Mello Jorge Silveira e Hamilton Dias de Souza.

Dias após o noticiário agressivo e espetaculoso, sentia uma angústia profunda e uma irresistível vontade de responder imediatamente a todas aquelas infundadas agressões à minha pessoa e a terceiros que eu sabia terem sido injustamente arrolados naquele processo. Foi quando debati com o advogado Claudio Pimentel sobre a conveniência de ficar calado e somente me pronunciar nos autos da investigação, ou reagir através de entrevistas aos mesmos órgãos de imprensa que haviam reportado o caso. Com base no velho provérbio "Quem não deve, não teme", e com a anuência do Claudio, já no início de agosto procurei os jornais *Folha de S. Paulo* e *Estadão* e logrei prestar duas longas e elucidativas entrevistas de página inteira, respectivamente, aos repórteres Alexa Salomão e Fausto Macedo. Expus ali toda a minha perplexidade e indignação, não com a investigação em si – que, se fosse bem-fundamentada, deveria ter ocorrido normalmente, como prescreve a legislação, e procurar provar eventuais atos ilícitos, se ocorridos –, mas, sim, com a forma agressiva e humilhante como havia sido cumprido o mandado de busca e apreensão, como veio apontar logo adiante o jurista Ives Gandra Martins em seu memorável artigo.

No final de agosto, chamado a prestar depoimento à Corregedoria da Receita Federal, no prédio do Ministério da Fazenda, em São Paulo, um prédio gigantesco e quase abandonado na Avenida Prestes Maia, no centro de São Paulo, compareci acompanhado do advogado Claudio Pimentel. A cena era digna de um filme soviético, pois havia salões imensos e vazios, do tamanho de uma sala de teatro ou de cinema, com pé-direito de cinco metros, colunas neoclássicas de mármore, no estilo dos prédios russos das décadas de 1940 e 1950.

Num canto do salão vazio, uma escrivaninha comprida com

duas cadeiras de cada lado eram os únicos móveis daquele sinistro ambiente. De um lado da mesa sentaram-se o corregedor da Receita e seu escrivão, com um gravador e um *laptop*, e do outro, Claudio Pimentel e eu. Foram feitas centenas de perguntas, muitas delas totalmente desconexas e desnecessárias, mas era minha intenção responder a todas, sem hesitação, na certeza de que a verdade deveria prevalecer, no final das contas. Foram sete horas ininterruptas de depoimentos e de elaboração da ata daquele interrogatório. Um verdadeiro exercício de humildade e paciência a que fui mais uma vez submetido. Dali, em vez de sair para uma "prisão soviética na Sibéria", quando saí, atônito, do prédio do Ministério da Fazenda, fiquei por meia hora perambulando a esmo nas vizinhas ruas da Cracolândia, no centro da cidade, pensando na vida, em estado de perplexidade após aquele deprimente episódio.

Para não alongar mais esse doloroso capítulo de minha vida, ao escrevê-lo, em dezembro de 2022, pouco mais de quatro anos após o cumprimento do mandado de busca e apreensão em minha residência, lamento que o processo investigativo do MPF submetido à justiça federal nem sequer tenha sido apreciado, para que, em seguida, se for o caso de as denúncias serem aceitas pelo juiz federal, o julgamento pudesse seguir o seu curso e a sentença de inocência ou culpa viesse a ser proferida, com base nas provas apresentadas pela promotoria e pela defesa.

Vivemos um tempo em que parece mais importante a tarefa de enxovalhar a imagem alheia do que respeitar o direito de presunção de inocência; ou o direito de defesa, quando ao investigado e suspeito não é sequer dado conhecimento prévio do conteúdo da investigação. Quando interessa mais tomar como verdadeiras as alegações, por vezes levianas, de eventuais delatores, do que respeitar o devido processo legal e regular a produção de provas pelos acusados. Defenderei sempre as garantias constitucionais do devido processo legal e criticarei sempre e com coragem as medidas arbitrárias, muitas vezes abusivas, típicas de regimes de exceção, que não respeitam os direitos individuais de defesa e de livre expressão.

A Operação Zelotes foi formalmente encerrada na chamada 10ª Fase, exatamente a fase do caso Paranapanema, e até agora, em dezembro de 2022, diversos processos de fases anteriores já haviam sido concluídos, com a absolvição dos investigados. No dia 21 de junho de 2021, o juiz Frederico Botelho de Barros Viana, da 10ª Vara Federal do Distrito Federal, absolveu o agora presidente Luiz Inácio Lula da Silva, Gilberto Carvalho e mais cinco acusados no âmbito da Zelotes. No mês anterior ao julgamento que determinou a absolvição dada pelo juiz Frederico Botelho ao presidente Lula, o próprio Ministério Público Federal pediu a absolvição do então ex-presidente, por não ter sido encontrados quaisquer indícios de favorecimento a ele ou ao PT.

Outra ação que tramitava na 10ª Vara Federal da Seção Judiciária do Distrito Federal julgou a denúncia de que Lytha Spíndola, em 2010, quando estava ainda no serviço público federal, teria recebido valores de empresas automotivas de forma dissimulada, por meio de empresas dos filhos (Green Century Consultoria e Spíndola & Palmeira Advogados), para supostamente influenciar a aprovação das medidas provisórias 471/2009 e 512/2010, que favoreciam as empresas automotivas MMC (montadora da Mitsubishi no Brasil) e CAOA. O julgamento inocentou Lytha e foi arquivado. Vamos aguardar com perseverança e serenidade que a justiça seja feita e que esses casos sejam definitivamente encerrados.

CAPÍTULO 19

O futuro verde

Em 2018, perto dos 70 anos de idade, resolvi tomar uma decisão na vida: dedicar-me tanto quanto possível apenas a atividades que me proporcionem prazer profissional e pessoal. Não precisei refletir muito para identificar que meio ambiente e cultura são dois temas que me atraem muito e nos quais eu poderia buscar um maior envolvimento dali para a frente.

Durante a campanha ao governo de São Paulo, em 2018, me ocupei de colaborar com o candidato João Doria na coordenação de seu programa de governo, e no tópico de meio ambiente incluímos um projeto audacioso – o candidato não só concordou com sua inclusão, como também sugeriu que a equipe que o assessorava procurasse identificar como outros países e governos haviam agido em casos semelhantes. Tratava-se do projeto de revitalização do rio Pinheiros, e com referência específica ao que havia sido feito décadas atrás, no rio Tâmisa, em Londres. Verificamos o histórico da limpeza do Tâmisa, que corta a cidade de Londres ao meio, através da criação de um órgão intermunicipal chamado Thames River Conservation Authority, ao qual foi designada a missão e o orçamento plurianual para que o plano diretor fosse cumprido, com autonomia administrativa e continuidade.

A inspiração serviu para concluirmos que a revitalização do Pinheiros seria possível, com a reunião de várias autarquias e empresas estatais relacionadas com aquele projeto numa mesma secretaria, sob a liderança de um gestor qualificado para a execução daquela desafiante tarefa. Ao concluirmos o programa de governo de João Doria, preparamos o seguinte texto, que naquela época resumia nossos objetivos sobre o tema:

Projeto Novo Pinheiros

Muitos que nos precederam já haviam prometido cumprir um velho sonho de todos os paulistas e paulistanos: a despoluição dos rios Pinheiros e Tietê. Alguns até tentaram, é verdade, mas não conseguiram cumprir. Nós agora vamos fazer esse projeto, ele vai acontecer, e vai beneficiar a área metropolitana de São Paulo, os 24 milhões de habitantes que vivem no seu entorno. Para realizar esse projeto é preciso em primeiro lugar uma firme vontade política, a qual, aqui e agora, já manifestamos de viva voz em público. Mas também é preciso uma gestão eficiente e integrada. Nós vamos criar uma Autoridade Fluvial ligada diretamente ao Governador, com delegação para atuar nas diversas instâncias municipais e estaduais que se relacionam com esse empreendimento. Prefeituras, secretarias, autarquias, empresas privadas, todos estarão atuando de forma coordenada e simultânea. Só assim esse projeto sairá do papel e será realizado de fato.

Com apoio dos maiores especialistas em recursos hídricos e gestão de projetos, estamos realizando um minucioso planejamento, inicialmente restrito ao Rio Pinheiros, e numa segunda fase, em futuro próximo, incluindo também os rios Tietê e Tamanduateí. Estamos mapeando todos os fluxos de córregos e esgotos que desaguam no rio Pinheiros, relacionando todas as intervenções e todas as tecnologias modernas possíveis de ser aplicadas no tratamento dos afluentes e, atuando de forma gradual, de montante a jusante, estaremos em poucos anos transformando o rio Pinheiros em um rio vivo, com

PENÚLTIMAS MEMÓRIAS

água limpa, leitos navegáveis, margens urbanizadas e valorizadas.

*A primeira etapa do projeto Novo Pinheiros não é mais um projeto pontual de despoluição, que não sai do papel, e fica só no discurso. Na verdade, nós vamos **requalificar o Rio Pinheiros até 2022**, integrando-o à paisagem urbana para múltiplos usos pelos cidadãos paulistas: novas ciclovias, interligando os diversos parques às suas margens, centros esportivos e culturais, áreas de lazer, equilíbrio hídrico entre os rios, as represas Billings e Guarapiranga, e os piscinões, para evitar enchentes e garantir o normal fluxo fluvial. Além disso, vamos recuperar o pleno aproveitamento energético da usina Henry Borden, em Cubatão, que hoje pertence à EMAE e que vai contribuir de forma significativa para a viabilidade econômico-financeira desse empreendimento que valorizará a vida urbana de vários munícipios e bairros da Grande São Paulo.*

Na vida não basta a gente sonhar e querer. É preciso saber fazer. E essa é a nossa diferença, nós vamos fazer o melhor governo estadual que São Paulo jamais teve, porque vocês merecem, e porque nós vamos realizar muita coisa que até hoje outros não fizeram.

Viva o Novo Pinheiros, viva São Paulo, viva o cidadão paulista.

Acelera, São Paulo!

Com a vitória de João Doria nas eleições de 2018, a partir de 2019, junto ao governo estadual de São Paulo, foram tomadas todas as iniciativas relativas à revitalização do Pinheiros e da Represa Billings, centradas na Secretaria de Infraestrutura e de Meio Ambiente (SIMA), que de 2019 a abril de 2022 teve à sua frente um gestor admirável, tanto pela sua competência profissional como pela habilidade na liderança de sua equipe, o secretário Marcos Penido. Conversamos muitas vezes sobre como enfrentar aquele desafio assumido publicamente pelo governador, e que a maioria das pessoas achava muito difícil, se não impossível, ser minimamente cumprido até o final daquele mandato, em 2022.

O Plano de Revitalização do Rio Pinheiros, que ganhou o óbvio codinome de NOVO PINHEIROS, foi elaborado com muita competência e rigor científico, por uma equipe de técnicos comandada diretamente pelo governador João Doria e pelo secretário Marcos Penido, e reuniu os melhores quadros das empresas e autarquias subordinadas à SIMA, Sabesp, EMAE, Cetesb e ao DAEE. O cronograma elaborado seguia uma ordem racional de ações de saneamento básico, limpeza de córregos e afluentes de montante a jusante do rio, instalação de inúmeras estações compactas de tratamento de esgoto, desassoreamento do leito, limpeza das margens, entre outras. No final de 2019 e no primeiro semestre de 2020 foram realizadas chamadas públicas pela Sabesp para a realização das obras de saneamento, num modelo até então inédito e que teve pleno êxito: as obras não seriam mais remuneradas pelo tradicional sistema de medição física da engenharia, mas sim pelo critério de desempenho da atividade de saneamento, medindo o resultado do projeto de saneamento. Uma inovação que aparentemente deu muito certo.

Semanalmente havia reuniões de coordenação da equipe da SIMA com o governador e cobrança dos prazos de execução de cada etapa. Mesmo durante o crítico período de pandemia, a cada dia crescia a convicção de que aquela imprescindível obra ambiental seria cumprida no prazo de quatro anos, para a surpresa de muitos céticos, que continuavam a duvidar e criticar tudo que era feito pelo governo João Doria.

Um marco importante desse processo foi a chamada pública pela Empresa Metropolitana de Águas e Energia (EMAE), para a concessão da Usina de Traição, rebatizada com o nome de Usina São Paulo. A FGV Projetos foi chamada para desenvolver o estudo de viabilidade econômico-financeira e a modelagem do projeto, o que possibilitou a licitação para sua concessão. A proposta vencedora da licitação para concessão de áreas da usina, no valor de R$ 280 milhões, foi anunciada em novembro de 2019 e apresentou um ágio de 1.900% sobre o valor mínimo referido no edital. O critério para julgamento, após as análises técnicas de qualificação, foi o maior preço ofertado para a parcela fixa. O prazo de concessão estabelecido no edital vai até novembro de 2042. Já a remuneração pela concessão será composta de parcelas mensais fixas e variáveis, calculada em percentual do faturamento bruto do empreendimento. O consórcio está investindo R$ 300 milhões nas obras de remodelação do espaço. Por meio dessa iniciativa, a EMAE deixou de gastar R$ 12 milhões por ano, valor que despendia com a manutenção da chamada Usina São Paulo.

O projeto da Usina São Paulo está sendo realizado em três fases, começando pela reforma do prédio principal da usina. Será construída uma nova fachada, no seu interior serão instalados lojas, cafés, bares, estabelecimentos gastronômicos e um estacionamento, além de acessos verticais (como elevadores) e, ainda, uma plataforma que permitirá o cruzamento entre as margens do rio, com previsão de entrega no segundo semestre de 2023. "Com a melhora da qualidade das águas, queremos que a população ocupe as margens do rio para atividades culturais e de lazer. Nesse sentido, a parceria com a iniciativa privada será fundamental para a estruturação e manutenção desses espaços", informou o secretário de Infraestrutura e Meio Ambiente, Marcos Penido, numa entrevista coletiva em novembro de 2019.

"O futuro que se abre para a cidade e para o estado de São Paulo com essa concessão é empolgante. Teremos, sim, um rio limpo, com espaços de convivência para paulistanos e visitantes, com parques, ciclovias e fauna e flora no coração desta imensa metrópole. Com certeza, o Novo Rio Pinheiros se tornará um exemplo de recuperação para o mundo", destacou naquela ocasião Marcio Rea, diretor-presidente da EMAE.

O que já sabemos, do final de 2022, é altamente auspicioso: desde 2019, dezenas de ações foram feitas para acelerar o processo de tratamento de esgoto lançado nos afluentes do Pinheiros; 600 mil imóveis foram conectados à rede de esgoto, evitando que a carga orgânica fosse descarregada sem tratamento no rio. Foi constatado o aumento de oxigênio e a redução de poluição em 85% dos pontos de monitoramento do rio, reduzindo o odor e permitindo o retorno da fauna e da flora fluviais e de atividades de navegação no canal. Além disso, já foram removidas 62,7 mil toneladas de lixo, incluindo garrafas PET, pneus, bicicletas e outros tipos de produtos descartados nas águas por diversos meios. Ainda há o trabalho de desassoreamento, responsável por remover 687,4 mil m³ de sedimentos do fundo do rio.

A nota publicada pela Cetesb em setembro de 2022 nos trouxe muita satisfação e orgulho: "A Companhia Ambiental do Estado de São Paulo informa que o rio Pinheiros atingiu recorde de melhoria na qualidade da água, de acordo com o monitoramento que é feito desde a década de 1970, no trecho da Usina Elevatória de Pedreira, na zona sul da cidade de São Paulo. O resultado foi alcançado depois que o governo de São Paulo conectou mais de 624 mil imóveis da bacia do rio Pinheiros à rede de esgoto". A agência diz ainda que mantém 22 pontos de medição em toda a bacia hidrográfica do Pinheiros – afluentes e calha principal – e constatou a melhora no oxigênio dissolvido no trecho superior do rio.

Em paralelo às obras de saneamento básico, nas margens do Pinheiros foi instalado um parque linear, nomeado em homenagem ao então recém-falecido prefeito Bruno Covas, abrangendo dois trechos: um de 8,2 quilômetros, entre a sede do Pomar Urbano e a Ponte Cidade Jardim, na margem oeste do canal, e outro de 8,9 quilômetros, entre as pontes Cidade Jardim e a área de retiro da CPTM, nas proximidades da ponte do Jaguaré. Ambos os trechos contam com a instalação de novas áreas verdes, espaços de descanso e alimentação e novos serviços voltados aos ciclistas, incluindo banheiros, assistência de primeiros-socorros e conexão intermodal entre as ciclovias e faixas de ônibus, metrô e CPTM, entre outros.

Outra preocupação que houve na elaboração do plano de governo da gestão João Doria foi com a questão do fornecimento de geração elétrica, diante de sucessivas crises hídricas que têm constantemente reduzido o nível dos reservatórios hidrelétricos do país, trazendo insegurança ao setor produtivo. Haveria que se estimular novos investimentos privados na geração de energia renovável, desde pequenas centrais hidrelétricas até energia fotovoltaica, de biomassa, de biometano e de resíduos sólidos. A ideia era promover concessões e estímulos fiscais e financeiros para atrair investidores nacionais e estrangeiros para avaliar as boas oportunidades no estado de São Paulo. Para isso contávamos não só com a SIMA, mas com as agências Investe SP e Desenvolve SP, ambas protagonistas da administração estadual no processo de facilitação e financiamento de projetos de infraestrutura no estado.

Em maio de 2019, meu grande amigo e brilhante advogado e empresário Alexandre Wald me liga e pergunta se eu estaria interessado em participar com ele e outro sócio de um projeto de energia solar flutuante. Nunca havia ouvido falar dessa revolucionária tecnologia, surgida em 2010 na Europa e no Japão, de instalação de usinas fotovoltaicas sobre a lâmina d'água de represas, lagos e reservatórios hídricos. Mas de cara fiquei fascinado com a ideia e com o convite. Pus-me a estudar o plano de negócios da proposta de investimento e a pesquisar na internet sobre a tecnologia de usinas fotovoltaicas flutuantes.

Logo percebi que, na dinâmica da contínua evolução tecnológica da energia fotovoltaica, havia um espaço potencial importante para ser ocupado por essa nova e inédita modalidade de geração solar. Ela consiste na montagem de placas fotovoltaicas sobre uma estrutura de flutuadores de alta capacidade de suporte, capazes de suportar tanto o movimento da água como toneladas de placas aplicadas na sua superfície, em represas, lagos e reservatórios de hidrelétricas e empresas de saneamento.

O que diferencia a usina fotovoltaica terrestre da flutuante é exatamente a tecnologia de montagem e instalação dos flutuadores, que não é tão simples como parece à primeira vista, pois eles precisam ser especificamente desenhados para proporcionar o suporte, a flexibilidade e a ancoragem, que por sua vez garantem absoluta segurança e eficiência ao sistema.

A melhor tecnologia de flutuadores disponível no mundo é a da empresa francesa Ciel & Terre, inventora dessa modalidade e líder mundial nesse segmento, cuja licença exclusiva para fabricação dos flutuadores no Brasil já estava contratada com a empresa brasileira Sunlution, criada em 2015 pelo empresário Luiz Piauhylino Filho. Era exatamente o Luiz que estava naquele momento convidando Alexandre Wald e a mim para entrar como sócios desse pioneiro empreendimento no Brasil. Várias pessoas me perguntavam logo de início: "Mas por que não investir na usina fotovoltaica terrestre, que já é conhecida e difundida, em vez de arriscar na usina flutuante, com todas as dificuldades inerentes a um projeto pioneiro, que provocará certamente muitas dúvidas e questionamentos?"

Procuramos avaliar a matriz dos pontos fortes e fracos desse projeto, de forma a fazer uma melhor avaliação antes de decidir se nos integraríamos ou não a essa nova empresa. Essa modalidade de geração solar flutuante apresenta inúmeras vantagens em relação à modalidade fotovoltaica terrestre, que são:

(i) Utilização de um espaço físico ocioso, ou seja, a lâmina d'água de reservatórios, lagos e represas, especialmente em áreas metropolitanas, cujos terrenos são cada vez mais escassos, caros e de usos alternativos.

(ii) Eficiência energética até 15% maior, devido ao resfriamento das placas fotovoltaicas na superfície hídrica.

(iii) Redução de até 70% da evaporação da água na área de cobertura pela planta fotovoltaica flutuante, evitando a perda de recursos hídricos, seja para consumo humano (saneamento básico), seja na geração de energia hidrelétrica, em sistemas de irrigação agrícola, lazer, piscicultura e transporte fluvial.

(iv) Combinação eficiente na hibridização de centrais hidrelétricas, através da qual será possível otimizar o uso de escassos recursos hídricos em períodos de estiagem e de baixos índices pluviométricos, como também reduzir a necessidade de novos e dispendiosos investimentos nos pontos de conexão e na infraestrutura de transmissão, já disponíveis, e assim contribuir de forma positiva para a modicidade tarifária.

A instalação de usinas solares flutuantes em lagos e represas localizadas nas áreas das grandes metrópoles brasileiras nos parecia ser indubitavelmente o objetivo prioritário daquele novo empreendimento. A geração de energia elétrica próxima ao local de consumo ou mesmo na própria instalação consumidora, chamada de "geração distribuída", poderia ainda trazer uma série de vantagens sobre a geração centralizada tradicional, como, por exemplo, economia dos investimentos em transmissão, redução das perdas nas redes (em média de 15% nas linhas de transmissão de milhares de quilômetros entre as usinas hidroelétricas amazônicas e a região Sudeste) e melhoria da qualidade e estabilidade do serviço de energia elétrica, além da redução da conta de energia elétrica e maior eficiência energética.

A descentralização das fontes energéticas, assim como a sua diversificação e o processo de descarbonização das cadeias produtivas, é fenômeno irreversível, em curso acelerado ao redor do mundo, e não poderia ser diferente no Brasil. A contribuição das usinas fotovoltaicas flutuantes seria imprescindível para a breve consecução desses objetivos inseridos na denominada fase de "transição energética", pela qual o mundo está comprometido a partir da COP26, realizado na Escócia.

Logo fiquei convicto de que essa fase de "transição energética" seria profundamente disruptiva, e, num período de poucos anos, a predominância das fontes de geração fotovoltaica e eólica seria absoluta, seja pelo fator econômico, por se tornarem mais eficientes e competitivas do que as fontes de combustíveis fósseis e nuclear, seja pelo fator ambiental, por imposição de um mercado consumidor mais consciente e responsável, exigindo energia limpa e renovável em todas as cadeias de valor.

No caso brasileiro, havia se esgotado a fase das grandes barragens hidrelétricas na Amazônia, a milhares de quilômetros dos centros consumidores, com altos custos ambientais e de transmissão a longa distância. Não se concebe mais realizar no país projetos inviáveis, tanto pelos aspectos econômicos como ambientais, como foi o caso das hidrelétricas de Belo Monte, Jirau, Balbina e Santo Antônio, todas na Amazônia, a milhares de quilômetros dos grandes centros de consumo, no Sudeste brasileiro. A fonte de energia do futuro sem dúvida será fotovoltaica, limpa, competitiva, renovável e gerada próximo ao centro de carga.

Depois de muita reflexão e negociação com minha família, resolvi, com apoio de meus filhos, aceitar o convite do Alexandre e do Luiz, e em julho de 2019 criamos uma empresa chamada KWP Energia. A proposta acordada entre nós era de operarmos através da Sunlution como fornecedores de plantas fotovoltaicas flutuantes para o mercado brasileiro, na modalidade *turn key*, e, através da KWP Energia, na forma de gerador de energia fotovoltaica para o mercado de geração distribuída nas áreas metropolitanas de grandes cidades brasileiras.

Alguns amigos e até meus filhos me questionavam, em 2019: "Mas fale a verdade, Roberto, vale a pena, aos 70 anos de idade, você se envolver com um empreendimento pioneiro, com tecnologias modernas ainda não bem conhecidas no Brasil, com resultados que só virão no longo prazo? Não está na hora de você se aposentar e descansar?" Ao contrário, eu me sentia como um jovem entusiasmado com a nova oportunidade de empreender, o que sempre fiz ao longo da minha vida profissional, e ainda mais agora, num projeto que conjugava rentabilidade atrativa e um propósito ambiental fantástico. Aposentadoria, só mesmo depois de morrer, e, mesmo assim, espero que muitas de minhas ideias e iniciativas ainda perdurem por aí por alguns anos.

Logo numa das primeiras reuniões da KWP, imaginamos: "Por que não instalarmos uma usina fotovoltaica flutuante na represa Billings, na forma de uma parceria público-privada com a EMAE?" Aquela ideia parecia tão óbvia, que eu mesmo me perguntava: por que ninguém pensou nisso antes? Fazia todo o sentido proporcionar nova fonte de energia renovável, limpa, competitiva, para os milhares de consumidores comerciais, industriais e residenciais na cidade de São Paulo. As primeiras reuniões com o secretário Penido, na SIMA, e com a diretoria da EMAE foram bem encorajadoras, mas era preciso antes provar o conceito técnico e a viabilidade econômico-financeira. Isso abriu espaço para uma chamada pública convidando interessados a apresentar propostas para a instalação de uma planta-piloto de 100 kW de capacidade, sem ônus para a EMAE.

Para participar desse processo licitatório, formamos o Consórcio KWP/Sunlution e apresentamos à EMAE uma proposta consistente e qualificada. Afinal, éramos (e ainda somos, em 2022) a única empresa que já havia instalado uma planta fotovoltaica flutuante no Brasil. Em 2017, a convite da CHESF, e com apoio da Ciel & Terre, da França, a Sunlution havia instalado com sucesso uma planta-piloto de 1 MWp de capacidade na Usina de Sobradinho, no norte da Bahia, cujo lago é um dos maiores reservatórios hidrelétricos do mundo, com 4.124 km² de superfície. Nossas credenciais eram imbatíveis, e o resultado, anunciado em dezembro de 2019, confirmou nosso favoritismo, vencendo outros interessados sem a disponibilidade imediata da tecnologia dos flutuadores.

A represa Billings, localizada na região sudeste da área metropolitana de São Paulo, foi construída em 1925 pela companhia canadense São Paulo Tramway Light and Power, mais conhecida como Light, e naquela época do primeiro quartil do século XX obteve a concessão do governo federal para retificar o rio Pinheiros e, através da Usina Elevatória (Usina da Traição), reverter sua direção, atuando como supridora de água para uma represa a montante, a qual teria dupla função: abastecer de água a cidade de São Paulo e abastecer, através de uma tubulação na serra do Mar, as seis turbinas da hidrelétrica de Henry Borden, no pé da serra. Um projeto magnífico, que mereceria, se existisse, um Nobel de engenharia.

Com quase um bilhão de m³ de capacidade de armazenamento de água e 106 km² (10,6 mil hectares) de superfície, a centenária represa Billings tinha agora a oportunidade de obter uma terceira função: gerar centenas de megawatts de capacidade de energia fotovoltaica flutuante diretamente na área urbana da maior cidade brasileira. Para dar uma ideia comparativa do que estamos falando, se for permitido o uso de 10% da lâmina d'água da represa Billings, ou seja, 1.060 hectares, teríamos a geração de aproximadamente 1,6 GW de energia fotovoltaica, equivalente a pouco mais de 10% da Usina de Itaipu, sem alagar mais nenhum centímetro de território brasileiro e dentro da cidade de São Paulo, geração quase direta, na tomada elétrica da casa do consumidor paulistano.

Em fevereiro de 2020, em tempo recorde, de apenas 60 dias, a KWP instalou a usina-piloto requerida pela EMAE e deu início ao seu monitoramento, medindo a energia gerada, o fator de potência, o nível de insolação diária local, os ventos, a qualidade da água no seu entorno, entre outros fatores. Mesmo no período da pandemia, os testes foram concluídos com êxito e um relatório final foi elaborado seis meses depois, em agosto de 2020.

Animadas com o bom resultado, a SIMA e a EMAE lançaram em dezembro de 2020 a primeira chamada pública, convidando os interessados para apresentar propostas de parceria com a EMAE para a exploração comercial de geração de energia elétrica através da instalação de usina solar flutuante na superfície da represa Billings. Em março de 2021 saiu o resultado. Apenas duas empresas haviam sido qualificadas: a KWP Energia, para instalar 60 MW de capacidade, e a empresa Green Yellow, subsidiária da empresa varejista francesa Casino, para instalar 30 MW.

Depois de muitas idas e vindas, inúmeros obstáculos regulatórios foram superados, o projeto evoluiu e a diretoria da KWP Energia finalmente tomou a decisão de investir. Em novembro de 2022, iniciou oficialmente a montagem da primeira ilha de energia fotovoltaica flutuante para fornecimento aos consumidores paulistanos de geração distribuída. Em paralelo, abriram-se diversas frentes no mercado nacional, tanto para fornecimento de plantas flutuantes instaladas como para operações de geração distribuída em parceria com empresas públicas e privadas.

A KWP Energia, em fins de 2022, já apresentava uma rota de crescimento exponencial e previa, no futuro próximo, aportar muito capital para cumprir seus investimentos, e para isso deveria, provavelmente, abrir seu capital numa operação de IPO (Initial Public Offering) na Bolsa de Valores, ou mesmo se associar a algum poderoso investidor estratégico. Quem poderia saber, em fins de 2022? Para mim, não importava saber o roteiro final, desde que esse empreendimento se tornasse uma exitosa realidade e fosse perene, trazendo sua contribuição para o país e para a sociedade brasileira.

Em janeiro de 2022 havíamos iniciado outro ousado empreendimento, a H2Verde, uma empresa pioneira e de propósito específico que foi criada originalmente para a produção de hidrogênio e amônia verde, visando atender à demanda do emergente mercado doméstico brasileiro. A empresa, que em fins de 2022 ainda estava em fase de planejamento estratégico, tinha intenção de iniciar em 2023 a instalação da primeira unidade de produção no território paulista. Por razões de confidencialidade, não poderia revelar, quando escrevi este capítulo, mais detalhes sobre os planos prioritários da empresa.

O hidrogênio é um dos elementos mais abundantes no mundo, mas sempre vem associado a outras moléculas e precisa ser processado para se obter o hidrogênio puro, na forma de gás ou de líquido. Como combustível, tem uma elevada densidade energética, superior à dos combustíveis fósseis. Mas seu processo industrial ainda é caro e complexo. O hidrogênio pode ser obtido pela eletrólise da água, pelo processo da biomassa, do biogás ou do etanol. Creio que haverá uma saudável concorrência entre essas diversas rotas tecnológicas e, em poucos anos, o hidrogênio será mais competitivo do que a gasolina e o diesel. Além de combustível para transporte rodoviário, ferroviário, aéreo e marítimo, o hidrogênio também tem inúmeras aplicações nas indústrias de siderurgia, de metalurgia, fertilizantes, petroquímica, entre outras. Mas, para ser considerado na categoria verde, o hidrogênio precisa ser produzido com uso específico de energia renovável, seja ela eólica, fotovoltaica ou hidráulica, sem nenhuma emissão de CO_2 ou gás de efeito estufa (GEE).

O Brasil tem um potencial enorme nesse caso, pela alta disponibilidade de variadas fontes de energia renovável, além de recursos hídricos e biomassa. Mas fecho este capítulo com um artigo de minha autoria: "A era do hidrogênio verde", escrito em novembro de 2022, e que revela em seu texto sumário algumas das ideias centrais desse novo empreendimento, que nessa época ainda não passava de um sonho em construção.

A Era do Hidrogênio Verde

Para muitos o título deste artigo pode parecer pretensioso, mas eu não creio que o seja. Assim como o século XX poderia ser definido como a ERA DO PETRÓLEO, não considero exagerado imaginar o papel central que o H2Verde deverá ter na profunda reestruturação da matriz energética mundial nos próximos anos e décadas.

Descrito tecnicamente pela primeira vez no século XVI e produzido artificialmente pelo alquimista suíço T. Von Hohenheim (também conhecido como Paracelso, 1493–1541)[1] por meio da reação química entre metais e ácidos fortes, o hidrogênio é o elemento mais abundante do universo, compondo 75% da matéria normal por massa do universo. A maior parte do hidrogênio do nosso planeta está na forma de compostos químicos, sendo este o terceiro elemento mais abundante na superfície da Terra.

Desde o final do século XIX e ao longo de décadas do século XX, houve uma predominância majoritária dos combustíveis fósseis, aí incluídos o petróleo, o gás natural e o carvão mineral, seja na geração termoelétrica, seja na forma de combustíveis automotivos, ou ainda como matérias-primas petroquímicas. Os combustíveis fósseis, assim pode-se dizer, sustentaram o processo de industrialização mundial, mas por outro lado foram também os maiores responsáveis pelas emissões de CO_2 e outros Gases de Efeito Estufa (GEE).

A indústria em geral passou a dar mais atenção para o hidrogênio durante momentos de risco de escassez no suprimento de petróleo, como durante a Segunda Guerra Mundial, de 1939 a 1945, ou posteriormente, por ocasião da primeira grande crise do petróleo, nos anos 1970. Entretanto, devido aos altos custos de produção associados do hidrogênio, e às subsequentes melhorias na

---

1 https://pt.wikipedia.org/wiki/Paracelso.

oferta de petróleo, carvão e gás natural, restringiu-se a época uma aplicação mais abrangente desse vetor energético, que permaneceu restrito a poucas aplicações industriais até os dias de hoje.

Por que então agora, já no limiar da terceira década do século XXI, reaparece com tanto destaque um interesse mundial na utilização do H2Verde como alternativa preferencial na reestruturação da matriz energética global? Podemos listar três fatores determinantes que impulsionaram esse mercado nos últimos anos e falaremos, de forma resumida, sobre cada um deles:

1. Fatores climáticos e a retomada econômica pós-pandemia da Covid-19.

Desde as primeiras Conferências Mundiais sobre o Clima, realizadas no ano de 1972 em Estocolmo, seguida de outra no ano de 1979, em Genebra, e finalmente a Rio92, no Brasil, a Organização das Nações Unidas, juntamente com a comunidade acadêmica, tem apresentado estudos científicos e promovido debates técnicos com a participação de lideranças globais e diferentes setores econômicos, objetivando sensibilizar os povos e nações sobre o grande risco que tudo isso representa.

*A questão central desse debate é encontrar um ponto de equilíbrio entre o desenvolvimento econômico e a manutenção do meio ambiente. A busca por essa convergência foi determinante para cunhar o conceito de **Desenvolvimento Sustentável**, termo utilizado pela primeira vez no **Relatório Brundtland**. Esse relatório, elaborado em 1987, sob a coordenação da então primeira-ministra da Noruega, **Gro Harlem Brundtland**, e o patrocínio da Comissão Mundial sobre Meio Ambiente e Desenvolvimento da ONU, definiu assim o termo Desenvolvimento Sustentável:*

> **"O desenvolvimento sustentável é o desenvolvimento que permite satisfazer as necessidades atuais sem comprometer a habilidade das futuras gerações de atender suas próprias necessidades".**

Ao longo de décadas, os combustíveis fósseis sustentaram o processo de industrialização mundial e foram os maiores responsáveis pelas emissões de CO_2 e outros Gases de Efeito Estufa (GEE). É impossível imaginar a vida moderna sem esse recurso energético. O custo de todo esse desenvolvimento industrial significou, até os dias de hoje, um aumento de 31% nas concentrações de CO_2 na atmosfera terrestre desde a Revolução Industrial, iniciada na segunda metade do século XVIII. Estamos convivendo há décadas com um modelo insustentável de consumo e de produção que comprometerá *as necessidades das futuras gerações.*

*O Relatório de Avaliação do Painel Intergovernamental sobre Mudanças Climáticas (**IPCC – Intergovernmental Panel on Climate Change**) aponta que até 2100 os níveis de CO_2 na atmosfera terrestre chegarão ao dobro dos parâmetros anteriores à Revolução Industrial, resultando em um aumento na temperatura do globo terrestre variando entre 1,5°C e 5,8°C, seguido de catástrofes ambientais imensuráveis.*

*A certeza que temos, atualmente, é de que a rota para conter um "desastre anunciado" será realizada através de um **processo de gradual e acelerada descarbonização da economia global**, reduzindo a dependência econômica de combustíveis fósseis e adotando padrões de consumo sustentáveis. Daí desponta o H2Verde como um dos principais vetores desse processo já em curso inicial em vários países do mundo.*

O processo tradicional de produção de hidrogênio utiliza como matéria-prima o gás natural (hidrogênio cinza) e resulta na emissão de CO_2, sendo este utilizado em processos industriais muito específicos, como, por exemplo, a produção de fertilizantes e o refino de petróleo. Entretanto, os recentes e notáveis avanços tecnológicos no campo das energias renováveis estão viabilizando do ponto de vista econômico a produção de hidrogênio utilizando eletrolisadores alimentados por sistemas elétricos fotovoltaicos e eólicos.

Nesse processo industrial a partir da utilização de energia *renovável e da água (H_2O) como fonte de hidrogênio na sua composição química, obtém-se, através da eletrólise da água, a separação das moléculas de hidrogênio e oxigênio, surgindo assim o **HIDROGÊNIO VERDE (H2VERDE)**, aquele produzido através de energias renováveis não resultando na emissão de CO_2 e com um potencial energético superior ao dos combustíveis fósseis.*

Pelo que tenho aprendido através da leitura de artigos especializados e dos debates técnicos em vários países do mundo, não há dúvida de que uma exponencial evolução tecnológica, tanto no campo das energias renováveis como no desenvolvimento de eletrolisadores, resultará, até 2030, numa substancial redução dos custos de produção de H2Verde, a patamares mais baixos do que o custo de produção do hidrogênio "cinza", aquele que utiliza gás natural como matéria-prima e resulta na emissão de CO_2.

Considerando as metas estabelecidas no Acordo de Paris, em 2015, em que será necessário cortar em 60% as emissões globais de CO_2 até 2050, fica claro que o H2Verde é o vetor energético capaz de conduzir a economia global à sua rápida descarbonização, a começar por setores industriais energeticamente intensivos, como a siderurgia, transportes rodoviário, ferroviário e naval, bem como na produção de fertilizantes. Embora ainda existam significativos desafios tecnológicos e mercadológicos pela frente, esse vetor energético deve receber mais destaque em um cenário "pós-pandemia", promovendo a retomada econômica por meio da aceleração do processo de transição energética global.

*O Hydrogen Council, que reúne CEOs de 92 empresas globais, estima que o hidrogênio verde deverá responder por quase 20% da demanda de energia no mundo até 2050, com um mercado estimado em US$ 2,5 trilhões e potencial de gerar 30 milhões de empregos. De forma prática, o H2Verde é o novo fiador do **<u>Desenvolvimento Sustentável</u>**, pois, ao mesmo tempo que garante as necessidades atuais (desenvolvimento econômico global), é capaz de preservar as* *necessidades das gerações futuras (um planeta limpo e livre de extremos climáticos).*

2. Avanços tecnológicos com reduções exponenciais de custos

Como forma de diminuir a dependência por combustíveis fósseis, a sociedade sempre buscou por tecnologias de produção de energia baseada em recursos renováveis. No caso do Brasil, destacamos o Programa Pró-Álcool, que desde a década de 70 desenvolveu combustível à base de cana-de-açúcar e permitiu ao país se tornar o segundo maior produtor mundial de etanol e o maior exportador do mundo.

No campo das energias renováveis, o crescimento recorde da capacidade instalada mundial de novas fontes energéticas, como a fotovoltaica e a eólica, é fruto dos avanços tecnológicos ocorridos de forma surpreendente na última década, provocando uma queda contínua e acentuada nos custos de geração elétrica. Por exemplo, os preços dos módulos fotovoltaicos tiveram uma queda de cerca de 80%, enquanto turbinas eólicas terrestres, uma redução na ordem de 45%, isso desde 2010. E ao mesmo tempo a eficiência de geração desses equipamentos vem melhorando de forma contínua ao longo do tempo.

O surgimento recente da modalidade de energia solar flutuante, utilizando a lâmina d'água de represas, lagos e reservatórios hídricos para a geração de energia fotovoltaica, inclusive na forma híbrida associada às fontes hidroelétricas, abre novos horizontes ainda mais competitivos para a produção de H2Verde em dezenas ou centenas de represas e reservatórios hídricos.

*Dados estatísticos da International Renewable Energy Agency (IRENA), evidenciados na Figura 1, demonstram a queda contínua nesses custos. Tomando como exemplo sistemas solares fotovoltaicos, **saímos de um custo nivelado de energia – Levelized Cost of Energy (LCOE) – de USD 0,381/KWh em 2010 para USD 0,057/KWh em 2020, uma queda a patamares de 85%.***

Tendências Globais

Este painel fornece uma visão geral das últimas tendências globais em custos de energia renovável. Ele exibe os custos médios globais ponderados de instalação, fatores de capacidade e LCOE por tecnologia.

Custos totais instalados médios ponderados globais, fatores de capacidade e LCOE 2010-2020.

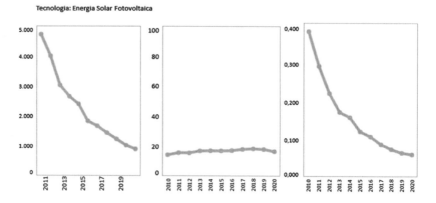

Tendências globais de custos e de eficiência na geração de energia fotovoltaica.
Fonte: IRENA.

Fica evidente neste gráfico que a queda de preços desencadeada pelos avanços tecnológicos é um caminho contínuo, e que a oferta de energias renováveis tende a ser abundante e com custos cada vez mais competitivos. Cabe destacar que atualmente estima-se que a energia aplicada no processo de eletrólise da água significa cerca de 70% do custo total de produção do H2Verde.

3. Questões relacionadas à nova geopolítica mundial

A consolidação de uma economia à base de hidrogênio verde tem grande potencial de moldar novas dinâmicas geopolíticas. A definição de rotas tecnológicas, diferentes cenários na cadeia de valor e o domínio de processos produtivos podem criar um mercado global, distribuído e regionalizado. Não foi esse o caso dos combustíveis fósseis, em que os cinco maiores produtores mundiais de petróleo (Irã, Iraque, Kuwait, Arábia Saudita e Venezuela) fundaram, em 1960, a Organização dos Países Exportadores de Petróleo

(OPEP)[2], *controlando atualmente mais de 81% de todas as reservas mundiais dessa commodity e ditando os preços globais do barril de petróleo.*

*No tabuleiro geopolítico atual, vivenciamos uma grave crise entre a Rússia e a Ucrânia, que, além de questões territoriais, étnicas etc., apresenta também uma questão energética muito sensível. Como resultado desse conflito militar e ameaças de suspensão de fornecimento de gás natural pela Rússia aos países europeus, surge o **argumento geopolítico de maior independência energética do continente europeu "a qualquer custo"**!*

*Nas pesadas negociações diplomáticas entre as partes, o suprimento de gás natural da Rússia para a Europa sempre foi considerado como mecanismo de pressão para obter influência geopolítica sobre a Ucrânia e outros países do Leste Europeu. A União Europeia e o restante dos países desenvolvidos despertam para uma nova realidade: o petróleo do mundo árabe ou o gás natural russo, grandes emissores de gases de efeito estufa (GEE), perderão rapidamente essa corrida para o H2Verde, que alcança custos altamente competitivos a cada dia que passa. Não há dúvidas de que o H2Verde influenciará a nova geopolítica global e o comércio de energia. Esse assunto é tão complexo que foi tema do Relatório **Geopolitics of the Energy Transformation: The Hydrogen Factor**, produzido pela International Renewable Energy Agency (IRENA) e publicado em janeiro de 2022. E onde entra o Brasil nessa histórica transição energética global?*

Estavam a se desenhar no final de 2022 pelo menos quatro principais hubs para produção de hidrogênio verde no país. Esses polos potencialmente produtores de H2Verde orbitam em torno dos portos de Pecém, no Ceará, de Alcântara, no Maranhão, de Suape, em Pernambuco, e do Açu, no Rio de Janeiro. Todos já firmaram memorandos de entendimentos preliminares com

---

2 https://pt.wikipedia.org/wiki/Organiza%C3%A7%C3%A3o_dos_Pa%C3%ADses_Exportadores_de_Petr%C3%B3leo

grandes grupos internacionais, sendo que o objetivo declarado é a exportação especialmente para o continente europeu.

A logística de transporte do H2Verde é uma questão central na viabilidade de sua utilização em larga escala no futuro próximo. Na navegação marítima, o desafio de criar embarcações seguras e competitivas tem sido enfrentado por grandes estaleiros mundiais, e surgem soluções técnicas e economicamente satisfatórias. Mesmo incluídos os custos de atravessar o Atlântico, o Brasil tem as condições de ser um dos fornecedores de H2Verde mais competitivos do mundo. A combinação ótima de relativa proximidade geográfica do continente europeu com abundância de recursos naturais para geração de energia renovável (irradiação solar, recursos hídricos, ventos constantes no Nordeste brasileiro) permite inferir um potencial gigantesco de produção de hidrogênio verde a custo internacional bastante competitivo, o que confere de fato ao Brasil a comparação de estar para o H2Verde assim como a Arábia Saudita está para o petróleo. Nas próximas décadas do século XXI essa previsão irá se confirmar aos olhos de um mundo carente de energia abundante, renovável e barata.

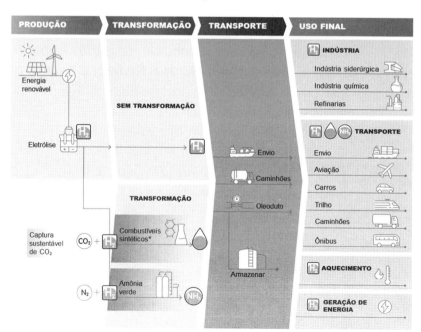

Segundo a EPE – Empresa de Pesquisa Energética –, o potencial de geração eólica do país é estimado em mais de 1050 GW (em terra e no mar), dos quais somente 23,5 GW (2,3% do total) estavam instalados no final de 2022. Em energia solar, o potencial é quase cem vezes superior à capacidade instalada até 2022. Grande parte desse potencial energético, limpo, renovável, e sobretudo competitivo, será aplicado na futura produção de H2Verde, de forma centralizada para exportação, e na forma descentralizada (próximo dos centros de consumo) para o abastecimento do mercado interno. O desafio será transformar essa energia em hidrogênio verde a um custo viável. O hidrogênio verde ainda custava em 2022 entre US$ 3,0 a US$ 5,0 o quilo. Já o produzido a partir de combustíveis fósseis, entre US$ 2,0 e US$ 3,0, mas com forte tendência de alta, devido aos correntes problemas geopolíticos. Como referência, a energia gerada por 1 kg de hidrogênio equivale à de 3,2 kg de gasolina. Mas a expectativa é que o hidrogênio, em especial o H2Verde, torne-se uma commodity energética fundamental no mundo pós-combustíveis fósseis.

Que a diplomacia mundial tenha sabedoria para mitigar os riscos geopolíticos e capitalizar as oportunidades de modo a construir uma sociedade global mais próspera, justa, sustentável e solidária.